# 身体灵活性

## 科学训练 全书

[法] 奥雷利安·布鲁萨尔-德瓦尔
（Aurélien Broussal-Derval）
斯特凡纳·加诺　◎著
（Stéphane Ganneau）

闫琪◎译

THE
MODERN ART
AND
SCIENCE
OF
MOBILITY

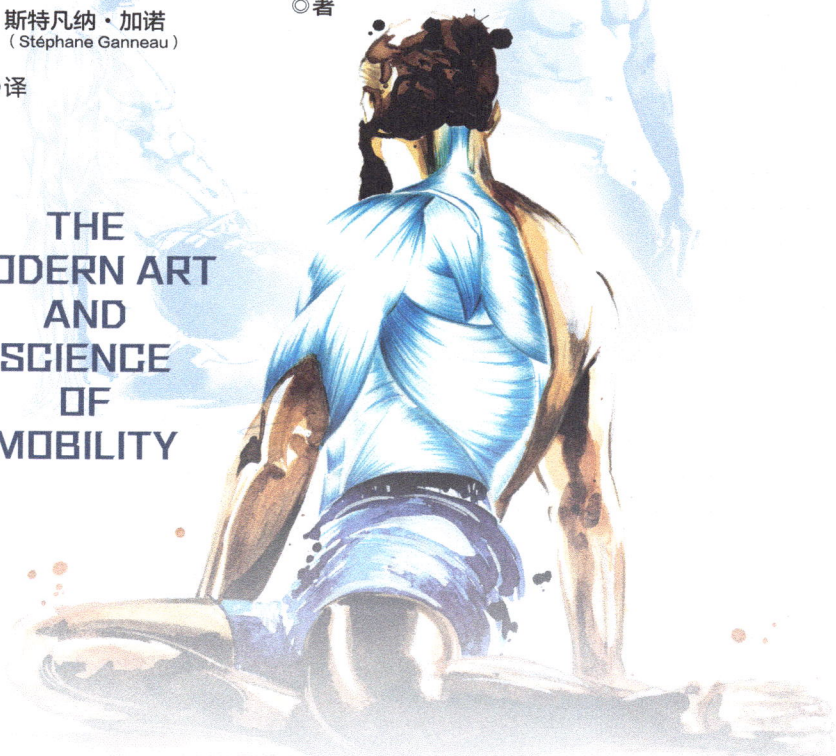

人民邮电出版社

北京

## 图书在版编目（CIP）数据

身体灵活性科学训练全书 ／ （法）奥雷利安·布鲁萨尔-德瓦尔著 ； （法）斯特凡纳·加诺著 ； 闫琪译. -- 北京 ： 人民邮电出版社，2021.7
ISBN 978-7-115-55470-3

Ⅰ．①身… Ⅱ．①奥… ②斯… ③闫… Ⅲ．①灵活性 －身体训练 Ⅳ．①G808.14

中国版本图书馆CIP数据核字(2020)第249788号

## 免责声明

作者和出版商都已尽可能确保本书技术上的准确性以及合理性，并特别声明，不会承担由于使用本出版物中的材料而遭受的任何损伤所直接或间接产生的与个人或团体相关的一切责任、损失或风险。

## 内 容 提 要

进行身体灵活性训练是为了让自己运动得更加完美，它是所有身体训练的前提和基础。本书可以帮助读者发现和解决常规体育运动、缺乏锻炼活动，甚至是日常生活造成的基本健康问题。如果你的身体某部位正在遭受持续性或剧烈的疼痛，在某种运动中屡次失败，或总是无法通过某些体育测试，那么你应当尽快阅读本书。本书分为四个部分，分别从疼痛、呼吸、运动与灵活性的角度给出了自我快速检查与系统、全面的改善方法。本书适合普通的健身爱好者阅读，对于健身教练、体能教练及职业运动员也具有一定的参考价值。

◆ 著 ［法］奥雷利安·布鲁萨尔-德瓦尔
（Aurélien Broussal-Derval）
斯特凡纳·加诺（Stéphane Ganneau）

译 闫 琪
责任编辑 裴 倩
责任印制 周昇亮

◆ 人民邮电出版社出版发行 北京市丰台区成寿寺路 11 号
邮编 100164 电子邮件 315@ptpress.com.cn
网址 https://www.ptpress.com.cn
固安县铭成印刷有限公司印刷

◆ 开本：700×1000 1/16
印张：22 2021 年 7 月第 1 版
字数：548 千字 2024 年 12 月河北第 17 次印刷
著作权合同登记号 图字：01-2019-6281 号

定价：148.00 元
读者服务热线： (010)81055296 印装质量热线： (010)81055316
反盗版热线： (010)81055315
广告经营许可证：京东市监广登字 20170147 号

# 写书是一场冒险……

在准备写一本书之前，至少需要进行为期 2 个月、每月 20 天的文献研究，做笔记、内容起草等细节规划工作。之后的图书写作工作还要持续 6 个月甚至更长时间。这还得在你已经是一名有经验的作家，以及保持每周 30 个小时以上的工作强度的前提下才能实现。而这还只是个开始，随之而来的工作还有画图、拍照、整理照片并为照片编号、设计排版，然后一遍又一遍地阅读全书。

而在这本书上，我们投入的远不止于此，我已经把整个团队逼到了极限。仅制作一张插画就要花费 Stéphane Ganneau 20 个小时的时间。这本书里一共有 142 张插画，你可以想象这要花多少时间。

编辑一张照片大概要花费 5 分钟。我们的摄影师 Johann Vayriot 花了整整四天三夜的时间进行拍摄，一共拍摄了 6,378 张照片，最终只有 1,216 张被使用。我们的模特、Arié Elmaleh、Dounia Coesens、Laetitia Fourcade 和 Philippe Bas 也相当有耐心，但整理这些照片并为照片编号就花费了整整一个星期的时间。

我们还希望制订创新的教学计划，Stef Ganneau 带领整个团队人员为此花费了整整两天时间。

书中的一切内容必须保持和谐统一：我们用照片和插画建立起实体示例，以保证书中提供的指导尽可能精准。了不起的模特艺术家 Nicolas Moreau 在几个月的时间里花费了近 120 个小时将这些变为现实。我们又用了几周的时间通读本书，以确定如何将解剖结构、技术以及我的设计观点讲解得更加充分。

最后，我们还必须查出所有隐藏在各处（正文、插画等中都有可能）的笔误。这一工作由 Olivier Remy 和他在 Sen No Sen 的团队完成。

我衷心地感谢以上各位。谨以此书献给每一位为此付出努力的人。我相信，我们在一起，就能创造出奇迹。

*Aurélien Broussal-Derval*

## 这是一本关于自我诊断的图书

编写本书的目的不是让它取代医生、理疗师、按摩师或其他任何类型的健康护理人员，而是解释说明如何发现和解决常规体育运动、缺乏锻炼活动，甚至是日常生活造成的基本健康问题。如果你正在遭受持续性或是剧烈的疼痛，在某种运动中屡次失败，或总是无法通过某些体育测试，那么你应当尽快阅读本书。我们希望你能根据书中的建议调整好自己的身体，从而逐渐减少对医药的需求。但我们在本书中提出的观念和方法包括每年应当至少拜访一次全科医生或其他医务工作者。调整好自己的身体也意味着相信专业人士。

# 运动

人类的运动需要生理上的支持：中枢神经系统发出的信息经过传递，使人体消耗能量物质产生肌肉收缩。

运动也需要解剖学和生物力学的支持：在这里，人体可以被看成一组力线和杠杆，这些力线和杠杆需要协同工作才能产生运动。

运动还需要心理上的支持：人必须有移动的意愿，通过自我意识寻求感觉。

营养学、社会学以及其他各个科学领域都能帮助我们了解人类运动，为人体这个强大的生物机器提供"用户手册"。

**然而，我们仿佛开始以倒退的方式运用这些知识**

首先，我们忘了每个人生来就要运动的。我们为什么要运动？是什么让我们主动选择在日常体力劳动之外参与更多的运动，从而让身体更加积极主动？是什么激励某些人成为更加优秀的运动员？而又是什么让某些人完全不愿意运动？

久坐不动的生活方式带来的问题非常明显：我们的生活围绕着计算机，我们的休闲围绕着电视。但这似乎是个永恒无解的类似于"先有鸡还是先有蛋"的问题：到底是这种被动消极的社会使我们发展为目前的状态，还是我们主动把社会创造成了我们喜欢的这种被动消极的样子？懒散和寻求舒适是人类的天性，因此我们总是极力想要躲在舒适区，而不愿意从中走出来冒险。运动本就不是我们天生的行为。

此外，参加团体运动有时也很糟糕。虽然我们本无意参加团体运动，但竞争精神常常占据主导，从而让我们忽略了对于健康和安全的考虑。

而在另一个极端的竞技体育领域，或者从广义上我们可以称之为休闲运动领域——整个行业的主要经济驱动来自人类对美的追求，以人类对美的追求作为动机来源，这个领域也没有达到主要目标。

更糟的是，拥有会员计划和员工的健身场馆的数量正在减少，健身教练本身缺乏专业培训，健身者缺乏投入和严肃的态度。这就意味着，健身者往往无法实现自己的预期目标。

舒适区的概念也遭受重创：尽管对竞争和美好的渴求已经驱动了我们很多年——我们一直告诉那些愿意聆听的人，只有走出舒适区才会有最好的表现，但"没有疼痛就没有回报"的观念似乎已经不奏效了。对我们来说，将生活局限在一个狭小的足够安全的舒适区里——温暖的沙发、手中美味的饮料，似乎是唯一的生活方式。

如果解决问题的办法是扩大你的舒适区呢？更确切地说——如果做不到在所有情况下，那么至少在日常生活中扩大舒适区，把你的舒适区从舒服地躺着扩大到心甘情愿地付出努力的状态会怎么样？

要做到这一点，你首先需要具备这方面的意识。

运动关乎生理学，关乎生物力学，关乎心理学，甚至关乎社会学。运动就是生命。

首先，西方社会系统讨论到运动对整体健康的作用时，有人甚至一度猜想有一天保险可能会把参与运动也涵盖在理疗或预防性运动的范畴内。现在是时候重新设置这个系统了，运动表现或运动目标并不是最重要的。如果我们重新设置这个系统，人体得到的益处会远超出今天的想象。

> 运动关乎生理学，关乎生物力学，关乎心理学，甚至关乎社会学。运动就是生命。

## 运动才是关健

人体和其他机器一样，需要（几乎每天都要）维护才能保证正常运转。

大部分人和你一样可能对机器不甚了解。例如，你每天都在开车，但只有在预定的维护检查日期来临时才会打开车前盖。对车懂一点的人可能会不时给车加一点油，或是清除一些污垢。但是等到了预定的维护日期，情况往往比想象的更糟糕：所有过滤器和零件都得更换，账单长得没有尽头。

再来看看我们自己，无论处于何种运动能力水平和年龄阶段，现实都发人深省：人们任由自己的身体衰弱和变形，身体也无法正常通过测试。有的人可能会做少量的体育运动或是做几个简单的拉伸；自然，会提前进行适当热身的人少之又少。更糟的是几乎没有人会做任何身体的维护和检查，人们通常只是等着身体上某些部件坏掉或是某些功能无法再发挥作用时才会去医疗机构进行身体检查，而专业人员需要再进行大量的工作才能让身体恢复正常。

### 你会感到担忧吗？

这很正常。无论是久坐的人还是高水平的运动员，大部分人都会有所担忧。

🡒 很多人都会有背部疼痛问题，这是不正常的。

🡒 只有少部分人能完成正常的深蹲动作，这是不正常的，深蹲是髋部、膝部和脚踝的基本功能。

🡒 无论年龄几何，人们无法舒服和安全地进行跑步或跳跃，这是不正常的。

🡒 人们不得不在能做到和无法做到的运动中进行选择，这是不正常的。

🡒 人们必须要使用代偿姿势或调整姿势才能完成一些简单的动作，这是不正常的。

🡒 人们无法按照自己想要的方式进行移动，这是不正常的。

所有这一切都必须改变。

# 目　录

## 疼痛

疼痛并非不可避免。事实上，我们编写此书的目的是让你在阅读本书后，你的座右铭能变为："只有身体不再经受疼痛煎熬的日子，才是生命真正有意义的日子。"

第 1 部分—第 008 页

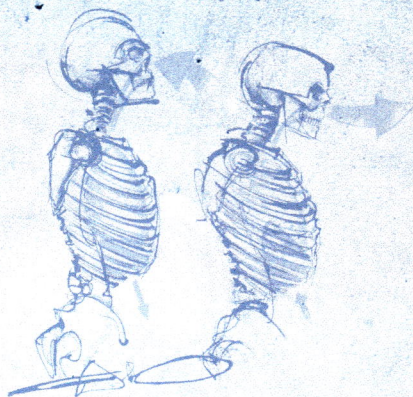

## 呼吸

我们平均每天呼吸 20,000 次。因此，这是一件需要我们严肃对待的关乎生命的事情，你必须学会如何正确地呼吸。

第 2 部分—第 078 页

## 运动

很多练习动作都只在 1 个平面上进行，而真实的人类运动是在 3 个平面上进行的。要让你的训练更有效，你就必须关注更多的运动平面。只有了解了多平面的运动方法，你才能充分利用好肌肉链，提升身体的灵活性，制订出功能性的训练方法。

第 3 部分—第 095 页

## 灵活性

身体具备灵活性可以让运动更加流畅。训练灵活性就是为了让自己运动得更加完美，这是所有身体训练的前提和基础。从技术角度来看，灵活性训练优先于柔韧性、运动控制、平衡性和力量的训练。

第 4 部分—第 159 页

# 第 1 部分　疼痛

> 如果有一天你再也感觉不到任何疼痛，那说明你已经死了。

我们对此观点不敢苟同，这种说法使各类体育运动从业者保持一种态度，认为疼痛（无论急性还是慢性）是生命存在的一种方式。

对于很多教练来说，疼痛成了训练过程中不可或缺的一部分，疼痛可证明课程的难度多么高并且有效。随着时间的推移，那些已经"散架"的老运动员更加受到尊敬，因为他们在整个职业生涯中根本不会倾听自己身体的声音！

顺便说一下，成为成绩优异的运动员或参赛选手根本不需要像那样表现得像个白痴。（是不是感觉有点受到了冒犯？）可能你和其他人一样，多年来掩盖自己颈部疼痛的事实，几个月来对自己的慢性背痛故意忽略，或是不再进行体育运动之后每天早上醒来感到肩部酸痛，你却没有注意造成这种酸痛的原因是什么。

> 你知道的，这不正常。
> 那么只剩下一个问题：为什么？

你为什么让自己遭受这一切？当我问这些人这个问题时，他们都回答说没有时间定期看医生。但这无论如何不能成为理由。几乎每个人都会忽略一个事实，就是我们可以独立运用日常手段检测、追踪和根除常见的疼痛。

疼痛不是不可避免的。事实上，我们的目的是读完本书之后，你的座右铭能够变为：

> 只有身体不再经受疼痛煎熬的日子，才是生命真正有意义的日子。

## 我们为何如此坚强？

人体全身上下布满了防护系统。无论我们生病、受伤、虚弱还是脱水，备用机制时刻都在工作以维持平衡，即使有时这种工作毫无意义。正因如此，我们能够自由地选择关注或忽略任意一条简单的疼痛信息。疼痛发生时，对有些人来说，这些信息并不明确。当你的身体说："停下来，否则所有事情都会变糟。"有的人听到的却是："有些疼，但总会过去的。"

确实，直面疼痛，我们会变得无比顽强，甚至会有些偏执。看看你的运动员朋友抱怨一个特别不舒服的身体部位时，有几个人会停下，又有多少人会坚持下去，并说没有必要小题大做？他们甚至会争论说自己的运动表现并没有变化，从某些层面来讲，他们说的是对的。这是因为疼痛会导致身体局部更加强壮，对肌肉姿势和稳定性的影响远远大于对肌肉运动能力的影响。也就是说，只要疼痛可以忍受，它就只会稍微削弱你的能量水平。众所周知，90% 的世界纪录打破者都遭受着慢性骨骼或肌肉的疼痛。

# 疼痛不是不可避免的。

"如果有一天你再也感觉不到任何疼痛，那说明你已经死了。"我们对此观点不敢苟同。这种说法使各类体育运动从业者保持一种态度，认为疼痛（无论急性还是慢性）是生命存在的一种方式。

事实上，我们的目的是读完本书之后，你的座右铭能够变为：

只有身体不再经受疼痛煎熬的日子，才是生命真正有意义的日子。

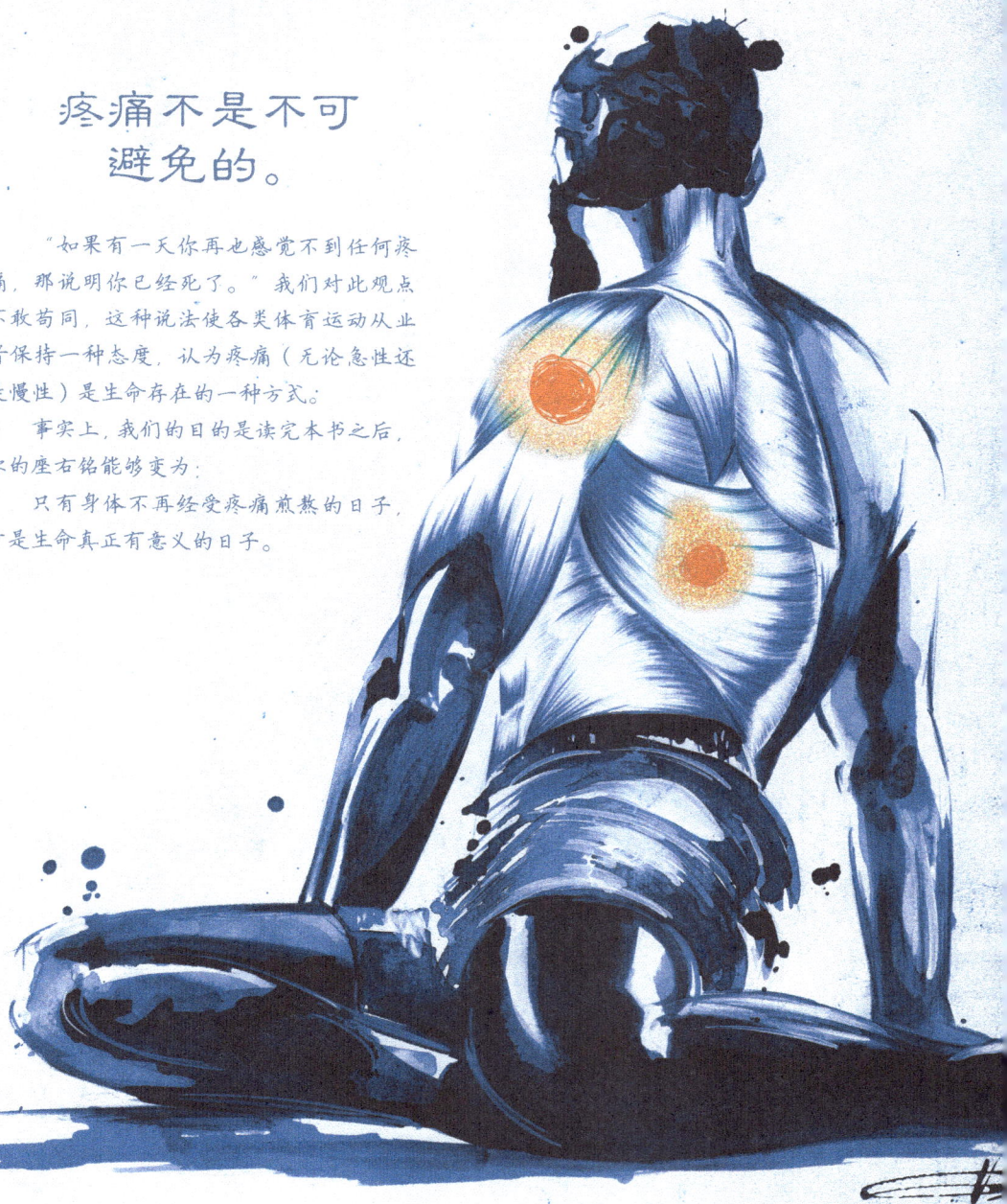

# 第 1 章　疼痛与运动

疼痛不仅仅是不舒服。它会干扰身体的运动功能，限制身体的灵活性，造成新的姿势紊乱和慢性疼痛，形成使运动效率低下的恶性循环。我们常把这种恶性循环不当回事：疼痛会产生疾病，这些疾病反过来又产生更多的疼痛。

## 运动功能紊乱

Aurelien Broussal-Derval 和
Stephane Ganneau[GANO]

疼痛

病理

特殊的生理和心理压力

无法控制的运动和姿势

特殊的生理和心理压力

疼痛

伤病

我们现在来解释两种状态：无痛和疼痛。

→ **无痛。**大脑和中枢神经系统能够在简单及复杂的工作中学习或控制功能性运动、平衡、核心肌肉。作者 Hodges 和 Moseley 过去 15 年来一直积极地研究这个问题。

→ **疼痛。**疼痛会限制中枢神经系统的调节和控制功能。深层的姿势稳定肌被力量更大但协调性更差的运动肌所取代和代偿，运动肌会越来越倾向于稳定的协调收缩，这种收缩会限制正常的运动、限制关节的活动度，并使局部肌肉持续收缩。

事实上，几乎所有专家都观察到，伴随疼痛的出现，拥有极大力量和速度潜力的大肌肉在代偿完成功能性姿势的任务，而进行这些任务时肌肉的紧张程度比其平时进行的跳跃、跑步甚至抗阻训练的程度低得多。详细内容可以参阅 Hodges、Lee、Jull、Sahrmann、Richardson、Falla、O' Sullivan、O' Leary 或 Dankaerts 等人的著作。

肌肉与筋膜

## 典型的肌肉过度紧张

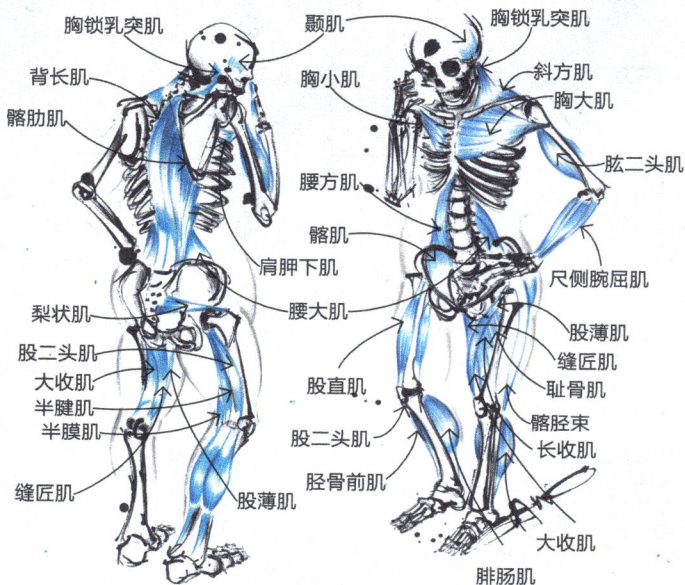

胸锁乳突肌
背长肌
髂肋肌
梨状肌
股二头肌
大收肌
半腱肌
半膜肌
缝匠肌

颞肌
胸小肌
腰方肌
髂肌
肩胛下肌
腰大肌
股直肌
股二头肌
胫骨前肌
股薄肌

胸锁乳突肌
斜方肌
胸大肌
肱二头肌
尺侧腕屈肌
股薄肌
缝匠肌
耻骨肌
髂胫束
长收肌
大收肌
腓肠肌

比疼痛区域或不可动区域的局部治疗更加困难的是改变你的动作和姿势。造成问题的原因不仅是身体缺乏活动，还可能是你的身体活动方式不正确。打电话、发短信、伏案工作等不良的运动或姿势习惯都有可能逐渐影响到关节的不同部位。

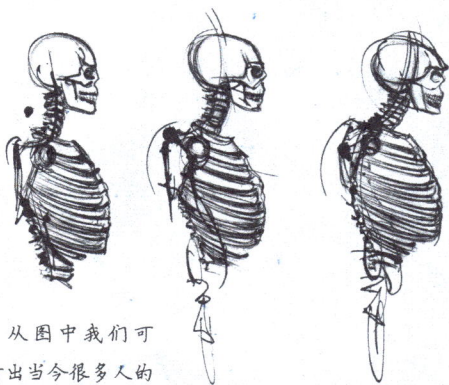

从图中我们可以看出当今很多人的情况：颈部和肩胛部位逐渐变形。

疼痛带来的长期负面影响是造成深层姿势稳定肌功能的下降，从而导致这些肌肉反应迟钝、脆弱，收缩力量变小。这对运动和姿势效率的长期影响是灾难性的。

事实上，只要疼痛还能忍受，运动肌在高负荷工作时就并没有真正被疼痛影响。但是，运动表现中能够忍受疼痛实际上掩盖了更大的问题。深层姿势稳定肌的失衡和虚弱与慢性疼痛相关，通过不涉及承重的运动才能被有效地检测出来

随着时间的推移，疼痛的肌肉会逐渐与神经系统"断开连接"，身体的代偿机制会让大部分运动在无须那些已经与神经系统"断开连接"的肌肉群参与的情况下完成。慢慢地，这些肌肉就会发生萎缩（肌肉"日渐衰弱"），这让康复过程变得更加漫长和困难。

你的医生或者私人教练可能会使用以下术语来描述这种恶性循环。

- ➡ 代偿机制
- ➡ 代偿动作
- ➡ 肌肉失衡
- ➡ 运动策略改变
- ➡ 运动肌主导
- ➡ 无法控制的协调收缩

无论如何，这个问题的原因和结果都是一样的。

我们需要从根本上改变自己运动、支撑身体和生活的方式。当然，你不可能总是抬起胳膊把手机举到与地面垂直的角度，高高地抬起头刷手机，不过当你有机会这么做的时候，确实应该抓住机会。为什么不利用已有的运动机会呢？比如你可以抬起胳膊发信息，即使是偶尔这么做，也有助于保持重要的运动多样性。

## 典型的肌张力低

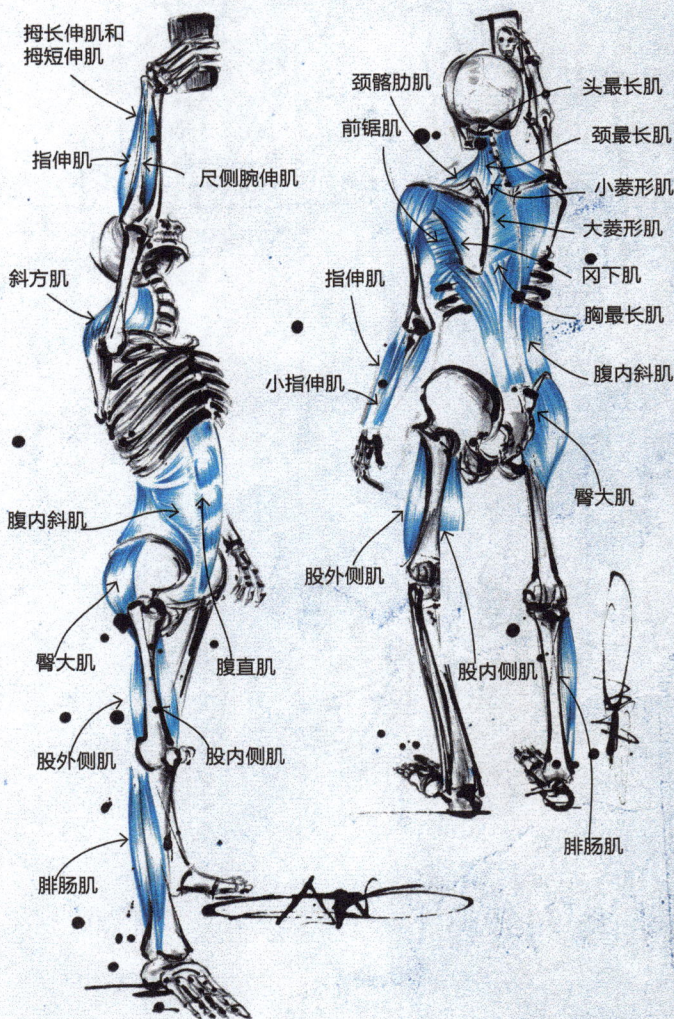

拇长伸肌和拇短伸肌
指伸肌
尺侧腕伸肌
斜方肌
腹内斜肌
臀大肌
腹直肌
股外侧肌
股内侧肌
腓肠肌

颈髂肋肌
前锯肌
头最长肌
颈最长肌
小菱形肌
大菱形肌
冈下肌
胸最长肌
腹内斜肌
指伸肌
小指伸肌
臀大肌
股外侧肌
股内侧肌
腓肠肌

# 第 2 章　激痛点

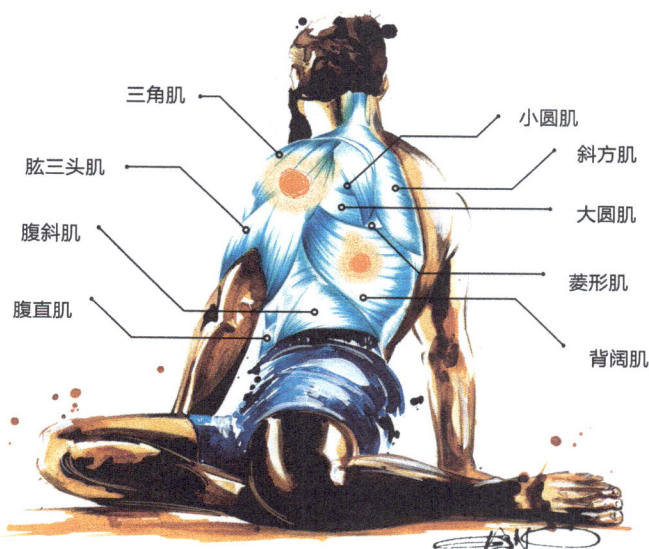

三角肌

肱三头肌

腹斜肌

腹直肌

小圆肌

斜方肌

大圆肌

菱形肌

背阔肌

激痛点就是一触碰就会引发疼痛的肌肉局部区域。有时候激痛点可能会引起更大范围的疼痛，也就是会牵扯到其他的距离较远的肌肉。例如，臀部的激痛点可能会引发背部的疼痛。

实际上，激痛点可能就像一粒豆子或是一根生的意大利面的形状。它们形成于进行异常或不正确的动作或姿势的肌肉位置。肌肉中产生的不均匀的张力会带来局部的压力和粘连，因而常会导致疼痛。

例如，如果你骑自行车时车座过低，就会对背部姿势不利，改变股四头肌和腘绳肌（分别控制大腿前后侧的强有力的运动肌）的用力比例，使腰大肌（髋屈肌）过度拉伸。股四头肌上的紧张感是不连续且紊乱的，因此会产生激痛点。

要正确理解激痛点对人体运动的影响，可以想象你正在梳头发，但梳子在一处头发打结处被卡住，无法通过。你必须采用其他方式解开这个结。

这就是激痛点：阻碍你正确运动的肌肉结节，它迫使你改变姿势或动作模式来维持运动功能，但却不会修复它。

Travell 博士和 Simons 博士（1992 年及 1998 年）根据激痛点是主动还是被动、主要还是次要对其进行了定义。

激痛点／局部拉伸／局部强化

## 肌肉受限

筋膜／整体拉伸／整体加强／整体灵活性／动作链纠正

## 整体受限

## 动作及姿势紊乱

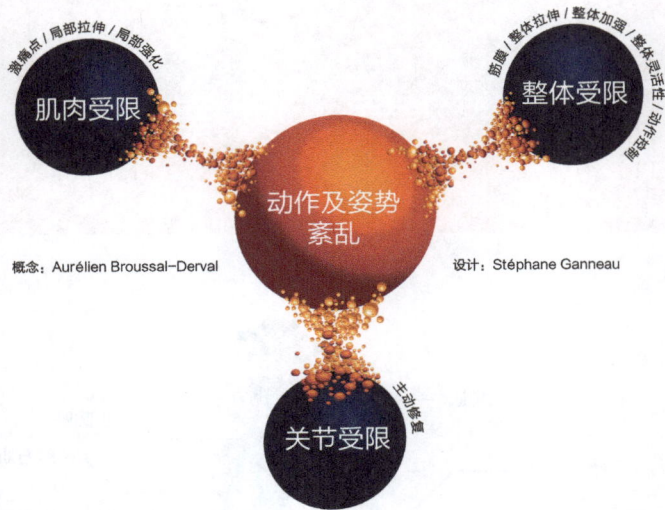

概念：Aurélien Broussal-Derval

设计：Stéphane Ganneau

主动修复

## 关节受限

---

### 按压激痛点

别着急，你要做的不是踩死一只虫子，而是要放松紧张的肌肉，因此必须要有耐心，循序渐进地进行。疼痛是比赛的一部分，但它应当是可控制的，要避免引发激痛点的疼痛加量。如果把疼痛的程度按照 1 到 10 打分，那我们的目标就是把它控制在 5 以内（Davies，2014）。如果实在疼痛难忍，可以按压或拉伸附近的另一个位置——如果可以的话，按压同一个肌筋膜系统上的部位。要记住，高频率比高强度更有效，因此不要犹豫，每天自己多按压几次激痛点。

### 主动激痛点和被动激痛点

只有在肌痉挛和自我按摩时被动激痛点才能被发现，这些激痛点疼痛明显，会影响到动作和姿势，但在日常生活中不易被察觉。反之，主动激痛点即使在非活性状态下也能被发现。因为它们或多或少取决于每天受力的时间或进行的动作，所以它们很易被察觉。主动激痛点的敏感程度会影响到其作用范围和致痛程度，它们的出现是由于伤病、缺乏适当热身而产生的剧烈（或重复性）压力以及长期不良姿势。

两种类型的激痛点都有必要进行处理。休息可以随时使主动激痛点转为被动状态，但并不能根除问题。反之，被动激痛点也会因为不恰当的动作而被激活。

### 主激痛点和次激痛点

主激痛点可以是主动的，也可以是被动的，伴随运动障碍或姿势紊乱产生。当一个激痛点辐射或曾经辐射至其他肌肉时，就会造成肌筋膜系统（肌肉和筋膜的连接，筋膜是包裹着肌肉或器官的一层薄薄的纤维组织膜）不同程度的紊乱。这会造成次激痛点。我们的整体策略是要缓解所有激痛点，而不仅仅是某一时刻下的一个疼痛部位。主激痛点可能会使得在与其相距较远的部位产生次激痛点。如果只对次激痛点进行治疗而没有解决根源问题，那么很可能会有新的激痛点产生。

同一块肌肉上可能会产生多个激痛点。我们必须花时间检查整块肌肉，以便对其进行更全面的处理。

# 第 3 章　自我按摩

疼痛不应当被视为可被忽略的精神或身体的缺点，而是一条提示你进行进一步检查的信息。忽略疼痛，你的运动在短期或长期内都会受到限制。

肌筋膜系统的自由灵活是运动所必需的。

在这方面，关于自我按摩技术，或是自己如何让肌筋膜系统变得自由灵活，本书进行了许多探讨。你可以使用各种针对身体不同部位的工具进行快速检查，然后检测到所有僵硬或紧张处，甚至检测到极小的激痛点。首先需要明确的是自我按摩时不能只按摩筋膜。所有结构都需同时被按摩到，包括神经组织、肌肉，甚至皮肤。肌肉和皮肤在被压缩时就像海绵一样。向其施加压力时，水会被挤出组织来；当压力消除或转移到其他位置时，水又会被组织重新吸收。

以下是自我按摩的主要作用，经证实，在运动前后都应当实施自我按摩。

➋ **对恢复期的影响。**除缓解被按摩肌肉的紧张程度外，自我按摩还能促进肌肉恢复，并进一步有效防止肌肉机能的丧失和缓解肌肉疼痛（Cheatham et al. 2015）。

➋ **对疼痛的影响。**通过放松紧张部位，消除疼痛。自我按摩在长期和短期内消除疼痛的作用都非常显著（Pearcey 2015）。2017 年，Behm 在他的研究中强调，肌肉疼痛减轻（这个问题 Macdonald 在 2014 年已经发过声明）、肌筋膜疼痛缓解对消除激痛点有积极作用。

➋ **对运动的影响。**从中期来讲，粘连部位的放松和疼痛的减轻能让你更加轻松地运动，并且不会影响肌肉机能（Macdonald 2013, Bushell 2015）。

➋ **对热身的影响。**自我按摩通过唤醒休眠甚至丧失感觉的运动部位（失去感觉和主动控制的部位），在不限制肌肉机能的同时提高身体灵活性，是热身时可以采用的一种效果极佳的方法（Halperin et al. 2014, Cheatham et al. 2015）。

## 运动才是关键

1. 缓慢地移动。要努力感受自己正在进行的动作，注意力集中在当时当下。自我按摩是属于自己的时间。你按摩的位置越深层，需要的时间就越长，越需要你缓慢地移动，去放松疼痛紧张的部位。

2. 寻找不熟悉的部位。在你身体上从未触碰过或运动过的部位移动手指。这些是最需要刺激的部位。

3. 在移动按摩工具和自己主动运动之间交替。如果使用按摩工具，你还可以把按摩工具固定在一个位置，移动自己的身体来进行软组织层之间的运动。也可以将可移动的按摩工具施加于主动激痛点，对紧张或疼痛部位进行更加有效的按压。要增加肌筋膜的运动，身体可以以工具为中心移动。对于肌肉紧张的部位，应当将工具放在身体上移动。

## 按摩就该痛苦吗？

关于这个问题有两种看法。第 1 种看法，有一些自我按摩的狂热爱好者，他们进行的自我按摩量远远超出了实际需要。和对其他事物上瘾的人一样，他们总是想要更多。这些人甚至会把杠铃、壶铃或杠铃片用作按摩工具，并相信这种会造成淤青的积极灵活的极端按摩方式会产生局部的适应性。这种方法通常比另一种将痛感保持在可忍受程度内、按摩结束后不再疼痛的方法更令人痛苦。第 2 种看法显然更加合理，因为淤青通常是肌肉受伤而不是肌肉恢复的标志。通常，你应该以自己的直觉和整体感受为指导：应当怎么做，怎样做可以帮助到你，都应倾听你自己的身体。

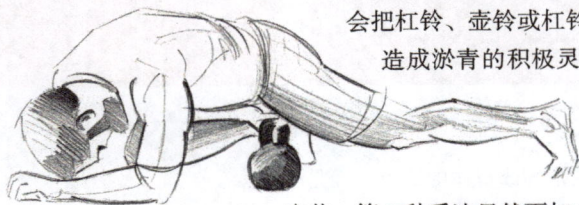

你的身体是具有适应性的，即使在短期内，自我按摩也能缓解疼痛。长期来看，它能让你增加对疼痛的耐受度（Jay et al. 2014），从而让你适应使用工具的更加强烈和深层的按摩。

为了确定问题部位，通常是需要一点疼痛感的，但你应当极其缓慢地移动，过度疼痛反而会导致放松的肌肉应激启动保护机制。另一方面，已经改变生活状态的明显疼痛应该由专业人员处理，例如在医护人员的监督下处理陈旧性损伤会更好。

我们认为，根据被处理的部位选择适合的按摩工具比你使用的方法更重要。在这方面，Monteiro 和他的团队相信关节活动度会受到按摩工具和按摩持续时间的影响（Monteiro et al. 2017）。

### 避开软组织过少的部位！

记住，自我按摩的主要对象是软组织。有些特定部位肌肉不是特别丰富，例如胫骨前侧，这些部位仍需要进行自我按摩。而有些部位几乎没有软组织，或通常只由韧带组成，就应当避免对其进行自我按摩。

### 指导信息

此处的指导信息能帮助你针对不同身体部位选择适当的工具。我们认为，如果无法触及深层部位或是让刺激发生变化，就应当换更加强大的工具。

本书中，我们结合了两种方法和一些高级运动练习。

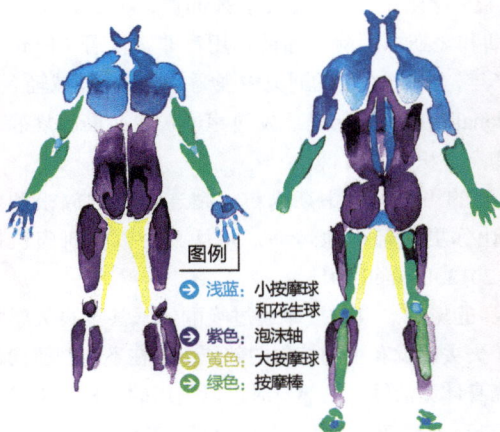

图例

➡ 浅蓝：小按摩球和花生球

➡ 紫色：泡沫轴

➡ 黄色：大按摩球

➡ 绿色：按摩棒

□□□□□

## 髂胫束

　　自我按摩已经开始出现在研究和社交媒体中。大腿是最常接受自我按摩的部位之一，但髂胫束和阔筋膜的按摩也变得尤其受欢迎。这些部位的特殊之处在于没有肌筋膜：尽管其深层由肌肉组织组成，但髂胫束本身并不能收缩。这就在一定程度上解释了为什么髂胫束不受感觉运动失忆症的影响——它只会受到日常运动的刺激。因此，对大腿外侧按摩的热身效果极其有限。

　　针对这个部位的大部分按摩都会带来疼痛感。我们并不建议有意地在髂胫束和深层肌肉之间制造摩擦，因为这样只会引发炎症而不能缓解疼痛。事实上，按摩滚轮和球施加的压力并不能将髂胫束与下方的股外侧肌分离，压力只会让二者相互挤压。

　　为了确保这两个表面可以相对"滑动"，最好使用固定工具，如将泡沫轴切成两半放在地面上，或用两个重物将泡沫轴牢牢固定，然后把大腿放在上面滑动效果会更好。要让你的身体在泡沫轴上运动，不要让泡沫轴运动。

　　另外，自我按摩基本无法放松髂胫束，按摩中放松髂胫束所需的压力是人根本无法承受的。

　　在我们看来，集中按摩髂胫束的两端作为放松髂胫束的方法反倒有用得多。首先按摩臀部最上方髂嵴（骨盆髋骨前侧和外侧）下方的位置。这个部位通常是力量训练和自我按摩所忽略的部位，但按摩这个部位会有立竿见影的效果。另一个适合进行自我按摩的部位是膝关节外侧，它处于髂胫束另一端和腓骨（小腿侧面的长骨）顶端之间。这种按摩对需要膝关节一直固定在地上某一点的运动尤其有好处，因为按摩这里可以让腓骨更灵活，便于扭转。

## 从自我按摩到热身

　　本章中，我们讨论了很多缓解疼痛的自我按摩方法。在后面的章节里，我们将讨论把自我按摩和拉伸结合起来锻炼长期的灵活性。但短期效果如何呢？例如，在常规热身中加入自我按摩的效果如何呢？

　　热身时进行自我按摩，目的是在不影响肌肉反应性的情况下增加你的关节活动度，并保持（甚至提高）所用到的肌肉的收缩强度（Halperin et al. 2014）。

---

## 肌肉记忆丧失

　　已经"丧失记忆"的肌肉很难通过自我按摩发现，原因很简单，你可能根本感觉不到它们的存在。我们的建议也很简单：按摩全身所有部位，包括那些容易被忽略的部位。你越多地按摩那些你从来没有触及的部位，你就越可能发现有肌肉记忆的部位。以下是最常见的被忽略部位。

　　→ 足底（足弓、脚掌、脚跟）

　　　→ 小腿前侧

　　　→ 膝关节后侧

　　　→ 腋窝下部

　　　→ 股四头肌内侧

　　　→ 髋关节旋转肌

　　　→ 髋部顶端

　　　→ 颈部上方，头部下方紧挨头部的位置

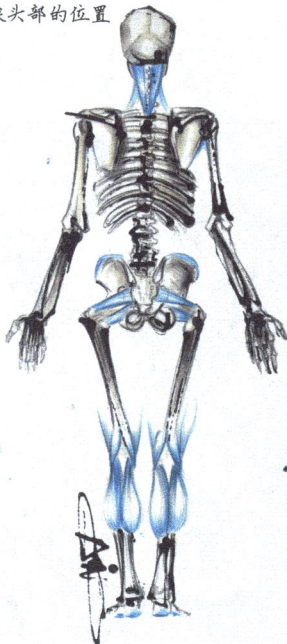

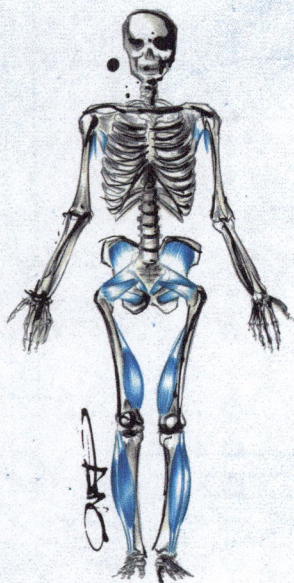

因此，自我按摩相比被动拉伸具有很大的优势，被动拉伸会降低肌肉的反应能力。

2016 年，Kelly 和 Beardsley 在他们的研究中发现，平均 9% 的人自我按摩后灵活性明显提升，这一变化可维持约 20 分钟。应当注意的是，按摩一侧足弓时，另一侧肢体也会出现这种效果。不过这种有利效果消失得更快（对侧肢体的效果最多持续 10 分钟）。

因此，我们建议用以下方式进行热身。

→ 针对目标运动进行自我按摩，如开始深蹲前 10 分钟左右对足弓、腘绳肌、臀肌进行自我按摩。

→ 当一侧肢体由于病理原因而僵硬时，在必要的情况下可通过按摩对侧肢体的肌肉使其活跃。例如，即使一只脚不能按摩，按摩另一只脚也可以帮助增强其灵活性。

注意：目前不是所有的热身运动都被证实有效，同时也要利用你自己的常识对其判断。首先，自我按摩可以提升组织温度，放松肌筋膜系统并缓解粘连部位或激痛点的疼痛，这是一个可长期使用、帮助放松的工具。虽然我们鼓励在热身时进行系统性的按摩，但在锻炼开始时不应过度进行自我按摩。以下是我们建议的方法。

## 自我按摩热身法

足弓：每只脚按 60 秒，做 1 至 2 次。

其他肌肉：每块肌肉按 30 秒，做 2 至 3 次。

## 热身时应牢记的内容

→ 进行自我按摩的次数越多，就能越快地在热身中看到成效，锻炼中的自我按摩也越有用。不要等待，现在就用自我按摩彻底改变你的热身吧！按摩初期，会出现僵硬和疼痛，热身中的自我按摩时间也不足以消除这些感觉。但另一方面，如果你按摩时间过久，会让肌肉和肢体过度放松。这就像拉伸一样，只有每天做才能看到最佳结果。关于这个主题的最明确的研究是长瓦诺团队在 2017 年进行的，他们发现自我按摩股四头肌后腘绳肌的紧张程度有所降低。作者把这种情况解释为股四头肌感受到的疼痛导致腘绳肌放松。定期自我按摩

会消除身体的急性疼痛，在热身期间使用这种方法的限制也就越来越少。但是刚接触自我按摩的运动员应当在开始训练几周之后再使用自我按摩进行热身，并且首次自我按摩的时间应较短。

→ Cavanaugh 在研究中还建议谨慎区分旨在提升短期运动性的自我按摩和针对热身的自我按摩。若在进行锻炼开始时自我按摩，按摩强度应控制在不产生疼痛感的程度。另一方面，如果自我按摩的目的是提升长期灵活性，并且按摩与下一次训练阶段之间有充足的休息时间，则可以施以产生能忍受的疼痛的自我

按摩。

→ 与预热神经和心血管系统一样，要根据自我感觉施以循序渐进的自我按摩方法。为了达到最佳效果，应当在柔软的部位逐渐增加压力，不要从一开始就猛烈挤压，否则可能在之后的阶段产生身体甚至心理上的排斥。

→ 与热身中的拉伸一样，自我按摩的目的是激活神经肌肉系统，但要避免使其过度放松。毫无疑问，自我按摩应当配合具有一定强度且循序渐进的运动共同达到热身效果。

## 神奇的足弓

从筋膜系统的角度来看，足弓处于非常特殊的位置。按摩足底不仅能立即缓解足部的紧张，提高其支撑能力和唤醒神经系统，还能改善身体后侧肌肉的柔韧性，尤其能提升腘绳肌和脊柱的柔韧性（Grieve et al. 2015）。这意味着无论是在办公室还是在健身房里，你的包里始终应当装着一个按摩球。

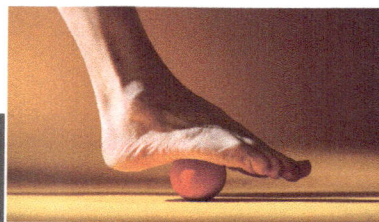

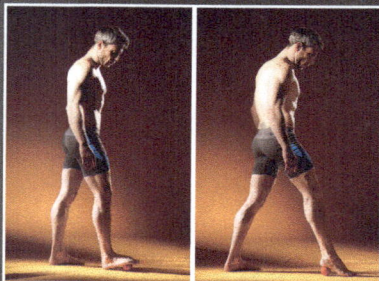

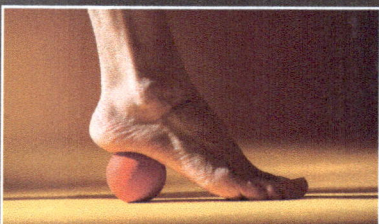

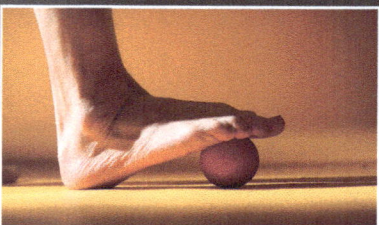

### 请注意

　　粗暴、快速、漫不经心地滚动按摩不会带来通常因压力和放松相结合而在软组织上产生的"海绵"效应。相反，这会加重肌肉的紧张程度，破坏甚至损坏本体感觉器。因此你必须花费一些时间，投入精力缓慢地滚压按摩球，这对你的身体非常重要。

# 第 4 章　对抗疼痛

疼痛并非不可避免。

激痛点的局部处理、自我按摩、拉伸、规律运动以及重新调整关节，这些都是应当每天使用以维护自己的"机器"，即你的身体的工具。

使用自我按摩逐一"扫描"身体的各部位，检查各个部位是否存在僵硬、疼痛或顽固的区域。可用的方法和工具有很多，应根据需要检查并治疗的部位选择具有相应精确度和适当程度的方法和工具。

首先，使用这一方法的目的通常是消除激痛点（我们是为了应对持续性的疼痛才开始使用这种方法的）。最初，消除激痛点通常专注于特定的身体部位，需要非常精确，但是无须等到这些部位的激痛点被完全消除，就可以开始探索身体其他需要被处理的部位了。要记住它们都是相互关联的。

只要紧张感和疼痛感存在，这两个阶段的处理（局部处理和整体处理）就应当每天或隔天一起进行。

有问题的部位不再疼痛后，还需要开展一个维护期，在此期间不需要每天对疼痛部分进行处理（但是仍可自由进行自我按摩和拉伸）。

**我应当什么时候进行这些练习呢?**

所有建议的练习都可以在一天中的任意空闲时间进行。但早上醒来时进行这些训练能唤醒你的肌肉和肌腱。晚上训练可以帮助全身放松,有助于身体在经受了一天的压力后恢复,并提高睡眠质量。

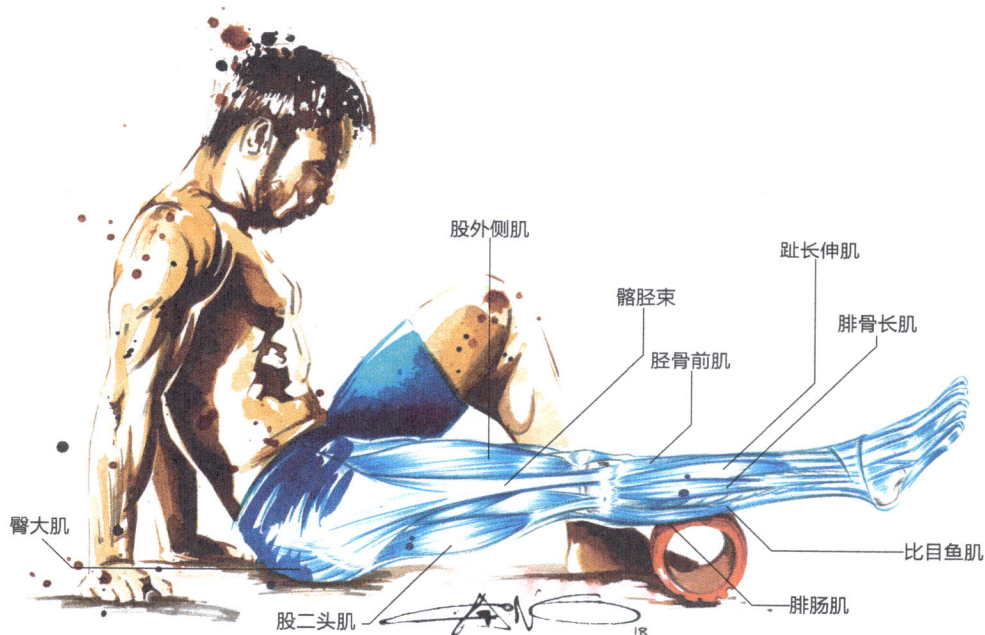

股外侧肌

髂胫束

趾长伸肌

腓骨长肌

胫骨前肌

臀大肌

比目鱼肌

腓肠肌

股二头肌

无休止的疼痛问题都是由体育活动或运动、日常活动或静止，或是既往伤病导致的。要提供一种能解决所有问题的方法几乎是不可能的。我们将探讨本书大部分读者产生疼痛的原因。你会看到有些训练明显比其他训练有效得多。你会发现有很多训练方法可选择，当然，并不是所有训练都对你有效。你可以从中选取你喜欢的，并把时间花在最需要处理的部位，或者把不那么有效的训练放在下一训练阶段。

需要说明的是，本书针对的读者是没有任何可能需要手术、药物治疗或物理治疗的疾病或创伤的健康人群。最重要的是，本书针对的是正在遭受因心理或生理压力而产生慢性肌肉疼痛的人群。

> 最重要的是，本书针对的是正在遭受因心理或生理压力而产生慢性肌肉疼痛的人群。

## 复原的基本规则

病理性疼痛可能是药物导致的，也可能是伤病、事故、非常不正确的姿势或疾病导致的。我们相信除此之外的其他因素导致的疼痛都是可以避免的。

治疗疼痛是我们的目标。但若不改变不正确的姿势，疼痛还会重现；不改变不良的运动习惯，疼痛也会重现；只要肌肉持续紧绷，疼痛还会重现。

所以我们需要根据以下几个简单规则恢复运动和姿势的功能性机制。Kelly Starrett 在他的《伏案工作》(*Deskbound*) 一书中给出了 4 条建议规则。

➔ **如果有些东西的位置出现了错误，那么就把它们重新放回正确的位置。**这只是开始，让我们学会重新控制自己的姿势。

➔ **让不动的部位动起来。**久坐不动会使我们长时间处于功能受限状态。因此，肌肉僵硬会变得越来越普遍，运动中的疼痛也发生得越来越早，从而限制身体的灵活性。

➔ **多活动局部疼痛的部位。**多活动疼痛部位肌肉是消除疼痛的根本所在。再同时对激痛点进行自我按摩，这种做法能让你有效减少肌肉痉挛和粘连部位。

➔ **治疗疼痛点上方和下方，消除机械阻碍。**要把肌肉和肌腱作为一个系统来考虑，而不要只考虑局部的疼痛，因为局部疼痛常源自另一个受限的位置。不应当只在疼痛处或运动受限的部位治疗疼痛，而应当系统性地治疗这个部位上方和下方存在问题的区域，从而有效地治疗整个区域。

□□□□□

## 防止过度使用自我按摩

　　自我按摩具有成瘾性，因此很容易变得只使用自我按摩。要记住我们的目标不仅仅是消除局部疼痛，所有的治疗最终都应当回归运动，重新获得活动范围和动作控制。因此，不要使自我按摩与拉伸和动作控制训练分离。

## 分析方法的理论需求

　　如果身体的某一位置产生剧烈疼痛，那么原因几乎都与身体其他部位有关（请阅读第 11 章"肌肉链"）。要记住"上方和下方"的规则，不要只处理疼痛的位置，也不要只在疼痛的时候进行处理——你必须探索性、系统性地处理疼痛部位上方和下方的区域，无论这些位置疼不疼。

　　你还应当定期检查每个身体区域。为了准确说明，我们选择按疼痛部位对练习进行分类，但不要忘记如果膝关节酸痛，还应当处理从髋部到膝部（含）和脚踝到膝部（含）的区域。别忘了要同时处理身体的其他部位，即使这些部位一点也不疼！

## 你需要什么工具？

你可以很快了解这本书里的内容，但这还远远不够。你需要一套完整的工具，根据你要集中处理的身体部位，选择最适合的工具。

**强力弹力带**。很多拉伸、运动和关节牵伸训练都至少需要两根弹力带。我们建议使用一根紫色弹力带用来提供均衡的阻力，一根红色弹力带来提供更小的阻力，很多厂商都生产弹性带。

**泡沫轴**。泡沫轴是最经典的帮助进行灵活性及恢复性训练的工具，它能锻炼到身体大部分部位，尤其适合用来按摩身体后侧肌肉链和下肢。

**小按摩球**。大小如同长曲棍球，这种球一般由致密橡胶组成，能让你深入按摩身体多个部位。

**花生球**。这种球能让你同时按摩一个部位的两侧，或是按摩一块肌肉或肌腱的两个部位。

**大按摩球**。这种球的用法和泡沫轴一样，但它的密度更大，因此适合按摩某些特定位置。它还能让你抬高身体，按揉小按摩球无法触及的位置，如髋屈肌和内收肌。相比仰卧在地面上使用小按摩球，使用大按摩球效果更好，因为它能抬高你的身体，以更加舒适的方式按摩这些部位。

**健身球**。也叫稳定球，这个工具不仅可以用于训练核心，还是强大的身体灵活性练习工具。

**健身垫**。在舒适的环境中进行自我按摩和拉伸会更加有效。以放松为目的的锻炼不应当让膝关节直接跪在地上或是让手肘直接撑在瓷砖上并保持数分钟。没有必要在坚硬的地面上训练，因此强烈建议使用垫子进行练习。

## 背部疼痛部位：腰部

疼痛最常见的发生部位之一就是下背部（也称为腰部或腰部区域），这里也常是多种紧张和疼痛的源头。

腰部的大部分肌肉都承受着很大的压力。事实上，腰部是身体姿势和动作的发力点，许多肌肉也汇集于此。腰方肌、背阔肌、髂肋肌和最长肌的下端点，以及更深层的多裂肌和竖脊肌，从骶骨（尾骨）一直到第11、12节胸椎（肋骨底部）以及整个躯干横面都容易变得紧张。

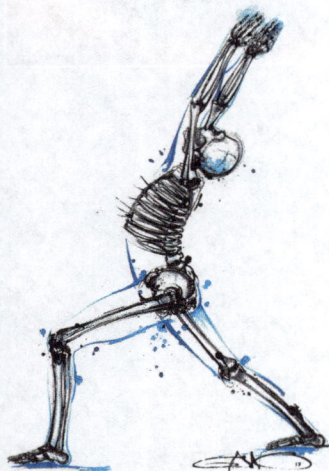

疼痛的原因有很多，因为从肌肉组成来看腰部非常复杂：多层肌肉交叠在腰椎弯曲处，有时很难精确定位一块敏感的肌肉，通常需要处理整个区域。

腰大肌

颈夹肌

背阔肌

斜方肌

胸棘肌

腰髂肋肌

腹斜肌

最长肌

臀大肌

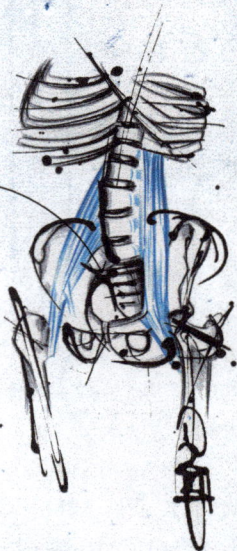

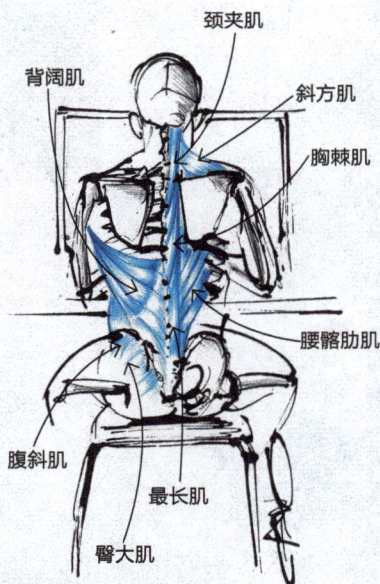

→ 问题通常都比表面看上去的范围更大：髂腰肌附着于腰部。髂腰肌过于强大、过于脆弱、过于僵硬都会引发补偿肌肉疼痛。每天拉伸、加强力量、运动和放松髂腰肌都是对抗背痛的每日重要任务。

→ 不平衡的情况很常见：腹肌相对腰部肌肉过度锻炼也会造成酸痛感。因此对腹部和腰部的锻炼要始终保持平衡。

→ 不应忽视肌肉脆弱或局部僵硬：适度加强强大的表层肌肉和深层脊柱肌肉的力量是根本所在。

# 快速检查

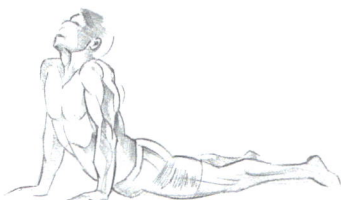

日常的疼痛会为我们提供充分的有关特定部位需求的相关信息，除此之外，深度的快速检查也能发现腰部哪些部位需要注意。快速检查如下所示。

## 1

狮身人面式：腹部着地，俯卧在地面上，双手放在髋部两侧。伸展脊柱，眼睛向上看。

## 2

乌尔西测试：俯卧，全身伸展，两手臂交叉放在下颌下方，尝试弯曲膝关节，用脚跟触碰臀部两侧。你的膝关节应当可以弯曲120度以上，同时保持髋部贴在地面上，骨盆不弯曲。双腿分别进行这个动作。

## 3

肋骨和骨盆之间放一个球：背部着地仰卧，双脚平放在地面，双膝弯曲90度。把一个按摩球放在腰部柔软的位置（避开脊柱），来回滚动按摩球，查找疼痛的部位。

在这些练习过程中如果产生任何剧烈的疼痛感，你需要预约医生进行全面的医学检查。如果在这些练习中产生中度疼痛或紧张感，那就意味着你应当每天进行其中的一项或多项练习。

### A1. 使用泡沫轴按摩

　　以泡沫轴按摩开启肌肉训练是个好的选择，它能让你逐步扩大放松范围，并从一开始就能确定更加敏感的部位。要让这个按摩更加有效，可以双手在胸前交叉，用手抓住对侧肩部。你可以从上向下滚动，背部斜对着地面（如下图所示）；也可以扭转身体，让身体与地面平行。我们建议始终以相同的方法在肌肉链的上下连接处按摩。

　　做 1 至 3 次，每次 1 分钟。

　　如果你在某个紧张部位发现了激痛点，可以在这里多花些时间，以较强的力度和柔和的力度交替按摩，每 5 秒交替 1 次。

### A2. 使用泡沫轴进行臀部按摩

　　右脚踝叠放在左膝上，按摩右侧臀部肌肉。沿着臀大肌（臀部肌肉最厚的部位）和臀中肌（臀部外侧）一点点移动，寻找疼痛的部位。

　　从前向后进行 10 次，从左向右进行 10 次，然后换腿按摩。共做 3 组。

　　如果在紧张部位找到激痛点，可以在这里多花些时间，以较强的力度和柔和的力度交替按摩，每 5 秒交替 1 次。

### A3. 使用泡沫轴伸展

　　仰卧，将泡沫轴放在腰部下方。伸展时辅以呼吸训练（参见第 2 部分），完全放松。

　　每次运动进行 3 组，每组 20 秒，中间不休息（共 1 分钟）。

　　将此持续的、伸展幅度大的动作与让膝关节靠近胸部的动作交替进行，每 20 秒交替 1 次。

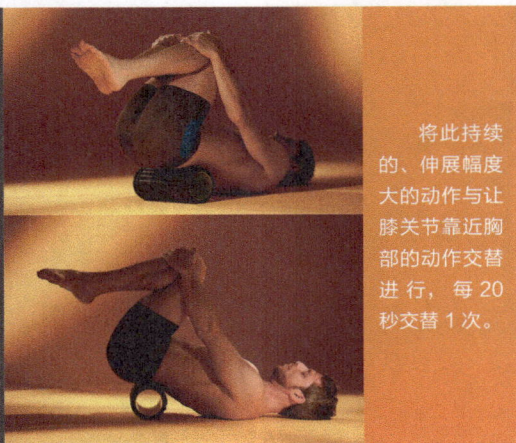

## A4. 拉伸功能肌肉链

双脚平行站立，上半身向前弯曲，呼气时放松，尽量拉伸腰部。利用腹式呼吸，再次吸一口气，向前跨一步。将两条手臂举过头顶，眼睛向上看。

10 个动作为 1 组，每侧进行 3 组，每组之间休息 30 秒。

## A5. 双脚抬起，使用按摩球按摩

仰卧，双脚放在椅子或箱子上，用泡沫轴舒适地支撑起你的头部。把按摩球放在腰部下方，抬起髋部，向按摩球施加压力。来回滚动按摩球，检查臀部顶端（或腰部底端）至第 10 根肋骨的位置；这个区域的任何位置都可能敏感，具体取决于你的运动和习惯。如整个区域都很敏感，可以从底端开始逐渐向上移动到终点，几次练习之后疼痛感就会减轻或消失。

每侧进行 3 组，每组 1 分钟。（如果有痛感，每组进行 20 秒即可。）

如果在紧张部位找到激痛点，可以在这里多花些时间，以较强的力度和柔和的力度交替按摩，每 5 秒交替 1 次。

## A6. 使用按摩球站立按摩臀肌

由臀部肌肉辐射到腰部的疼痛很常见。靠墙站立，膝关节略弯曲。每侧按摩 3 组，每组 1 分钟（如果感到疼痛，每组按摩 20 秒即可）。

如果感受到紧张部位的疼痛触发点，可以在此处强弱交替按摩更长时间，每 5 秒变换按摩强度。

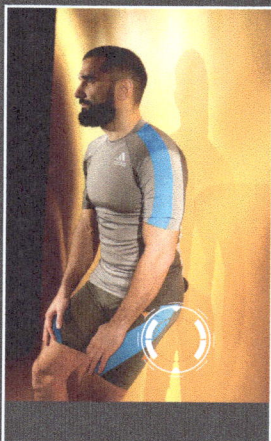

## A7. 关节复位（双手固定或不固定）

本训练的原则是引导股骨（大腿上方骨骼）被动地重置在髂骨－股骨腔（通常称为髋关节）中的位置。这个动作也能有力地拉伸腰方肌等腰部肌肉，这些肌肉在平时很少能得到拉伸。

仰卧，将一根弹力带绑在器械的固定位置或拴在门上。将弹力带在脚踝上绕一个圈，如下图所示，然后向后移动，让腿和弹力带都伸展。腿部完全放松，这一点很重要；不要对抗牵引力，而要把你的腿拉直。这个动作的一个变式是双手在头顶握住一个杠铃片或壶铃，利用牵引力拉伸整个肌肉链。

每条腿进行 3 组，每组 40 秒。

## A8. 骨盆复位

背痛通常源自骨盆移位，因此专业人员必须在治疗中对骨盆位置进行纠正。只要进行简单的训练就能缓解甚至避免这种位置不当。仰卧，抬高双脚和膝关节，并在双膝分别施加方向不同的力：右膝向下压，与右手的用力方向相反，左膝向上压，与左手的用力方向相反。

每侧膝关节进行 3 次，每次 5 秒。

## A9. 高级狮身人面式

腰部缺乏灵活性通常是造成疼痛的原因。将髋部固定在地面上防止其他肌肉产生代偿，然后调整髋关节来恢复腰部正常的活动范围。在这个体式中可以使用一根弹力带固定髋部和腰部，以增加动作强度。

保持完全伸展的状态 3 至 5 秒，重复 8 次为 1 组，做 3 至 5 组。

## A10. 站立伸展

要改善动作，有时候只需要动起来就可以。通常只有在刚开始练习的时候会感到疼痛，你只要继续运动下去，疼痛就能缓解。双脚分开至与髋同宽站立，眼睛看向天花板，背部尽量伸直。避免髋部和颈部代偿发力，集中精力让腰部完全伸展，每次重复这个练习时都努力使伸展幅度更大一些。进行这项运动时将大腿放在一根横杆或桌子上可以提高训练强度。

保持完全伸展的状态 3 至 5 秒，重复 8 次为 1 组，做 3 至 5 组。

### ➔ 为期 3 周的腰部灵活性训练示例（包括周围区域训练）

| 周一 | 周二 | 周三 | 周四 | 周五 | 周六 | 周日 |
|---|---|---|---|---|---|---|
| A1*、A2、A10、A3、A4 | B10、B2、B5、B4、B6 | A1、A8、A7、A6、A9 | C7、C12、C13、C9、C10、C17 | A1、A5、A10、A5、A9 | C12、C2、B2、B4、A5、A10 | A7、A1、A2、A5、A4 |

\* 以上字母 / 数字组合表示第 26 至 76 页的训练和技巧。

□□□□□

## 背痛：胸椎

　　背部的中间部分是胸椎——这部分脊柱是肋骨附着的基础——而且这个部分特别容易产生疼痛。从功能角度来看，这个部位的肌肉在肩部和背部之间相互作用。

　　毫无疑问，胸椎弯曲会造成肩部和上背部产生错误的用力模式，这会越来越向内牵拉肩部，让上背部的脊柱弯曲发生变化，导致疼痛和动作效率低下。颈部虽然受到的影响较小，但也与胸椎相连，一端固定在胸椎上的颈夹肌与胸椎联系更是密切。

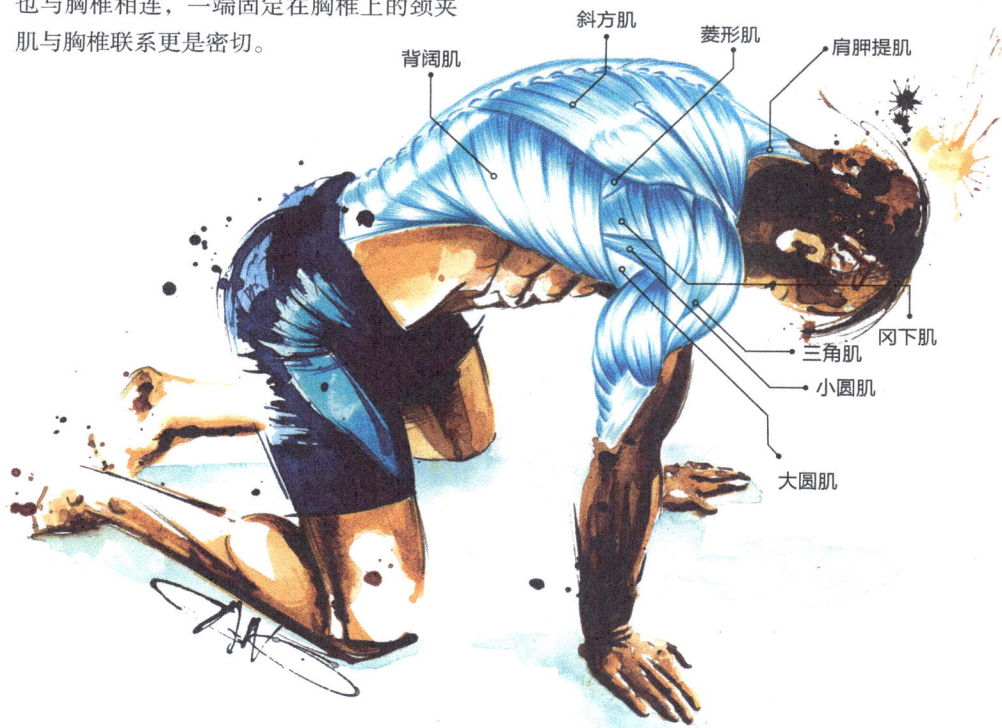

斜方肌

菱形肌

肩胛提肌

背阔肌

冈下肌

三角肌

小圆肌

大圆肌

背部中间位置的第 1 层肌肉通常都很紧张，最长肌和竖脊肌尤其会受到影响。由于颈夹肌、菱形肌和斜方肌都在这个位置，因此也会受到影响。同时也应当注意肩袖肌群和背阔肌，因为这些肌肉也有一部分位于这个位置，所以其功能也会受到这个区域的影响。此外，精神压力也会给这个已经脆弱不堪的机械系统增加负担。

**颈夹肌**
**小菱形肌**
**大菱形肌**
**胸棘肌**
**肩胛下肌**
**胸最长肌**
**冈下肌**
**腰髂肋肌**
**背阔肌**
**臀大肌**

## 改正这个姿势问题能缓解身体和心理问题

➔ 停止忍受你的习惯姿势。你的身体你做主，所以你要收回控制权。打开胸部，肩部向后展开，让自己的身体伸直。如果有需要，可以让你信任的人提醒你。纠正自己的姿势是一个持续性的过程。

➔ 有些人形成不良姿势是因为羞怯、缺乏自信或是缺乏动力。舒展开来，不要隐藏你自己！只需改变姿势，不需要改变视线；不要让弯腰驼背毁了你的健康。

➔ 要记住，每一个问题都不是孤立的。有时你必须换个角度才能更容易地看到问题。这种情况下，问题很可能只是由胸小肌僵硬引起的！

➔ 问题通常在于身体灵活性而不是在于力量。可以考虑评估、拉伸和加强肩袖肌群（冈下肌、冈上肌、小圆肌、大圆肌、肱二头肌长头以及肩胛下肌），加强肩胛周围肌肉的力量并注意放松（尤其是小菱形肌和大菱形肌）。同时也要充分放松背阔肌、斜方肌和胸小肌。

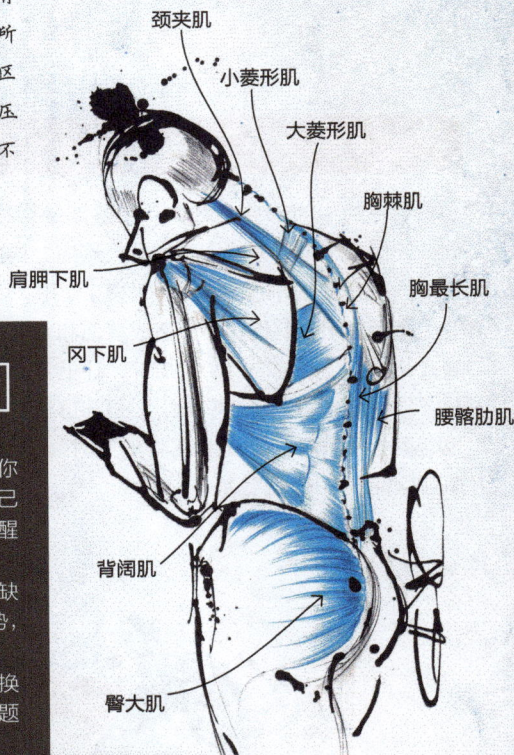

### 背部肌肉：潜在的陷阱

一些教练常犯的错误是使用下拉练习来训练有上背部问题的运动员。他们会使用高位下拉、宽抓力低轮滑组甚至是卧拉等需要充分打开胸廓部位的练习，但这些方法很难达到好的效果。

➔ 这些方法从本质上是针对背阔肌的，尤其是初学者，他们很难激活肩袖肌群和肩胛周围的肌肉，以求降低肩部并收紧肩胛骨。背阔肌也很少是薄弱的环节，但在用力收缩和稳定控制中背阔肌会占据主导，这就让真正带来姿势问题的肌肉无法得到充分锻炼。

➔ 这些训练会使背部中间部位高度紧张，从而限制该部位的灵活性和动作控制。

➔ 这些练习只针对一些简单的动作。如果肌肉链条中的某些环节过于薄弱，那么问题永远无法得到解决。

因此，我们必须关注完整的筋膜链，而不是采用单独分析局部的方法。如果这条筋膜链上有薄弱环节需要关注，那很可能是肩袖肌群（力量和柔韧性）、肩胛周围肌肉（力量）以及胸小肌（柔韧性）。

# 快速检查

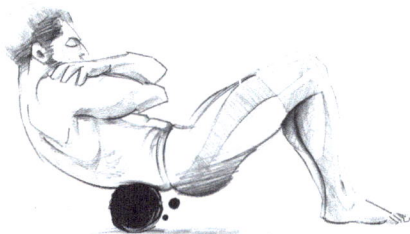

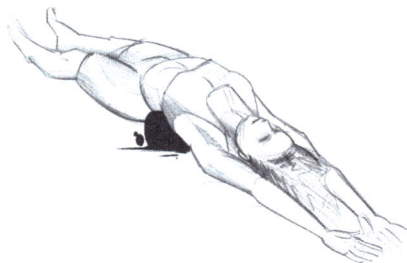

日常的疼痛会为我们提供充分的有关特定部位需求的相关信息，除此之外，深入的快速检查能发现胸椎上需要重点关注的部位。快速检查如下所示。

## 1

滚动泡沫轴：在泡沫轴上前后滚动，寻找僵硬或疼痛的部位。自然地进行这些动作即可，无须关注某一点，只需要仔细"倾听"疼痛。

## 2

在泡沫轴上完全伸展：将泡沫轴放在上背部下，伸展背部。尽量拉长自己的身体，不仅要使用手臂和双腿，还要使用头去伸展。

如果在这些练习中产生剧烈的疼痛，你需要预约医生进行全面的医学检查。如果在这些练习中产生中度疼痛或紧张感，就意味着你应当每天进行这其中的一项或多项练习。

## B1. 双杠上的放松

用手肘和前臂支撑，让身体在双杠上悬空。肩部收缩，保持这个姿势。

根据自己的能力做 1 至 3 次，每次 15 至 30 秒。

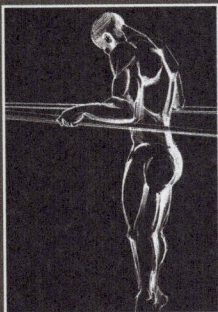

## B2. 使用泡沫轴按摩

双臂交叉置于胸前，仰卧，同时尽量抓紧肩膀。让泡沫轴缓慢地从臀部向脊柱顶部滚动，让脊椎一节一节地经过泡沫轴。如有需要，重复 1 至 3 次，然后在僵硬的部位滚动泡沫轴，同时不断开合胸部。胸部打开的姿势下按摩 5 秒以上，当触及最重要的位置时要非常轻柔地移动泡沫轴。熟练的训练者可以在拉伸状态下保持 1 分钟。

将泡沫轴从臀部到脊柱顶部缓慢而有控制地滚动 1 至 3 次。然后进行 1 至 3 组胸部开合动作，每组 6 次，保持胸部打开姿势 5 秒。

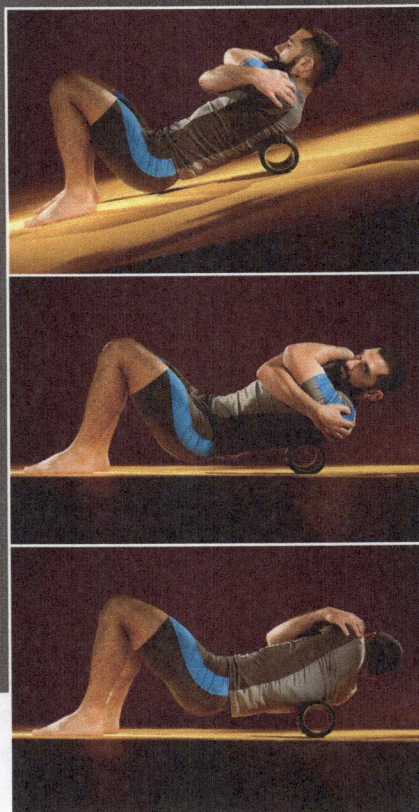

## B3. 使用泡沫轴进行侧向按摩（头枕长泡沫轴）

泡沫轴沿脊柱放置，躺在泡沫轴上，两手臂在身体两侧摊开。轻柔地左右滚动泡沫轴 10 次（每侧 5 次）。

缓慢而有控制地在身体两侧来回滚动泡沫轴，做 1 至 3 组。

## B4. 拉伸胸椎

背靠墙壁蹲在地面上，两手臂向上抬起，身体向上伸展。两脚尽量贴近臀肌并向后靠，让背部尽量伸展贴住墙壁。挺起胸部，尽量让身体向上伸展，双手向头顶伸展。

如果感到这个训练过于困难，开始的时候可以坐在椅子上，背靠椅子靠背。胸部向前挺，肩部向后展开。尽量拉直胸椎，让背部呈一条直线，在不离开椅子的情况下，向后退一步，使背部更加贴近椅背。两手臂举过头顶，头部位于两手肘之间。胸部尽量向前挺。

做 2 至 3 次，每次保持 40 至 60 秒。

## B5. 猫式呼吸

双手支撑双膝跪地，肩胛骨拱起，上背部向上推出，让背部尽量伸高，头部向下垂。然后进行反向动作：背部尽量向下压低，头部慢慢抬起，尽量让肩胛骨朝向地面。

做 3 至 8 次。

## B6. 功能肌肉链拉伸

以弓步姿势开始，右膝关节在右脚趾前，左膝跪地，左脚脚背平放在地面。左手放在右膝外侧，带动身体向右侧扭转，右手臂（与地面平行）尽量向身后延伸。保持这个姿势 15 至 30 秒，然后换侧训练。

每侧拉伸 1 至 3 次，每次持续 15 至 30 秒。

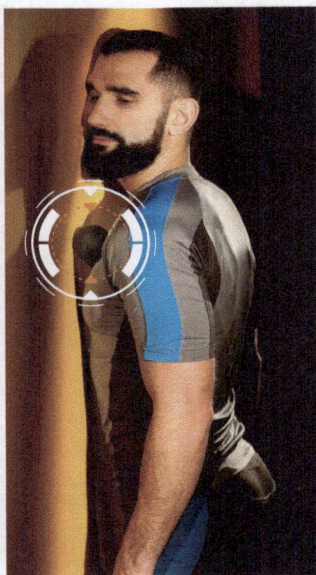

## B7. 胸小肌按摩与拉伸

以下两个训练交替进行。在胸部和墙壁之间夹一个按摩球，利用按摩球按摩胸小肌 30 秒，然后一条腿伸展坐下。将弹力带一端勾在伸展腿的脚上，另一端勾在同侧的手上，如右图所示。放松肩部（使其向后移动），拉伸胸小肌。通过绷紧或放松腿部及扭转胸部控制拉伸的强度。拉伸 20 至 30 秒，然后用按摩球按摩同一侧肌肉。按摩完一侧肌肉之后换到另一侧，交替按摩和拉伸。

每侧进行 2 组 30 秒的按摩和 1 组 20 至 30 秒的拉伸。

## B8. 使用悬吊带的 ITW 训练

将悬吊带固定在固定杆上。身体呈一条直线，肩胛骨向后加紧，将肩部向后拉。手臂伸展过头顶，身体呈一条直线，同时保持身体的伸直，让全身呈字母"I"的形状。然后让两手臂在体侧伸展，呈字母"T"的形状，打开双臂，使其呈 90 度弯曲，呈字母"W"的形状。进行这个训练时身体越向后倾，难度越大。双脚站立位置越靠后，让整个身体接近直立，训练起来越容易。

训练 3 至 4 组，每组做 12 次（每个动作 4 次），每组之间休息 45 秒。

## B9. 使用弹力带的侧举与旋转

将弹力带固定在固定杆上，或将弹力带固定在门上。开始时，两手臂置于身体两侧，手肘弯曲呈 90 度。手臂侧举，两前臂与地面平行。保持这个姿势（手肘不要向下垂），前臂与肩部齐高时开始上抬前臂，至前臂与地面垂直。再将以上动作反向进行，至此完成 1 组。

根据难度感受进行 3 至 4 组，每组做 6 至 12 次。

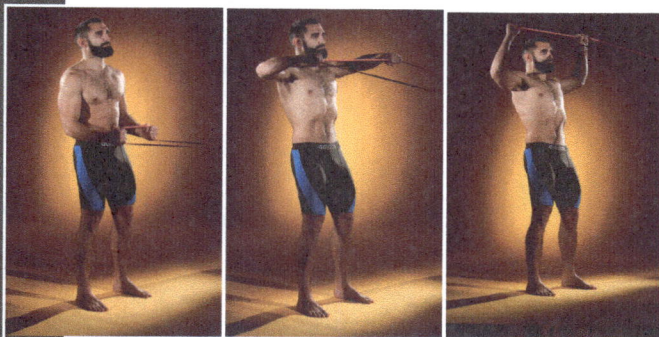

## B10. 使用泡沫轴按摩背阔肌、小圆肌和大圆肌

侧卧在地面上，将一根泡沫轴置于腋窝下。从上到下轻柔地滚动泡沫轴，然后身体从前向后转动，最终横向按摩肌肉。

从上到下移动 10 次，从前到后转动 10 次，此为 1 组，共做 1 至 3 组。

➡ 针对胸椎（及附近部位）为期 3 周的灵活性训练示例

| 周一 | 周二 | 周三 | 周四 | 周五 | 周六 | 周日 |
|---|---|---|---|---|---|---|
| B2*、B3、B1、B6 | A1、A8、A7、A6、A9 | B2、B3、B8、B9 | C2、C6、C16、C11、C13、C15 | B10、B2、B5、B4、B6 | C12、C2、B2、B4、A5、A10 | B7、B3、B4、B1、B6 |

* 以上字母 / 数字组合表示第 26 页至 76 页的训练和技巧。

骨盆区域

臀大肌

骨盆是极易受压力影响的身体部位。

阔筋膜张肌

股外侧肌

股内侧肌

缝匠肌

耻骨肌

长收肌

腹内 / 外斜肌

当人类开始直立行走时，髋关节随之进化得更加开放，从而更有可能发生多种炎症、大量的失衡和大面积的僵硬。此外，髋部在人体姿势中发挥着重要的作用，它帮助收集本体感受信息并影响着人体的运动能力。髋部具备足够的灵活性并且没有疼痛，是人体这座机器得以正常运转必不可少的条件。

正常情况下，髋关节能够灵活地运动，分布在髋关节周围的大量的肌肉组织能保证髋关节以最佳的状态发挥作用。这些结构出现僵硬、失衡或无力都有可能导致局部炎症，炎症可能迅速扩散至整个髋部，并引发腹股沟拉伤或疝气，因为这些结构紧密相连并且相互影响。

我们来快速检查骨盆区域的肌肉。首先是髂腰肌，这块肌肉几乎时刻都在使用。从行走到坐下再到爬楼梯，所有涉及抬腿或弯曲躯干的动作都要用到这些肌肉。每天都应当优先维护髂腰肌。

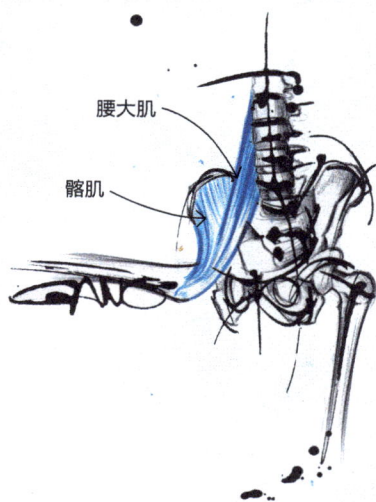

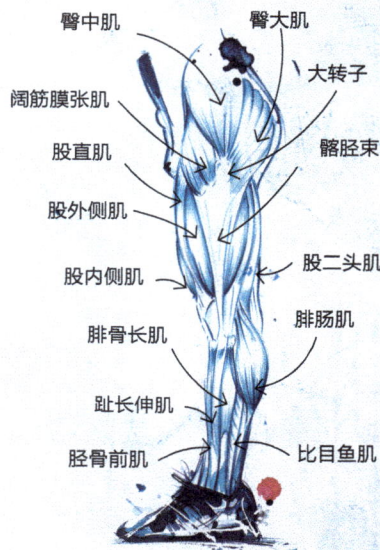

腰大肌

髂肌

臀中肌　　臀大肌

阔筋膜张肌　　大转子

股直肌

股外侧肌　　髂胫束

股内侧肌

腓骨长肌　　股二头肌

趾长伸肌　　腓肠肌

胫骨前肌　　比目鱼肌

大腿外侧存在一个支撑系统：阔筋膜、阔筋膜张肌、髂胫束和股外侧肌（大腿前侧外部）。如果此处紧张，或者肌肉之间力量或使用率失衡，则会导致其灵活性降低甚至引发疼痛。

这个部位还有内收肌（股薄肌、长收肌、大收肌、缝匠肌、短收肌以及耻骨肌），这些肌肉都非常脆弱也非常僵硬。股四头肌和腘绳肌也不能忽视。这些肌肉都会受到髋部灵活性（尤其是髂腰肌和臀肌）的影响，所以也常常会受到限制。

因此，你必须花时间按摩和拉伸这些肌肉，然后还要加强臀肌力量。深蹲和弓步都是有效锻炼臀肌的基础方法。

→ 每天都应加强髂腰肌的力量，对其进行拉伸并自我按摩。如果你做了腹肌训练、高抬腿、前屈和提膝等练习，那就更应该多做髂腰肌的拉伸和自我按摩。帮助这些部位保持放松，能让你更好地控制动作。

→ 定期自我按摩并拉伸髋部外展肌群。

→ 定期自我按摩并拉伸髋部内收肌群。

→ 定期自我按摩和拉伸股四头肌和腘绳肌。

# 快速检查

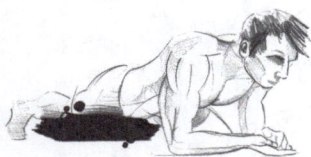

　　日常的疼痛会为我们提供充分的有关特定部位需求的相关信息，除此之外，深度的快速检查也能发现骨盆区域需要关注的部位。快速检查如下所示。

## 1

　　髋部下放泡沫轴：俯卧，在髋关节下放置一根泡沫轴，右腿向后伸直；两手肘和对侧膝关节弯曲，支撑起整个身体，然后前后滚动。

## 2

　　坐在泡沫轴上：坐在泡沫轴上，前后滚动泡沫轴，让泡沫轴逐一按摩各个位置。你会立即发现疼痛的部位。

## 3

　　大腿内侧下放按摩球：侧卧，在大腿内侧放置一个大按摩球（或是泡沫轴，但效果和准确度略差）。不要用按摩球来按摩，也不要把全身重量放在按摩球上，你要做的是利用按摩球来寻找疼痛的部位。

## 4

　　乌尔西测试：俯卧并伸展全身，双臂交叉放在下颌下方。弯曲膝关节，尝试用脚跟触碰臀部。你的膝关节应当可以弯曲120度以上，同时保持髋部贴在地面上，骨盆不弯曲。双腿分别进行这个动作。

　　如果在这些练习中产生剧烈的疼痛，你需要预约医生进行全面的医学检查。如果在这些练习中产生中度疼痛或紧张感，那意味着你应当每天进行这其中的一项或多项练习。

□□□□□

## C1. 使用按摩球按摩股四头肌

所用的按摩球直径越大越好，甚至可以使用健身实心球。俯卧，一条腿伸展，将球放在大腿中段下方。两手肘和对侧膝关节弯曲，支撑起身体。随着训练的进行，可以增加负重，直到你可以将另一条腿也伸直，双腿平行地进行训练。在整条大腿前侧滚动按摩球，寻找疼痛部位。每次感受到疼痛时，从上到下、从前到后地集中在这个区域进行局部的滚压。

在每个僵硬部位或疼痛部位做 1 至 3 次运动。逐渐向后向上按摩直至腰大肌区域。

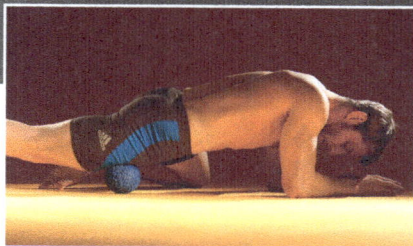

## C2. 使用按摩球（和髋屈肌拉伸）按摩髋屈肌

俯卧在按摩球上，让按摩球在髋屈肌下滚动，寻找紧张的部位。双手、双脚、两手肘或膝关节支撑起身体，控制施加在按摩球上的力量。上下滚动 10 次，左右滚动 10 次。做 1 至 3 组，然后按摩不同位置。之后在拉伸髋屈肌侧做弓步拉伸和侧向躯体（倾斜）。要获得更好的拉伸效果，可将拉伸侧的手臂高举过头顶，并向远离该侧的方向伸展。

做 1 至 3 组，每条腿保持 30 秒。

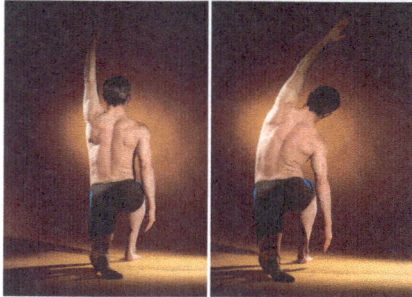

## C3. 拉伸股四头肌

抬起脚，直到小腿与地面垂直。一侧小腿紧贴墙壁，另一侧大腿尽量抬起，让身体逐渐直立。

做 1 至 3 次，每条腿保持姿势 15 秒。

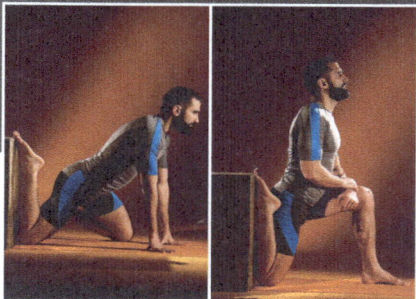

## C4. 使用泡沫轴按摩阔筋膜张肌（TFL）

身体侧卧，将泡沫轴放在大腿外侧髋部位置。上方的腿跨过下方的腿，并把脚平放在地面上。在泡沫轴上运动整个区域，找到疼痛部位。每次感受到疼痛时，以该部位为中心，从上到下、从前到后地集中在这个区域小幅度地滚动泡沫轴。

按摩每个僵硬或疼痛的部位 1 至 3 次。

## C6. 使用泡沫轴按摩内收肌

俯卧，弯曲膝关节，将泡沫轴放置在一条大腿内侧下方，与大腿垂直。另一侧腿伸展，平放在地面上。让泡沫轴在整个大腿上移动，找寻疼痛部位。每次感受到疼痛时，集中在这个区域小幅地滚动泡沫轴。

按摩每个僵硬或疼痛的部位 1 至 3 次，然后将泡沫轴移到内收肌最高点（此处更加紧张和僵硬），重复训练。

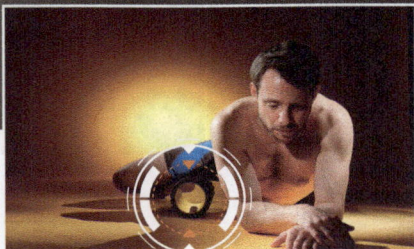

## C5. 拉伸外展肌

坐下，一条腿在体前伸直。另一条腿交叉跨过伸直的腿，并将脚掌在地面放平。手臂向对侧腿弯曲，或跨过对侧腿，带动躯干旋转。

每条腿做 1 至 3 次，在这个姿势下保持 20 至 30 秒。

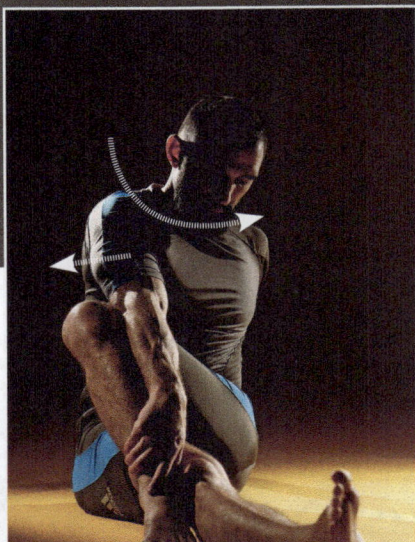

## C7. 使用按摩球点按

按摩肛门周围的区域对于缓解整个骨盆部位的疼痛起着重要的作用。放松这个位置的一个很好的（虽然令人有点不舒服的）方法就是坐在一个非常紧实的按摩球上，按摩球必须尽量靠近肛门的外边缘。

保持这个姿势 30 秒以上，做 1 至 2 次。

## C8. 拉伸内收肌

一侧膝关节着地，另一条腿向外侧拉伸。伸出的脚平放在地面上，脚踝不要倒向地面。可以对照下图中的姿势纠正你的脚的位置。

保持这个姿势 20 至 30 秒，每条腿做 1 至 3 次。

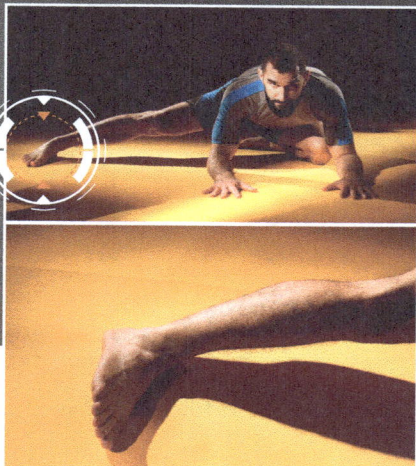

## C9. 使用杠铃按摩腘绳肌

这个训练也可以使用泡沫轴来完成，但使用杠铃的效果更佳。使杠铃与你的骨盆齐高。一条腿伸出跨过杠铃上方，让杠铃位于你的大腿中部，并与大腿垂直。另一条腿在杠铃后方。在杠铃上来回滚动大腿，寻找疼痛部位。每次感受到疼痛时，从上到下小幅地集中按摩这个区域。

每个僵硬部位或疼痛部位按摩 1 至 3 次，然后按摩臀部。

## C10. 拉伸腘绳肌

坐在地面上，一条腿伸展，另一条腿弯曲。保持背部平直，前侧的腿伸展，身体向前倾斜。

每条腿保持 20 至 30 秒，做 1 至 3 次。

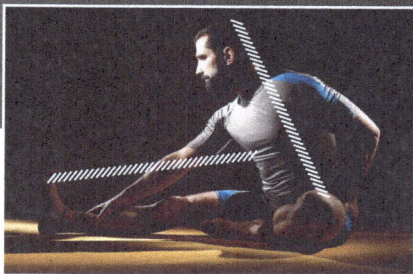

## C11. 使用泡沫轴按摩臀部

坐在泡沫轴上，将一侧脚踝放在对侧的膝关节上，使两腿交叉。使泡沫轴从前向后、从左向右地移动到抬腿侧的臀部后，即为该侧按摩完成。

每个僵硬部位或疼痛部位按摩 10 次。

## C12. 使用按摩球按摩臀部

仰卧，弯曲一侧膝关节，将一个大按摩球放在臀部上方、骨盆下方的位置。双手抱住弯曲的膝关节，另一条腿保持伸展，全身放松，前后滚动按摩球的同时让腿左右摆动。

每条腿做 10 次。

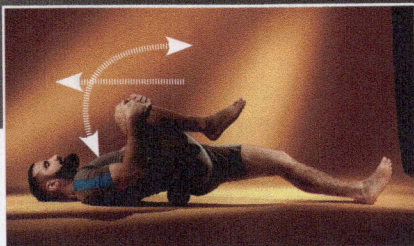

## C13. 拉伸臀部

坐在地面上，将一只脚放在对侧腿的大腿上，形成一个三角形。双手抱住下方的大腿，让脚靠近身体，同时膝关节和髋部保持打开状态。不要让两腿完全交叉，尽量保持三角形的形状。

每条腿保持 20 至 30 秒，做 1 至 3 次。

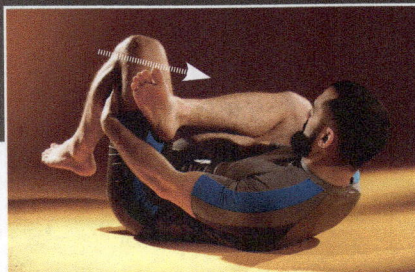

## C14. 弹振式拉伸

面朝墙站立，双手抵住墙面。一条腿从左向右做钟摆运动，让髋部自由地移动。一定要循序渐进地进行这项练习，花时间慢慢地增大髋关节活动范围。

每条腿摆动 10 次为 1 组，做 1 至 3 组。

## C15. 拉伸髋部内旋肌和外旋肌

俯卧在地面上，一条腿弯曲，一条腿伸展，身体可以向地面上弯曲的腿倾斜（或者可以趴在弯曲的腿上）。

每条腿保持 20 至 30 秒为 1 组，做 1 至 3 组。

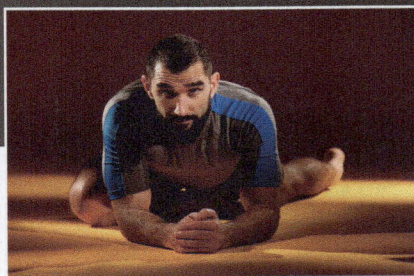

□□□□□

**C16. 使用弹力带拉伸腰方肌**

仰卧在地面上，脚踝上缠绕一根弹力带，身体向后移动，直到弹力带绷紧。身体完全放松，两手臂高举过头顶并拉伸，有意识地进行腹式呼吸。双手握住一个壶铃，可锻炼到全身的肌肉链。

每侧保持 30 秒至 1 分钟为 1 组，做 1 至 2 组。

**放松时保持微笑**

自我按摩和拉伸时可能会感觉不舒服。因此要找到方法让自己放松，从而使这些灵活性运动的效果最大化。在按摩或拉伸时面部扭曲只会加重紧张感，而在这些训练中努力微笑会有助于放松。

**C17. 髋部本体感受**

将一侧膝关节跪立在垫子或任何其他柔软的表面上，闭上双眼，保持身体平衡。还可以手握一根接力棒或是用棍子举过头顶加大训练难度。

尽可能地长时间保持姿势，每侧进行 1 至 3 次。

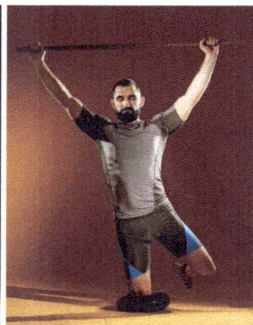

**为期 3 周的骨盆区域灵活性训练示例（包括周围区域训练）**

| 周一 | 周二 | 周三 | 周四 | 周五 | 周六 | 周日 |
|---|---|---|---|---|---|---|
| C 7 *、 C 1 2、 C13、 C9、 C10、 C17 | B10、B2、B5、B4、B6 | C1、C3、C4、C5、C11、C2 | A1、A5、A10、A5、A9 | C6、C8、C13、C15、C14 | C12、C2、B2、B4、A5、A10 | C2、C6、C16、C11、C13、C15 |

* 以上字母 / 数字组合表示第 26 至 76 页的训练和技巧。

## 腘绳肌疼痛

胸大肌

三角肌

肱二头肌

肱三头肌

肱肌

旋前圆肌

肱桡肌

桡侧腕伸肌

桡侧腕屈肌

阔筋膜张肌

腹外斜肌

腹直肌

股直肌

股外侧肌

胫骨前肌

腓骨长肌

比目鱼肌

臀中肌

臀大肌

股二头肌

髂胫束

腓肠肌

### 请牢记

应对疼痛时不能总是从理论上或以孤立的方式思考。疼痛常常是从另一个部位辐射而来的，也可能是由运动肌肉链上其他部位的问题造成的。腘绳肌也常常会受到放射性疼痛的影响，一部分原因在于腘绳肌的组成，另一部分在于其功能。这些强大的跑步制动肌肉还为其他各种肌肉提供了精准的姿势支撑。例如，髂腰肌过度紧张导致的骨盆被动倾斜会反过来导致腘绳肌变得紧张，产生僵硬、疼痛或二者皆有，这一种关于姿势的假说越来越受到认可，并具有科学论证支撑（例如，Gabbe et al. 2006）。因此，有时候为了解决腘绳肌的问题，你需要对髂腰肌进行按摩。

腘绳肌是人体中强大的制动系统，但同时也非常脆弱。腘绳肌比它的拮抗肌——股四头肌体积略小，在各种类型的运动中承担着重要的工作。复杂的腘绳肌由长度各异的几块肌肉组成，使其拥有多种功能的同时也非常容易受伤。

这与肱三头肌正相反，例如，肱三头肌由 3 条肌肉（如果算上手臂后侧肌群更多）组成，几乎所有方向上的运动都依靠这些肌肉都共同工作。但是腘绳肌中的半腱肌、半膜肌和股二头肌的活动程度并不相同。

这就意味着在进行任何运动之前都要针对腘绳肌进行适当的热身运动，在非训练时段里也要重点护理这些肌肉。

# 快速检查

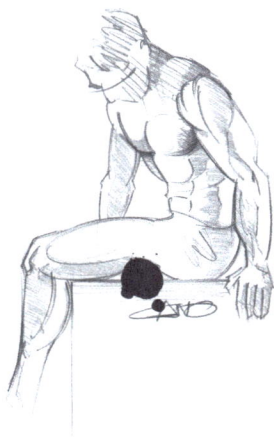

日常的疼痛会为我们提供充分的有关特定部位需求的相关信息，除此之外，深度的快速检查也能发现腘绳肌需要关注的部位。快速检查如下所示。

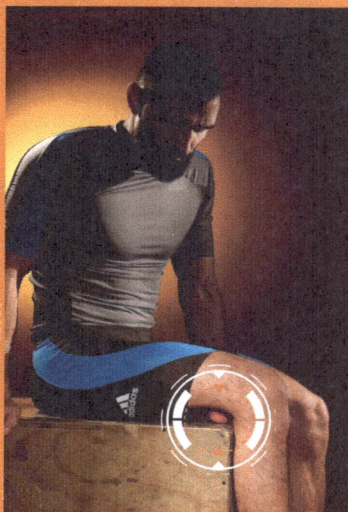

坐在一张桌子或一个箱子上，将一个按摩球放在大腿下侧，用大腿轻柔地滚动按摩球，找到紧张部位。重点关注疼痛部位。

如果在这些练习中产生剧烈的疼痛，你需要预约医生进行全面的医学检查。如果在这些练习中产生中度疼痛或紧张感，就意味着你应当每天进行这其中的一项或多项练习。

## D1. 使用按摩球按摩股四头肌

使用你能忍受的最大直径的按摩球，俯卧，一条腿伸展，将按摩球放在伸展侧大腿下方中间。另一条腿弯曲，并将弯曲侧的膝关节支撑在地面上。随着训练的进行，你将能够使这条腿承担越来越重的体重，最终抬起对侧膝关节，保持腿平行。让按摩球在整条大腿下来回滚动，找到疼痛部位。每次感受到疼痛时，从上到下、从左到右地集中在这个区域进行小幅的滚动。

按摩每个僵硬部位或疼痛部位 1 至 3 次。逐渐向上移动按摩球，直至腰大肌。

## D2. 使用壶铃按摩髋屈肌

将壶铃放在地面上，与身体呈一个小角度。髋部放在手柄上，尽量将体重落在这里，以不产生过大疼痛为宜。从上至下按摩 10 次，从左向右按摩 10 次。做 1 至 3 组，然后按摩其他部位。之后在拉伸的髋屈肌侧做弓步拉伸和侧向躯体（倾斜）。要达到更好的拉伸效果，可将拉伸侧的手臂高举过头顶，并向远离该侧的方向伸展。

做 1 至 3 组，每条腿保持姿势 30 秒。

## D3. 拉伸股四头肌

在前弓步姿势下手握后侧脚，将脚跟拉近臀部。整个训练期间保持身体直立，不要弓背。

每条腿保持姿势 15 秒为 1 组，做 1 至 3 组。

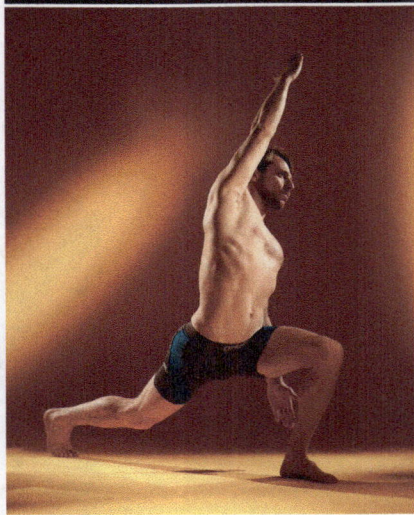

□□□□□

### D4. 使用泡沫轴按摩腘绳肌外侧

　　侧躺在地面上，在下方大腿外侧靠后位置放一根泡沫轴，保持泡沫轴与同侧膝关节处于同一高度。在整条大腿范围内移动泡沫轴。每次感受到疼痛时，从上到下地集中在这个区域小幅地滚动泡沫轴。

　　每个僵硬部位或疼痛部位按摩 1 至 3 次。

　　注意：髂胫束的自我按摩已经变得越来越普遍，但必须避免对此部位进行高强度长时间的按摩（详细信息参见第 17 页）。

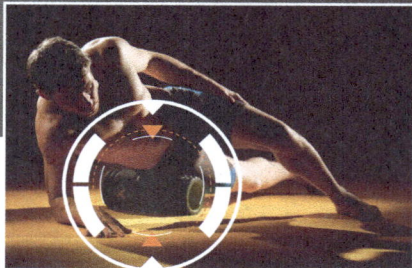

### D5. 使用按摩球按摩阔筋膜张肌

　　按摩髂胫束本身可能存在问题，但与之相反，阔筋膜张肌上却有很多紧张点和激痛点。紧张有时可能会导致腘绳肌和内收肌代偿完成动作，因此认真护理你的阔筋膜张肌，让其保持灵活、无痛是关键所在。

　　侧卧在一个大按摩球上。下方的腿伸展，上面的腿交叉跨到前侧，脚平放在地面上。在最紧张或疼痛的部位从上到下、从前到后地滚动按摩球。最后进行圆周运动。

　　将按摩球在每个僵硬部位或疼痛部位从上向下滚动 10 次，从前到后滚动 10 次，圆周运动 10 次，此为 1 组，做 1 至 3 组。

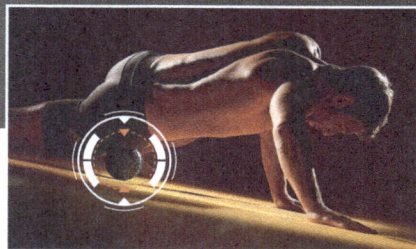

### D6. 拉伸阔筋膜张肌

　　侧卧，用上方手握住同侧的脚，拉伸股四头肌。挤压臀部，让髋部向前挺，骨盆略前倾。另一侧脚踝放在对侧膝盖上，持续拉伸股四头肌。

　　每条腿保持拉伸 30 秒以上，做 1 至 3 次。

### D7. 使用按摩球按摩内收肌

　　俯卧，弯曲一侧膝关节，并将按摩球放在大腿内侧。另一侧腿在地面上伸展。将整个大腿在按摩球上移动，寻找疼痛区。每次感受到疼痛时，从上到下、从前到后地集中在这个区域进行小幅的滚动。

　　按摩每个僵硬部位或疼痛部位 1 至 3 次。

　　将按摩球移动至内收肌最高处连接点（这里通常更为敏感和僵硬），重复训练。

## D8. 使用按摩球点按

按摩肛门周围的区域对缓解整个骨盆部位的疼痛起着至关重要的作用。一个非常好（尽管让人有点不舒服）的放松骨盆部位的方法就是坐在一个紧实的按摩球上，按摩球越靠近肛门外边缘越好。

将按摩球放置在这个位置 30 秒以上，做 1 至 2 次。

## D10. 使用杠铃按摩腘绳肌

并将杠铃放在地面上。一条腿跨在杠铃上伸展，让杠铃处于腘绳肌末端的下方。另一条腿放在杠铃后侧。移动杠铃上的腿，寻找疼痛和僵硬的部位。每次感受到疼痛时，从前到后地集中在这个区域小幅地移动。

每个僵硬部位或疼痛部位按摩 1 至 3 次，然后按摩臀部。

## D9. 拉伸内收肌

膝关节和肘关节撑地，背部伸直，使大腿骨与躯干呈 90 度角，两侧膝关节尽量分开。

拉伸 20 至 30 秒，做 1 至 3 次。

## D11. 拉伸腘绳肌

双腿伸直站立，将一侧脚跟放在较高的平面上（垫子、盒子等）。身体前屈，背部保持平直。

每条腿保持 20 至 30 秒，做 1 至 3 次。

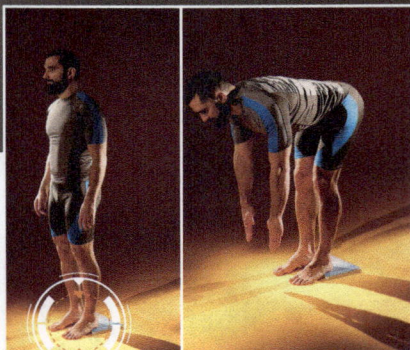

### D12. 使用按摩球按摩臀部

将按摩球置于臀部上方、骨盆下方位置。仰卧在地面上，在按摩球上来回滚动臀部，感受这个部位的疼痛处。

每组 1 分钟，重复 3 组。

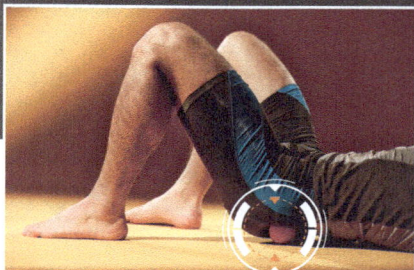

### D13. 拉伸臀部

盘腿而坐，身体前倾，过程中保持背部平直。双腿交换位置。

每条腿在上时保持 30 秒，做 1 至 3 次。

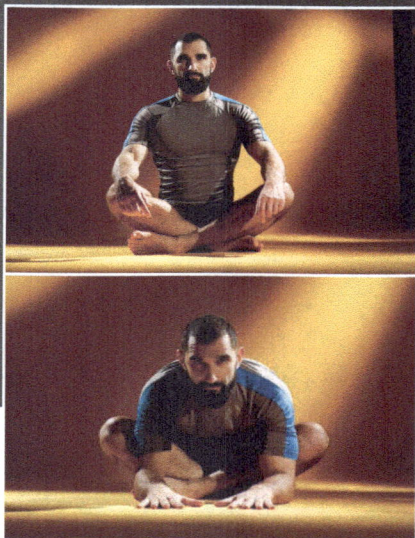

### D14. 使用弹力带进行弹射拉伸

双腿伸直仰卧。一只脚踩在弹力带上，然后快速拉弹力带，抬高（和降低）腿部，保持较快的速度，并逐渐增加拉伸的幅度。

每条腿拉伸 10 次为 1 组，做 1 至 3 组。

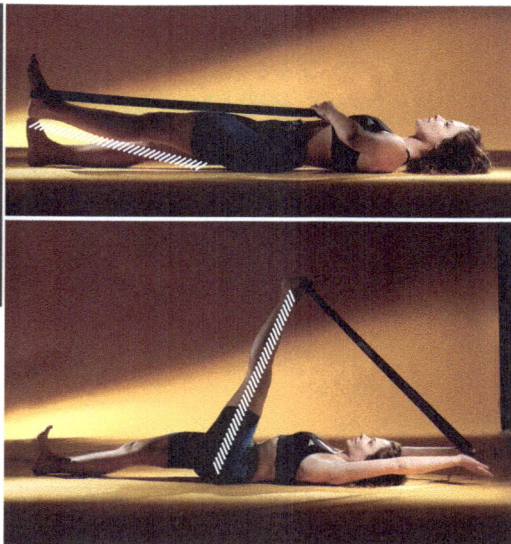

### D15. 使用泡沫轴（和髋屈肌拉伸）按摩髋屈肌

俯卧在泡沫轴上，将泡沫轴置于髋关节处，可以略避开中心位置，避免压迫生殖器区域。滚动泡沫轴，寻找紧张的部位。以多个部位（双手、双脚、手肘或膝关节）支撑身体，控制落在泡沫轴上的重量，并集中按摩紧张的部位。每个僵硬或疼痛的部位前后滚动 10 次，左右滚动 10 次为 1 组，做 1 至 3 组。之后，做一个弓步拉伸（参见第 46 页），躯干侧弯（倾斜），远离正在拉伸的髋屈肌。要达到更好的拉伸效果，可以将拉伸侧的手臂高举过头顶，并向远离拉伸侧的方向伸展。每条腿保持姿势 30 秒，每侧训练 1 至 3 次。

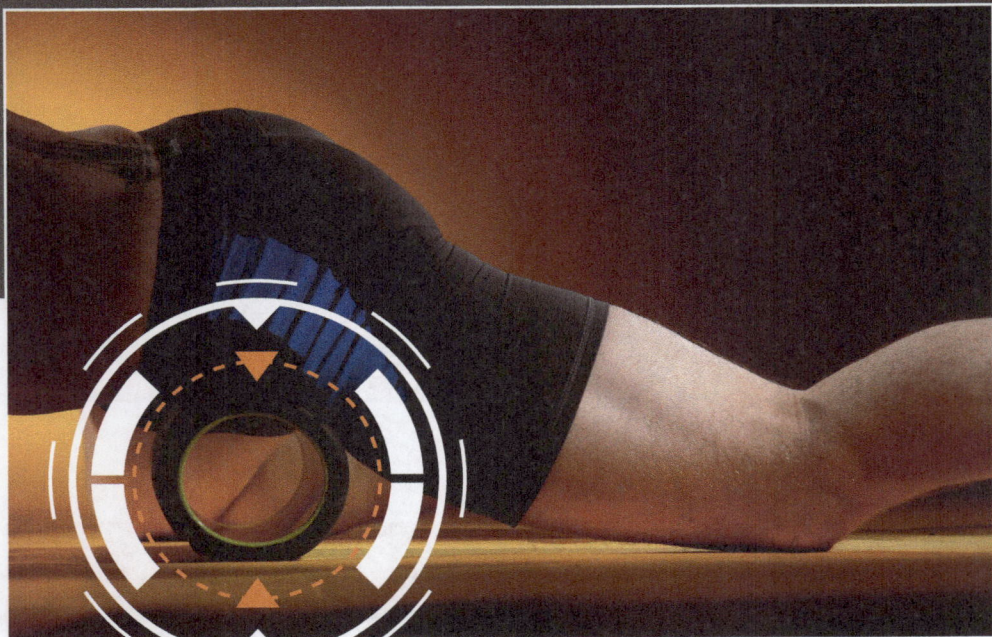

➔ 为期 3 周的腘绳肌灵活性训练示例（包括周围区域训练）

| 周一 | 周二 | 周三 | 周四 | 周五 | 周六 | 周日 |
|---|---|---|---|---|---|---|
| D5*、D6、D1、D3、D14 | D2、D8、D12、D13、D15 | C1、C3、C4、C5、C11、C2 | D7、D9、D10、D11、D14 | C6、C8、C13、C15、C14 | C12、C2、B2、A5、D15 | F3、D6、F5、D4、F7、D11 |

\* 以上字母 / 数字组合表示第 26 至 76 页的训练和技巧。

□□□□□

## 肩部疼痛

斜方肌

三角肌

肱三头肌

肱桡肌

肱肌

胸大肌

肱二头肌

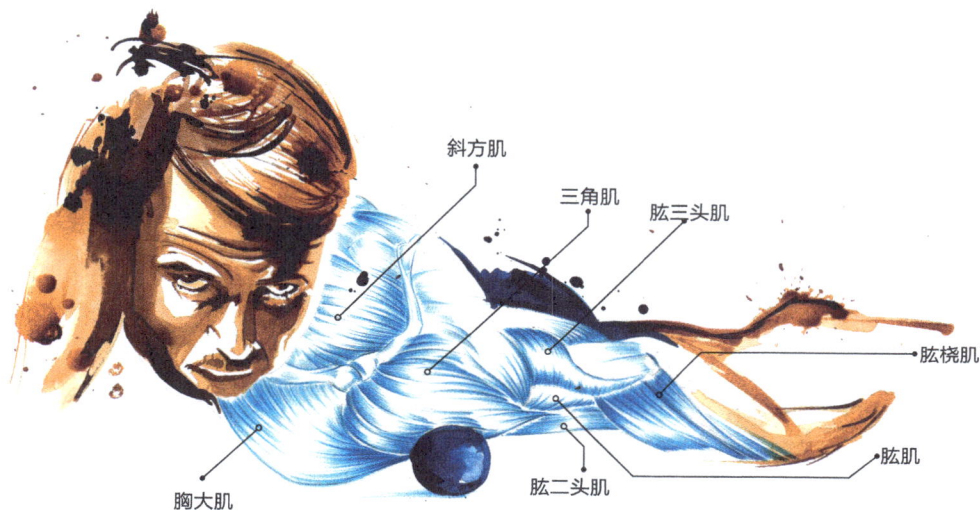

肩部不仅指三角肌。肩部的组成结构远远多于我们在镜子中能看到的部分。肩关节是人体中活动幅度最大的关节，但这个关节也很容易变得不稳定。例如，肩部姿势不良或持续以不正确的方式运动，肩部就会开始疼痛。

肩关节"复合体"由 4 块骨骼组成：锁骨、肩胛骨、肱骨上部和胸骨上部。肩部的稳定和运动由 12 块肌肉控制：三角肌、斜方肌、背阔肌、胸锁乳突肌、胸大肌、前锯肌以及肩部肌群（肩胛下肌、冈上肌、冈下肌、小圆肌、大圆肌和菱形肌）。

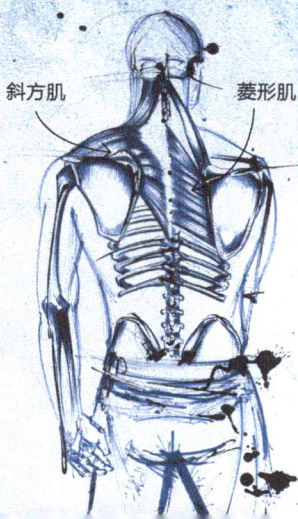

斜方肌

菱形肌

肩胛下肌

三角肌

冈上肌

冈下肌

小圆肌

肱二头肌短头

大圆肌

肱二头肌长头

你应当检查所有肩部肌肉并明确其活动范围，由此判定疼痛的根源位置。

→ 疼痛的原因千差万别，而且表面的肌肉往往遍布激痛点，因此整个肩关节区域都需要关注。

→ 为了达到持久的效果，针对肩部进行柔韧性、稳定性和灵活性训练非常重要。

→ 肩部是最容易发生疼痛的关节之一。

肩部疼痛通常都是多个其他紧张的部位共同作用的结果。

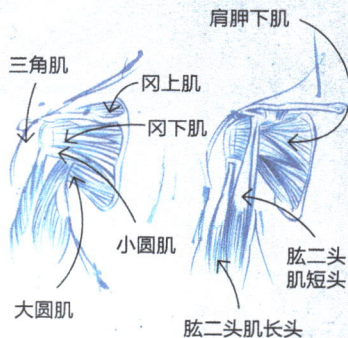

# 快速检查

日常的疼痛会为我们提供充分的关于特定部位需求的相关信息，除此之外，深度的快速检查也能发现肩部区域需要关注的部位。快速检查如下所示。

**1** 按摩球按摩斜方肌：身体斜靠在墙上，在墙壁和肩部之间放置一个按摩球。深度检查肩部前、侧、后方。

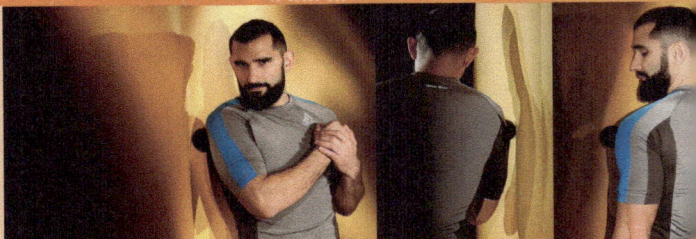

**2** 检查肩胛骨：身体斜靠在墙上，使用一个大按摩球（小按摩球也可，且更加精准，但通常不太舒服）在肩胛骨部位来回滚动。

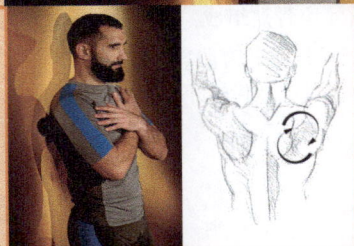

如果在这些练习中产生剧烈的疼痛，你需要预约医生进行全面的医学检查。如果在这些练习中产生中度疼痛或紧张感，就意味着你应当每天进行这其中的一项或多项练习。

**3** 使用按摩球在斜方肌上滚动：将按摩球沿着颈部滚动，从头部下边缘滚到肩部边缘。

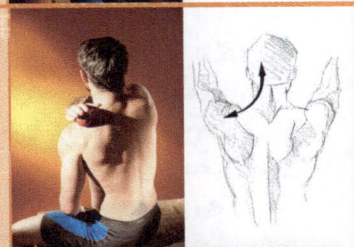

**4** 肘部上抬：将一只手放在对侧肩上，向上抬起肘部。

## E1. 使用按摩球按摩三角肌中后侧

将按摩球放在肩部和墙壁之间，寻找三角肌的疼痛部位。使用按摩球按摩每个疼痛部位。

左右按摩 10 次、上下按摩 10 次、画圈按摩 10 次为 1 组，每侧做 3 组。

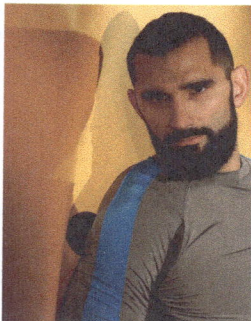

## E2. 仰卧三角肌拉伸与按摩

侧卧，上方的手臂伸过头顶。下方的手臂与身体垂直，使三角肌在按摩球上滚动。

保持这种拉伸姿势 20 秒，每侧做 1 至 3 次。然后左右滚动 10 次。

在手臂的不同角度（每 20 度）重复此训练。

## E3. 使用按摩球按摩三角肌前侧

将按摩球放在墙壁与肩膀前侧之间，寻找三角肌上的疼痛部位。使用按摩球，小幅度地按摩每个疼痛部位。

每侧左右按摩 10 次、上下按摩 10 次、画圈按摩 10 次为 1 组，做 3 组。

## E4. 手膝跪位拉伸三角肌

以双手和膝关节支撑身体，将臀部向双脚移动，双手位置保持不变，两手臂保持伸直。

保持拉伸姿势 20 至 30 秒，做 1 至 3 次。

## E5. 肩关节分离

一侧肩挂在一根与地面垂直的强力弹力带上，该侧手臂弯曲，放在背后。胸部向前伸，与地面平行，肩部尽量放松。注意肩部切勿向任何方向旋转。

每侧保持拉伸姿势 30 秒，做 1 至 3 次。

## E6. 使用弹力带固定手臂进行肩关节拉伸

一侧手臂屈肘放在背后，用手腕勾住背后的弹力带。肩部不要前后或上下移动。完全放松，手腕尽量向下拉。通过采用弓步姿势并调整姿势中腿的位置来调整拉伸的幅度。

保持拉伸姿势30秒，每侧做1至3次。

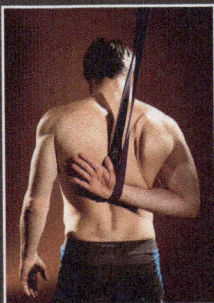

## E7. 使用健身球拉伸单侧肩

双膝跪地，一侧手臂伸出，将前臂放在健身球上，大拇指向上。胸部逐渐向地面倾斜。

保持此拉伸姿势30秒，每侧做1至3次。

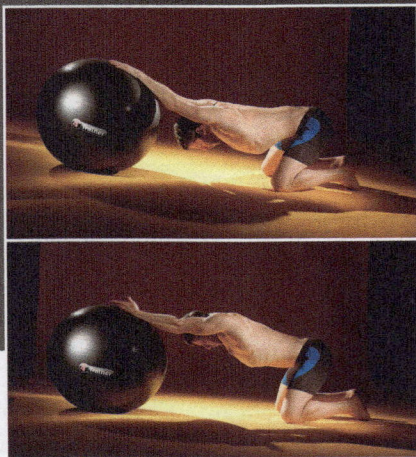

## E8. 使用健身球拉伸双侧肩

双膝跪地，两手臂伸直，将双手放在健身球上，手掌向上或向下均可。胸部逐渐向地面倾斜。

保持此拉伸姿势30秒，做1至3次。

## E9. 使用按摩球按摩胸小肌

将一个按摩球放在墙壁与胸部之间，锁骨正下方，寻找胸小肌疼痛的部位。用按摩球按摩每个疼痛部位。

左右按摩10次、上下按摩10次、画圈按摩10次为1组，做3组。

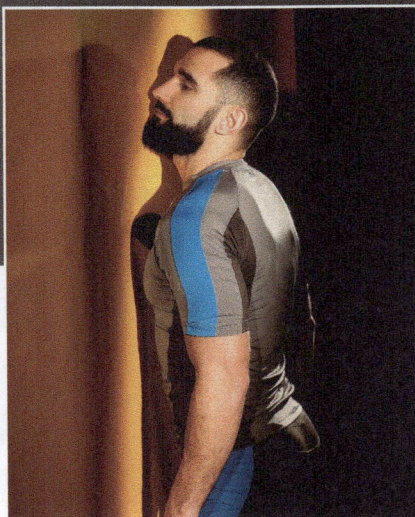

□□□□□

### E10. 使用泡沫轴按摩胸大肌

俯卧在地面上，将胸部放在一根与身体平行的泡沫轴上。泡沫轴在僵硬部位从左向右滚动。逐渐改变泡沫轴方向，让按摩范围延伸到胸部所有区域。

每个僵硬部位左右按摩 10 次，做 3 组。

### E11. 使用弹力带拉伸胸肌

将一根弹力带固定高处的固定杆上。用弹力带勾住一侧伸展的手臂，让拇指指向天花板。做弓步运动，改变手臂的角度，拉伸胸肌的不同位置。如果感到疼痛，可以改变手臂的方向。

保持拉伸 20 至 30 秒，每侧做 1 至 3 组。

### E12. 使用按摩球按摩上背部和中背部肌肉

在墙壁和背部之间放一个按摩球，用按摩球寻找肩袖肌群、斜方肌和背阔肌上的疼痛部位。在每个疼痛的部位用按摩球小幅度地进行按压。按摩期间改变手臂的位置，可以将手臂高举过头顶、向体侧或体前伸展，或放在背后。

左右按摩 10 次、上下按摩 10 次、画圈按摩 10 次为 1 组，做 3 组。

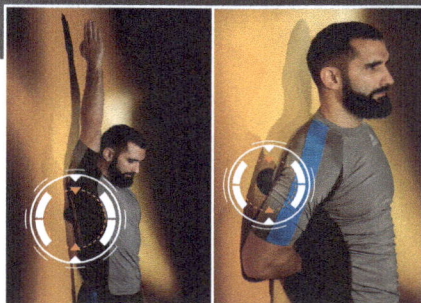

### E13. 肱三头肌按摩与拉伸

将肱三头肌放在一根泡沫轴上，身体侧卧。前后滚动泡沫轴，同时弯曲手肘，然后向内、向外转动肩部。这可以改变肱三头肌的长度，从而从不同角度按摩肌肉纤维。尽量改变肩部的角度，扩大按摩范围。

弯曲肘关节 10 次、内外旋转肩部 10 次为 1 组，每侧做 1 至 3 组。
手臂高举过头顶，用另一侧手握住手肘，保持脊柱伸直，轻柔地将头转向一侧。

### E14. 使用按摩球按摩斜方肌

将球放在一侧肩胛骨上方的肩颈之间。未按摩一侧的手臂在体侧向下伸直，与地面平行。抬起髋关节以增加压力。按摩一侧的手臂可以有 4 种不同的位置。

➡ 弯曲手肘，将手臂背在背后。
➡ 手臂向斜上方拉伸。
➡ 手臂向上拉伸。
➡ 手臂向斜下方拉伸。
也可以将按摩球放在肩胛骨下方进行此训练。
每种动作进行 10 次为 1 组，每侧做 1 至 3 组。

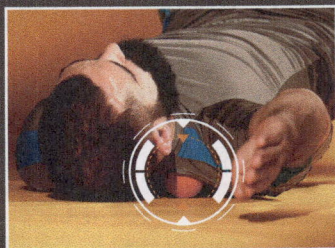

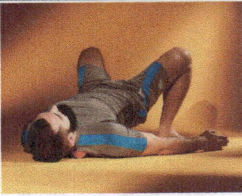

➡ **为期 3 周的肩部灵活性训练示例（包括周围区域训练）**

| 周一 | 周二 | 周三 | 周四 | 周五 | 周六 | 周日 |
| --- | --- | --- | --- | --- | --- | --- |
| E1*、E2、E3、E4、E7 | B2、B3、B4、B6 | E14、E13、E3、E6、E5 | H1、H5、H7、H9、H10 | E9、E11、E10、E14 | H3、H5、H8、B1、B3 | E3、E6、E12、E8、E4 |

\* 以上字母／数字组合表示第 26 至 76 页的训练和技巧。

## 膝关节疼痛

膝关节是一个非常复杂的关节，日常的机械性压力和过往的伤病常会导致关节本身产生疼痛。膝关节尤其容易遭受退行性关节病以及内部组织（半月板、髌骨、软骨等）的损伤，因此经常出现结构性疼痛。

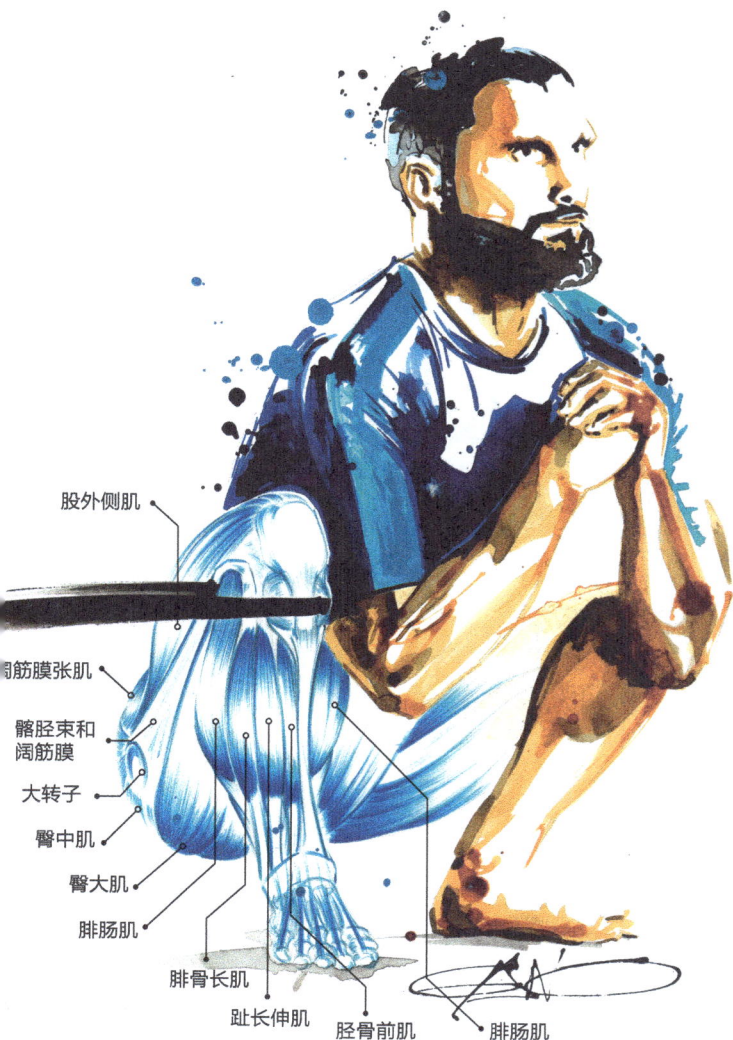

膝关节周围的软组织也非常容易紧张，适当的放松也会带来益处。

→要记住疼痛的上下联合处理原则。膝关节疼痛可能是从不同的部位辐射而来，如腘绳肌（股二头肌、半腱肌或半膜肌）和小腿（腓肠肌或比目鱼肌）。

→膝关节疼痛的原因不仅在于身体后侧肌肉链。综合考虑，你还应该关注腿部前侧肌肉，股四头肌和胫骨前肌也常常会间接导致膝关节疼痛。

→骨盆区域也常会受到影响。因此，你还应当考虑做针对骨盆部位按摩的章节中的所有建议训练。

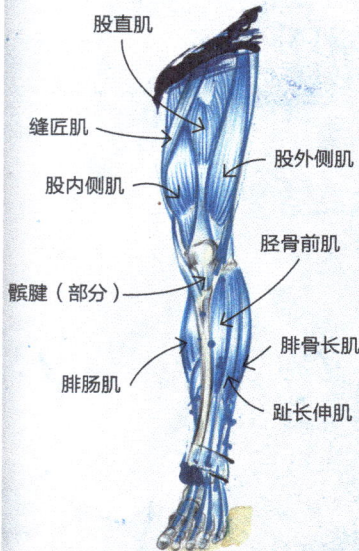

股外侧肌

阔筋膜张肌

髂胫束和
阔筋膜

大转子

臀中肌

臀大肌

腓肠肌

腓骨长肌

趾长伸肌

胫骨前肌

腓肠肌

股直肌

缝匠肌

股内侧肌

股外侧肌

胫骨前肌

髌腱（部分）

腓骨长肌

腓肠肌

趾长伸肌

# 快速检查

日常的疼痛会为我们提供充分的关于特定部位需求的相关信息，除此之外，深度的快速检查能发现膝关节区域需要关注的部位。快速检查如下所示。

**1**

休息体式：缓慢降低身体，跪坐在地面上，如果可以的话，将脚背在身后地面上放平。在这种跪坐姿势（挤压）下或弯曲的姿势下可能会感到疼痛，需要小心。

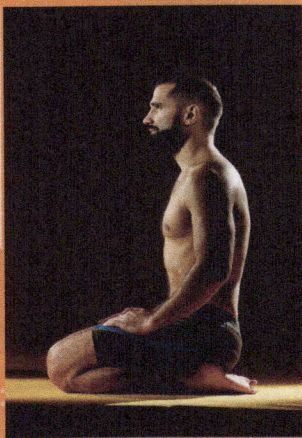

**2**

用泡沫轴挤压腘窝（膝关节后侧区域）：双手撑地，身体向后倾斜，将泡沫轴放在膝关节后侧，用泡沫轴挤压膝关节。

如果在这些练习中产生剧烈的疼痛，你需要预约医生进行全面的医学检查。如果在这些练习中产生中度疼痛或紧张感，那就意味着你应当每天进行这其中的一项或多项练习。

□□□□□

### F1. 使用按摩球挤压腘窝

坐下，将一个按摩球塞进膝关节后侧。用手抓住小腿，逐渐增大压力。本训练对部分人来说会非常痛苦。施加的压力应在你的忍受程度之内。

3 秒至 1 分钟为 1 组，每侧做 1 至 3 组。

### F2. 使用花生球按摩胫骨前肌

将一个花生球放在箱子或椅子上，小腿放在花生球上另一条腿撑地，臀部后坐。调整向后坐时脚跟承担的体重，由此控制小腿施加在花生球上的力量。按摩期间配合、伸展脚踝、勾脚踝关节绕圈等动作，从不同角度活动软组织。

前后滚动 10 次、勾脚和伸展脚踝 10 次、绕圈 10 次为 1 组，每侧做 1 至 3 组。

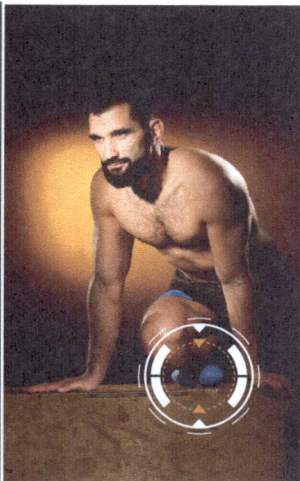

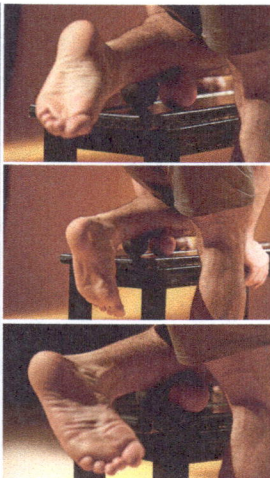

### F3. 髂胫束按摩

将一个花生球或泡沫轴固定，制造一个固定按摩工具；你也可以把一根泡沫轴剖成两片，得到两个半泡沫轴。让不同层的软组织产生相对滑动，尤其是让髂胫束相对阔筋膜和股外侧肌产生相对滑动。按摩期间，将泡沫轴牢牢固定在地面上，小幅度地用力在工具上方进行移动。这个训练无疑是所有自我按摩中最令人不舒服的。你还可以以不同角度向内扭转髋关节，调整膝关节的姿势。在所有的膝关节训练中，这基本上是缓解膝关节疼痛最有效的训练。

从上到下短促按摩 10 次为 1 组，每侧做 1 至 3 组。

## F4. 用泡沫轴挤压按摩膝盖部位

一侧腿屈膝支撑，一侧膝关节跪在泡沫轴上，用可以忍受的力度向下施加压力。前后滚动泡沫轴，可以稍弯曲膝关节和髋关节以改变角度。

从前向后小幅按摩 10 次为 1 组，每侧做 1 至 3 组。

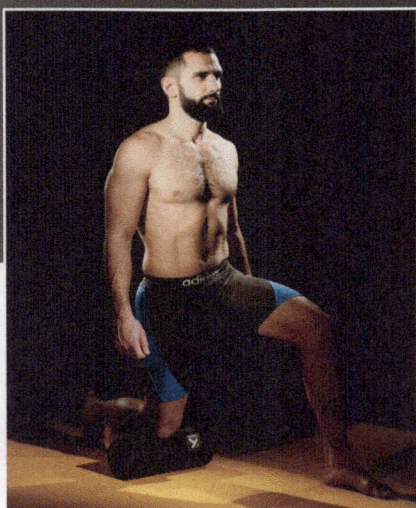

## F5. 使用按摩球按摩股内侧肌

俯卧于地面，将一侧腿的股四头肌的股内侧肌放在按摩球上。进行此训练时，腹部贴在地面上，按摩侧的腿弯曲，另一侧腿伸直，身体略侧卧。

上下按摩 10 次、左右按摩 10 次、画圈按摩 10 次为 1 组，做 3 组。然后换腿训练。

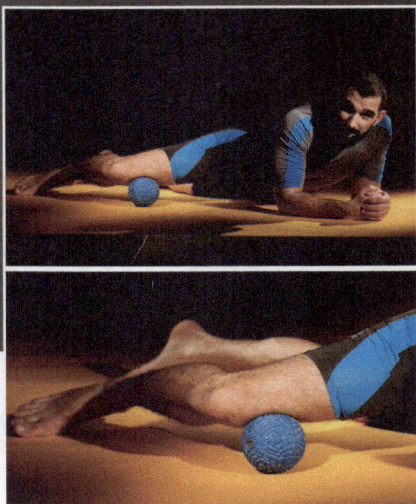

## F6. 使用花生球按摩小腿上外侧

坐下，一侧腿在身体前侧弯曲，将一个花生球放在小腿上外侧。

从右到左按摩 10 次，然后身体前倾、后倾分别按摩该区域 10 次，此为 1 组，每侧做 1 至 3 组。

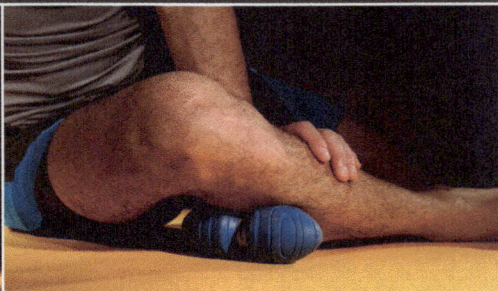

### F7. 使用按摩球按摩腘绳肌下端肌肉止点

坐在一个箱子或桌子上，将一个按摩球放在腘绳肌与大腿下端的肌肉止点位置。

前后按摩 10 次、左右按摩 10 次、画圈按摩 10 次为 1 组，每侧做 3 组。

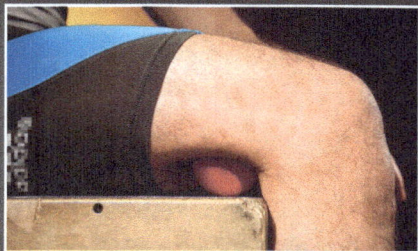

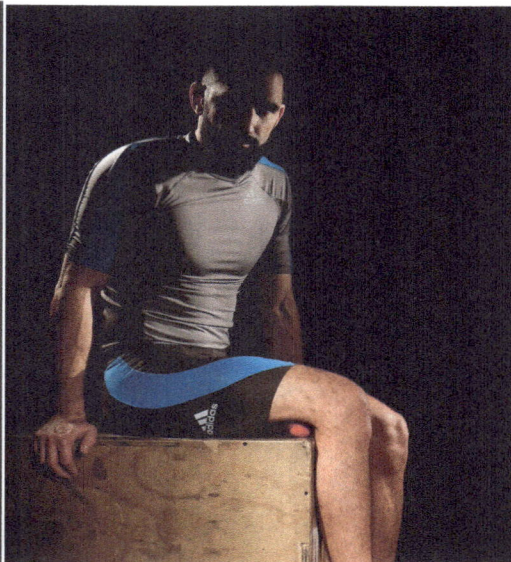

### F8. 坐立弹力带拉伸小腿和腘绳肌

坐姿，一条腿完全伸展，将弹力带绕在脚上。逐渐向后拉脚，膝关节不要弯曲。如要进一步拉伸到腘绳肌，可以身体向前倾，同时背部尽量保持伸直。

保持此姿势 30 秒，每侧小腿做 1 至 3 次。

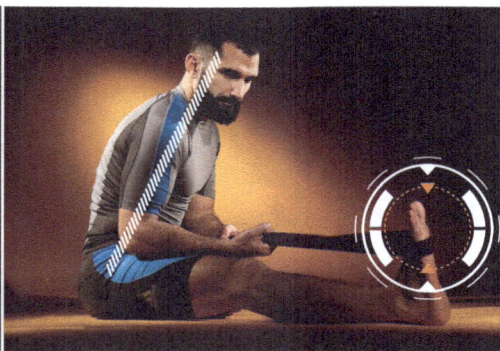

### F9. 侧卧股四头肌拉伸

一侧手臂高举过头顶侧卧。另一只手抓住脚，弯曲膝关节，努力让脚跟靠近臀部。不要弓背，也不要让膝关节过于靠后。

保持此拉伸动作 30 秒，每条腿拉伸 1 至 3 次。

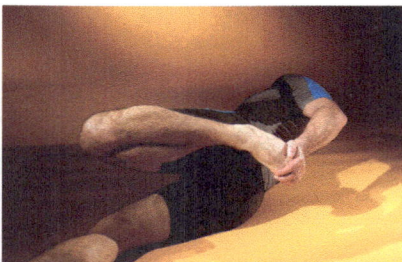

## F10. 使用弹力带锻炼膝关节 本体感受

单腿站立，膝关节略弯曲，用一根绷紧的弹力带绕住膝关节。闭上眼睛，缓慢弯曲膝关节。

保持膝盖与脚趾在同一垂直线上，此动作每侧做3次。然后移动弹力带，以不同角度训练。

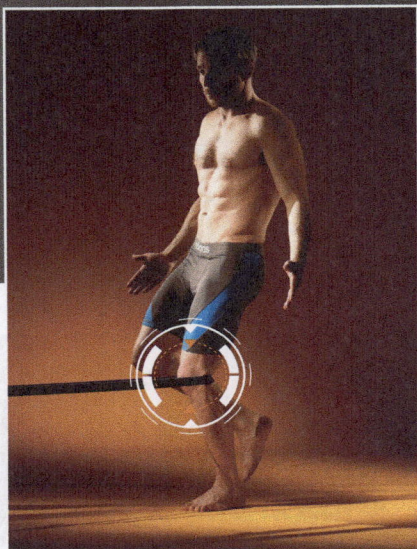

## F11. 使用平衡盘锻炼膝关节 本体感受

闭上双眼，站在平衡盘、软垫子或枕头上，慢慢弯曲膝盖，保持稳定，努力保持身体平衡。

每侧膝关节保持此动作30秒，做1至3次。

## F12. 使用悬吊带训练 失重弯曲

用较低的悬吊带支撑身体，身体缓慢、循序渐进地下降，进入深蹲姿势。

5次为1组，做2至3组。

□□□□□

## F13. 膝关节内侧训练

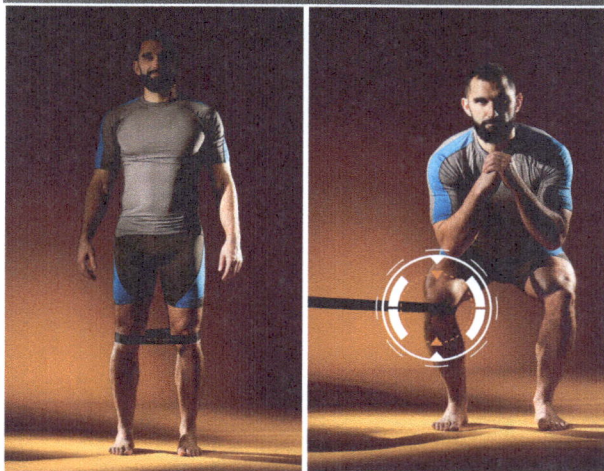

警告：如本训练导致的膝关节疼痛超出正常活动时的疼痛感，则不宜进行本训练。将一根弹力带固定在与膝同高的位置上，膝盖侧面对着弹力带，将绷紧的弹力带勾在膝关节上，并向外牵引弹力带。有控制地蹲下和站起，努力让横向运动保持在最小的同时膝关节活动度达到最大。

10 次为 1 组，每侧做 1 至 3 组。

### 你知道吗？

深蹲姿势下在膝关节处绕一根小弹力带能极大增强臀部（臀中肌和臀大肌）的活跃度。怪兽蹲既是一种功能训练，也是一种臀部塑形训练（Spracklin et al. 2017）。

## F14. 怪兽蹲

用一根迷你弹力带环绕两侧膝关节，这会让膝关节和脚趾保持在一条直线上的难度加大，甚至会使膝关节向两侧打开的难度加大。进行一个深蹲，并要让弹力带保持在原来的位置。

保持深蹲姿势 20 秒至 1 分钟，做 2 至 4 组。（熟练后你将不需要弹力带。）

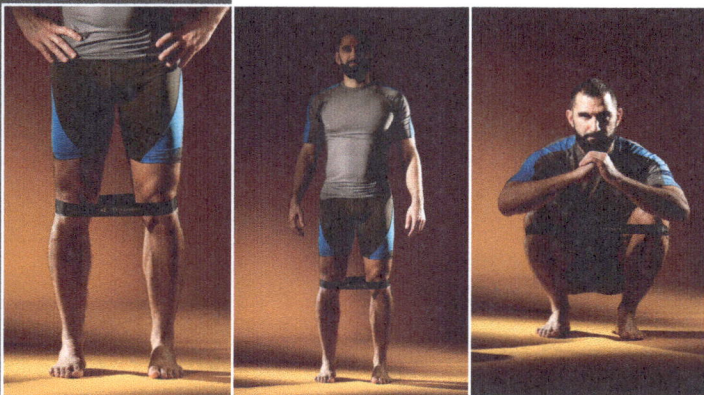

### ➜ 为期 3 周的膝关节灵活性训练示例（包括周围区域训练）

| 周一 | 周二 | 周三 | 周四 | 周五 | 周六 | 周日 |
|---|---|---|---|---|---|---|
| F1、F2、F4、F8、F14 | F3、F5、F11、F13、F12 | C1、C3、C4、C5、C11、C2 | F6、F2、F8、F9、F10 | C6、C8、C13、C15、C14 | D5、D6、D1、D3、D14 | F3、D6、F5、D3、F7、D11 |

\* 以上字母 / 数字组合表示第 26 至 76 页的训练和技巧。

踝关节疼痛

踝关节非常容易受伤，
常会经历旧伤造成的
疼痛。

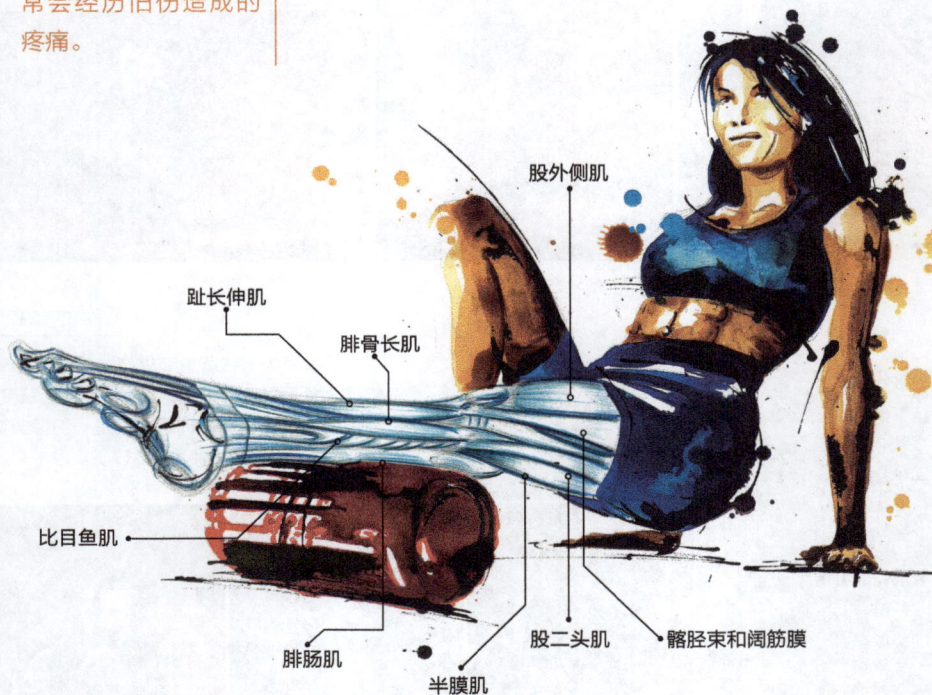

股外侧肌

趾长伸肌

腓骨长肌

比目鱼肌

腓肠肌

半膜肌

股二头肌

髂胫束和阔筋膜

　　踝关节疼痛可能产生于长期站姿不良或错误的行走方式造成的失衡和冲突。发生任何踝关节慢性疼痛都应当去拜访医生、足病诊疗师或其他健康专家。不过，针对此关节的深度灵活性训练简单易行，并有可能根治你的足部问题。

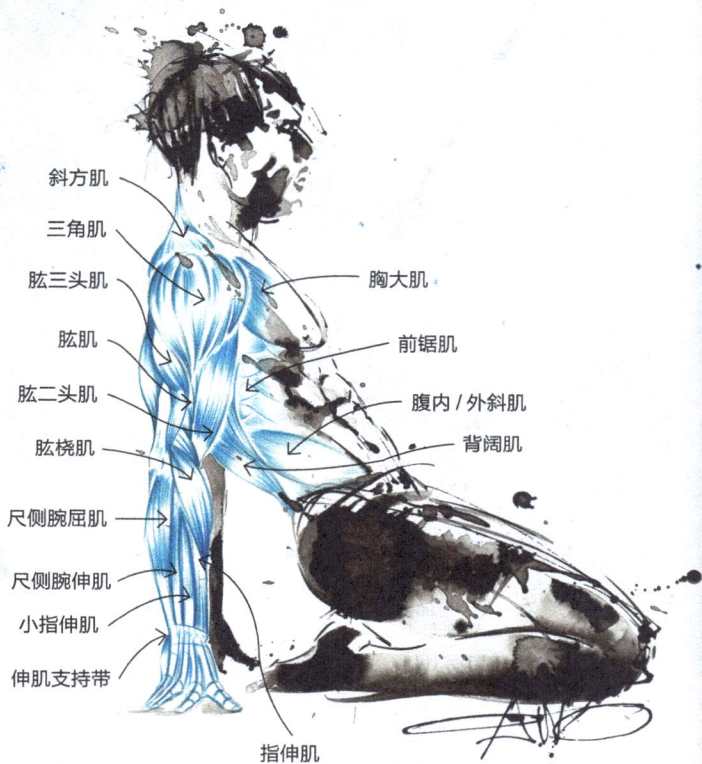

斜方肌
三角肌
肱三头肌
肱肌
肱二头肌
肱桡肌
尺侧腕屈肌
尺侧腕伸肌
小指伸肌
伸肌支持带
指伸肌

胸大肌
前锯肌
腹内 / 外斜肌
背阔肌

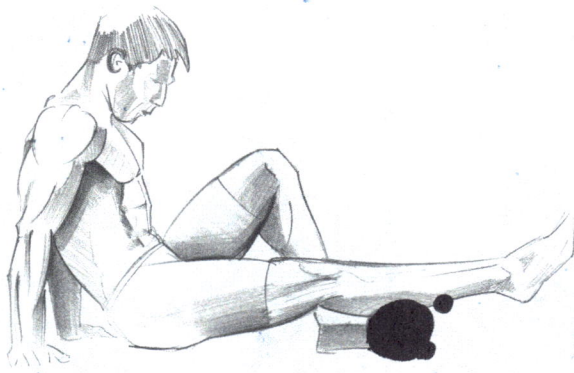

## 以 "形成" 疼痛的原则开始

要解决踝关节问题，胫骨和小腿的练习是必不可少的，但还有一个需要关注的部位——足弓。尽管与踝关节直接相连，但这个部位在各种锻炼方案中几乎总是被忽略。

## 进行灵活性训练的原则

每天行走在混凝土建筑之中，穿着的坚硬的鞋子使足部缺乏刺激，这些都让踝关节的活动范围逐渐减小，并限制了传递到足部和踝关节的本体感觉信息。

## 以稳定原则结束

无法控制松紧（松开鞋带）的鞋子和重量较大的鞋子（皮靴），足弓本体感觉缺失以及不良的运动习惯都会让踝关节变得僵硬、效率低下，令人痛苦不堪。

# 快速检查

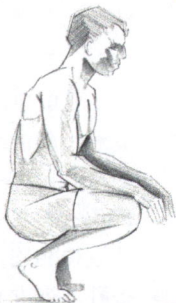

日常的疼痛会为我们提供充分的关于特定部位需求的相关信息，除此之外，深度的快速检查也能发现踝关节区域需要关注的部位。快速检查如下所示。

## 1

踮起脚尖，然后蹲下来。动作中产生的任何疼痛和失衡都表示有需要注意的问题。身体无法下蹲或无法在这个姿势下保持几秒也都令人担忧。

## 2

然后向后坐在脚跟和腿上。如果无法做到这个姿势，或者无法在这个姿势下保持数秒，则清楚地表明你需要更多地关注自己的踝关节。

如果在这些练习中产生剧烈的疼痛，你需要预约医生进行全面的医学检查。如果在这些练习中产生中度疼痛或紧张感，那就意味着你应当每天进行这其中的一项或多项练习。

## G1. 使用泡沫轴按摩小腿

　　双手支撑身体，臀部着地。将小腿放在泡沫轴上，但不要把全身的重量放在腿部。保持姿势，从前到后在泡沫轴上滚动小腿，寻找敏感部位。抬起臀部，并将另一侧腿交叉放在按摩的腿上，可以增大压力。

　　前后按摩 10 次、左右按摩 10 次为 1 组，每侧做 3 组。还可增加足部画圈动作。

## G2. 使用两个按摩球按摩小腿侧面

　　侧坐，一条腿在体前弯曲，小腿上下各放一个按摩球。使用按摩球寻找疼痛或敏感的部位。按摩时足部弯曲、伸展，然后画圈，完成训练。

　　使用按摩球上下按摩 10 次、左右按摩 10 次为 1 组，每侧做 1 至 3 组。

## G3. 使用花生球按摩小腿后侧

　　从小腿最底部开始按摩，逐渐向上移动，使用花生球寻找敏感部位。双腿交叉，增大施加于花生球上的压力。

　　前后按摩 10 次，左右按摩 10 次，画圈按摩 10 次，每个动作保持几秒，此为 1 组，每侧做 1 至 3 组。

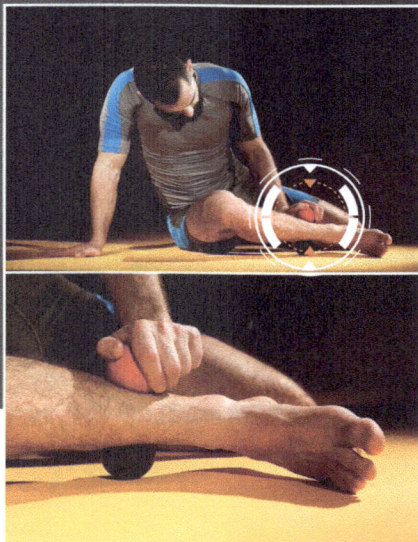

## G4. 使用花生球按摩胫骨前肌

跪在一个箱子或椅子上，将一个花生球放在一侧小腿下。坐在脚跟上，调整施加在花生球上的压力。按摩过程中让足部弯曲、伸展或画圈，让软组织在不同的方向运动。

前后滚动 10 次，弯曲和伸展 10 次，画圈 10 次，此为 1 组，每侧做 1 至 3 组。

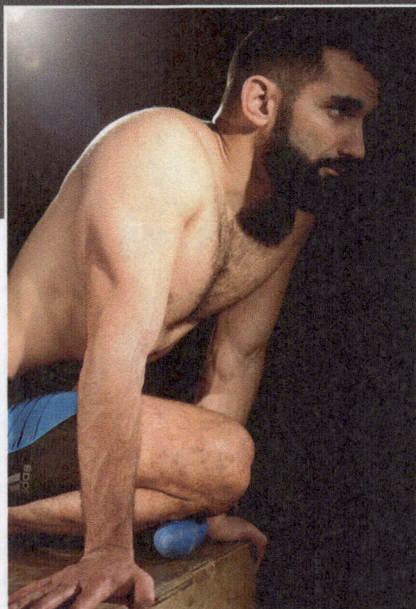

## G5. 使用按摩球按摩足弓

站立，在足底放一个按摩球。沿着足底外侧寻找僵硬的部位，然后在足部内侧寻找。从前向后、从左向右，然后进行画圈动作按摩；脚跟落在地面上，让按摩球位于前脚掌下方，花些时间集中按摩前脚掌，然后从左向右按摩。不要忽略脚跟；脚趾落地，让按摩球在脚跟下从右向左滚动。

每只脚按摩 1 至 2 分钟。

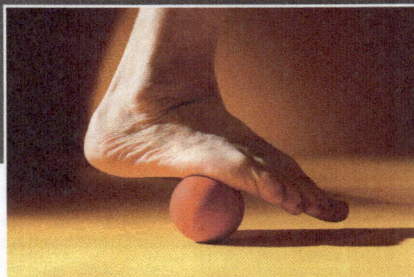

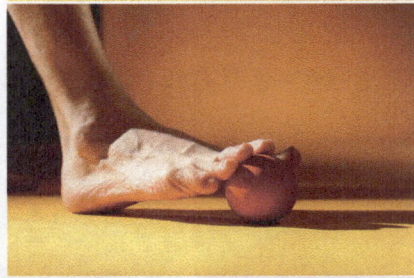

□□□□□

## G6. 鹰爪拉伸

坐下，勾起脚趾。尽量将重心移向足部前侧，拉伸你的脚趾。

保持 30 秒，每侧做 2 至 3 组。

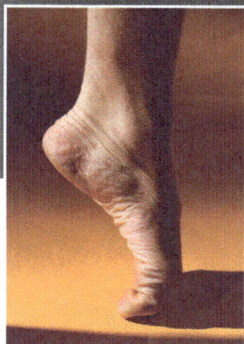

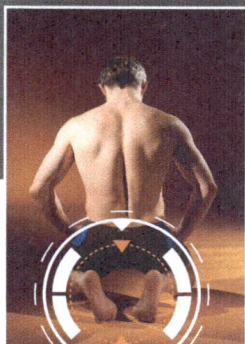

## G7. 休息式拉伸 1

膝部跪地，脚趾伸展，坐在脚跟上，两脚姿势如下图所示。

保持 30 秒，做 2 至 3 组。

## G8. 休息式拉伸 2

膝部跪地，双脚伸展，坐在脚跟上，双脚姿势如下图所示。

保持 30 秒，做 2 至 3 组。

## G9. 关节减压拉伸

将一根弹力带固定在身后的地面上，小腿底部勾住绷紧的弹力带。另一条腿向前跨一步，后侧腿膝关节向前弯曲，拉伸后小腿。要确保后侧脚跟紧贴地面。

保持 20 秒，此为 1 组，每条腿做 1 至 3 组。

## G10. 骑士动作

一侧膝关节放在地面上，另一侧小腿与地面垂直，膝关节在上。身体向后移动，前侧腿蹬直（下图1），然后弓步向前，前脚掌重新贴在地面上，让膝关节超出前侧脚脚趾（下图2）。逐渐延长这两个极限姿势的保持时间，直到每侧可以做10组，每组保持3秒。此循环重复3次。

## G11. 踝关节本体感受

一条腿伸直，站在一个柔软的垫子、枕头或平衡盘上。身体重心移至前脚掌、足部外侧、脚跟，然后是足部内侧。

每个部位进行1至3次为1组，每条腿训练3组。

➡ 为期3周的踝关节灵活性训练示例（包括周围区域训练）

| 周一 | 周二 | 周三 | 周四 | 周五 | 周六 | 周日 |
|------|------|------|------|------|------|------|
| G1*、G2、G6、G10 | G5、G4、G2、G8、G11 | F1、G2、F4、G10 | G1、G9、G3、G7、G10 | F1、F4、F6、F7、F8 | G2、G9、G10、G11 | F6、F7、G1、F8、F10 |

* 以上字母／数字组合表示第26至76页的训练和技巧。

## 颈部疼痛

许多颈部问题，如疼痛、僵硬、灵活性差会造成斜颈（颈部扭曲）和神经性疼痛。笔记本电脑的使用会加重颈部疼痛，因为使用笔记本电脑时的姿势会迫使头部处于倾斜位置。

颈部肌肉位于肌肉链末端。在没有产生实际的运动或姿势问题时，它们通常都会被严重影响。颈部肌肉在身体内的位置非常完美——处于颈部和呼吸系统之间——受到你的情绪状态的影响。

因此，你必须花时间放松每个部位，并时刻牢记以下要点

😊 提醒自己对抗疼痛，找回运动能力的首要规则：如果某个部位少动，或是完全没有运动，那应该让它动起来。

😊 牢记处理疼痛的上下联合规则：问题的原因可能在于胸肌和斜方肌下束。专门讨论肌肉链的章节将具体介绍不同的肌肉是如何与肌

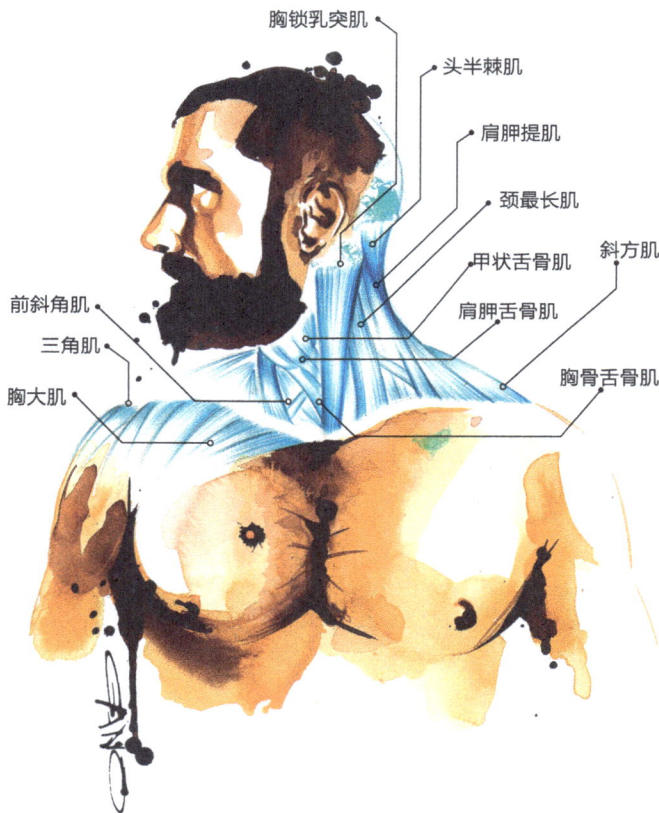

胸锁乳突肌
头半棘肌
肩胛提肌
颈最长肌
甲状舌骨肌　斜方肌
肩胛舌骨肌
前斜角肌
三角肌
胸大肌
胸骨舌骨肌

肉群中的前肌肉群、后肌肉群和侧肌肉群关联的。有时候，非常靠下的部位也会造成颈部疼痛。

😊 反之，疼痛也可能是由上部造成的，如头部、眼睛也经常是诱因。在思考颈部疼痛的源头时，要着眼于全身。

# 快速检查

日常的疼痛会为我们提供充分关于特定部位需求的相关信息，除此之外，深度的快速检查也能发现颈部区域需要关注的部位。快速检查如下所示。

## 1

运动：头部缓慢从上向下、从左向右运动；右耳慢慢靠近右肩，然后左耳慢慢靠近左肩，最后用你的头部画圈。

## 2

感受：用手在颈部所有部位轻柔地移动，并施加以不同程度的压力。这种手法能帮助你找到所有疼痛或紧张部位。

最后将两种方法结合起来：在头部处于不同位置时，用手从不同角度检查颈部。另外，接下来的拉伸和按摩应当配合呼吸训练来完成（参见第2部分关于呼吸的内容）。集中精力进行腹式呼吸，并始终保持放松状态。

## H1. 使用泡沫轴和花生球 按摩颈部

使用泡沫轴能帮助减少紧张感，在泡沫轴和后颈之间再放置一个花生球能提升精准度和按摩强度，并让你的肩膀向下沉。头部向后垂，根据需要让颈部和按摩球之间产生适当的压力，然后上下滚动，也可以让头部左右轻轻摆动。

滚动 10 至 20 次为 1 组，做 1 至 3 组。

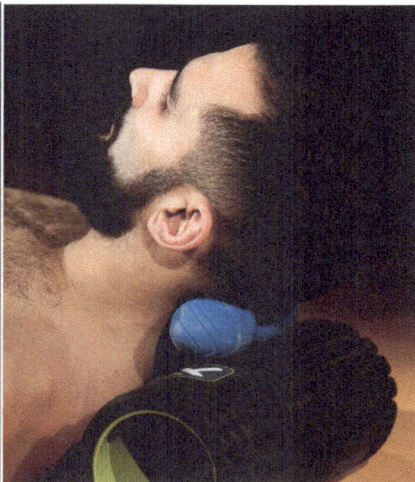

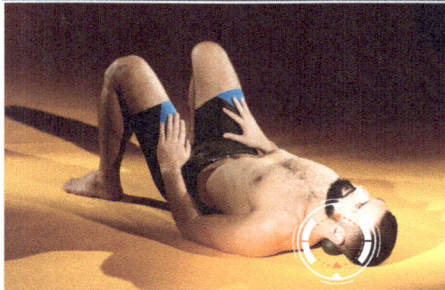

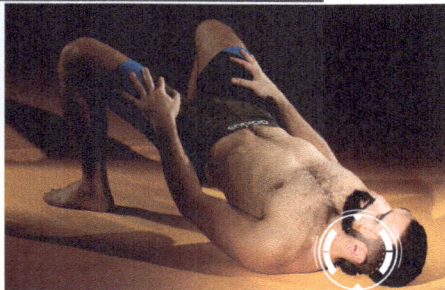

## H2. 使用花生球按摩颈部

仰卧，双手放在大腿上，或两手臂放在身体两侧保持平衡。肩膀放松，让肩膀尽量向下、向后（朝向地面）。在颈部下方放一个花生球，抬起髋部，让颈部向花生球施加充分的压力。既可以前后滚动，也可以轻柔地左右滚动。

滚动 10 至 20 次为 1 组，做 1 至 3 组。

## H3. 使用大按摩球按摩颈部

仰卧在地面上，两手臂放在身体两侧。肩膀放松，让肩膀尽量向下、向后（朝向地面）。在颈部侧面弯曲处放一个大按摩球，头部从右向左扭转，施加于颈部的压力不变。两手叠放在一起，手背置于前额上，可以增加训练强度。

滚动 10 至 20 次为 1 组，做 1 至 3 组。

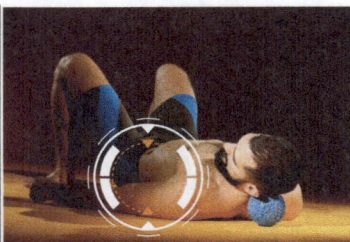

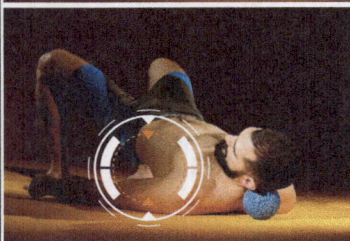

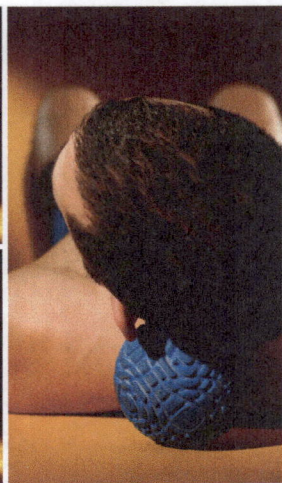

## H4. 拉伸回旋肌

跪立或站立，背部尽量伸直，然后再开始训练。头部缓慢地向左侧转动，转到最大限度后，然后向右侧转到最大限度。

保持 30 秒为 1 组，做 1 至 3 组。

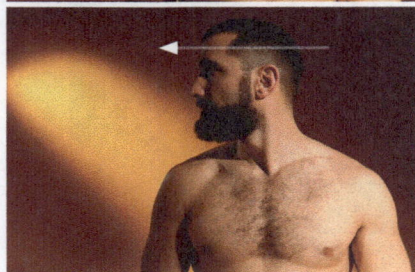

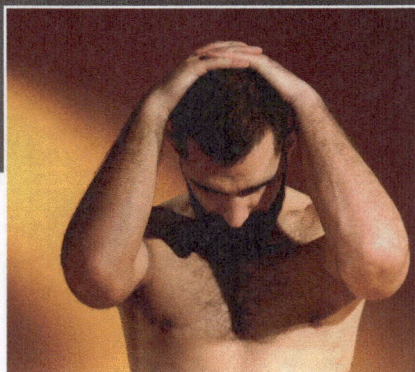

## H5. 拉伸伸肌

跪立或站立，背部尽量伸直，然后再开始训练。头部缓慢向前倾，背部姿势保持不变。如果柔韧性足够，可以用手抱住头顶，增加压力。在自己可以忍受的范围内拉伸。

保持 30 秒为 1 组，做 1 至 3 组。

□□□□□

### H6. 拉伸屈肌

跪立或站立，背部尽量伸直，然后再开始训练。向后仰头，髋部打开，身体略微向后倾，增加颈部的拉伸幅度。但要注意不要过度后倾，否则会导致颈部和背部过度伸展。

保持拉伸姿势 30 秒为 1 组，做 1 至 3 组。

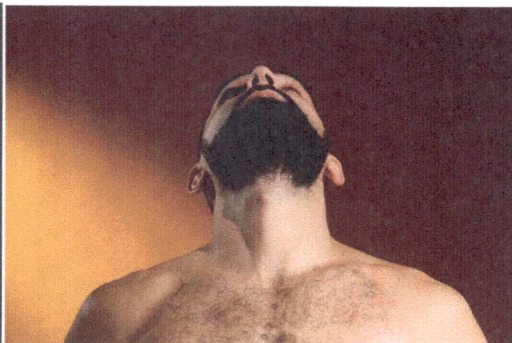

### H7. 使用长杆按摩斜方肌

仰卧，将一根圆头长杆放在地面上，一端抵住墙壁，一端抵在斜方肌下方。随意改变长杆与斜方肌的接触点，寻找疼痛的部位或僵硬的部位。这项训练虽然让人有些不舒服，但要尽量放松肩膀，让肩膀保持中立位置。

每次按压保持 30 秒，每侧肩膀按压 1 至 3 次。然后慢慢抬起手臂伸直 1 至 3 次，并停在最敏感的角度停止移动手臂。

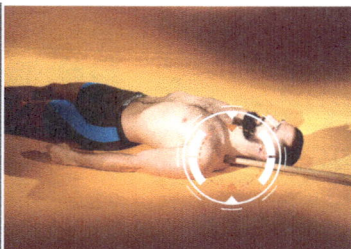

### H8. 使用弹力带和按摩球按摩斜方肌

肩膀保持中立位。将一根弹力带绕过肩膀，并将一个按摩球放在斜方肌上。用弹力带固定住按摩球，利用按摩球和弹力带对斜方肌施加强大的压力。

将按摩球在每侧肩膀上下滚动 10 次，左右滚动 10 次，画圈滚动 10 次为 1 组，做 1 至 3 组。然后手臂向前缓慢抬起 10 次。做 1 至 3 次，并在最敏感的角度停止移动手臂。

## H9. 弹力带侧向拉伸

将弹力带的一侧绕过一侧肩膀，另一侧固定在地面上，并保持垂直。弓步向前，未绑带侧的腿在前。肩膀放松下沉。从这个起始位置开始，颈部向一侧拉伸，可以增加未绑带侧的手上的负重。

保持 30 秒，每侧做 1 至 3 组。

## H10. 使用健身球锻炼本体感受

首先双手持健身球，然后逐渐放开双手。将健身球固定在头和墙壁之间，背部不要拱起。

闭上眼睛，将头在健身球上从上向下滚动 6 次，从左向右滚动 6 次，再画圈滚动 6 次。

**⊙ 为期 3 周的颈部灵活性训练示例（包括周围区域训练）**

| 周一 | 周二 | 周三 | 周四 | 周五 | 周六 | 周日 |
|------|------|------|------|------|------|------|
| H1*、H2、H4、H5 | H3、H1、H4、H6 | B2、B3、B4、B6 | H1、H5、H7、H9、H10 | E1、E2、E3、E4、E7 | H3、H5、H8、H9、H10 | B2、B3、E3、E6、E4 |

* 以上字母 / 数字组合表示第 26 至 76 页的训练和技巧。

运动控制功能紊乱

× 角度和轨迹不受控制

启动低效

× 稳定身体局部和整体的肌肉

疼痛与病症

× 姿势
× 神经
× 神经源
× 呼吸

限制

× 运动单位启动低效而缓慢（感觉移动困难）

本体感受退化

非常规策略

与模正养

× 代偿
× 替代动作

× 稳定性低下
× 限制

Aurélien Broussal-Derval 及
Stéphane Ganneau[GANO]
– *Modern Art of Mobility* © 2018

无功能运动的循环

# 结论

疼痛会让每天都十分痛苦，只有付出足够的时间，才能消除疼痛。无论是在办公室、在家还是在车里，都不要错过任何一个能解决疼痛的机会。如果你能持续查找疼痛并积极改变，疼痛就会慢慢减弱，最终消失。但要记住，拉伸也非常重要，自我按摩本身只是一种温和的短期解决办法。

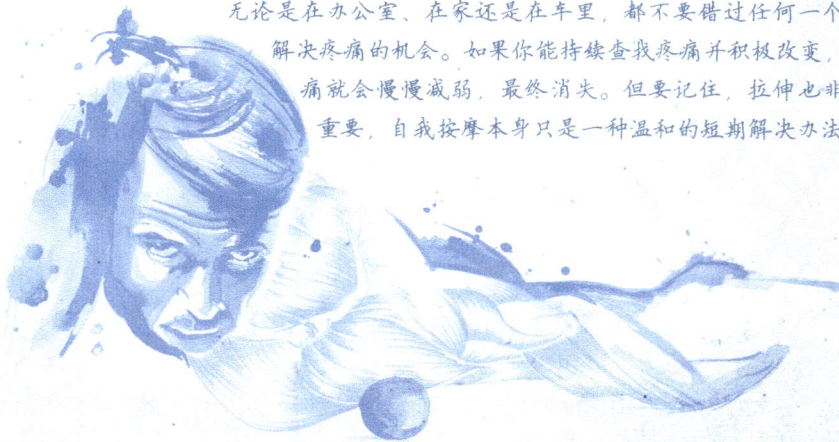

# 第 2 部分　呼吸

你的身体与计算机不同，你永远无法关闭自己的身体。人类身体持续利用认知资源和能量系统，总是处在不同水平的警戒状态。

我们的身体内部每天都自动运行着几十套系统，呼吸系统就是其中之一。只要我们活着，就要呼吸。或者说，只有呼吸，我们才能活着。

呼吸和其他自动功能没有任何不同。它可以是人主动、机械（因此是自愿的）控制的，并且可适应任何情况。呼吸也会产生问题。与其他基础的自动系统（如行走或保持身体姿势）同时进行时，呼吸会受到压力、焦虑、剧烈身体运动等紧张情况的影响。

在人感受到压力或疲惫时，主要使用胸部和肋骨进行呼吸。这些部位更加强壮有力，更能满足运动时的需求。相反，腹式呼吸所需要的能量更少。

生活会为我们身体中自动和本能的设计带来压力。高强度的工作和运动环境所带来的慢性压力和焦虑会使我们的身体系统不堪重负。因此，我们的身体开始更加频繁而不必要地使用锁骨和胸腔进行呼吸，有时，在极端情况下，我们甚至会单独使用锁骨或胸腔呼吸。久坐、焦虑、高强度或不适当的运动都会加剧这种情况。

## 每天都有 20,000 次机会可以更好地呼吸

我们平均每天呼吸 20,000 次。如果受到各种压力的影响，且没有正确地呼吸（不完全呼吸、以胸腔为主的呼吸、呼吸过快等），就会引发身体姿势问题，导致运动表现下降甚至出现训练瓶颈。因此，我们必须严肃地对待这个关键性问题，必须学习、保持并训练自己的呼吸。

# 呼吸

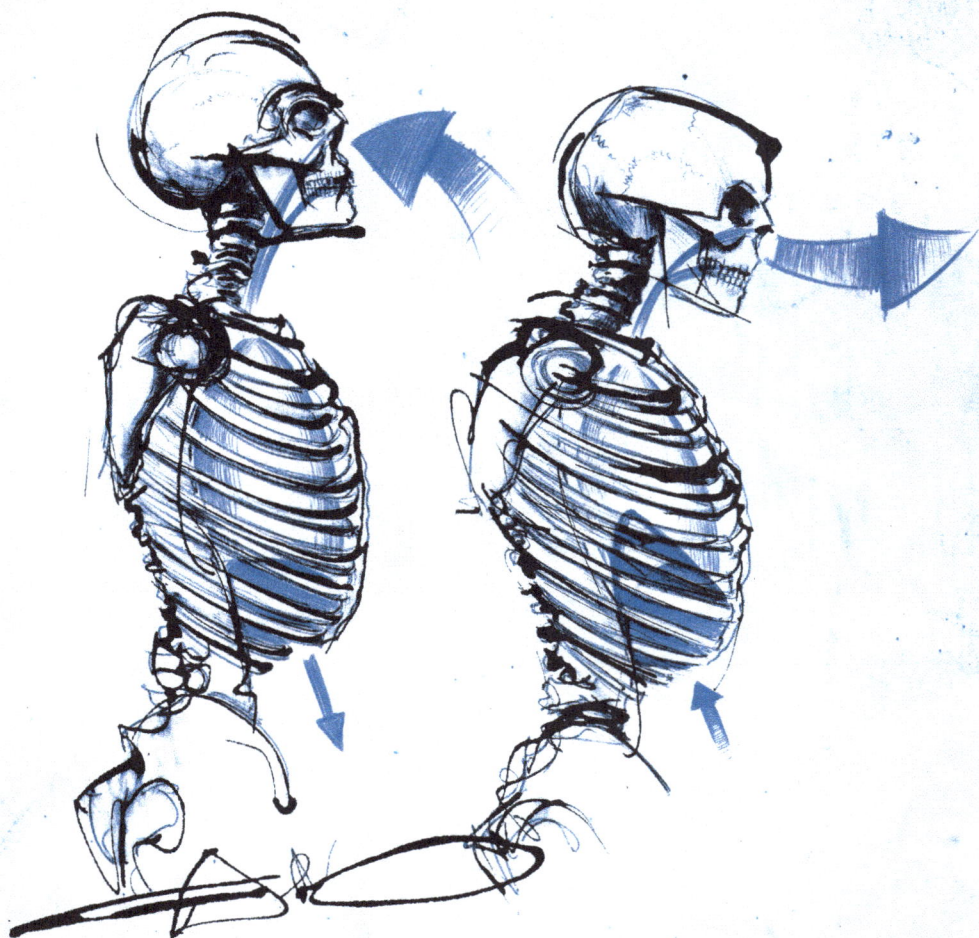

　　我们平均每天呼吸 20,000 次。如果受到各种压力的影响，且没有正确地呼吸（不完全呼吸、以胸腔为主的呼吸、呼吸过快等），就会引发身体姿势问题导致运动表现下降甚至出现训练瓶颈。因此，我们必须严肃地对待这个关键性问题，必须学习、保持并训练自己的呼吸。

# 第 5 章　压力与呼吸之间的关系

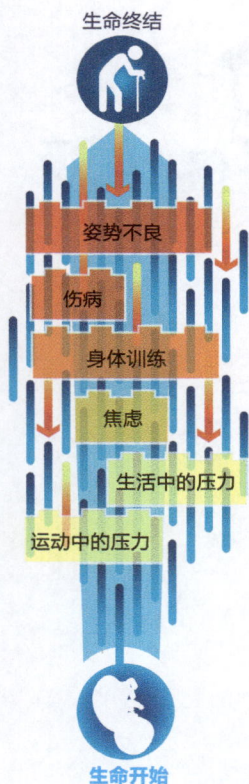

生命终结

姿势不良

伤病

身体训练

焦虑

生活中的压力

运动中的压力

生命开始

时光匆匆，生命流转。失望、压力、焦虑以及生理或心理上的伤痛会逐渐侵袭你的身体和精神健康。随着时间的流逝，这些问题就像一块块沉重的混凝土砖块，会慢慢堆积，逐渐把你逼进高强度的慢性压力之中（参见左图）。

重新控制你的呼吸，能帮助你一块块地移除这些"混凝土砖块"。花些时间处理每个问题，把这些问题逐一缓解甚至根除。全神贯注地练习本书中描述的训练将会极大地帮助你。

要重新控制呼吸，就必须阻止每个问题进一步恶化，让其远离慢性压力区域。你必须意识到自己肩上的压力，而要管理这种压力，就需要使用技巧来消除。

此外，压力不合理地增长不可避免地会导致慢性压力，而慢性压力又会导致呼吸问题，甚至更严重的身体和精神压力。若呼吸长期受到影响，它会改变你的身体姿势，从而增加压力并造成伤害。

为自己留些时间来改变这些问题是非常必要的。

## 贯穿
## 生命的
## 慢性呼吸
## 问题

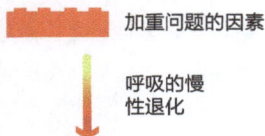

加重问题的因素

呼吸的慢
性退化

# 第6章　舒适区与压力区

通常，根据不同情况，我们会发现自己处在腹式呼吸（放松）和胸式呼吸（应激）之间的舒适区。

在经历了高强度而短暂的压力之后（伴有心理焦虑、训练负荷等的特殊时段），身体的呼吸机制会进入应激模式，离开舒适区，以保持呼吸效率。这是没有问题的，这种情况是暂时的，也是必要的。

但是，频繁且长时间处于压力之下而导致的慢性呼吸障碍会导致腹式呼吸频率降低，呼吸量也会减少。取而代之的是所有的平稳呼吸都会用到胸部，其触发阈值也会变得很低。

恶性循环的开始：过度使用胸式呼吸中使用的相关肌肉，使膈肌敏感性降低并开始萎缩。现在应该做出调整，重新回归腹式呼吸。

## 压力与姿势

当今社会，生理和心理压力的来源各式各样。人类身体能记忆压力情况，并产生自我保护反应。压力发生得越频繁（或是持续时间越长），身体就会越多地呈防御性状态，利用胸部和肩部呼吸（胸式呼吸）以适应状况。这对于保持良好的姿势是非常有害的（Hamaouiet al.2010）。最著名的姿势反应就是退缩反射：当一个人遭受过度的心理或生理压力时（身体或口头攻击、职业压力、体力消耗过大等），肩膀会向前倾，胸部收缩，背部拱起。髋屈肌会被激活，头部向肩膀内侧缩。如果过于频繁或长时间地处于这种姿势，身体就会习惯这一姿势，导致肌肉代偿，如某些肌肉失活和萎缩，出现失衡、僵硬以及肌肉无力的情况。长此以往，身体的灵活性就会降低。

# 第 7 章 肌肉系统与呼吸

不正确的呼吸会影响人体心理与生理的多个方面。

不正确的呼吸会影响到人体心理与生理的多个方面。快速而短促的呼吸会使消化系统紊乱，引起头痛，增加饥饿感，使整个身体变得异常疲劳。本章中，我们将主要讨论呼吸对肌肉产生的物理影响，以及其对哪种锻炼的影响最大。

## 不良呼吸对于运动表现的影响

不良的呼吸会减少身体摄取氧气的时间，从而对运动表现产生负面影响。身体细胞摄取氧气的时间减少，可供身体消耗的氧气也随之减少。这会明显地降低人体的耐力，因为有氧能量代谢系统完全依赖对氧气的利用。极端情况下，氧气利用率低下会导致身体在没有到达努力的极限时便切换到以无氧代谢方式（不使用氧气的方式）产生能量的状态，而正常情况下，身体应当在更加剧烈的运动中才会切换至无氧代谢状态。处于高训练负荷的人还会发现自己维持运动表现的能力下滑，甚至难以维持正常的竞技水平，事实上他们是受到呼吸系统的限制。

这个负面的"循环"会不断进行：身体无法利用有氧代谢系统产生更多的能量，由此导致呼吸性碱中毒（呼吸系统障碍导致的血液酸性水平失衡，主要特征为 pH 值上升），最终又会产生更多焦虑。之后，运动也会受到影响，因为焦虑状态下肌肉的效率也会变低。因此，人的姿势会变得更差（弓背、低头、含胸等）、呼吸受到负面影响、身体内可用的氧气减少等。

## 控制你的呼吸

不良的呼吸会削弱一个人对疼痛的耐受力（Bordoni et al. 2016）。让运动和姿势更加有效的一个关键点在于消除疼痛，所以重新获得对呼吸的控制的重要性显而易见。

同时，放松与重新获得对呼吸的控制是紧密相关的。这两个要素相辅相成，应当同时进行处理（在同一阶段或同一个关注范围内），以便获得最大成效。

□□□□□

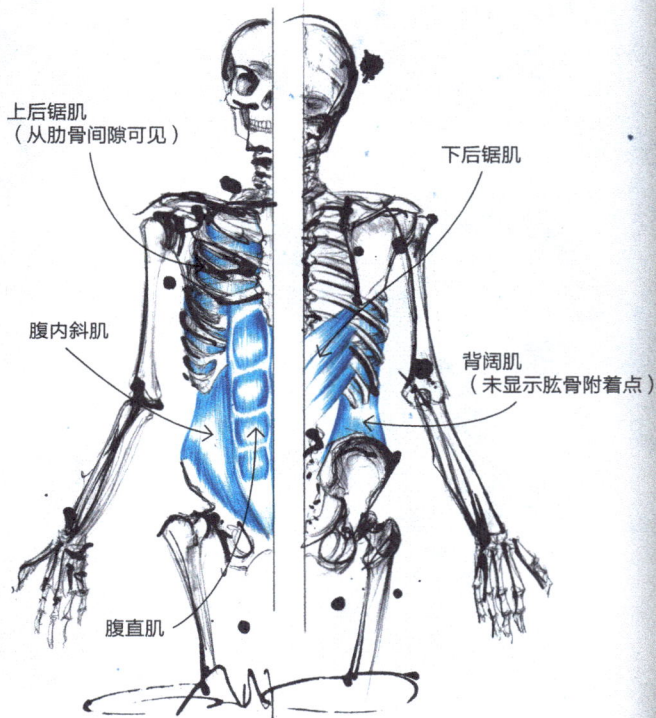

上后锯肌
（从肋骨间隙可见）

下后锯肌

腹内斜肌

背阔肌
（未显示肱骨附着点）

腹直肌

呼吸系统不仅会影响到胸部区域，还会直接影响身体的中央——躯干与双腿的肌肉群接处，影响到对运动和姿势至关重要的两块肌肉——髂腰肌和腰方肌。这两块肌肉都通过脊柱与膈肌相连，通过筋膜和韧带插入膈肌中。膈肌非常神奇，它有多个点与脊柱相连（T12、L1、L2 和 L3），从而将姿势与呼吸直接关联起来，尤其是如下图所示的僵硬的脊柱（Shirley et al.2003）。

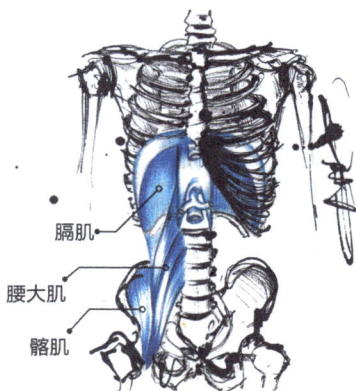

膈肌

腰大肌

髂肌

肋骨是呼吸系统的框架。如果这个框架过于僵硬或是不够柔韧，那整个躯干，从肩部到脊柱就会过于紧张。例如，不良的呼吸方法会导致上侧肋骨上移，软骨和肋间肌变得敏感。

肋骨的这个问题还会影响到脊柱的功能，造成胸部稳定性和灵活性下降。呼吸变得痛苦而吃力。

三角肌、背阔肌和靠近

上背部的颈部肌肉（胸锁乳突肌、斜角肌以及上斜方肌）的过度使用和极度紧张会使呼吸问题恶化，并通过以下方面影响姿势和动作。

→ 颈部僵硬。

→ 灵活性和肩膀稳定性减弱。

→ 肌肉痉挛的可能性增加。

→ 抽筋的可能性增加。

→ 肋骨、背部和胸部更加紧张。

因此，呼吸问题会导致以下问题（Hamaoui et al.2002）

1. 背部疼痛（Smith et al. 2009）。

2. 稳定性下降。

3. 髋部或腰部的灵活性降低。

保持好髂腰肌和腰方肌的功能，尤其是通过自我按摩和拉伸，就是维护呼吸系统的方式之一。

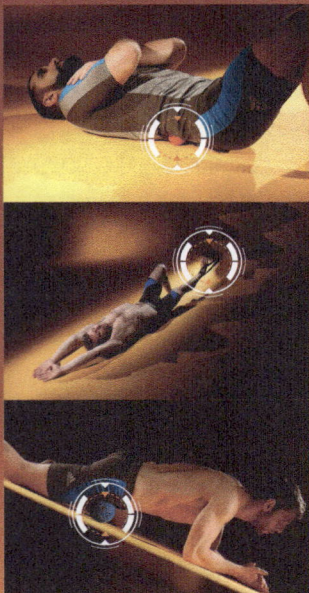

膈肌：身体的中心

在位置上，膈肌处于人体机器的中央位置。它处于躯干中间，连接胸腔和腹部。这个器官周围形成了一套复杂的交织网络系统，被称为人体的"交汇点"。主动脉、下腔静脉、食道和神经系统在这里交汇，使这里成为血液循环、营养与神经信号传递的交汇点。而膈肌的活动直接影响到这些器官和系统，你可以通过控制这个交汇系统来控制压力带来的影响。因为有了膈肌，你能够通过呼吸控制身体的主要生理要素，如静脉血液回流、消化甚至是淋巴循环。

□□□□□

从语义和功能角度来看，力量训练包含了动态地增加肌肉的力量，并通过提高肌肉的柔韧性和适应性来保护肌肉。虽然膈肌通常并不被视为阻力训练方案中的目标肌肉，但它确实是一块重要的肌肉。它的作用是促进和增强身体从脊柱到骨盆部位的稳定性。膈肌的激活是复杂的腹部稳定支持系统的一部分，这个稳定支持系统包括骨盆（同样处于紧张状态下）和脊柱（由椎间肌肉支撑）。

要提高稳定性，就必须学会控制你的呼吸。

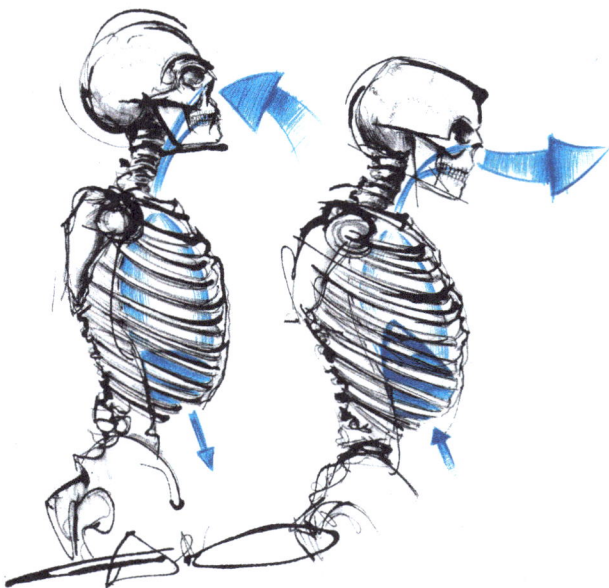

我们来讨论内部稳定性：当你正确呼吸时，吸气时膈肌向下运动，腹内器官被向下推，腹内压力增强。这就意味着从最深层肌肉（腹横肌）到我们经常努力锻炼的最表层肌肉（腹内/外斜肌和腹直肌），所有这些强有力的腹部肌肉都处于紧张状态下。

### 你知道吗？

在自我按摩过程中使用腹式呼吸是非常重要的。这种呼吸方法可以增强副交感神经系统的功能，有助于放松。本书中的所有自我按摩训练都应当配合腹式呼吸进行。呼吸时用鼻子缓慢地吸气，让气体充盈你的腹部，然后缓慢地呼气。

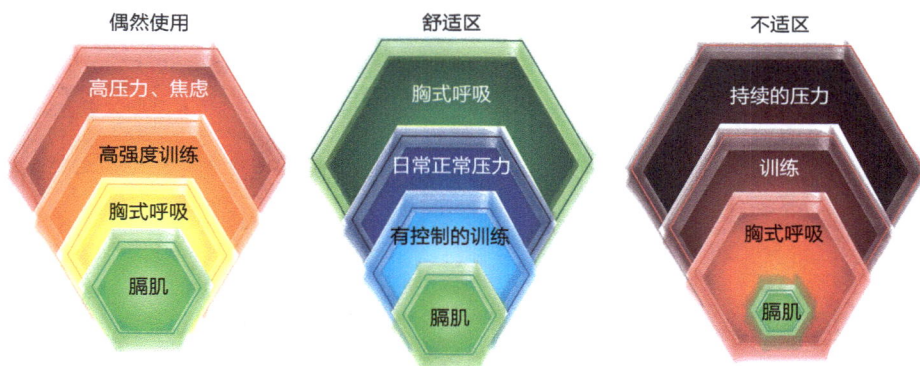

**偶然使用**

高压力、焦虑

高强度训练

胸式呼吸

膈肌

**舒适区**

胸式呼吸

日常正常压力

有控制的训练

膈肌

**不适区**

持续的压力

训练

胸式呼吸

膈肌

# 第 8 章　膈肌再训练

学习如何再次正确地呼吸需要花费一些时间，这具体取决于你的情况有多糟，以及你受这个问题困扰的时间有多长。某些情况下，你甚至需要重新训练膈肌本身，以获得其不同的功能。

我们必须明白膈肌和其他所有肌肉一样，可以收缩、形成粘连、丧失弹性甚至丧失功能。如果发生这种情况，膈肌就会在胸腔内向上移动。

**我们必须把自己排在第一位**

## 重新控制膈肌的训练（仰卧）

这项基本训练需要你拥有自我意识，并慢慢地在正常的呼吸过程中积极地练习。仰卧，双膝弯曲，两脚踩在地面上。双手放在下腹部。吸气时，腹部变得膨胀，将手掌向上顶。胸部完全不动，让所有气流直接进入你的腹部，尽量让气体先进入下腹部。用鼻子吸气，用嘴缓慢而深长地呼气。

当你对这个训练感到适应时，尝试随着每一次呼气收腹，让腹部贴近脊柱。这样可以激活腹横肌。

接下来，使用所有内部支撑肌肉呼吸。呼尽腹部气体后，短促地深吸一大口气，但不要让空气进入（闭锁喉部，堵住气流通道）。尝试让腹部上移至肋骨下方，并将腹部肌肉"锁定"在骨盆。

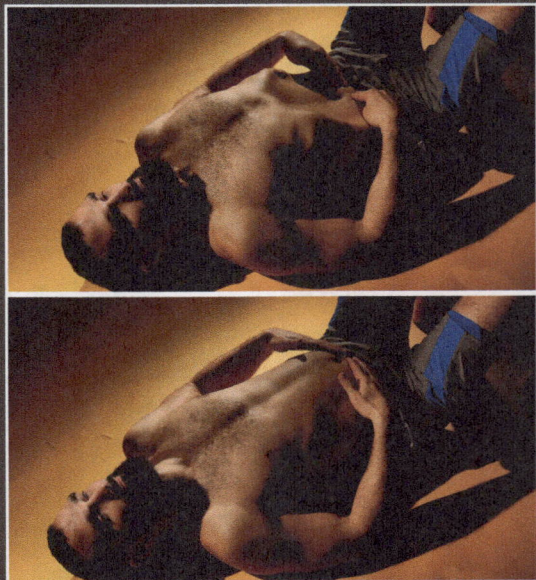

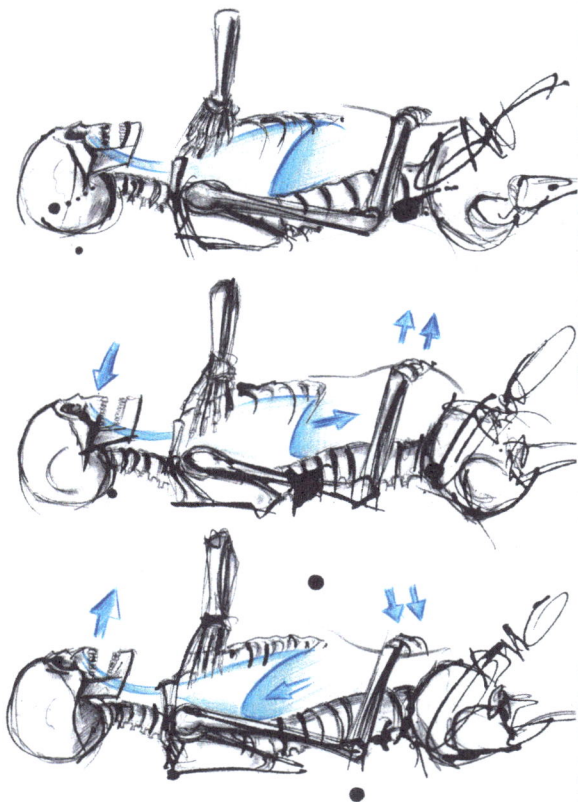

## 重新控制膈肌的训练（仰卧，使用弹力带固定手臂）

　　本训练需要你内在地感知膈肌的激活，因为训练中双手不再放在腹部，而是高举过头顶抓住弹力带。

　　仰卧，双膝弯曲，双脚平放在地面上。吸气时，腹部膨胀。胸部完全不要膨胀，让气流直接进入腹部。尽量让气体先进入下腹部。

　　用鼻子吸气，用嘴缓慢而深长地呼气。

　　将头部靠在地面上可以显著降低颈部肌肉的压力，让你将精力更多地集中于激活膈肌。

　　当你对这个训练感到适应时，尝试每一次呼气时尽量收腹，让腹部贴近脊柱。这样可以激活腹横肌。

　　接下来，使用所有内部支撑肌肉呼吸。呼尽腹部气体后，短促地深吸一大口气，但不要让空气进入（你可以通过闭锁喉部来阻止空气进入）。尝试让腹部上移至肋骨下方，并将腹部肌肉"锁定"在骨盆。

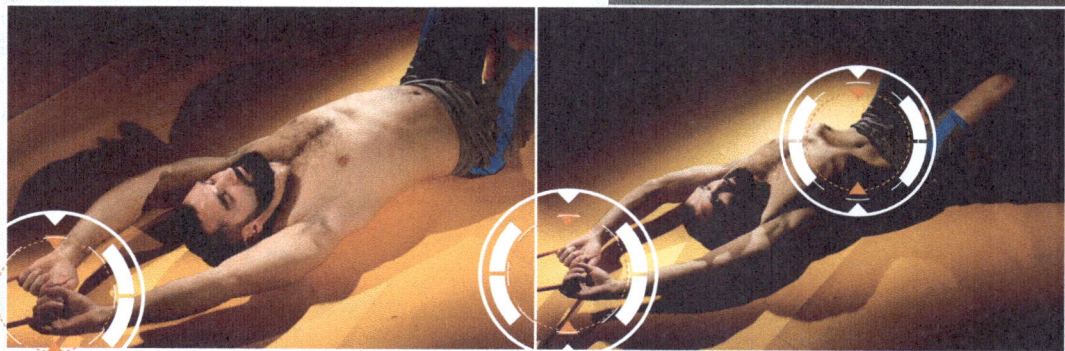

## 膈肌自我按摩

一旦你开始意识到自己的呼吸潜能，就必须学习放松膈肌，膈肌因长期处于压力之下，通常都非常紧张。和其他任何肌肉一样，这种放松可以通过自我按摩来实现。放松膈肌可以让你的整个身体和精神都放松下来（Bordoni et al.2016）。

膈肌并不习惯被按摩，所以请做好准备，按摩时可能会有一点不舒服。在极端的情况下，有些人很少使用膈肌，以至于膈肌固定在了肋骨下方，因此难以触及。跪坐，双手放在大腿上。身体向前倾，手指伸入肋骨下方，尽量向里。开始时手指放在肋骨外侧，然后逐渐深入向上，移向腹腔神经丛（胃部后侧躯干上方中间位置）。

完成了前两个训练之后，紧接着就该进行本训练。

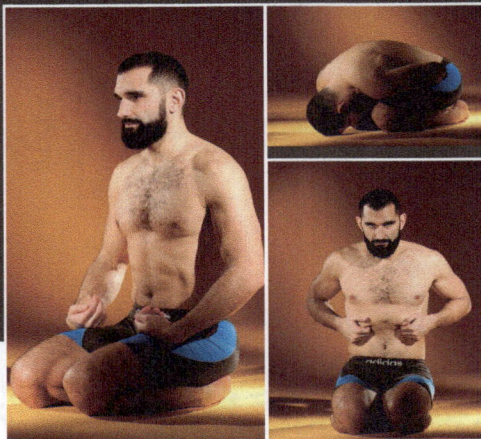

## 伸腿抵墙坐下，弹力带拉伸手臂

本训练能提高肩部稳定性，自动减少胸式呼吸。整个颈部和胸部也会放松下来，让膈肌更加自由地移动。

双腿靠着墙向上伸展，在双腿后侧能够承受的限度下，让臀部尽量靠近墙壁。双脚勾起，脚跟抵住墙壁，用一根薄（强度较低的）弹力带绕过大腿上方后侧。两手臂举过头顶，双手向上伸展，拉伸弹力带。

吸气时，腹部缓缓地向外运动。胸部完全不要膨胀，让气流直接进入腹部。尽量让气体先进入下腹部。用鼻子吸气，用嘴缓慢、深长地呼气。

将头部靠在地面上可以显著降低颈部肌肉的压力，让你将精力更多地集中于激活膈肌。

当你对这个训练感到舒适时，尝试每一次呼气时尽量收腹，让腹部贴近脊柱。这样可以激活腹横肌。

接下来，使用所有内部支撑肌肉呼吸。呼尽腹部气体后，短促地深吸一大口气，但不要让空气进入（你可以通过闭锁喉部来阻止空气进入）。尝试让腹部上移至肋骨下方，并将腹部肌肉"锁定"在骨盆。

□□□□□

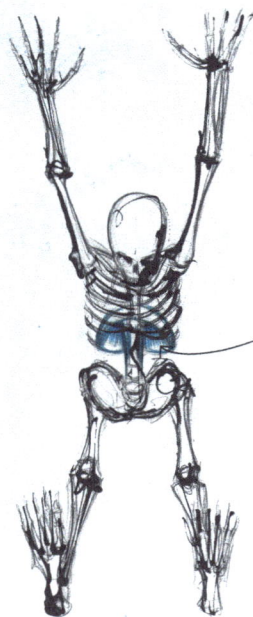

膈肌

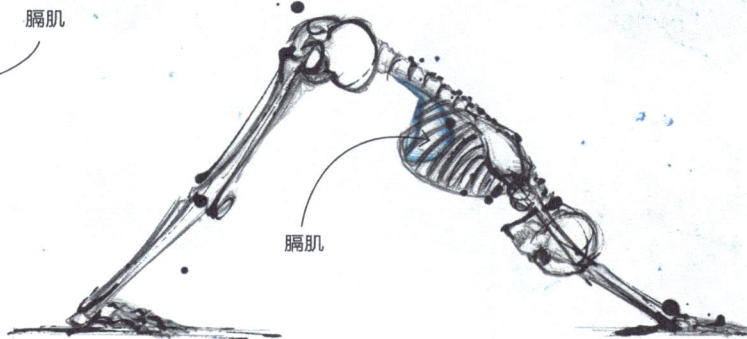

膈肌

## 你知道吗？

由于重力的缘故，膈肌的位置会根据身体的姿势而发生变化。2017年，Hellyer和他的团队证明了膈肌在坐姿下比在站立姿势下更宽。1994年，Bouisset和他的团队称，人在坐下时对身体平衡的影响更大。因此，在膈肌训练的过程中，应当使身体做出不同动作。

### 下犬式

本训练能够有效地抑制斜角肌，并激活颈部深层肌肉，放松颈部其他肌肉。因为坐下的时候膈肌更宽（Hellyer et al.2017），所以这个姿势更加舒适。总之，这个训练能够通过平静而有控制的呼吸减少胸式呼吸，增强腹式呼吸（Hudson et al.2016）。

双手双脚着地，臀部尽量抬高，两手臂压向地面，膝关节和肘关节完全伸展，头部与躯干保持在一条直上。背部必须保持笔直。在这个姿势下，深而缓慢地吸气，同时腹部鼓起，然后用嘴将气体全部呼出。

## 双腿弯曲，手握悬吊训练器

本训练使用挂在固定杆上的悬吊训练器，固定杆的高度可调节。手握把手，两臂伸直，自由地悬吊起自己的身体。全身上下只有手抓握用力。调节悬吊带长度，让你的双脚与膝关节垂直。

这项悬吊训练能够拉长背阔肌和胸小肌，同时激活髂腰肌，提升稳定性。通过本训练，你的双肩的灵活性会有所提高，骨盆和腰部也会更加稳定。与上一个训练一样，这个整体放松训练能让你轻松地将意识集中于膈肌，同时无须完全放松下来。

| 日常训练 | 恢复期间 | 热身之前 |
| --- | --- | --- |
| 每天清晨或晚上进行 3 至 5 次自我按摩，并选择 3 个训练，每个训练坚持 5 至 10 个呼吸。如果你的时间充裕，可以进行完整的训练，请将本节中的每个训练做 3 次。<br>一天当中处于坐立或仰卧姿势时，尽量使用膈肌进行腹式呼吸。 | 在抗阻训练或速度训练中练习腹式呼吸，同时不要让全身完全放松下来（因为你需要保持一定的活力，且恢复时间不足）。<br>在有氧训练中，只有恢复时间长到足以让你恢复正常呼吸频率时，才可训练腹式呼吸。 | 在高强度的训练开始之前，进行 3 至 5 次自我按摩，并选择一个训练坚持 5 至 10 个呼吸，作为热身运动的初始练习。 |

## 平坦腹部的诱惑

平坦的腹部多年来备受推崇。尽管人们努力防止腹部的肥胖，但是腹部脂肪仍然会随着年龄的增长不断累积。20世纪90年代，人们发现防止腹部肥胖的有效方法，即有效地（正确训练）激活腹横肌、增强核心稳定性。但是，完全平坦的腹部会使膈肌的活力减弱。要有效地保持膈肌的活力，学习如何内收腹部，如何让腹部平坦，甚至是如何将膈肌向肋骨腔内提升很重要。

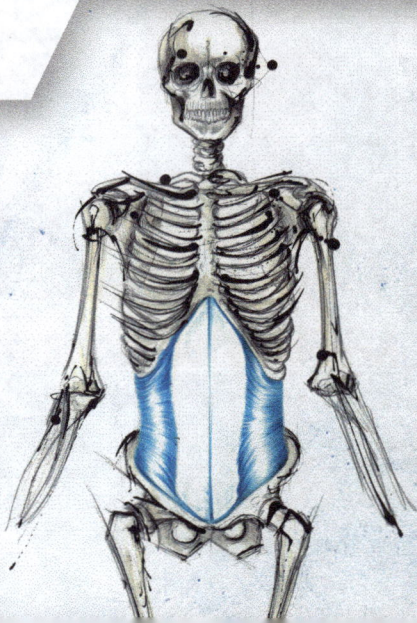

# 第9章 呼吸系统训练

第8章中所述的所有呼吸训练都能帮助你锻炼呼吸系统肌肉。加强核心肌肉力量并注意激活膈肌和腹横肌同样发挥着重要的作用。

---
**特意训练吸气和呼气的肌肉能够提升我们的呼吸潜能**
---

用于呼吸的肌肉是处于永久激活状态的（从来无法完全休息），并且具备耐力肌肉所有的特质（Arend et al.2016）。这些肌肉的主要组成为慢肌纤维，因此非常抗疲劳（成人的膈肌所含快肌纤维不足20%，参见第256页"肌肉纤维类型与运动"）。即使这些肌肉可以承受长时间地收缩与放松，但长时间的压力或拉力（Carrio 2010，2017）最终仍会使这些肌肉产生疲劳，从而限制人体的运动表现。

幸运的是，你可以训练吸气系统和呼气系统，让它们共同协作，进行更合理的呼吸。

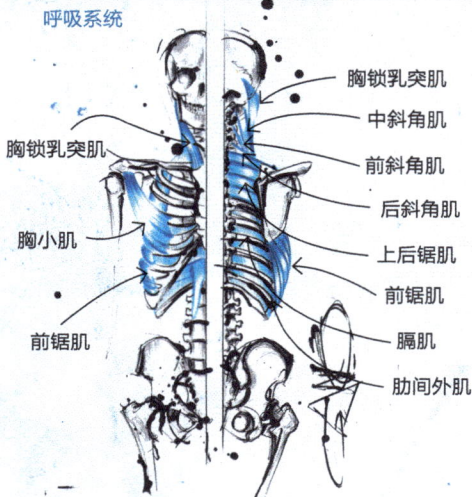

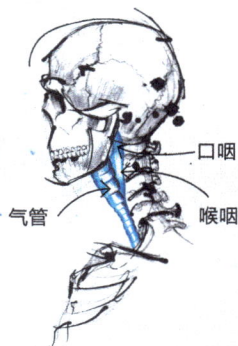

呼吸系统

胸锁乳突肌
中斜角肌
前斜角肌
后斜角肌
上后锯肌
前锯肌
膈肌
肋间外肌

胸锁乳突肌
胸小肌
前锯肌

口咽
气管
喉咽

当训练吸气肌的工具在21 世纪初被开发出来时，人们对它们的有效性备感疑虑（Hart et al.2001）。

后来，力量呼吸（POWERbreathe）、门槛（Threshold）和力量肺（PowerLung）等吸气肌训练器被开发出来，科学地证明了这些工具在训练以及衡量参加训练人员的进步方面的有效性。和其他肌肉组织一样，在活动和休息时，吸气肌可以随着耐力的增加而变得更加强壮有力。

2011 年，Kellens 的团队试图确定在休闲运动中进行力量呼吸训练的有效性。在为期 8 周的实验中，22% 的实验组在吸气方面取得了进步，18% 的实验组在呼气方面取得了进步。记住这一点，我们建议使用以下训练计划。

**力量呼吸训练计划**
进行完全吸气，6 次为 1 组，做 5 组，每组之间设置 45 秒的恢复时间。每天 2 次，每次吸气的吸气压达到最大吸气压的 85%，每 30 次吸气之间休息 30 分钟以上。

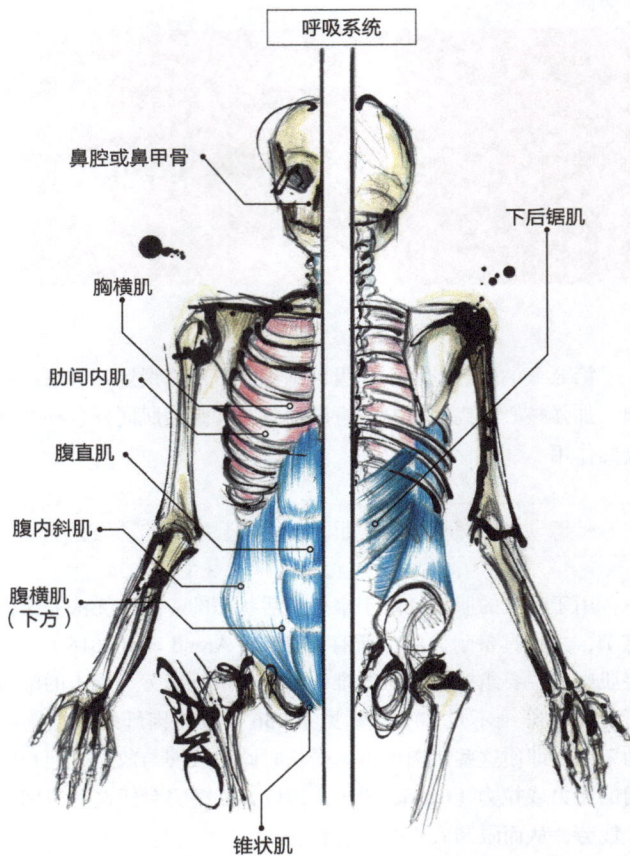

呼吸系统

鼻腔或鼻甲骨
下后锯肌
胸横肌
肋间内肌
腹直肌
腹内斜肌
腹横肌（下方）
锥状肌

利用最大吸气压的增加来调整阻力，这种类型的运动需要辅以热身。2016 年，Arend 和他的研究小组发现，热身后吸入肌的活跃程度显著增加，他们建议使用以下热身计划。

**力量呼吸热身计划**
在 60% 的最大吸气压下进行，吸气，12 次为 1 组，做 2 组；或在 40% 的最大吸气压力下进行吸气，30 次为 1 组，做 2 组。

# 第 10 章　每日自我管理

充满压力而令人疲惫的状态不会是永久的，我们可以通过各种手段对它进行调整。有时候你会感觉自己过于放松，可能需要一些动力来激发自己的呼吸。

## 交感神经系统负责或战或逃反应

交感神经系统对压力最敏感。相反，副交感神经系统负责调解你的基本生命机能，并让恢复最大化；它对休息最为敏感。

呼吸系统与副交感神经系统有直接关系。如果你意识到这个问题并调节呼吸系统，它将对你的神经和内分泌系统产生积极的影响。另一方面，如果你因为长期处于压力或其他情绪状态而开始失去对呼吸系统的控制，则可以通过调节交感神经系统重新获得对呼吸系统的控制。因此，一天当中交替进行激活和放松的呼吸训练是维持平衡的有效方法。我们建议以不同的节奏交替进行吸气、屏气、呼气。

以下两个方案提供了一般情况下可以使用的简单技巧，我们要记住这些通用原则。

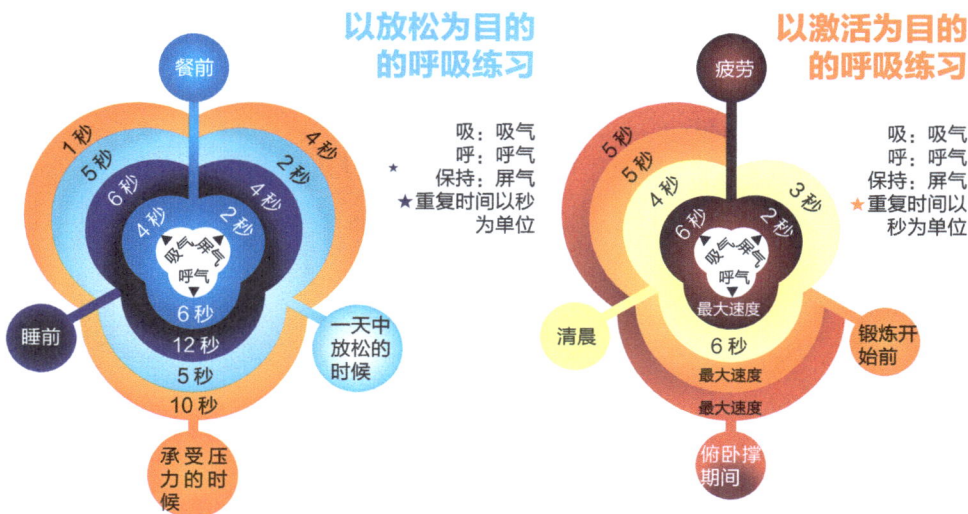

### 以放松为目的的呼吸练习

吸：吸气
呼：呼气
保持：屏气
★重复时间以秒为单位

餐前 1秒 5秒 6秒 4秒 吸气 屏气 呼气 4秒 2秒 4秒 2秒 6秒 12秒 5秒 10秒
睡前　一天中放松的时候　承受压力的时候

### 以激活为目的的呼吸练习

吸：吸气
呼：呼气
保持：屏气
★重复时间以秒为单位

疲劳 5秒 5秒 4秒 3秒 吸气 屏气 呼气 6秒 2秒 最大速度 6秒 最大速度 最大速度
清晨　锻炼开始前　俯卧撑期间

# 理解运动

　　尽管许多训练的动作
都是在单一平面进行的，但
现实中人体的运动都是在 3
个平面和 3 个轴向上进行
的。要使你的训练更有效，
就必须关注这些平面和轴
向。虽然没有必要完全放弃
在单一平面上进行的针对
某一块或一组肌肉的运动
（因为有时候你确实需要加
强某一肌肉链上的肌肉），
但是只有多锥和多轴向的
训练方法才能提升身体的
灵活性，形成实用的训练
方案。

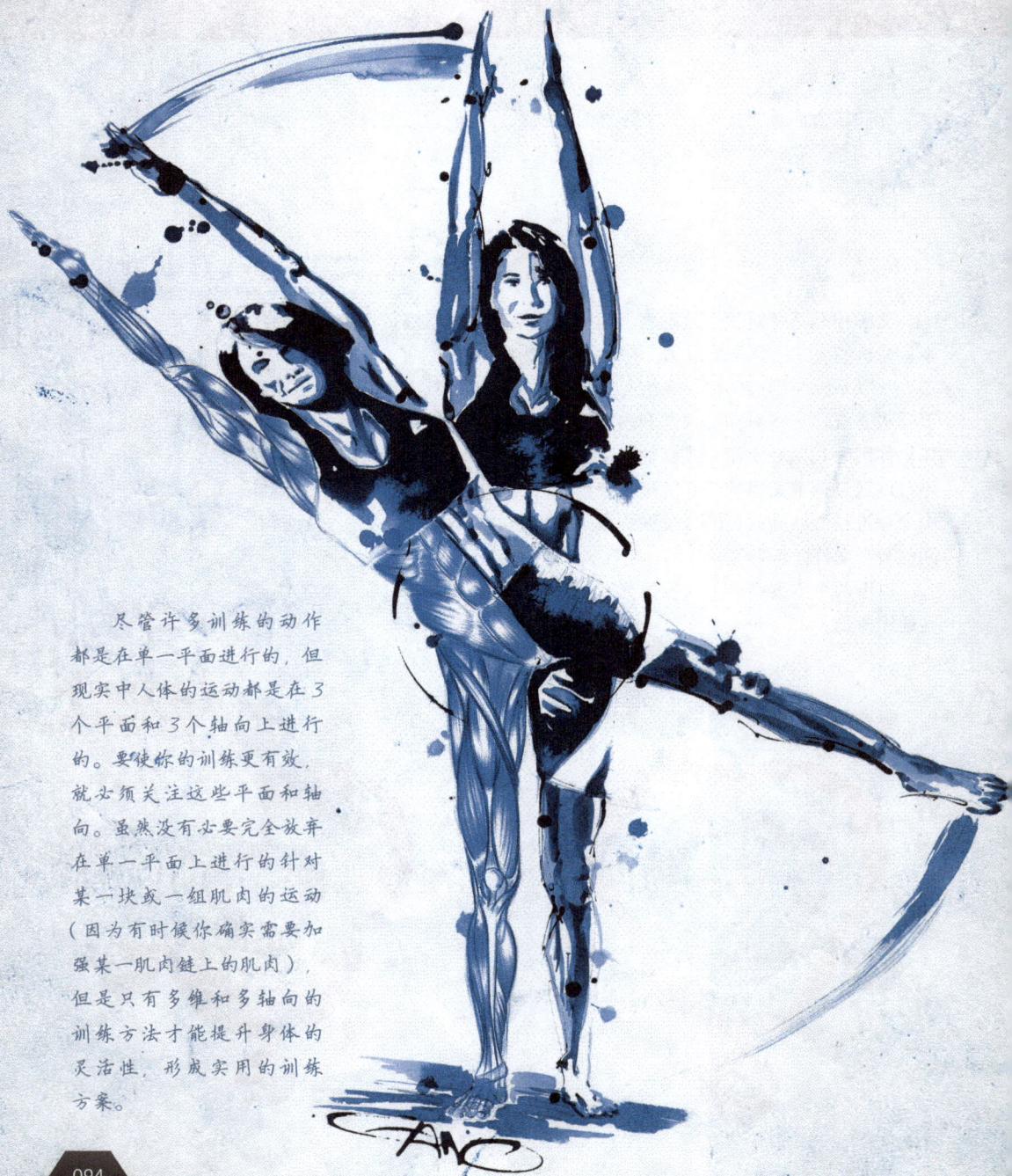

# 第 3 部分 运动

---

**必须充分理解运动的多样性。**

---

尽管许多训练的动作都是在单一平面中进行时，但现实中人体的运动都是在 3 个平面和 3 个轴向上进行的。要使你的训练更有效，就必须了解这些平面和轴向。虽然没有必要完全放弃在单一平面上进行的针对某一块或一组肌肉的运动（因为有时候你确实需要加强某一肌肉链上的肌肉），但是只有多维和多轴向的训练方法才能提升身体的灵活性，形成实用的训练方案。

### 人体在空间中的运动

要完全了解各种人体运动，我们就需要在 3 个运动平面和 3 个旋转轴向上对其进行描述。

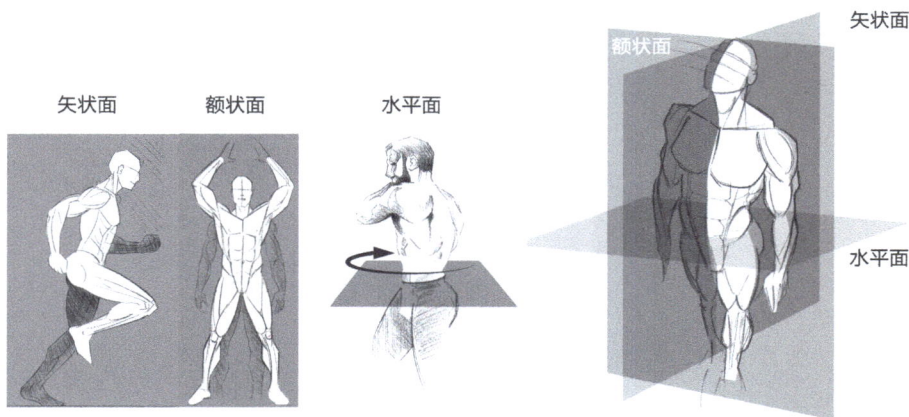

矢状面　　额状面　　水平面　　额状面　矢状面　水平面

---

### 矢状面

矢状面将人体分为左右两个部分。四肢在身体前侧或后侧的所有向上和向下的动作（如原地踏步时的腿部动作）都在这个平面进行。我们在这个平面上进行跑步、行走或跳跃等运动。屈曲（弯曲关节）和伸展（伸直关节）动作都在矢状面上进行。

### 额状面

额状面将身体分为前后两个部分。身体部位远离或靠近中心轴的所有动作都在这个平面进行。例如，我们在这个平面上抬起手臂远离，或是靠近体侧（像鸟儿上下拍动翅膀的动作），或是双腿向两侧分开及并拢（像玩跳房子游戏那样）。内收（靠近身体）和外展（远离身体）动作都在额状面上进行。

### 水平面

水平面将身体分为上下两个部分，所有旋转动作都在这个平面进行。我们在这个平面上摆动、旋转，进行球拍类运动的挥拍动作。有些文献中将这个平面称为横切面。

除了身体的 3 个平面之外，还有 3 个旋转轴，我们的运动是环绕这 3 个轴进行的。以下就是旋转的轴，3 个轴由 3 个不同的平面交叉线表示。

● **垂直轴**：额状面和矢状面的交叉线，与水平面垂直。垂直轴从头顶到脚底纵穿人体。例如，在滑冰中进行阿克塞尔跳的时候，人体就是围绕这个轴（在水平面上）进行旋转。

● **矢状轴**：矢状面和水平面的交叉线，水平地前后穿过人体。矢状轴上只允许进行额状面上的运动。

● **冠状轴**：额状面和水平面的交叉线，水平地左右穿过人体。人体可以环绕这个轴在矢状面上完成空翻的动作。

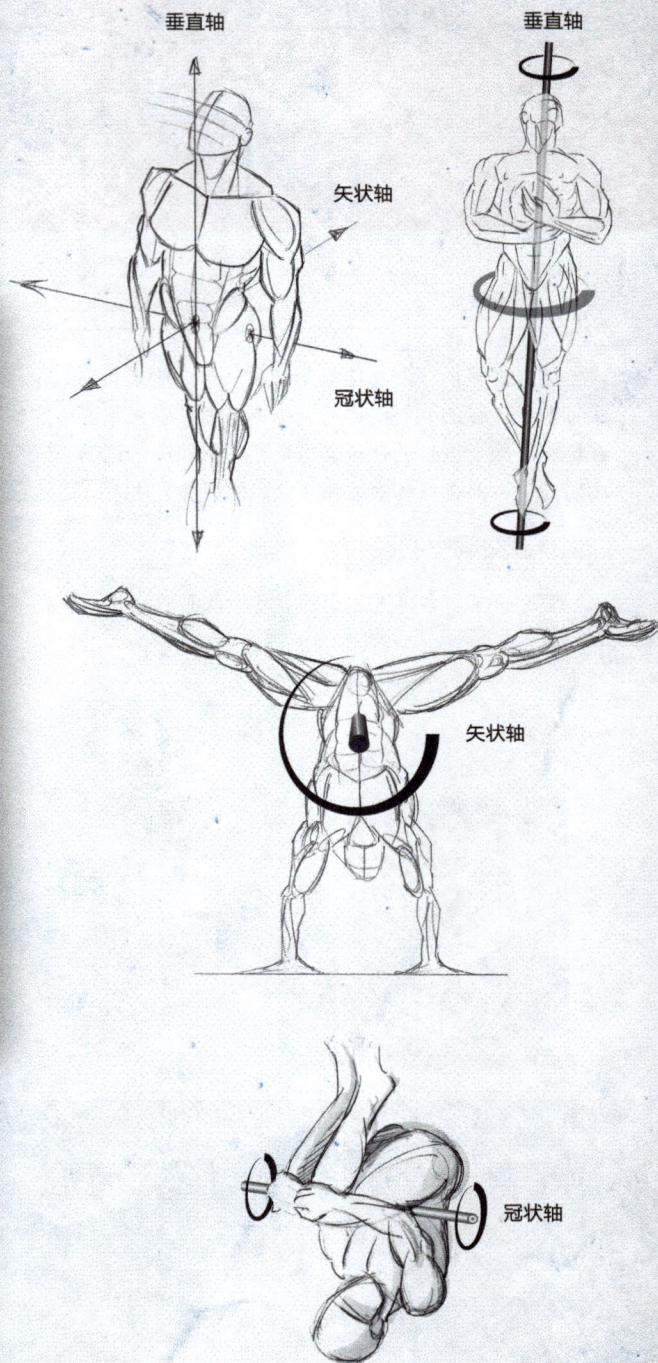

垂直轴

垂直轴

矢状轴

冠状轴

矢状轴

冠状轴

人体运动是复杂多样的，因此训练也不应当局限于某一平面或轴向的单一动作。

很多健身房中的器械都只能用于做一个平面上的动作，通常都无法用它们进行水平面上的运动。

单独地在一个平面和轴向上对某个关节进行训练，对于加强肌肉链上薄弱环节的力量非常重要。但这只是为了使运动表现达到最佳状态所需的众多运动的一部分。

训练计划中应当更多地包含多平面、多轴向的练习。

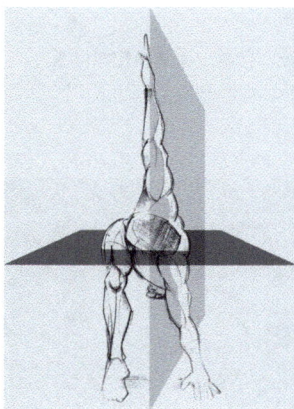

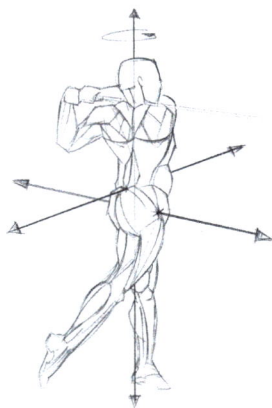

# 第 11 章 肌肉链

运动系统涉及关节、肌筋膜和肌肉系统之间的协调，以及神经、心理和生理系统之间的协调。分析运动需要用到复杂而系统性的方法。

## 人体中的 4 种组织

➜ **结缔组织**以功能性方式支撑着所有组织。它具有多种功能，如支撑和保护、营养和修复、生长、免疫反应、连接，甚至是储存。例如，骨膜包裹着骨骼，并为韧带和肌腱提供附着点；软骨保护着关节，内脏和腔壁上的筋膜固定着内脏器官；血液是一种液体结缔组织，使人体内的物质得以在储存部位和使用部位之间传输。结缔组织占人体总体积的 2/3。

➜ **上皮组织**的首要功能是覆盖其他组织（通常是结缔组织）与身体或外环境之间的边界。上皮组织具有化学和物理的保护作用，能促进细胞运动和物质交换。此外，上皮组织还具有腺体功能，参与分泌人体所需的物质。

➜ **神经组织**负责控制和传递信息，它以化学或电的方式在大脑和全身之间传递信息。

➜ **肌肉组织**的主要功能是收缩，以使身体保持适当的姿势并进行运动。

制订一份全面的训练计划非常重要，需要考虑功能性训练涉及的各个方面。针对单一肌肉的练习只会加强肌肉链中一个单独环节的力量，所以将更加全面的练习纳入你的训练计划至关重要。

在标准的人体解剖学理论的学习过程中，这种简化是必要的，但完全是人为设定的。例如，虽然学习人体的 4 种组织（结缔组织、上皮组织、神经组织和肌肉组织）时，通常是一次学习一种组织，但我们应当要了解它们在人体内实际上是相互交织的，这一点非常重要。

### 肌筋膜网络

筋膜是结缔组织系统中的一部分，它是一种纤维弹性膜，覆盖或包裹着关节结构，使皮肤附着于肌肉之上。

### 不同种类的肌筋膜

Bichat 1816 年在他的《膜论》（*Treatise on Membranes*）中首次介绍了筋膜的不同种类。这些结缔组织根据肉眼观察可分为 5 种类型。

➜ **浅筋膜**存在于皮下，是皮肤的深层，由松散的结缔组织构成。

➜ 再往下是**深筋膜**，它是由致密结缔组织组成的纤维化肌肉结构。深筋膜在浅筋膜下一层，深筋膜将浅表肌肉和皮下组织分割开来。

➜ 肌肉也由致密结缔组织构成的筋膜（肌筋膜）所包围。

➜ 由疏松结缔组织构成的筋膜还存在于某些内部器官之间。

➜ 包裹着部分器官的**内脏筋膜**由致密结缔组织构成。

□□□□□

筋膜在全身形成一个网络，以确保能够正确传输肌肉活动或外部力量造成的压力。筋膜富含胶原纤维，甚至能够收缩，并可以影响到肌肉功能（Schleip 2005）。由于与神经相连，筋膜还起到帮助我们意识到自己身体姿势和动作的作用（Willard 2012），也称为本体感觉。

人体不仅仅是各个部分的组合。筋膜围绕着肌肉，但也存在于肌肉、骨骼、血管、神经甚至是器官之中。筋膜网络是一个连续性的连接组织，存在于整个身体的各个平面。我们需要明确一点：筋膜无处不在。过去，人们一直孤立地看待肌肉，也以同样的方式将肌肉训练分割开来。但是，每块肌肉只是完整的肌肉链中的一部分，靠着层层筋膜组成一个网络系统，因此称其为肌筋膜网络。

------------------------------------------

**正确理解肌筋膜网络对于认识人体多平面的运动方式至关重要**

------------------------------------------

肌筋膜网络是肌肉链的基础。准确识别肌筋膜网络具有以下好处。

　➔ 理解本书中所述的复杂动作背后的逻辑。

　➔ 选择最适合你（无论是特定运动还是日常生活中）运动需求的训练。

　➔ 通过对整个肌肉链进行拉伸和自我按摩来处理僵硬或疼痛的部位。

在这个巨大的肌筋膜网络中，我们可以识别几条重要线路。深筋膜将肌肉相互连接起来，有时还会与一块或多块骨头相连，这就是我们所说的肌肉链。Tom Myers 提出了肌筋膜网络中以下的这些肌肉链（他称之为解剖线）（Myers 2013）。

**你知道吗？**

筋膜不仅在结构上非常重要，还涉及瘢痕形成、免疫功能以及信息传递（Willard 2012）。拉伸和自我按摩是重新训练和预防性康复训练的核心。此外，我们还应当对筋膜系统进行正确的热身，以促进流畅和高效的运动。

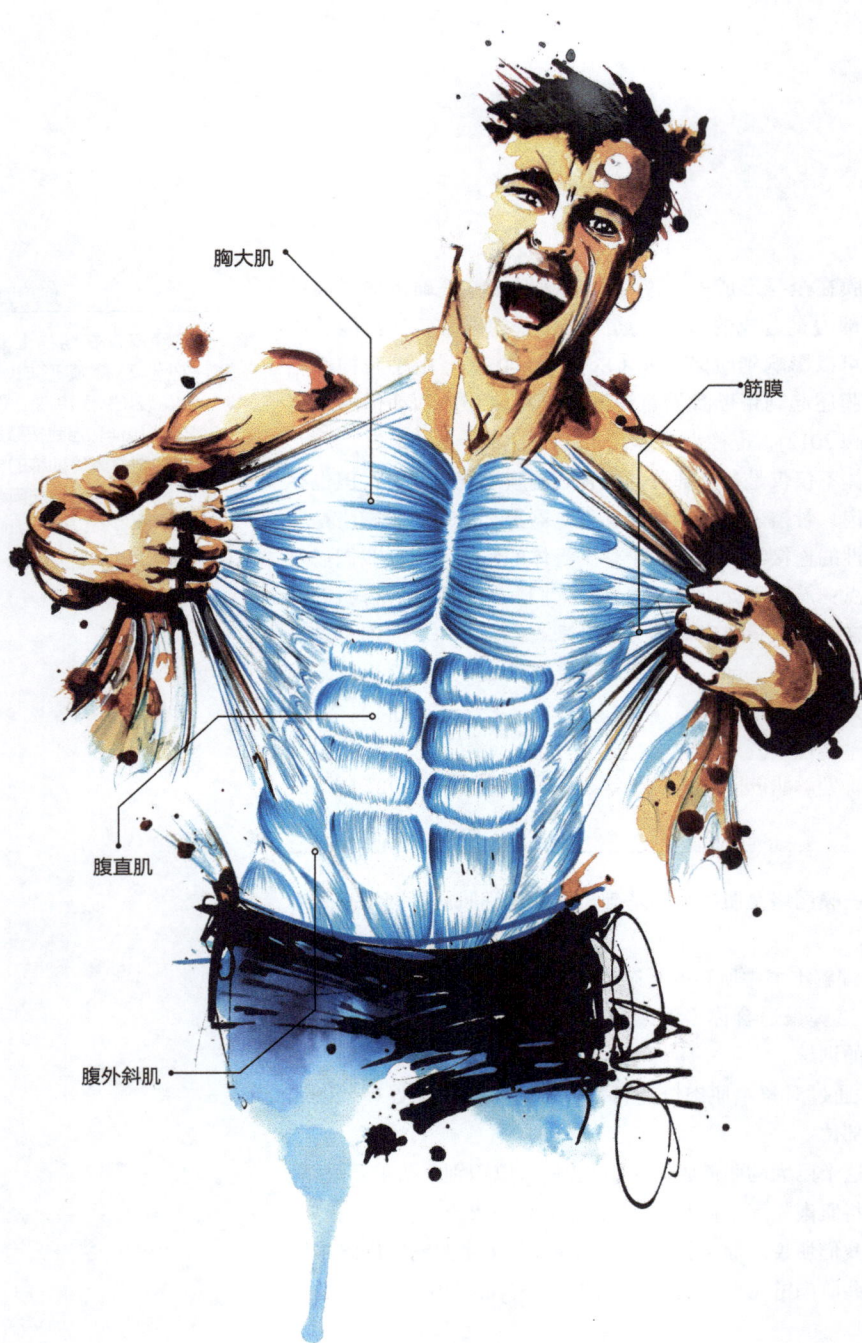

胸大肌

筋膜

腹直肌

腹外斜肌

# 人体肌肉链

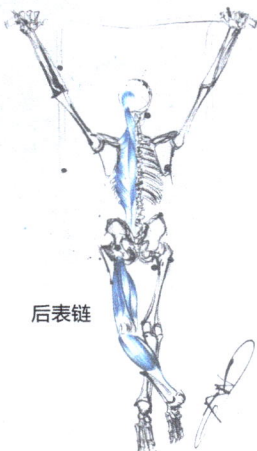

前表链

后表链

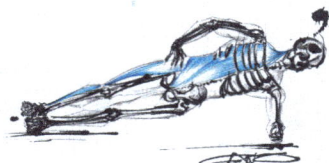

体侧链

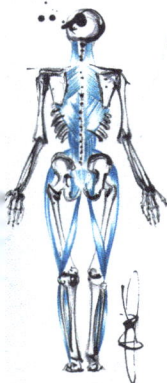
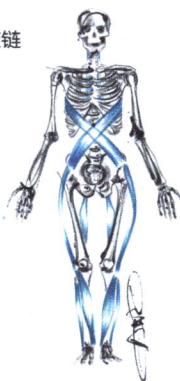

螺旋链

臂前链

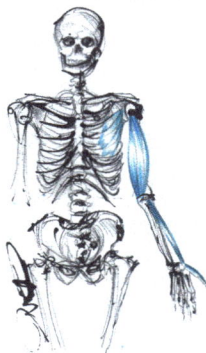

臂后链

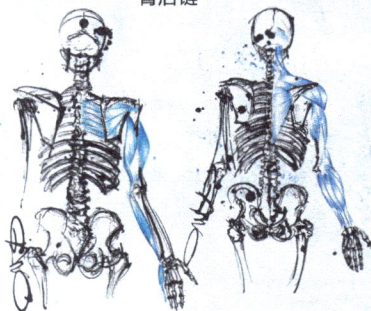

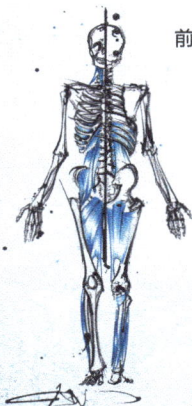

前深链

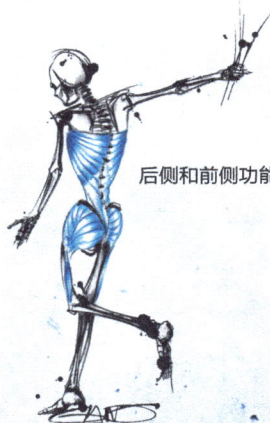

后侧和前侧功能链

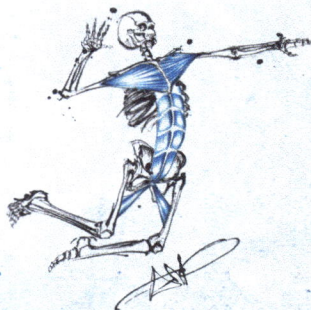

## 主动肌、拮抗肌、协同肌与中和肌

运动的多样性和复杂性让不同的肌肉链相互作用，注意到这一点，就可以避免发生孤立地训练单独肌肉的错误。虽然我们可以尝试在训练中独立地训练某块肌肉以强化其力量，但在运动过程中，甚至是最常见的练习动作中，肌肉链的各组成部分都必须相互协作。

接下来，我们来讨论主动肌和拮抗肌。

### 每一个驱动运动的肌肉系统（主动肌）都有与之匹配的制动系统（拮抗肌）

主动肌和拮抗肌协同能够精确控制运动，如伸展膝关节的动作：股四头肌主动进行发力，腘绳肌进行控制和制动。这个系统中的任何功能障碍都会削弱膝关节的功能，甚至是造成伤病。

这不是肌肉链之间唯一的相互作用。辅助肌群协助主动肌，因此被称为协同肌。例如，行走等动作中腹部深层肌肉的激活过程如下：协同肌控制旋转，平衡躯干，如此，协同 – 拮抗肌肉才能够尽其所能。

糟糕的训练、伤病、过度重复或是做不正确甚至危险的动作——甚至使用不合适的负重，都会导致肌肉难以发挥其应有的作用，转而开始扮演并不适合本身的另一个角色。例如，拮抗肌能够与主动肌或协同肌同时收缩，产生合理限制动作的协同收缩；当拮抗肌不再发挥拮抗作用，就变成了中和肌。

除了整体性的训练方法外，我们还可以通过平衡主动肌 – 拮抗肌 – 协同肌轴向的功能性力量，并重新分配中和肌优化你的运动，使其更具功能性。

### 直击重点

肌肉链由多个环节组成。虽然有些人或公司建议以独特的或"特殊"的方式训练这些环节，但有一点很重要，就是明白只有经过精确、单关节的逐一分析，方可实现全面的、多关节的、功能性的训练方法。此外要注意，自我按摩、拉伸、力量加强或激活都可以为肌肉带来益处。通常，过度紧张和经常收缩（高张力）的肌肉或过度放松、不激活（低张力）的肌肉需要受到特别关注。如果你希望直击重点，可以从下一页开始分析肌肉群。

## 预应力

预应力的概念在运动损伤的手法治疗方面至关重要。法国举重队理疗师 Julien Cramet 经常提醒我这个原则对于身体准备的重要性。

肌肉链中的部分组织（如肌肉或韧带）比其他组织更加僵硬。就像不同的训练弹力带具有不同的弹力水平，肌肉链的各个部分也不尽相同。因此，

这些组织在放松时已经紧张或承受着预应力，就好像处于拉伸状态一样。这些组织上的其他压力，如负重或进行各种动作，都会为其带来损害或伤病。研究人体的不同紧张部位、限制条件和动力（运动或发力）肌肉链，可以让我们预测并预防某些伤病。

脊椎按摩

# 后表链

| 脚底：足弓、足底方肌、趾短屈肌、足底筋膜 | 小腿：腓肠肌、比目鱼肌、跟腱 | 腘绳肌：半腱肌、半膜肌、股二头肌 | 竖脊肌：髂肋肌、最长肌、棘肌 | 枕下肌：头斜肌、头直肌、枕肌 |

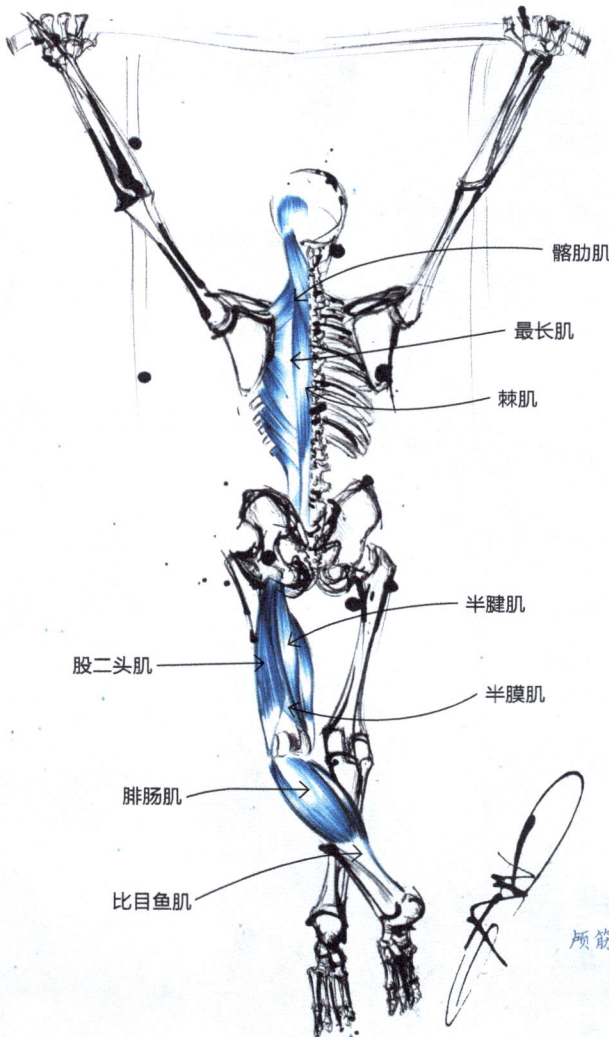

髂肋肌

最长肌

棘肌

半腱肌

股二头肌

半膜肌

腓肠肌

比目鱼肌

脚底

小腿

腘绳肌

骶结节韧带

胸腰筋膜

竖脊肌

枕肌

颅筋膜

后表链对于我们的姿势至关重要，负责在静止站立和行动时保持身体挺直和直立。

这个肌肉链的姿势功能决定了其富有弹性。这个肌肉链中的大部分肌肉都由收缩力量不太强大的慢肌纤维组成，因此你需要谨慎而循序渐进地锻炼这些肌肉。这个肌肉链中的腘绳肌非常值得一提，有些人的腘绳肌的弹性不大，也不太强壮。腘绳肌是非常紧实的肌肉，没有大量血液供给。因此，它们储存的能量有限，导致其比较脆弱并容易疲劳。如果训练不正确，腘绳肌就会变得僵硬、脆弱且不平衡。系统而循序渐进地加强这些肌肉的力量是使得肌肉链正常发挥功能的关键所在。以下3 项训练可以达到此目的。

## 01. 双臂前伸式单腿硬拉

双脚平行、靠近站立，双臂放在体侧，拇指指向前方。身体重心略移向左腿，左髋屈曲，使躯干前弯，同时双臂向身体前方伸展，右腿向后伸直，右脚脚趾指向地面。躯干和右腿应同时运动，左膝和两手肘完全伸展（注意身体不要向右髋外侧旋转进行代偿）。整个运动过程中，左膝可以略微弯曲，以保持稳定。每条腿做 6 至10 次为 1 组，做 3 至 5 组，然后休息 30 秒至 1 分钟。

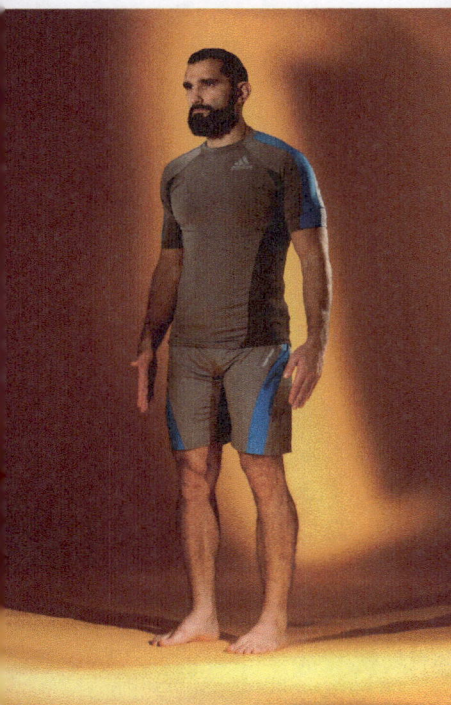

骨盆不要旋转

脚趾向下指向地面

## 02. 加强背部力量的脚跟走

髋部完全伸展，形成桥式，两脚脚跟着地向前踏步，然后向后踏步，回到起始姿势。这项训练能够锻炼核心的稳定性，因此髋部必须在整个训练过程中保持完全伸展，并让腹部保持平坦。注意腰部不要过度弯曲。用你的呼吸控制你的膈肌。5 次为 1 组，做 3 至 4 组，然后休息 30 秒至 1 分钟。

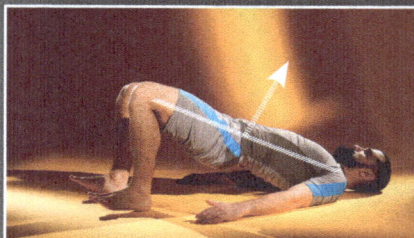

## 03. 直腿背桥

本训练的起始动作与训练 02 相同，也遵循同样的核心力量加强原则。伸直一条腿的膝关节，并保持这个伸展姿势（让腿与躯干保持在一条直线上）3 至 5 秒。每条腿做 4 次为 1 组，做 3 至 4 组，无须休息。

小腿肌肉具有很强的耐力，这些肌肉在行走时和静止站立时的用力程度都非常高。

小腿上的肌肉虽然体积不大，但特别强壮，可以支撑和平衡踝关节以上的整个身体。因此，利用负重和长时间静力控制的训练加强其力量非常重要。以下是两个特别有效的训练。

### 04. 利用腿举器械进行最大重量训练，加强小腿力量

适当热身之后，使用腿举器械上的最大重量进行 5 次腿举。将双脚的前脚掌置于腿举平台的底部边缘，然后伸直——但不要锁定双膝。让器械将你的脚趾向下压住 3 秒，然后侧脚背绷直 1 秒。做 4 次为 1 组，进行 3 至 4 组，然后休息 3 分钟。

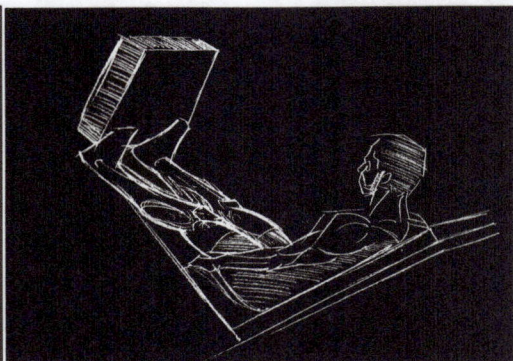

### 05. 肩扛杠铃站立前后倾斜

将杠铃扛在肩膀上，身体完全站直。身体重心向后移至脚跟，脚趾离开地面，然后再将身体重心向前移动至前脚掌，踮起脚尖，让脚跟抬离地面。努力让两次动作的幅度达到最大。

20 次为 1 组，做 4 组，休息时间不超过 1 分钟。

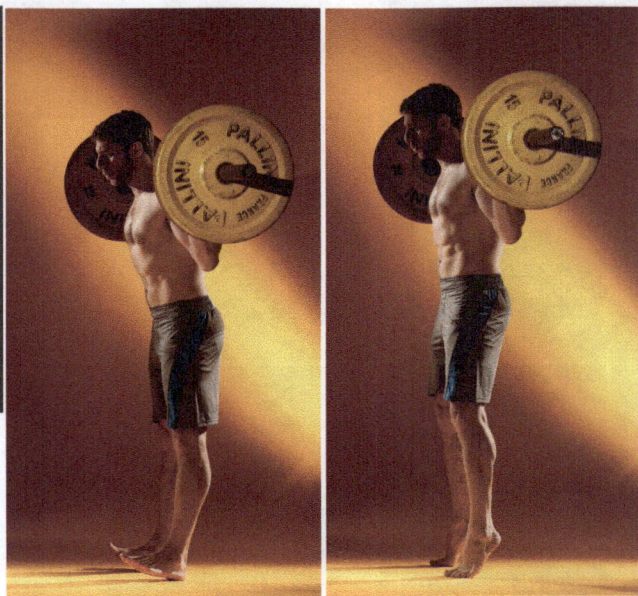

# 坐姿破坏肌肉链功能

我们长时间处于破坏后表链的姿势中。腘绳肌附着于膝关节的两侧,半腱肌和半膜肌与胫骨内部相连,而股二头肌附着于腓骨的头部。该系统仅在膝关节伸展时允许后表链的连续性,而坐姿会破坏这条肌肉链。加强这条后侧肌肉链的简单而日常的解决方法就是进行更多灵活性练习,从而保持正确的姿势并更好地运动。训练和休息时,都最好坐在健身球上。健身球应当足够大,能让你坐下时膝关节弯曲不超过 90 度;超过这个角度,深层肌肉就会被激活,提供积极的支持,为肌肉链的功能衰退提供代偿。训练时,为了达到最大的力量和爆发力,应当坐在凳子上;我们一向建议如果可能,就应当在站立姿势下进行这些训练。

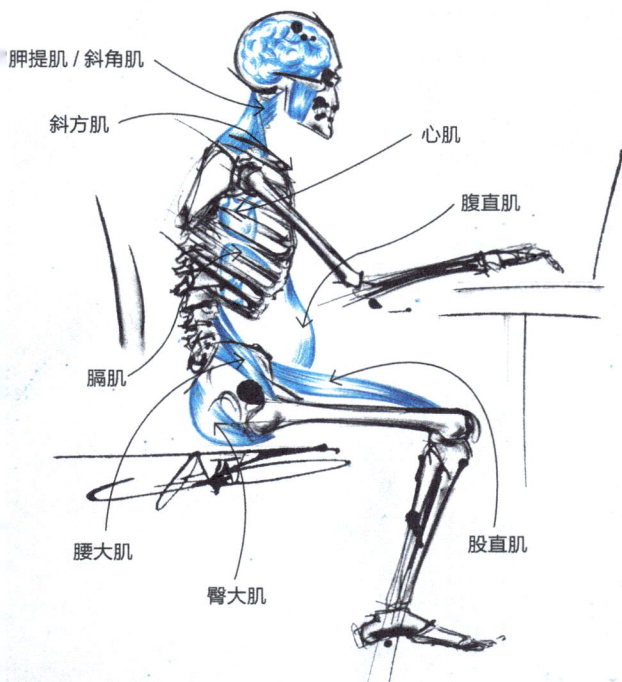

胛提肌 / 斜角肌

斜方肌

心肌

腹直肌

膈肌

腰大肌

臀大肌

股直肌

## 后表链可能出现的问题

➡ 当肌肉链中的所有或部分肌肉被长时间或过于频繁地拉长,则所涉及的肌肉无法充分发力,无法发挥出维持确保有效姿势或运动所需的力量或耐力水平。例如,如果你每天都放松地在沙发上躺几个小时,就会发生这种情况。

➡ 与之相对的,瞬间、高强度或重复性的运动会导致肌肉链中部分或所有肌肉的力量或耐力过度发展,并导致失衡。力量较弱的部位会让你的身体容易发生肌肉链内或肌肉链之间的问题。

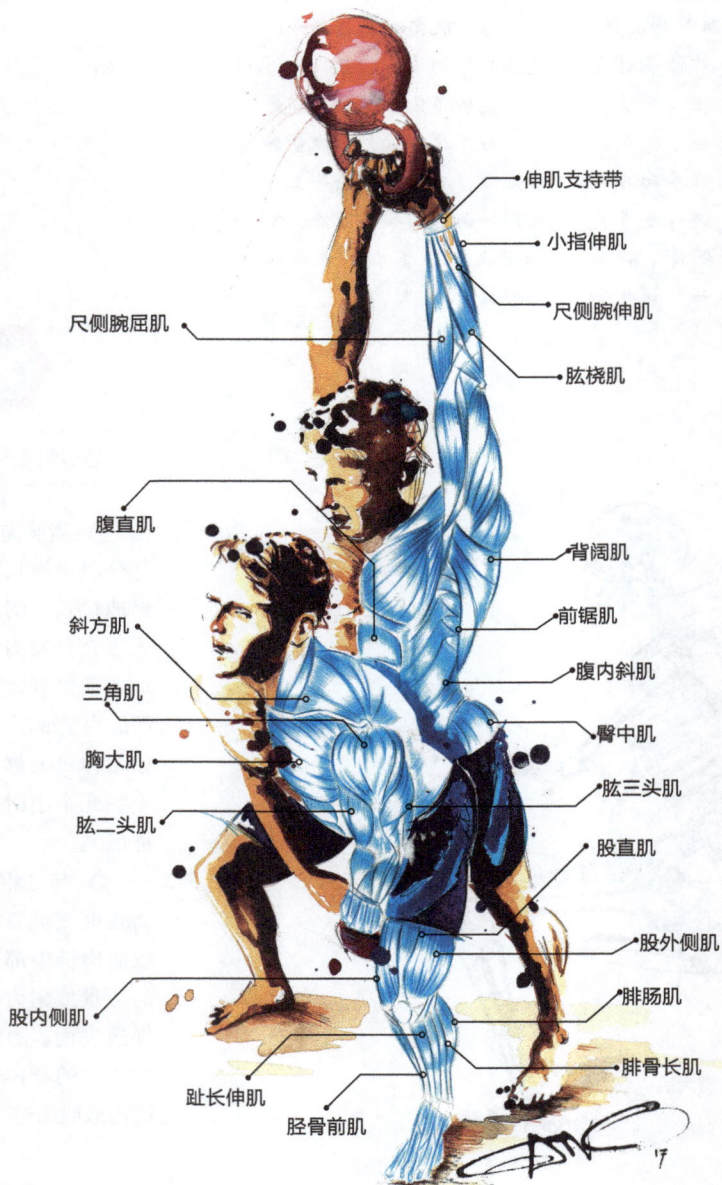

伸肌支持带

小指伸肌

尺侧腕伸肌

肱桡肌

尺侧腕屈肌

腹直肌

斜方肌

三角肌

胸大肌

肱二头肌

背阔肌

前锯肌

腹内斜肌

臀中肌

肱三头肌

股直肌

股外侧肌

腓肠肌

腓骨长肌

股内侧肌

趾长伸肌

胫骨前肌

## 01. 壶铃甩摆

　　双脚分开，略宽于肩，脚趾自然张开（双脚平行或略向外张开，但始终保持对称且双脚站稳）。开始时，壶铃放在双腿之间。挺胸，双肩下沉并向后展，头部保持中立位，水平看向前方略高处的一个点（"从眉心"看去）。吸气，臀部肌肉和腘绳肌发力，双臂伸直将壶铃向上向前甩去。然后快速呼气，同时髋关节和膝关节伸直，身体直立，将壶铃提升至胸部甚至头部高度。有时候也可以将壶铃提升至超过头部高度。注意：提拉壶铃时肩膀不发力，用伸展髋关节的动作抬起身体。这就意味着壶铃的上升幅度不应超过髋部伸展力量所允许的范围。整个训练当中，背部保持自然中立状态（不要改变其自然曲线）。髋关节伸展不要超出肩膀和踝关节的连线。

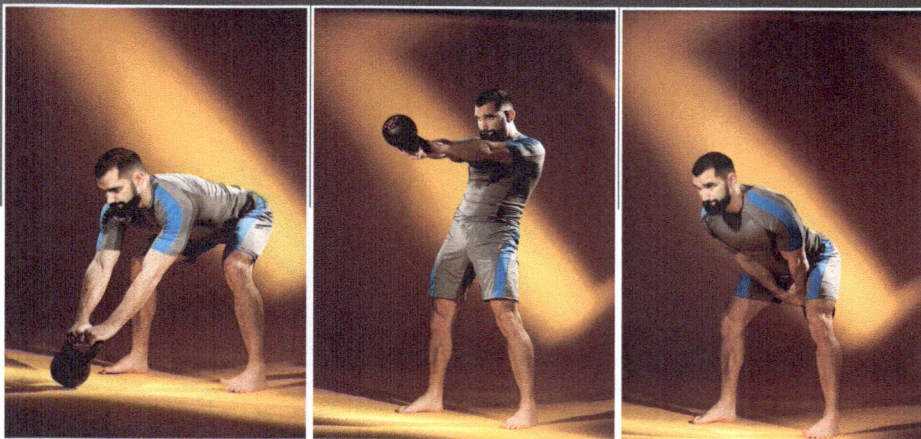

## 02. 单腿硬拉

　　双脚平行并拢站立，双臂贴在身体两侧，拇指向前。身体重心略移至左腿，髋部屈曲，躯干向前弯曲，同时右臂向身体前侧伸展，右腿向后伸直，右脚脚趾指向地面（参见第 104 页）。躯干和右腿应同时运动（注意身体不要向右髋外侧旋转进行代偿）。整个运动过程中，左膝略微弯曲，以保持稳定。如果这个训练对你来说过于简单，则可以右手持重物进行练习，以增加难度。还有一种方法（图中未体现）是用运动腿对侧的手持重物，改变后表链所受力的大小。

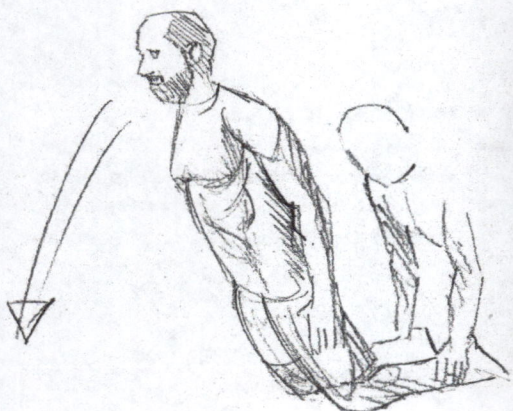

## 03. 北欧式腘绳肌练习

　　跪在一个舒适的垫子上（照片中未体现，将瑜伽垫折叠一次或两次使用效果较好）小腿从下方勾住固定杆（稳定而不会移动的），或让同伴压住两小腿。臀肌和腹部发力，始终保持骨盆完全伸展。让身体向前倒，但要尽量缓慢，躯干着地后呈俯卧撑姿势。即使在动作最后阶段速度加快，也要保持髋部完全伸展。如果这个训练难度过大，可以使用健身球提供辅助。第一阶段中，让身体下落在球上；第二阶段中，将球在身体前方滚动；第三阶段就可以不借助球进行这个训练了。

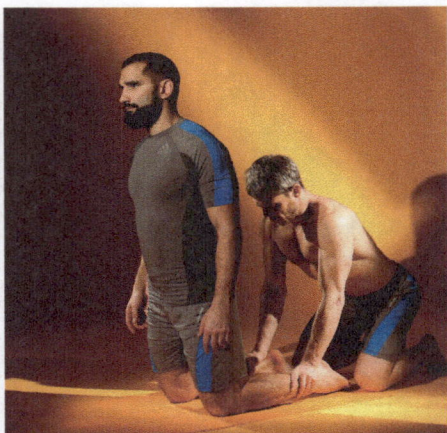

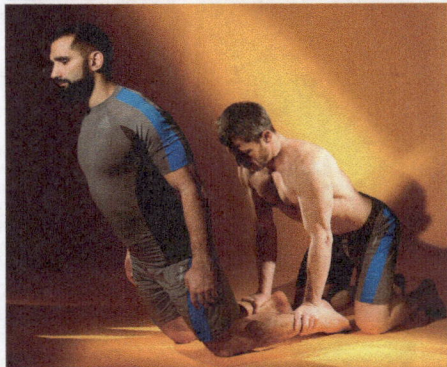

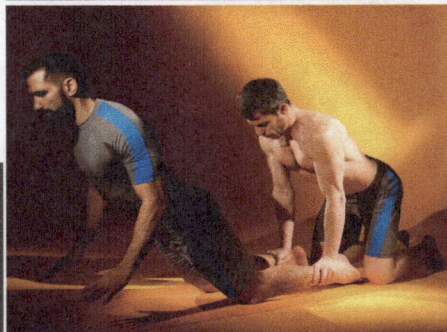

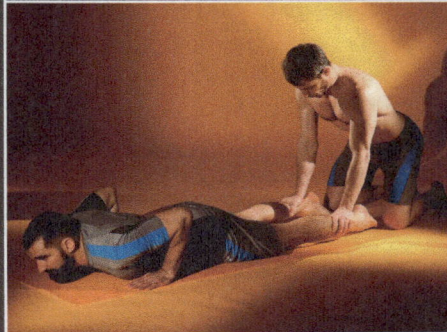

## 04. 反向伸髋

俯卧在凳子或箱子上。双腿落在凳子下方或尽量抵住箱子，然后收紧臀部肌肉和腹部，脚跟向后蹬，伸直双腿。不要为了让双腿抬得过高而弓背，要注意让身体的各部分处于正确的位置，并让膝关节完全伸展。可以分开双腿，更多地锻炼体侧肌肉，也可以倾斜凳子，加大训练难度。这种情况下，要在整个训练过程中保持双腿伸直。

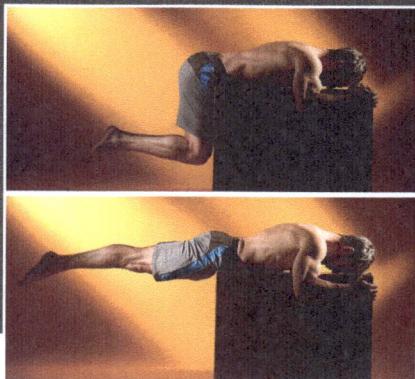

## 05. 杠铃负重臀桥

应当先在不使用杠铃的情况下掌握本训练。基础训练中，可以让肩胛骨保持贴地，同时使用杠铃。更高级一些的版本才涉及用凳子支撑背部。这个练习重点锻炼髋伸肌，这是一个高效的运动，能帮助你更好地进行深蹲和硬举，还能让你在日常生活中更轻松地降低和抬高身体。这个训练能够很好地锻炼到腘绳肌和臀肌。仰卧，双腿伸直。将杠铃滚动到腿部和臀部上方，放置在桥式所需的位置。双膝和髋关节弯曲，双脚放平踩在地面上。杠铃放置在髋骨下方 2 英寸（5 厘米）的地方，两手分开握住杠铃。双臂伸直并向下推，让杠铃保持在自己的位置。双脚在地面踏平，伸展髋关节，猛地抬起杠铃，完成这一动作后呼气。身体落下的过程中要保持平稳。如果无法完全伸展髋关节，这说明杠铃过重。为了让运动更加舒适，可以在杠铃接触髋关节的位置垫上泡沫垫或类似物品。

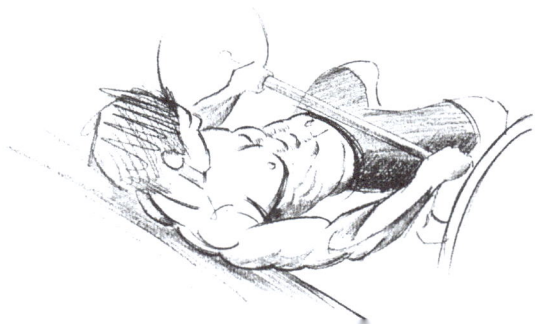

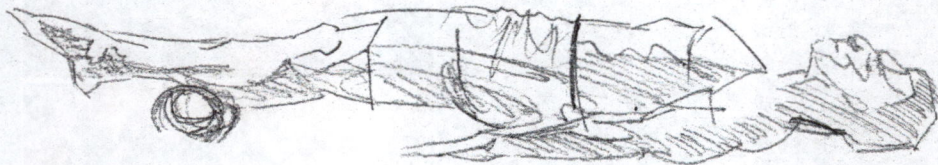

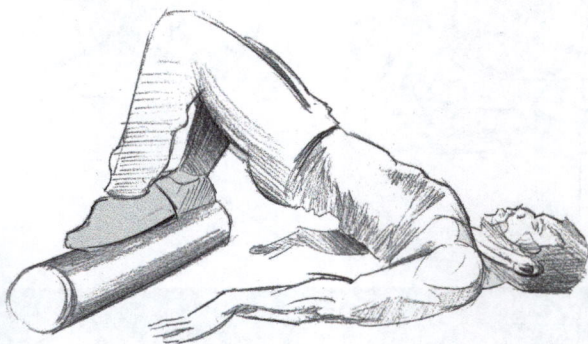

## 06. 仰卧屈腿

仰卧。腹部收紧，臀部肌肉收紧，并伸展髋部。这个训练的简易版本中，我们建议使用一根按摩泡沫轴，通过弯曲和伸展膝关节而使其前后滚动。随着训练的进展，我们可以使用健身球进行训练。将脚趾点在健身球上，激活脚趾所在的所有肌肉链。本训练的高级版本，则可以使用悬吊带进行。这个练习的每种版本都既可以用单腿进行，也可以用双腿同时进行。

# 前表链

胸锁乳突肌

胫骨前肌和趾长伸肌

腹直肌

股直肌

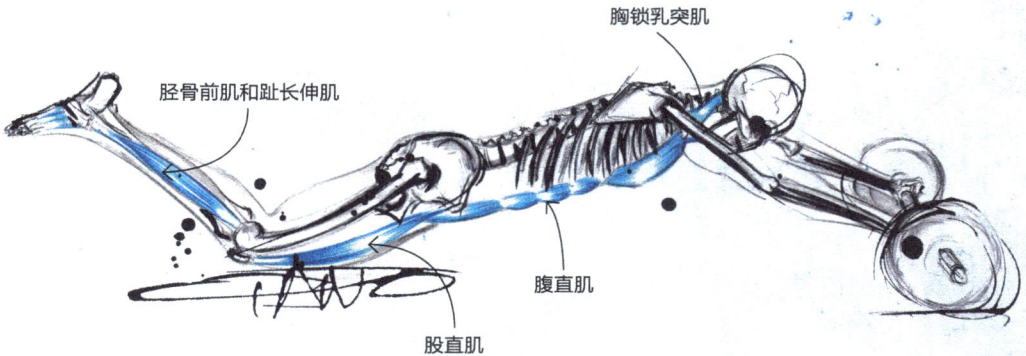

前表链控制着身体矢状面的平衡。从功能上来讲，前表链
与后表链作为拮抗肌共同发挥作用。躯干向前移动或腿部弯曲
时，后肌肉链拉伸，而前肌肉链收缩。相反，向后伸展时，前
肌肉链拉伸，后肌肉链收缩。因此，这个肌肉链是反应性的：
是我们适应行为和代偿策略的核心所在。

这两条肌肉链必须保持平衡且同步，才能在休息和运动中
使身体保持直立，并在行走和奔跑时保持正确的动作。这种协
同作用处于不断的发展中。前表链会快速收缩或拉伸，以适应
躯干的运动角度。这个肌肉链中的肌肉数量不多，其中的肌肉
通常力量较强，但耐力较弱。

趾骨

骨膜

股直肌

腹直肌

胸骨筋膜

胸锁乳突肌

前表链可能出现的问题

➡ 后侧肌肉链负重不平衡常会导致前表链和后表链之间结构失衡。有些运动会以前表链为主导，但过度锻炼前表链会影响姿势，造成局部薄弱（使其他肌肉代偿）而产生疼痛，甚至导致伤病。这就是腹部肌肉过度疲劳时会发生的情况。训练的比例应始终保持为 1∶1。如果进行针对前表链的训练项目，则也要确保充分训练后表链。例如，你做了一组卷腹，那就要搭配进行一组背部伸展训练。

➡ 如果前表链中的某些部位过于薄弱，或是缺乏耐力，那么其他肌肉就会开始代偿，同时引发代偿的恶性循环，从而改变运动和姿势，最终使薄弱的部位变得更加薄弱。这些代偿通常发生在跨越前后链的髂腰肌上。在进行需要用到前表链的训练之前或之后，应使用自我按摩和拉伸放松髂腰肌。以下 4 个训练有助于放松髂腰肌。

**身体平衡必需的肌肉链**

前表链的一端位于内耳附近的胸锁乳突肌，因此前表链密切关系到身体平衡。

## 01. 使用泡沫轴按摩腰大肌

俯卧在地面上，髋部下方放一根泡沫轴。缓慢地前后滚动泡沫轴 10 次左右，此为 1 组。每侧进行 3 组，中间不休息（因为中间需要换侧，训练时间就等于休息时间；锻炼一侧的时候，另一侧就是在休息）。

□□□□□

## 02. 用手按摩髂骨

侧卧在地面上，手指用力按压在髋关节褶皱处。以前臂作为杠杆，向身体侧面倾斜。

## 03. 拉伸髂腰肌

向前跨一大步做弓步动作，重心下降，直到感受到后侧腿髋屈肌处的拉伸。前侧腿对侧的手臂向前伸展，后侧腿对侧的手臂向后伸展，身体侧转，在这个姿势下保持 20 秒。每侧拉伸 3 次，中间不休息（因为中间需要换侧，训练时间就等于休息时间；锻炼一侧的时候，另一侧就是在休息）。

## 04. 调整股骨位置的拉伸

将弹力带一端绕于一侧髋部，利用弹力带进行水平拉伸。做一个前弓步，感受缠绕着弹力带的后侧腿髋屈肌的拉伸。

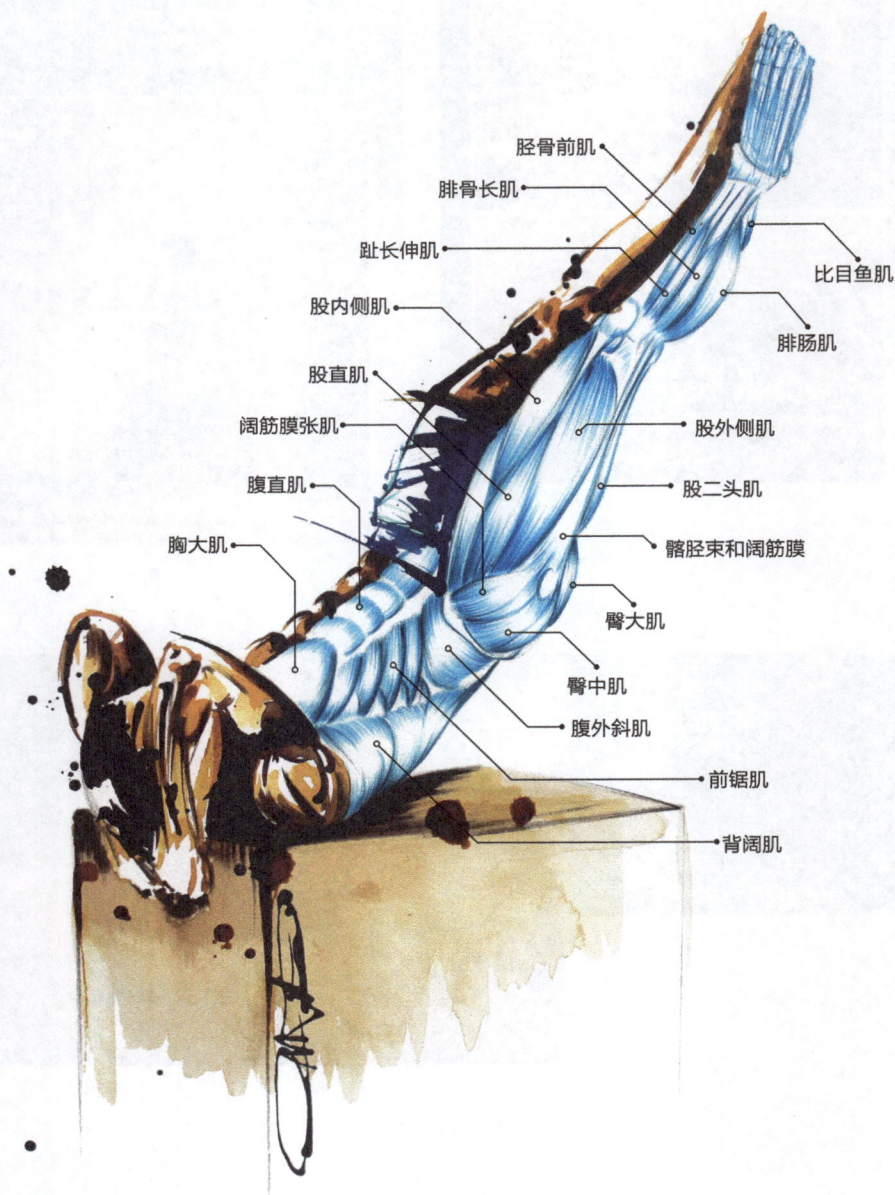

胫骨前肌

腓骨长肌

趾长伸肌

比目鱼肌

股内侧肌

腓肠肌

股直肌

阔筋膜张肌

股外侧肌

腹直肌

股二头肌

胸大肌

髂胫束和阔筋膜

臀大肌

臀中肌

腹外斜肌

前锯肌

背阔肌

## 01. 俯撑卷腹

　　俯卧卷腹是训练前表链最好的方法之一。这种运动可以使用健身球或悬吊带进行。双脚放在健身球顶部或勾在吊带内。调整身体姿势，骨盆略向后倾斜，防止腰部下降。腹部收紧，腹肌发力，挺胸，肩膀下沉，防止脊柱向前卷曲。最后，双手牢牢地撑在地上，让肩膀发力和肩部稳定性都达到最大；做这个动作时，双臂略向外张开，手肘向内旋转。一旦做出正确的基础姿势，则让膝关节靠近胸部，然后回到起始姿势。注意始终控制你的动作。

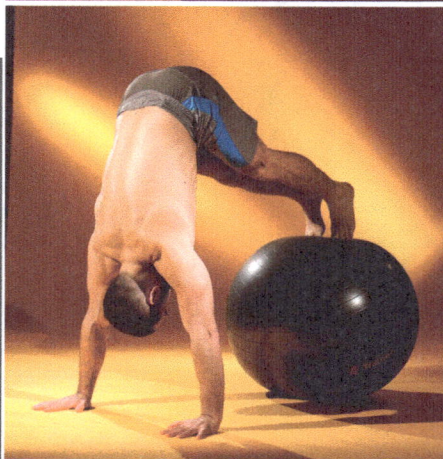

## 02. 健身球或悬吊直腿收腹

　　双脚放在健身球顶部或勾在吊带内，调整身体姿势，骨盆略向后倾斜，防止腰部下降。腹部收紧，腹肌发力，挺胸，肩膀下沉，防止脊柱向前卷曲。双手牢牢地撑在地上，让肩膀发力和肩部稳定性都达到最大。在保持这个基础姿势的前提下，腹部肌肉和臀部肌肉发力，然后屈髋，抬高臀部。双臂保持伸直，让背部尽量保持笔直。如果能够做到，可以尝试让伸直的手臂与胸部呈一条直线，垂直于地面，就像做手倒立那样。有控制地回到起始位置，运动时不要拱起背部。

### 03. 悬吊超人练习

身体前倾，背部保持平直，挺胸，肩膀下沉。用悬吊带支撑体重，激活腹部肌肉，收腹。让把手向前移动，使身体逐渐伸展。双臂举过头顶，将膝关节和髋关节伸展，让身体完全伸展，然后逐渐回到起始姿势。身体伸展至最大限度时可以保持一会儿，以提升训练难度。

### 04. 跪姿前推

跪在地面，双臂伸展，双手分开握住杠铃（也可以用悬吊带支撑身体）。臀部肌肉收紧，挺胸，收腹，向前滚动杠铃。回到起始位置时腰部容易失去控制，这正是这个训练的挑战所在。如果骨盆向前倾斜，则腰部容易过度弯曲，那么前表链就会断裂。因此，不要将杠铃向前推进过多，也不要让训练角度过大。这个训练的目的是尽量使手臂、躯干和双腿处于一条直线上，同时让头部保持在伸展的双臂之间。如果你的身体姿态可以保持得非常好，甚至可以尝试脚尖着地，而非膝关节着地开始这个训练。

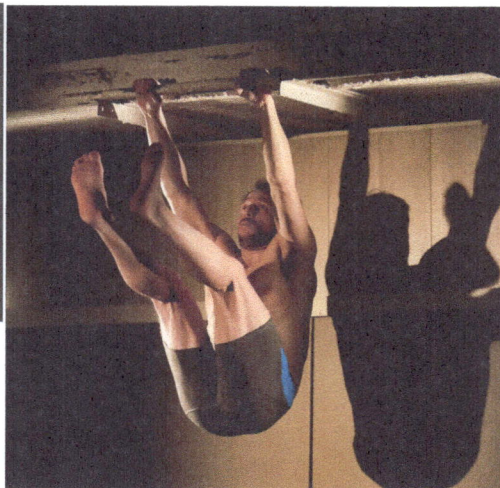

## 05. 悬垂抬腿

这个训练中的抓握非常重要：双手略宽于肩膀，手掌向前抓握。双臂伸直，以悬垂姿势开始。双肩开始摆动，让身体在屈体（双脚抬高至固定杆）和弓起背部（身体下降回到悬垂姿势）姿势之间来回变换。

## 06. 龙旗

这个训练被李小龙发扬光大，是训练前表链的难度最高的练习之一。头部后侧支撑在一个固定点上（如体操梯或凳子），身体垂直向上抬起并保持笔直（这个姿势也被称为蜡烛式或肩倒立，不过典型的肩倒立不需要头部支撑在一个固定点上），然后慢慢回到起始姿势。要避免身体过度伸展，也不要弓背，这两种错误都很常见。常见的变式有一条腿伸展的肩倒立，以及双膝弯曲靠近身体，抬高髋部。

# 体侧链

脚侧面: 腓骨　　胫骨部分: 腓　　大腿: 髂胫束、　　腹部: 腰方肌、　　头部: 胸锁乳突
长肌　　　　　　骨长肌、前交　　臀大肌、阔筋膜　　腹内/外斜肌、　　肌、头夹肌、颈
　　　　　　　　叉韧带　　　　　张肌　　　　　　肋间肌　　　　　夹肌、颈髂肋肌

腹内/外斜肌　　　肋间肌

阔筋膜张肌

髂胫束　　　　　　　　　　　　　　　　胸锁乳突肌

腓骨长肌

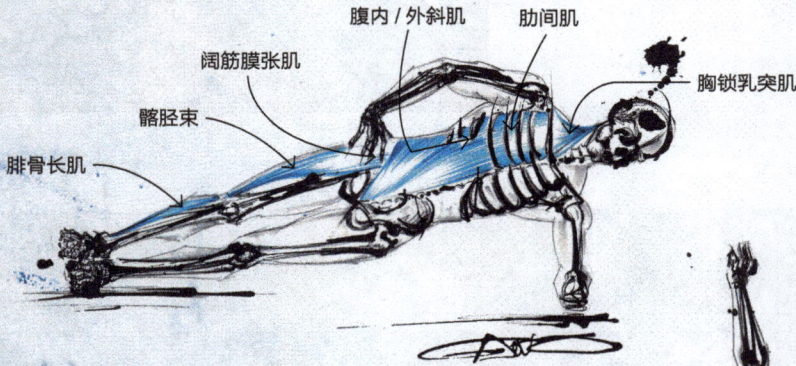

腓侧（腓骨侧面）

髂胫束

阔筋膜张肌和臀大肌

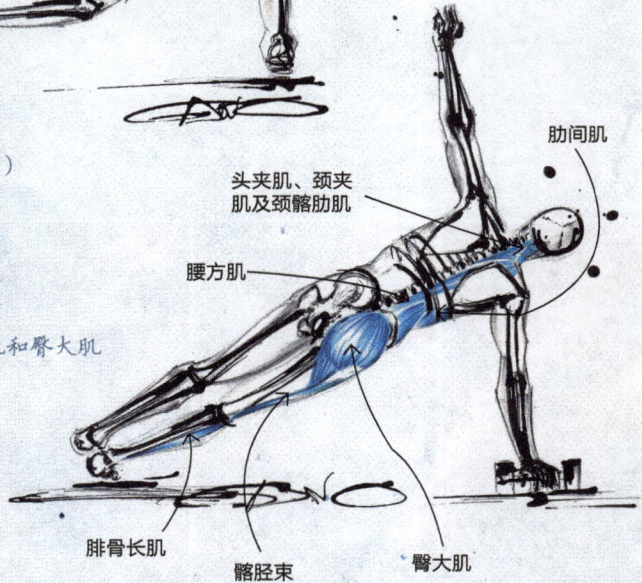

　　　　　　　　　　　头夹肌、颈夹　　　　肋间肌
　　　　　　　　　　　肌及颈髂肋肌

　　　　　　　　　　　腰方肌

腓骨长肌　　髂胫束　　臀大肌

腹内/外斜肌和腰方肌

肋间外肌和肋间内肌

斜角肌、夹肌、
髂肋肌和胸锁乳突肌

体侧链控制身体侧平面的平衡，并帮助维持额状面的稳定性。体侧链和前表链一样，其一端距离内耳非常近，有助于维持身体平衡。

体侧链也与前表链和后表链在体侧深层相连。如果忽略了体侧的弯曲和伸展训练，而仅关注前表链和后表链，或是你的运动没有专门针对身体侧向的动作，则前表链和后表链之间协作的质量就有降低的风险，可能会导致体侧链上的肌肉代偿。

这个肌肉链的属性非常特殊，介于耐力肌肉链和力量肌肉链之间，轮廓复杂。它能够产生强大的力量，同时又具有极佳的耐力。

体侧链可能出现的问题

➡ 身体运动可能导致体侧迅速变得不平衡，且持续很长时间。为了适应这种情况，身体会变得僵硬、缺乏力量，并丧失对运动的控制，之后会转变为疼痛或伤病。当你开始意识到这些不平衡或造成不平衡的运动时，就应当开始拉伸受伤侧，并加强该侧的力量，同时保持该侧的灵活性。当以保护和锻炼身体为目的而训练灵活性时，你应该同时均衡地锻炼身体两侧。

➡ 功能紊乱的第 2 种类型是体侧链中的肌肉因前表链或后表链障碍而进行代偿。这种情况下，必须首先锻炼前表链或后表链，确保其功能达到最佳状态，然后再锻炼体侧链。

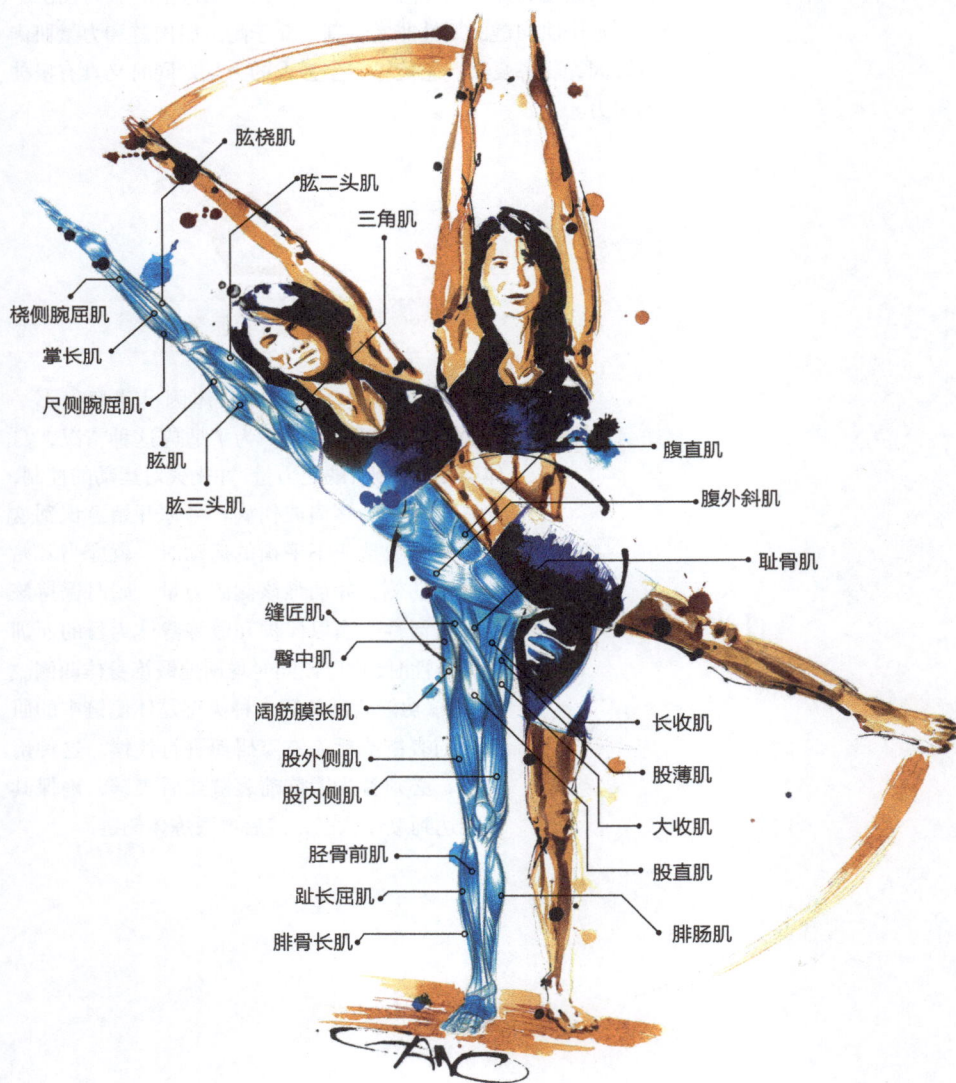

肱桡肌

肱二头肌

三角肌

桡侧腕屈肌

掌长肌

尺侧腕屈肌

肱肌

肱三头肌

腹直肌

腹外斜肌

耻骨肌

缝匠肌

臀中肌

阔筋膜张肌

股外侧肌

股内侧肌

长收肌

股薄肌

大收肌

胫骨前肌

趾长屈肌

股直肌

腓骨长肌

腓肠肌

## 01. 悬吊站立侧卷腹

　　将悬吊带长度调短，双臂高举过头顶并保持。垂直于皮带的固定点站立。腹部收紧，臀部肌肉收紧，然后让身体向一侧倾倒，使髋部和躯干侧面得到侧向拉伸。这个拉伸不仅在身体侧屈时有助于放松紧张或使用过度的肌肉链，还能在伸直身体时加强薄弱的肌肉链的力量。要注意自己身体的感受，寻找锻炼身体的最佳练习动作和力度。身体处于低位姿势进行拉伸时感到疼痛，说明肌肉僵硬。如你觉得回到起始位置非常困难，那说明肌肉链力量薄弱。如果对此不确定，则两侧都应进行训练。

## 02. 悬吊侧向挺髋

　　一侧手肘支撑在地面上，双脚放在悬吊带的皮带中，皮带大概与头同高。收腹，臀肌发力，努力保持骨盆中立（既不要前倾，也不要后倾）。头部保持伸直，髋关节在不前后移动的前提下尽量向上抬起和向下降落。肩部要保持在身体的这条线上。要避免发生任何代偿，肱骨头尽量保持在中间位置。这个拉伸不仅可以在身体下降时放松紧张或使用过度的肌肉链，还能在重新抬起身体时加强薄弱肌肉链的力量。要注意自己身体的感受，寻找身体最需要的训练和力度。身体处于低位姿势进行拉伸时感到疼痛，说明肌肉过度紧张。如你觉得回到起始位置非常困难，那说明肌肉链力量薄弱。如果对此不确定，则两侧都应进行训练。

▼

## 03. 健身球侧卷腹

　　一侧髋关节贴在健身球上，双腿前后分开，双脚抵在墙壁上进行固定。双手放在头后，上半身下落，让身体靠在健身球上，然后向反向运动，上半身抬起，尽最大能力进行侧卷腹。要在动作过程中保持正确的身体姿态，始终保持收腹挺胸，双肩后展。

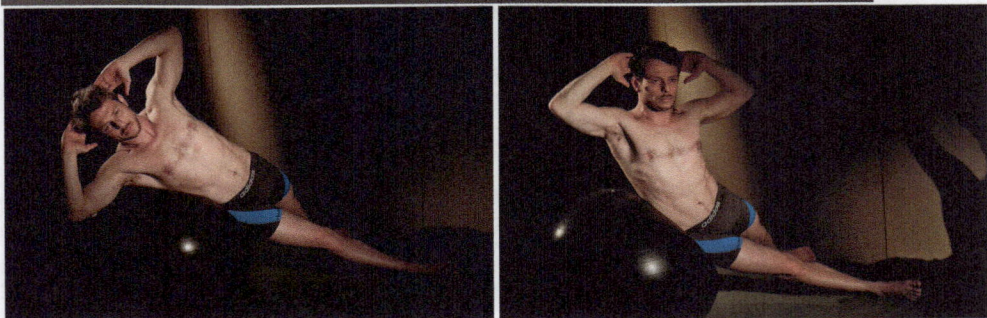

▼

## 04. 星形站立

　　本训练是基础动态的核心稳定性训练，可以像平衡训练一样锻炼体侧链。双脚并拢站立，双臂伸直，高举过头顶，掌心相对。臀肌收紧，腹部收紧，一条腿向侧面抬起，同时身体重心移向支撑的脚。整个训练过程当中，尽量从头向脚延长身体，不要失去平衡，也不要向前或向后倾斜。（如需要辅助才能保持平衡，可以将上方的手臂抬起与躯干垂直。）

□□□□□

### 05. 地面星形练习

　　在地面进行星形练习更加困难，因为其对于平衡的要求和核心力量的要求都更高。从平板支撑手势开始，髋关节一侧打开，身体旋转（下方的脚从脚趾撑地转变为脚侧边缘撑地），用一侧手支撑身体，另一侧手臂向上抬起，与躯干垂直，上面的腿尽量抬高，保持在下方腿的正上方。

# 螺旋链

骨盆：两条螺旋链都附着于髂前上棘

腿部：阔筋膜张肌、髂胫束、胫骨前肌（单向）、腓骨长肌、股二头肌（腓骨一端至坐骨）

脚部：第一跖骨、大脚趾

腹部：腹内斜肌、白线（腹部）、腹外斜肌（腹部两侧）

上肢带骨：前锯肌、菱形肌

颈部和头部：头夹肌、颈夹肌、竖脊肌、骶骨、骶结节韧带、骶部筋膜

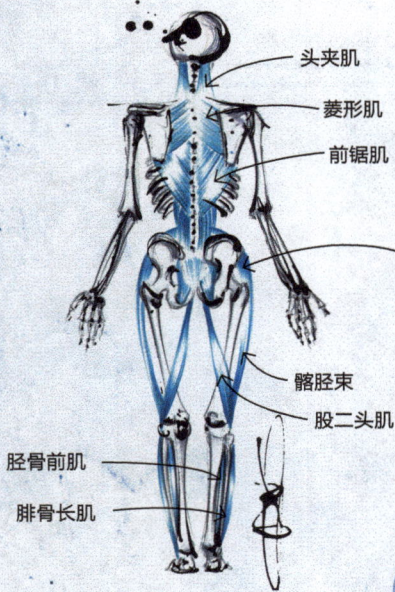

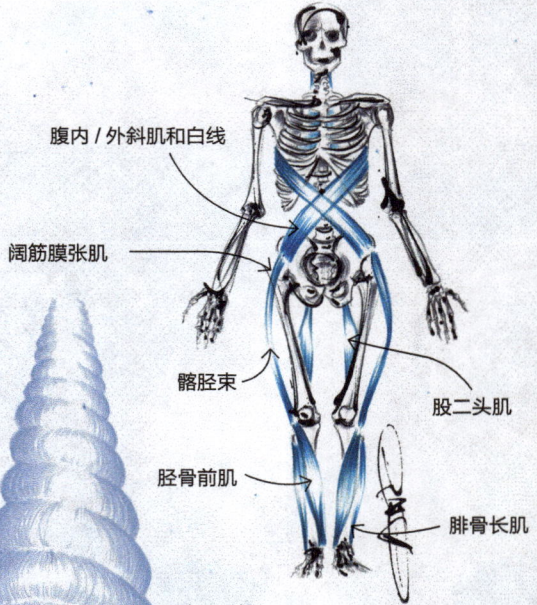

头夹肌
菱形肌
前锯肌
腹内/外斜肌和白线
阔筋膜张肌
髂胫束
股二头肌
胫骨前肌
腓骨长肌
髂胫束
股二头肌
胫骨前肌
腓骨长肌

阔筋膜张肌

髂胫束

胫骨前肌

姆趾

腓骨长肌

股二头肌

腹内斜肌

白线（腹部）

腹外斜肌（腹部两侧）

前锯肌

头夹肌

颈夹肌

竖脊肌

骶骨

坐骨结节

髂嵴

□□□□□

> 螺旋链对于功能平面至关重要，也称为旋转链或双链。

螺旋链有效地组成一条双层"连体外套"，并被分成两条相反的链：一条从髂峭向下，另一条从髂峭向上。螺旋链沿着身体分布，与前表链和后表链相交。它的有效性直接关系到身体活动或运动。螺旋链中的肌肉有助于维持姿势的平衡性和正常的运动功能。

## 螺旋链可能出现的问题

大部分问题都是仅在一个单一平面内进行练习而导致的，如集中于单一关节的训练而不进行旋转训练。

➡ 训练中不进行任何的旋转运动会使螺旋链变得薄弱。如果你的体育运动需要旋转，那么必须专门针对螺旋链进行训练，否则无法取得任何进展。

➡ 使用不完整的训练计划也会产生同样的问题。即使你在日常活动或体育运动中不必进行这些旋转动作，螺旋链中的部分肌肉在其他平面（运动和姿势）也是有作用的，但如果使用过少，它们就会变得效率低下。

**连点成线**

最初在下肢发现的肌筋膜螺旋结构将骨盆的运动连接至足弓。这就意味着足弓塌陷可能是由骨盆前倾造成的。相反，用球按摩足弓能恢复骨盆的灵活性。

## 螺旋链可能出现的问题

螺旋链非常复杂，并且可能存在各种各样的问题。一次性处理全部的问题显然是不现实的，因此必须从最简单、最严重的问题入手，而这些问题通常与颈椎的有关。

1. 使用以下测试可以确认颈椎旋转是否存在限制：坐在椅子或箱子上，双膝并拢，双臂在胸前交叉。保持臀部在起始姿势，同时尽量向两侧旋转。观察向左旋转和向右旋转的难易程度。

2. 用前一个测试的版本发现与颈椎直接关联的限制。这一次，肩膀不要移动，努力让头部向左向右旋转。一个完整的、高效的螺旋链训练计划通常都包含颈部的训练。

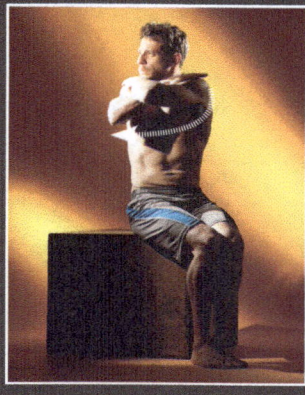

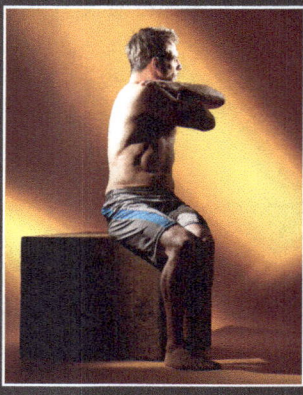

3. 加入下肢的动作，扩展这个测试。双脚并拢站立，手臂外展，与体侧呈 35 度角，双手掌心向前。身体同样地努力向两侧旋转，同时保持手臂姿势不变。

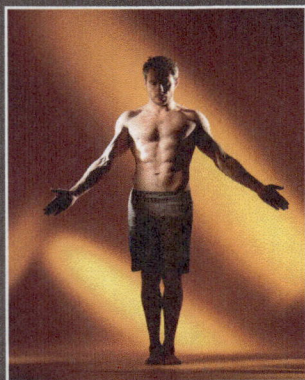

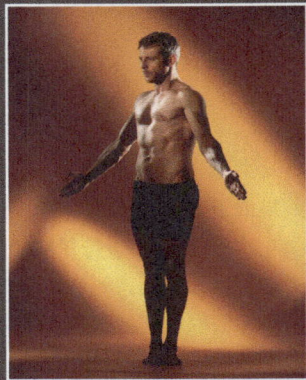

4. 在更复杂的运动中，尤其是在转向时，应考虑整条肌肉链的限制，确认代偿发生在哪一段。三角式训练就很适合用来找出问题，一条腿向前跨一大步做弓步，身体下沉，直到感受到后侧腿的髋屈肌被拉伸。前侧腿对侧的手放在与前侧脚呈平行线的地面上，并与后侧脚在一条直线上。躯干向后侧腿的对侧旋转，后侧腿对侧的手臂垂直向上伸展。

## 结语

这 4 个步骤能让你在进行更复杂的运动之前确认有问题的部位。

是否存在疼痛？如果不是病理性的疼痛，则使用本书中介绍的针对该部位的方法来逐个处理疼痛。

是否存在僵硬？或者是否存在动作受限？若存在，你需要阅读针对灵活性重建的章节。倾听你的身体，你比任何人都了解你自己的身体。

# 锻炼体侧链的高效动作

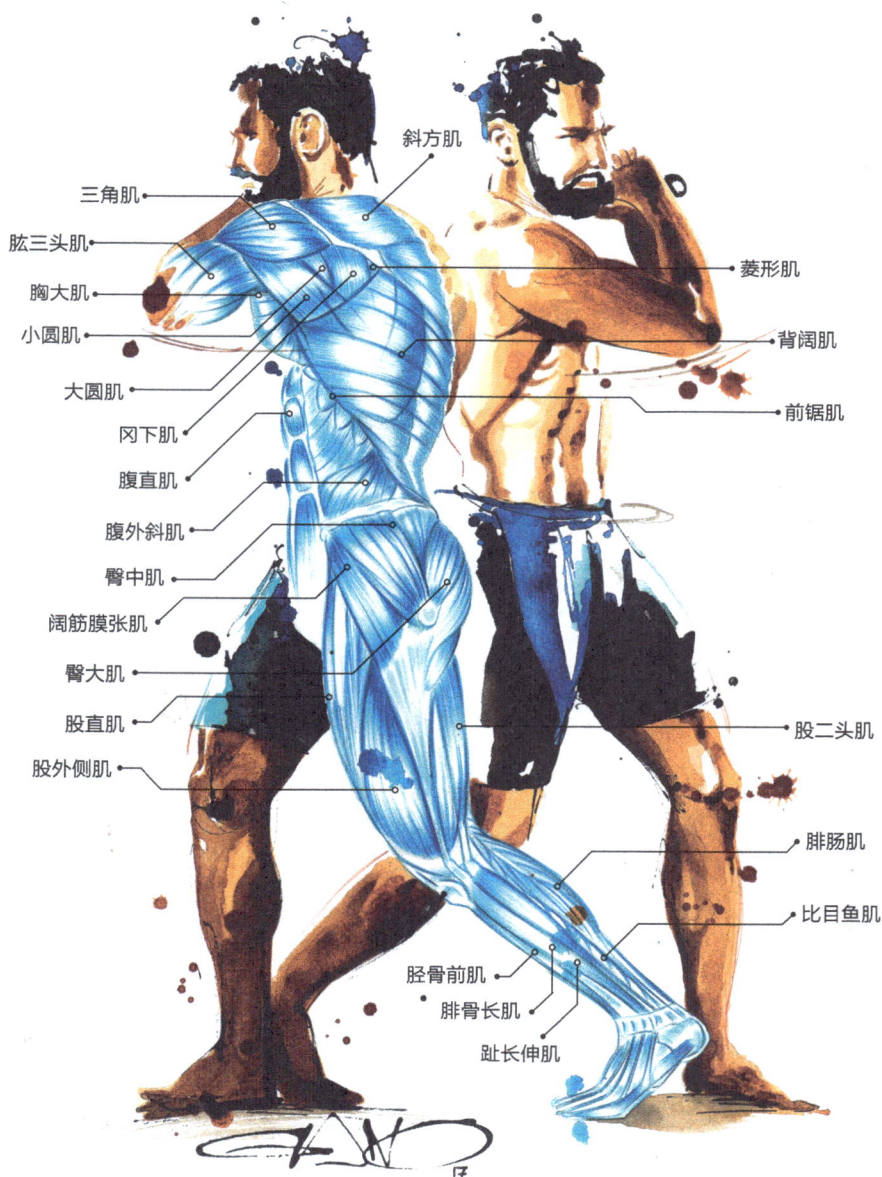

斜方肌

三角肌

肱三头肌

胸大肌

小圆肌

大圆肌

冈下肌

腹直肌

腹外斜肌

臀中肌

阔筋膜张肌

臀大肌

股直肌

股外侧肌

菱形肌

背阔肌

前锯肌

股二头肌

腓肠肌

比目鱼肌

胫骨前肌

腓骨长肌

趾长伸肌

## 01. 健身球雨刷器练习

脸向上躺在健身球上，背部保持中立，注意你的姿势，并关注脊柱和骨盆的位置。这个姿势下，不要让背部在健身球上弓起（侧向运动时，必须保证脊柱有支撑）。用健身梯或凳子，或是让同伴支撑你的身体。抬起双腿与地面垂直，然后双腿侧踢，同时以髋关节为轴左右转动（同时继续侧踢双腿）。整个训练过程中，腹部尽量保持平坦，骨盆略微前倾并锁定骨盆。

## 02. 滑雪式壶铃甩摆

双脚双膝并拢站直，双手持壶铃。膝关节略弯曲，将壶铃向钟摆一样向右摆动 1 次，再向左摆动 1 次。整个训练过程中，背部保持伸直，挺胸收腹，双肩向后展。用力蹬地，将壶铃在身前抬起（参见第 3 张照片）。你的上身应当随着动作而立起但不要发力。根据训练版本不同，可以将壶铃抬高至前额高度，也可以高于头顶。训练中一定要注意，膝关节不要向内或向外弯曲，膝盖应始终保持与脚趾在一条直线上，且双膝要保持平行。

□□□□□

## 03. 持壶铃旋转

　　身体处于中立位，双脚分开，宽度差不多在髋部至肩部宽度之间。膝关节和髋关节不要锁死。双手握住壶铃，并将其提到一侧肩膀处。弯曲双膝，保持双脚平行。肩膀向后展，背部挺直，挺胸收腹。将壶铃摆动向另一侧肩膀，尽量保持壶铃始终在同一高度。不要让壶铃摆动超出身体范围。摆动时，双脚、双膝和髋关节随着壶铃一同转动。用你的髋部控制壶铃的运动轨迹，并稍抓紧壶铃，以减缓壶铃与对侧肩膀和手臂的撞击力度。

## 04. 健身球转体屈膝收腹

　　这个运动训练中的负重和动作次数没有更多要求。质量评价的唯一指标是动作的流畅性和速度。
　　面朝下，髋关节下部、大腿上部放在健身球上。双手撑在地面上，手臂完全伸直，呈俯卧撑姿势。整个训练过程中，保持双脚并拢，髋关节向体侧旋转，同时将膝关节向胸前收紧。旋转髋关节，与球在一条直线上。膝关节在胸前收紧时，髋关节向另一侧旋转，膝关节一边伸展一边转向健身球的另一侧。整个运动过程中，健身球应当在地面上画一个圆圈。重复训练，尽量做到动作流畅，然后努力让训练速度加快。

## 05. 健身球天蝎式练习

这个运动训练中的负重和运动次数没有更多要求。质量评价的唯一指标是动作的流畅性和速度。

面朝下，髋关节下部、大腿上部放在健身球上。双手撑在地面上，手臂完全伸直，呈俯卧撑姿势。髋关节向一侧旋转，一条腿略弯曲，尽量向对侧摆动。让摆动腿保持悬空，并尽量向远处够，然后换侧。逐渐增大动作范围，尝试在髋关节活动度达到最大时暂停几秒，以增加控制甚至强调两侧髋部的旋转。

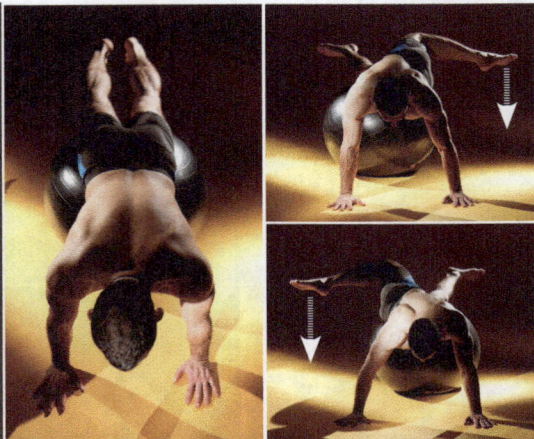

活动范围足够大以后，可以让髋关节快速向后移动，增大运动难度，保持放松，并尽量让动作顺畅。

## 06. 绳缆或弹力带站立式伐木

使用弹力带或滑轮训练器的绳缆进行训练。双脚前后分立，身体一侧面对弹力带固定点或器械。收腹，尽量绷紧腹肌和臀部肌肉，转动身体，双手朝斜下方对角拉动弹力带或缆绳。身体不要前倾，整个训练过程中应当保持身体平衡。整个训练过程中应确保背部始终保持平直（避免圆肩），挺胸，肘部完全伸展。

# 臂前链

胸骨：臂前链的起点，与胸大肌相连

肋骨：与胸小肌相连

肩胛骨：桡骨方向上指向肱二头肌的喙突

肱骨：与背阔肌和肱二头肌相连，尺骨内上踝朝向指深屈肌的延伸

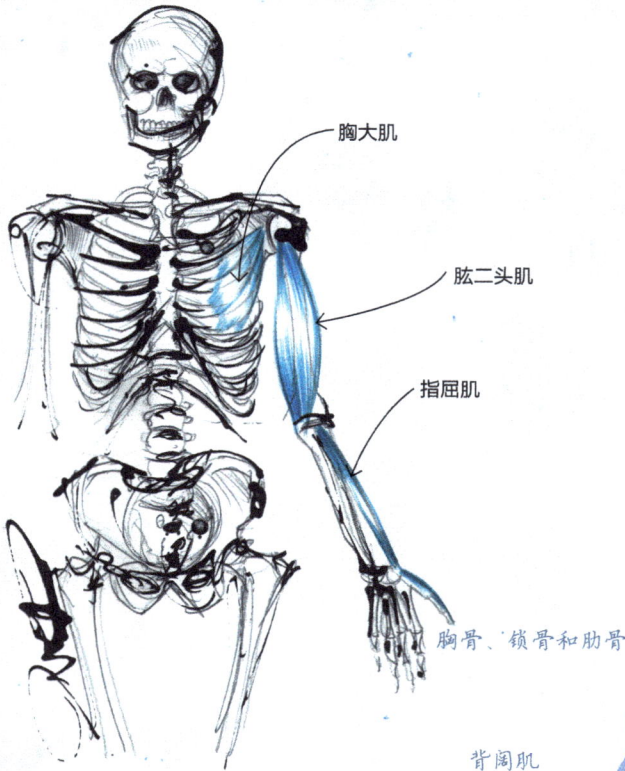

胸大肌

肱二头肌

指屈肌

胸骨、锁骨和肋骨

背阔肌

大圆肌、小圆肌和胸大肌

臂前表链

手臂肌间筋膜

肱骨内上踝

指深屈肌

手掌和手指

臂前深链

肋骨

胸小肌

肱二头肌（短头）

喙肱肌

桡骨

拇指根部

作为前表链和前深链的延续，臂前链也有两条：臂前表链和臂前深链。臂前表链和臂前深链与身体的前表链一样，是反应性的，与各种姿势、运动协调及代偿相关。

臂前表链始于胸骨、肋骨和锁骨，延伸到胸大肌，然后至肱骨附近，到背阔肌，再到肱二头肌长头。这里有一个肌间部分延伸到尺骨内上髁直到指深屈肌。臂前表链穿过腕管，止于手指的掌侧面。

臂前深链上的部位较少，但也连接至肋骨（仅第三、第四和第五肋骨）和胸小肌。这条肌肉链持续向肱二头肌短头延伸，穿过肩胛骨处的喙突，然后与桡骨重新汇合。这条肌肉链与拇指前侧下方舟骨前方的骨膜一端相连。

### 臂前链可能出现的问题

臂前链的肌肉通常会在负重项目中劳累过度，进行自我按摩和运动都不足以缓解。任何姿势问题都会引发臂前链产生严重问题。除了局部紧张外，由这些姿势问题导致的失衡可能进一步引起胸部、肩部和颈部的不适。

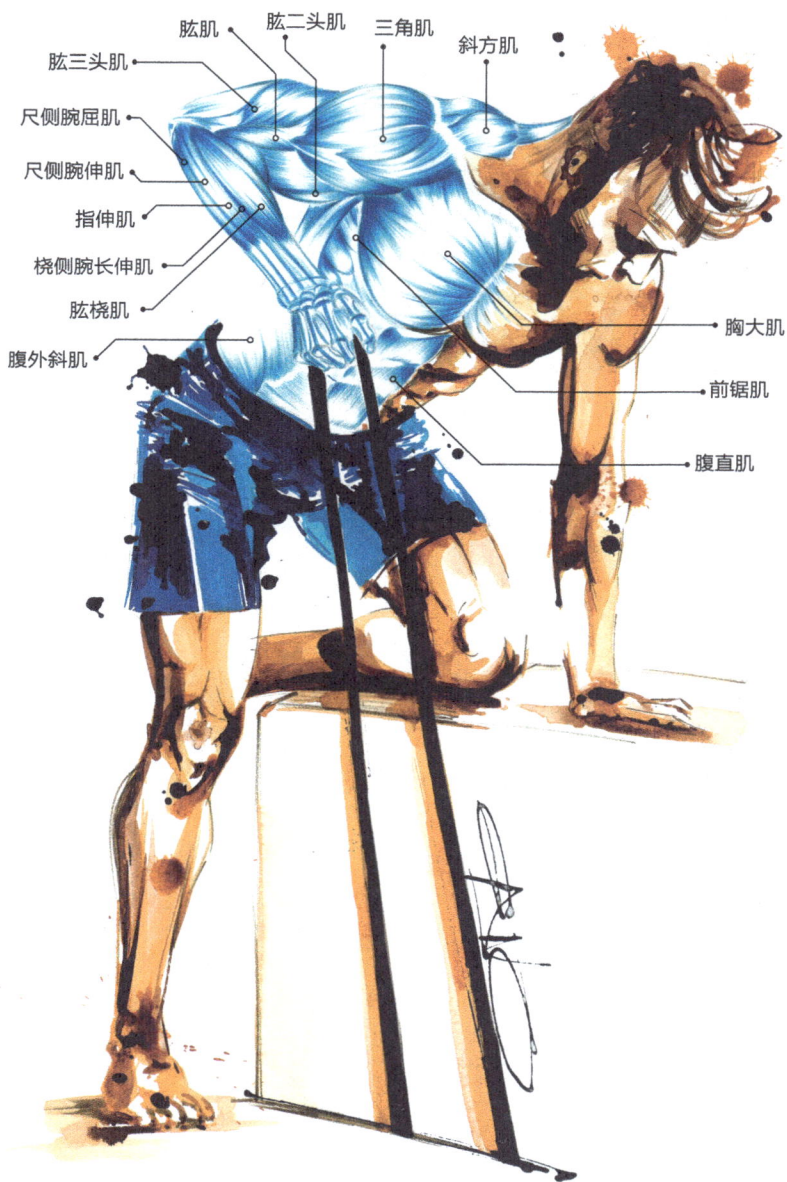

肱肌

肱二头肌

三角肌

斜方肌

肱三头肌

尺侧腕屈肌

尺侧腕伸肌

指伸肌

桡侧腕长伸肌

肱桡肌

腹外斜肌

胸大肌

前锯肌

腹直肌

## 01. 引体向上

　　如果动作准确，这项经典的训练可非常有效地锻炼臂前链。这个训练有很多版本，我们先从标准版开始。手握固定杆（手掌向前或向后均可）或高处的固定横架，双手分开，略宽于肩。伸直手臂悬吊整个身体，挺胸，尽量不要弓背。两肩胛骨收紧，胸部向上靠近固定杆或横架，结束上升动作。下降回到起始姿势时，注意不要让身体突然下落。

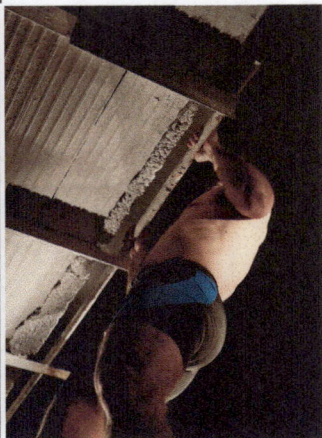

## 02. 滑轮高拉

　　本训练通常使用高滑轮机完成，但也可以使用弹力带。双手分开，略宽于肩，握住横杆或弹力带。坐在地面上（如果机器上有座位，可以坐在座位上），背部伸直，挺胸抬头，双肩下沉并后展（如果是坐在地面上，要找到一个恰当的姿势，让你在进行运动时不会拉扯肩膀或过度伸展背部）。绷紧腹肌，弯曲手臂，将横杆或弹力带拉向胸部，然后伸直手臂，回到起始位置。

## 03. 单臂划船

站在一个箱子右侧，将一根弹力带固定在箱子右侧下方边缘，左膝跪在箱子顶上。身体向前倾斜，左手放在左膝前，右脚踩在地面上，与箱子下方边缘平行。右手握住弹力带，右膝略弯曲，调整左膝和左手的位置，使身体保持稳定，背部保持平直。练习侧（右侧）的肩胛骨在运动时尽量靠近脊柱，肩部向后展，然后将弹力带向上拉至髋关节高度，完成划船动作。倒序执行以上动作，回到起始位置。

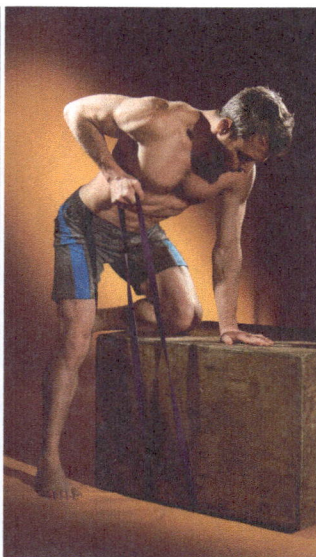

## 04. 悬吊反向划船

将悬吊带调整至适当高度，站在固定点之下。身体保持呈一条直线，以脚跟为支撑，身体向后倾斜，直到手臂向远离身体的方向完全伸展，掌心朝向地面。开始时，双肩后展，挺胸，肩胛骨收紧。手肘尽量紧贴肋骨，将身体拉起来，然后转动前臂，让双手紧贴肋骨，掌心相对，完成拉起的动作。倒序执行以上动作，回到起始位置。

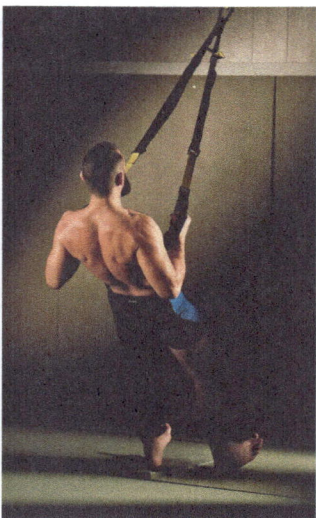

## 05. 悬吊强力单臂划船

将悬吊带调整至适当高度，调整身体呈稳定姿势。脚跟着地，手臂伸直，掌心朝向地面，让身体悬挂在悬吊带上。用一只手抓住一个手柄。另一侧手臂伸直，使其与对侧的手臂和手柄平行。开始时，肩部后展，挺胸，肩胛骨收紧，拉手柄的手臂将手柄拉向肋骨，将身体拉起来。另一侧手臂同时弯曲，模仿拉住把手的手臂。倒序执行以上动作，回到起始位置。

# 臂后链

头后侧：斜方肌穿过脊柱突起，与椎骨相连

肩部：斜方肌纤维朝向肩胛冈的汇集点，穿过三角肌向肩部延伸。

手臂：穿过三角肌向后延伸，然后沿着肱骨穿过肌间外壁部分

前臂：从肱骨外上髁到指向腕关节的指伸肌

手：延伸至指骨和腕骨臂后链结束

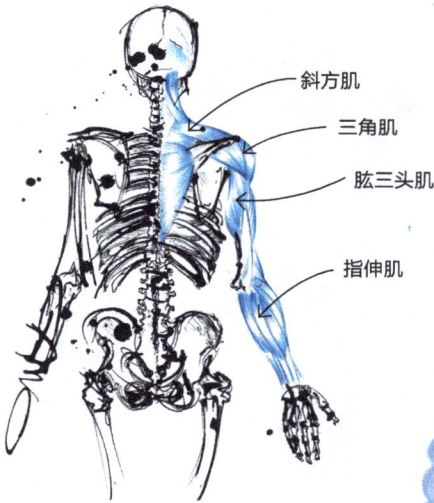

- 斜方肌
- 三角肌
- 肱三头肌
- 指伸肌

臂后表链

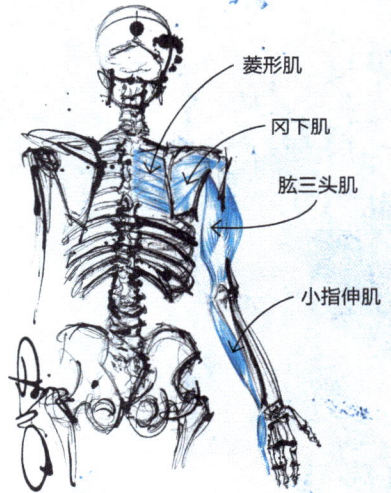

- 菱形肌
- 冈下肌
- 肱三头肌
- 小指伸肌

臂后深链

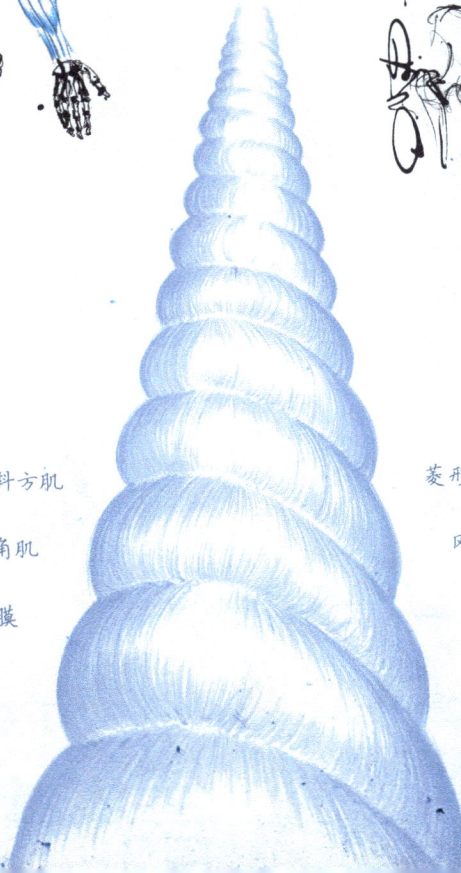

斜方肌

三角肌

手臂肌间筋膜

指伸肌

菱形肌

冈下肌

肱三头肌

尺骨骨膜

小指

> 这些姿势链在多个姿势纠正的训练中都必不可少。

臂后链的预防性治疗——无论我们讨论大型的肌肉链（如后表链）还是较小的肌肉链（如臂后表链或臂后深链）——能帮助预防前侧肌肉链，尤其是臂前链的失衡。加强臂后表链或臂后深链是该治疗原理的一部分，因此也是姿势训练中的基础部分。

### 臂后链可能出现的问题

臂后链上的肌肉通常会在负重项目中劳累过度，进行的自我按摩和运动都不足以缓解。任何姿势问题都会导致臂后链产生严重问题。除了局部紧张外，这些姿势问题还会导致失衡，进而引起胸部、肩部和颈部不适。

# 锻炼臂后链的高效动作

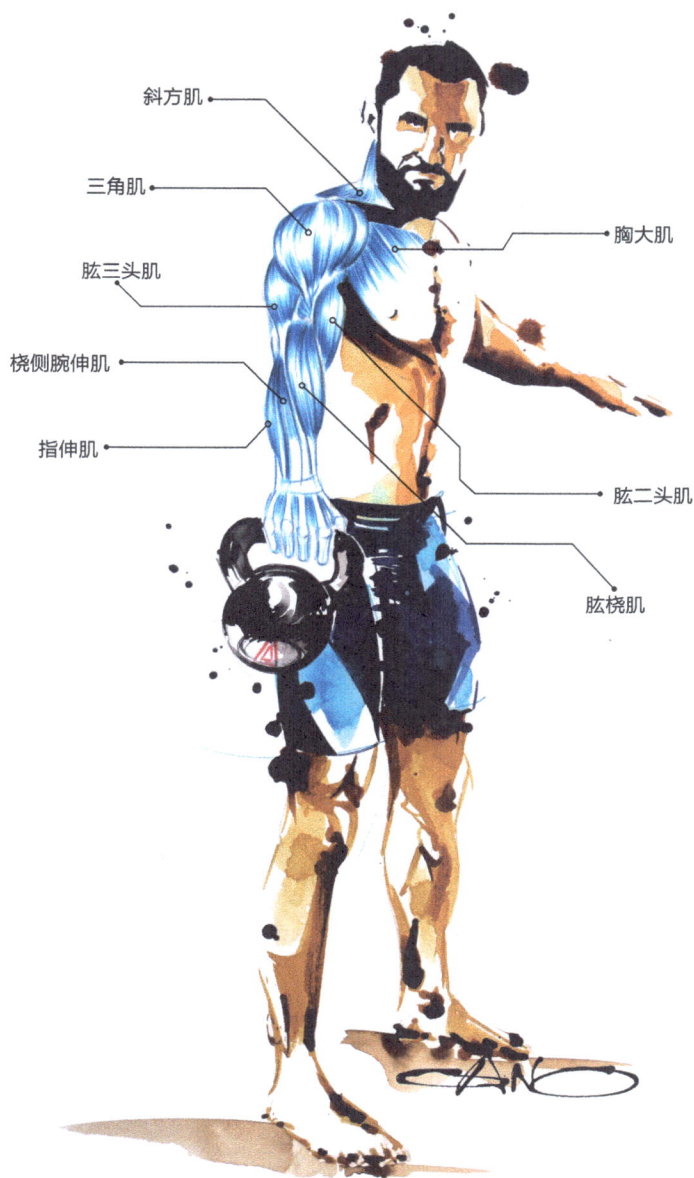

斜方肌

三角肌

肱三头肌

桡侧腕伸肌

指伸肌

胸大肌

肱二头肌

肱桡肌

## 01. 站姿抗旋前推

本训练能激活和加强臀后链的力量。在固定点或器械一侧站立（并保持一段距离），让弹力带或缆绳绷直。开始时双手在身前持弹力带或把手，肩部下沉，手肘靠近体侧。挺胸收腹，臀部肌肉夹紧，保持这个姿势，双臂向前伸出的同时背部姿势保持不变，不要让髋关节或胸部朝向固定点转动。在身体两侧分别进行训练。

## 02. 派克俯卧撑

呈经典的俯卧撑姿势，但双手距离更近，双脚分开得更远。身体贴近地面时，肘部应该贴近身体，挺胸，腹部和臀部肌肉发力。推动手臂，臀部向上，髋关节屈曲。

## 03. 悬吊肱三头肌伸展

背对悬吊带，抓住两个把手，身体前倾，同时身体尽量伸直，膝关节完全伸展，收腹，臀肌收紧。上臂置于头部两侧，肘部弯曲，掌心向后。向前伸展肘部，肘部靠近头部，保持肘部与躯干在一条直线上。努力不要让手肘向两侧分开。

## 04. 顺突（空手道术语）

顺突是一项空手道技术，能将双腿的力量传递至双臂。这个训练的完整形式不仅会锻炼到手臂后链，还会锻炼螺旋链。这个训练采用幅度大而稳定的弓步姿势，利用肩胛骨收紧来进行动态强化，是锻炼臂后链的高效动作。将弹力带固定好，一手抓住弹力带，背对固定点。另一只手将一个壶铃高举过头顶，手肘完全伸展（高举过头顶伸展的手臂与前侧腿同侧）。挺胸，抓弹力带的手紧紧地握成拳，掌心朝向地面向前用力拉弹力带，仿佛向前出拳。

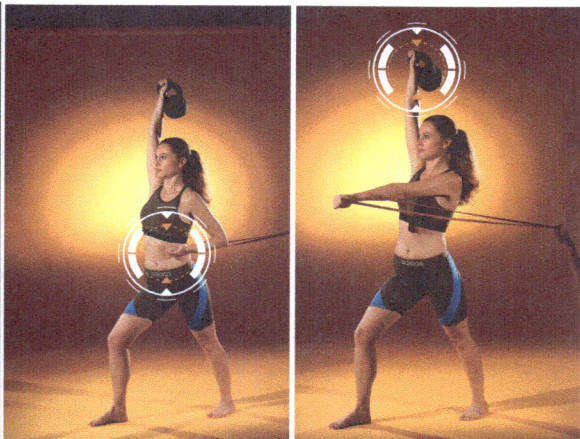

顺突也可以用拉弹力带的方式反向进行，这是锻炼臂后链的有效动作。

## 05. 弹力带十字交叉推举

使用两根弹力带，每只脚下踩一根，并在身体前侧交叉。一只手抓住一根弹力带，手掌相对，然后伸展手肘，将弹力带向天花板方向推起，背部始终保持平直（注意不要弓背）。

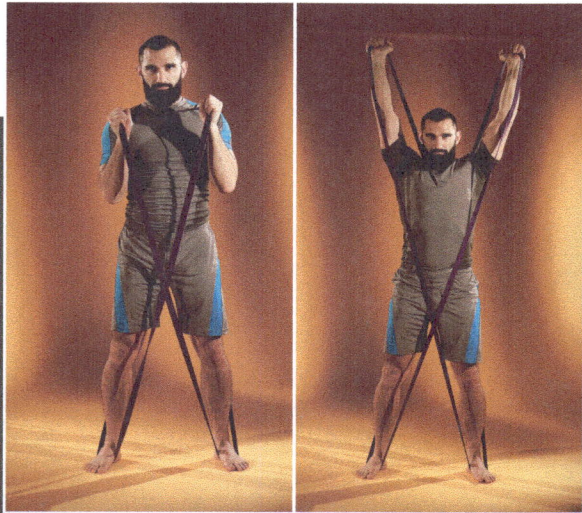

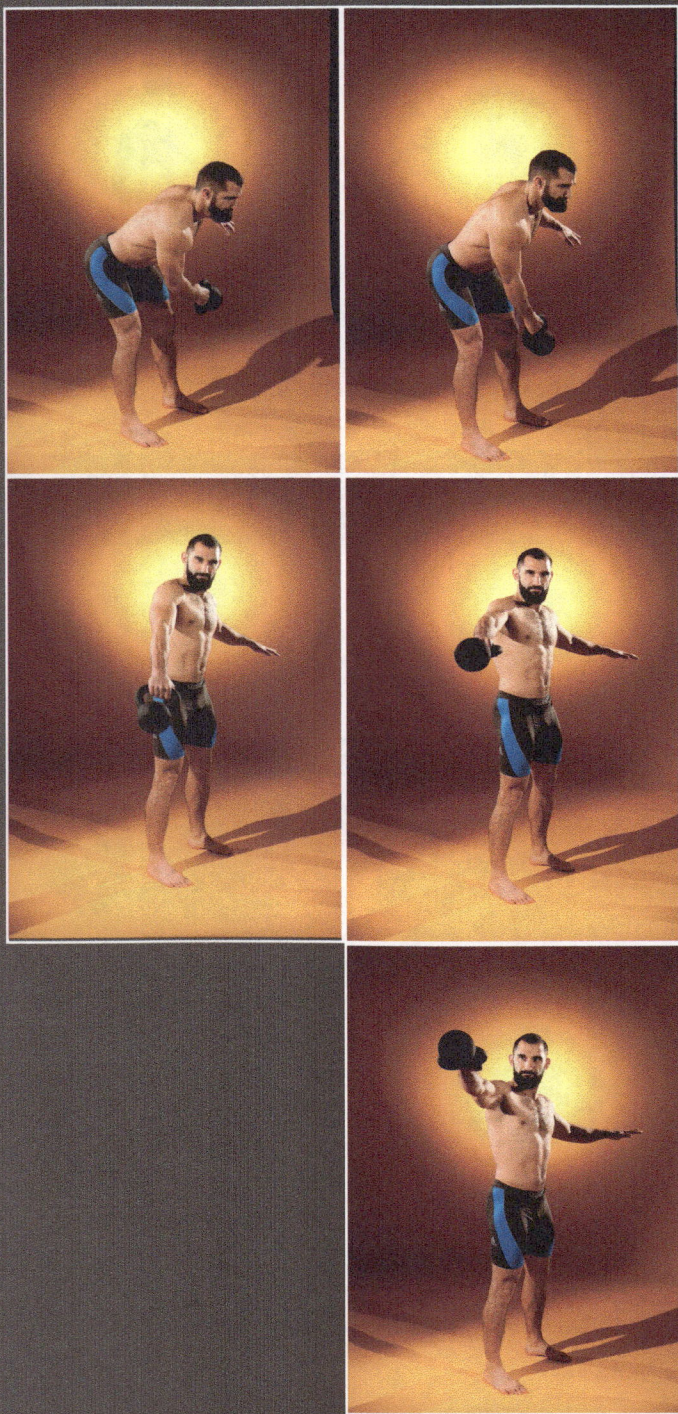

### 06. 侧向壶铃甩摆

身体前倾，像在做传统的单手甩摆一样。手持壶铃，从一侧脚开始像钟摆一样摆动，身体重心左右来回移动。壶铃越过膝关节时，伸展膝关节和髋关节，身体站直。速度提升后，壶铃会摆动得更高。当壶铃达到胸部高度时，可以开始向外转动手臂，直到手掌朝向地面。在侧向摆动的过程中，髋关节始终要保持伸展。

# 前深链

脚：趾长屈肌、胫骨后肌、胫骨前肌、腓骨长肌

腿和髋部：腘窝、内收肌

骨盆：盆底肌

躯干：腰方肌、髂腰韧带、髂腰肌、膈肌、心包、胸骨后侧、咽、斜角肌、前纵韧带、颈长肌、头长肌

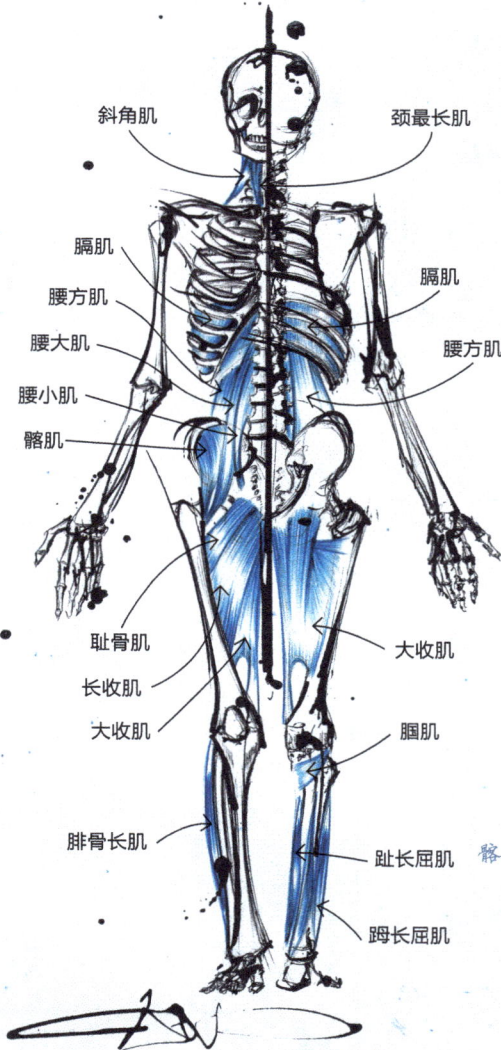

斜角肌

颈最长肌

膈肌

膈肌

腰方肌

腰方肌

腰大肌

腰小肌

髂肌

耻骨肌

大收肌

长收肌

大收肌

腘肌

腓骨长肌

趾长屈肌

蹬长屈肌

胫骨后肌

腿骨间筋膜

腓肠肌（腓骨肌群）、趾长屈肌和蹬长屈肌

腘窝

内收肌

盆底肌

髂腰肌

髂腰韧带和腰方肌

膈肌

心包

咽

斜角肌、头长肌和颈长肌

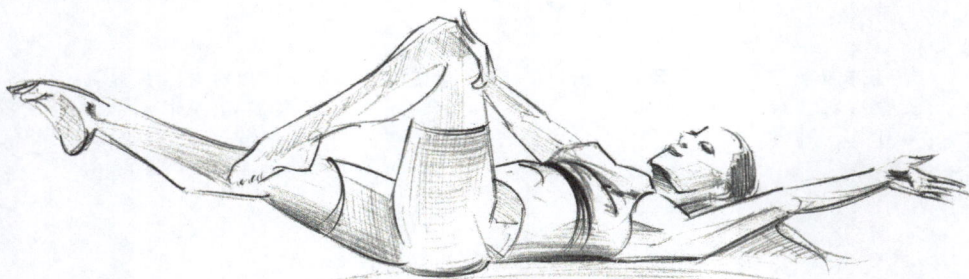

> 前深链是维持核心稳定的肌肉群，对保持身体平衡必不可少。

　　加强前深链的力量对于和其他肌肉链协调，确保功能稳定和力量传递至关重要。前深链是肌肉和筋膜之间的深层姿势连接，能保证身体的平衡，是保持人体正常功能发挥的关键所在。

　　呼吸在前深链中发挥着重要的作用（参见第 78 页）。呼吸问题会导致颈部僵硬，这通常由斜角肌的过度使用和紧张造成。呼吸问题还会导致髋屈肌和内收肌紧张。

### 前深链可能发生的问题

　　➡ 呼吸是人体功能平衡不可或缺的一部分。呼吸不顺畅，会导致舌头、下颚、喉咙或斜角肌的灵活性降低。呼吸不顺与颈长肌和头长肌的失调相关，这意味着颈部和头部受到的支撑也受损，并会影响到全身。

　　➡ 持续激活前深链有时会过度使用肌肉链中的一条或多条肌肉，因为这些肌肉的耐力水平较低。这时候，其他肌肉就会介入，并承担本不应由它们承担的工作，造成有害代偿甚至承受压力。例如，腰大肌就会发生这种情况；导致经常被过度使用。

# 锻炼前深链的高效动作

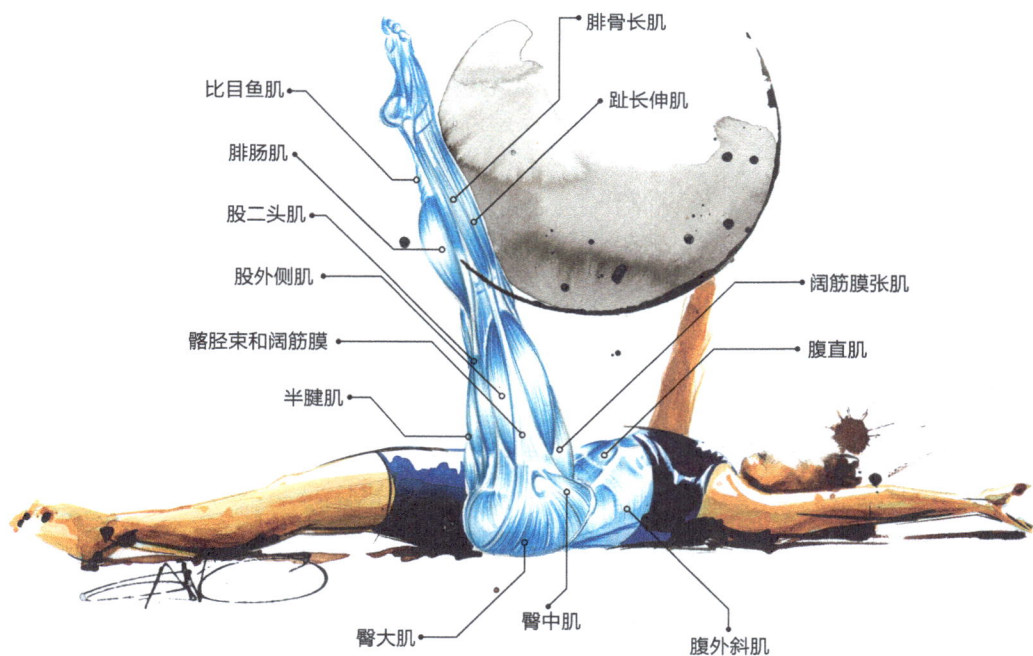

腓骨长肌

比目鱼肌

趾长伸肌

腓肠肌

股二头肌

股外侧肌

阔筋膜张肌

髂胫束和阔筋膜

腹直肌

半腱肌

臀大肌

臀中肌

腹外斜肌

## 01. 水平后坐

开始时，四肢撑地，膝关节抬起，小腿与地面平行，臀部和墙壁之间放一个健身球。腹部尽量收紧，同时背部平直，盆底肌收紧，尽可能地用力挤压健身球。这个训练更高级的版本是压紧健身球后抬起一只手臂，向前伸直，使其与躯干呈一条直线。

## 02. 健身球额状面功能强化

将两手肘或双手放在健身球上，支撑身体。腹部收紧，骨盆略后倾，臀肌和腹肌用力，盆底肌收紧，激活腹横肌。用手肘和双手交替支撑身体可以提高难度。

## 03. 健身球对侧手脚上抬

仰卧在地面上，腰部放平。腹部尽量收紧，盆底肌收紧。在一条腿和另一侧手臂之间放一个健身球。如果柔韧性差，可以在做练习时一侧腿伸直，另一侧腿膝关节屈曲。

### 04. 健身球直腿上抬

躺在一个健身球上，用手扶住健身梯，或者让同伴扶住你。将腰部平放在健身球上，腹部尽量收紧，盆底肌收紧，两腿向上伸直至与地面垂直。缓慢而稳定地伸展髋关节。双腿下落，直到感受到腹肌发力，保持这个姿势。小幅度交替踢腿可以提高这个训练的难度。

### 05. 直臂对侧手膝对抗

仰卧在地面上，一只手臂伸过头顶。腹部保持平坦，骨盆略向后倾。另一侧手臂用力去推对侧的腿的膝关节，同时膝关节也用力挤压手，保持静力收缩，练习过程中你的另一条腿应保持平直并微微抬起，脚跟不要接触地面。收紧盆底肌，收紧腹部，腰部保持伸展。

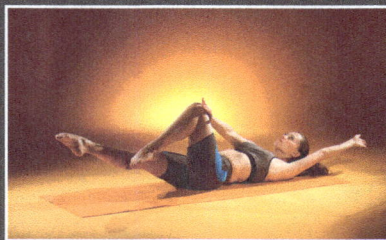

# 后功能链

手臂：始于　　胸部：胸腰　　骨盆：臀大肌　　大腿：髂胫束
背阔肌肌腱　　筋膜　　　　　　　　　　　　和股外侧肌

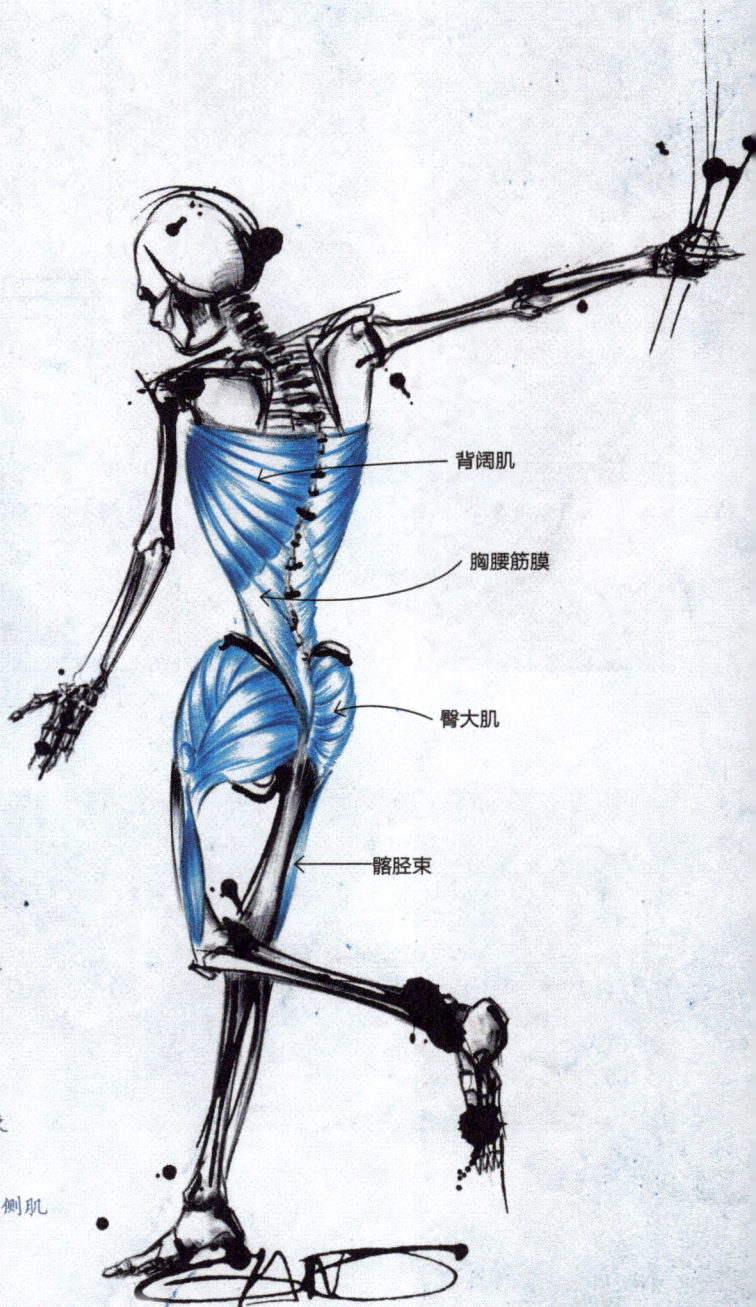

背阔肌

胸腰筋膜

臀大肌

髂胫束

背阔肌

胸腰筋膜

臀大肌

髂胫束

股外侧肌

# 前功能链

手臂：始于 与手臂相连 的胸大肌

胸部：胸大 肌、腹直肌

骨盆：耻骨

大腿：大收肌、 股骨内侧

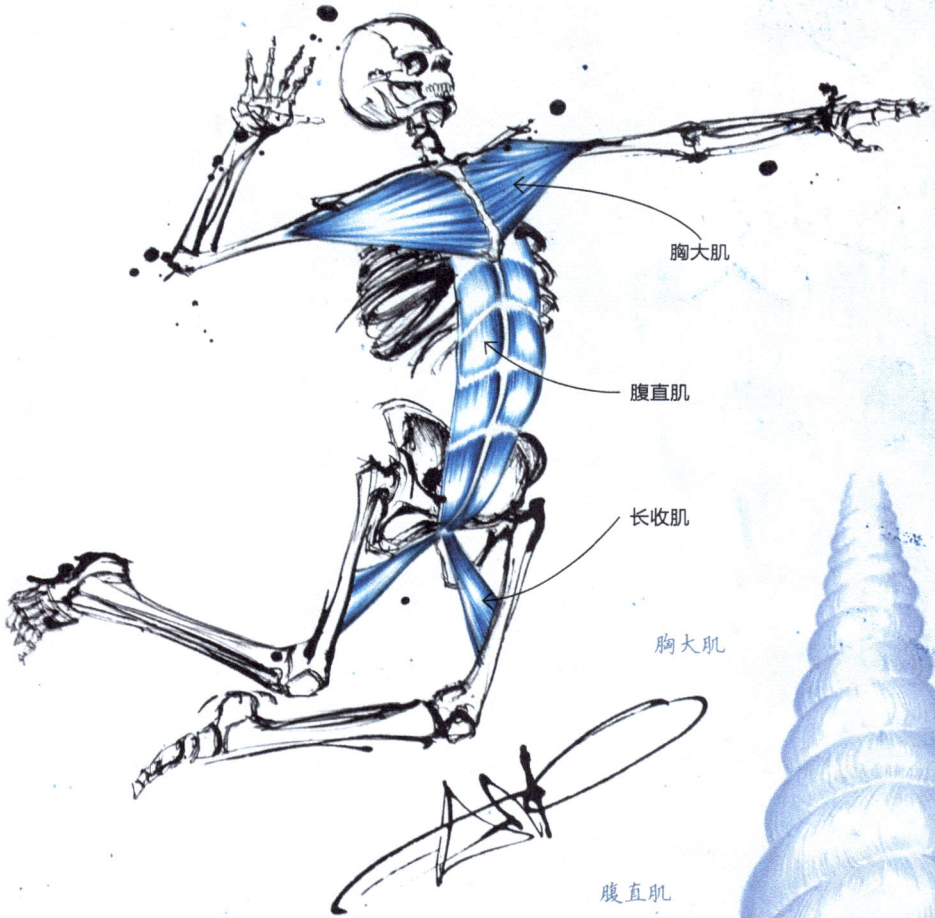

胸大肌

腹直肌

长收肌

胸大肌

腹直肌

长收肌

前功能链和后功能链不仅仅是单纯的解剖学意义上的肌肉链，它们是手臂和腿部肌肉链的延伸，负责完成复杂运动中的高效动作。

如果进行了充分的训练（而不仅仅是针对各个关节进行单独的力量练习），前功能链和后功能链就能够使用交叉连接——通过协调上下肢的反向作用——从而带来更好的伸展、更大的潜在弹性能量以及更大的爆发力。

作为后侧运动的主要激活因素，在进行以后侧运动模式为主导的不对称运动（如网球反手挥拍和橄榄球传球）之前，应进行后功能链的练习，以作为复杂的功能运动训练的准备运动。在训练结束时也可以使用同样的训练加强你的训练效果，让后功能链中所有关节和肌肉重新连接起来。

作为前侧运动的主要激活因素，在进行以前侧运动模式为主导的不对称运动（如网球发球和排球扣球）之前，应进行前功能链的练习，以作为复杂的功能运动训练的准备运动。在训练结束时也可以使用同样的训练加强你的训练效果，让前功能链关节和肌肉链中的所有关节和肌肉重新连接起来。

### 功能链可能出现的问题

➡ 如果上半身与下半身之间缺乏协调性，就会使功能链很难、甚至无法达到最佳激活状态。

➡ 骨盆 - 肩更加稳固，髋关节和躯干才能具有更好的灵活性，这也是功能链发挥出最大力量的前提。

➡ 由于功能链很短，链中的肌肉和关节也很少，因此可发生的代偿也很少。如果臀部肌肉或胸肌、内收肌或是背部肌肉过于紧张或薄弱，那么整个功能链的作用就很难发挥。

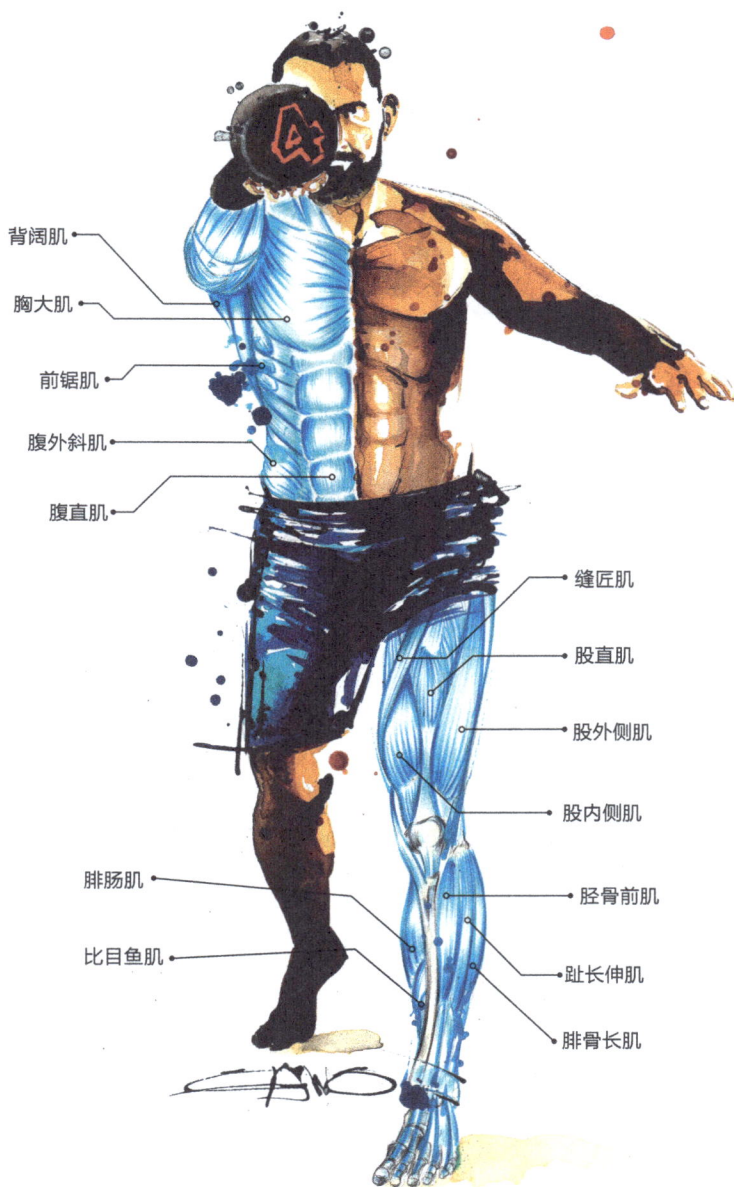

背阔肌

胸大肌

前锯肌

腹外斜肌

腹直肌

缝匠肌

股直肌

股外侧肌

股内侧肌

腓肠肌

比目鱼肌

胫骨前肌

趾长伸肌

腓骨长肌

## 01. 阿特拉斯壶铃甩摆

站姿，双手持壶铃手柄的两端。挺胸，肩部略向后展，从双脚开始旋转，身体重心移至壶铃向上运动一侧的脚上，以抬起壶铃。这样，另一只脚便更加自由，可以抬起脚跟，更好地进行运动。旋转时，双脚同时与壶铃朝同一方向旋转。脚趾方向应始终与壶铃同步。髋关节带动身体进行旋转，让躯干始终围绕着垂直轴进行旋转。如果你是在一个正方形房间中进行此训练，起始时面对着一面墙壁。当壶铃完全提起时，你应当面向着侧向的墙壁。尽量将壶铃举到头顶最高的位置，同时保持头部位于两手臂之间。记住，所有摆动动作都应当由下肢而不是用上半身发力。摆动动作应当流畅，之间没有停顿，当壶铃摆动至一侧时，应有控制地减缓壶铃下落的速度。

□□□□□

## 02. 侧向甩摆

双脚分开，与肩同宽，与身体所在垂直轴呈 45 度角。你的双脚可以稍稍移动，但必须与膝关节保持在一条直线上，避免膝关节和踝关节产生横向的剪应力。

膝关节弯曲开始运动（一只脚向前跨 1/3 步，比传统的甩摆动作幅度更大）。双腿向上发力，将壶铃向前甩动，整个训练过程中始终保持背部挺直。双手抓住壶铃。

这个训练还可以单手进行。单手进行时，用后面腿的同侧手握壶铃。不要一个动作换一侧，而应当一侧训练完成后再换另一侧。

## 03. 俯身甩摆

训练过程中保持双脚平行非常重要。身体前倾，髋关节和膝关节弯曲，肩部位于壶铃正上方。向侧面甩动壶铃，但身体不要完全直立。壶铃会以肩部为轴，沿着对角线上下摆动。在动作最后，你的肩部、手臂和壶铃应当在一条直线上。壶铃到达最高点时，尝试向下拉扯壶铃，利用全身的力量给壶铃加速。将壶铃向另一个方向提升时，让速度放慢，然后重新开始训练。

## 04. 高位旋转

　　双手分别握住壶铃手柄两侧，双脚平行移动（整个运动过程中脚趾跟随壶铃移动）。髋关节和膝关节弯曲，开始时，壶铃绕过体侧，位于臀部后方。双肩与臀部保持在一条直线上。前侧肩尽量抬高，后肩尽量放低，这一点非常重要。从这里开始，将壶铃向前上方甩动，使其轨迹几乎呈一个完整的圆圈，然后正好落到对侧臀部与起始位置相对应的位置。这个圆应当与地面有一个夹角，而不是平行于地面。整个训练过程中，手臂略弯曲。

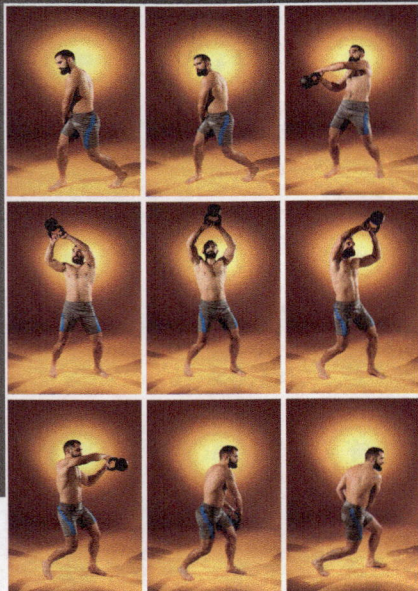

## 05. 水平甩摆

　　本训练需要两手各持一个壶铃来完成。双脚分开，与肩同宽，整个训练过程中双脚尽量保持平行。将壶铃从一侧摆动到另一侧。两个壶铃不应当同时摆动，而应当摆动髋关节，双腿向前推，将第 1 个壶铃向前甩，然后第 2 个壶铃紧随其后。双腿应灵活转动，跟随身体的方向进行旋转。双臂完全伸展，完成旋转之后也不要弯曲。训练过程中双臂分开，只有在训练结束时第 2 只手臂才回到身体的轴向位置。注意水平摆动并不是绝对水平的；壶铃的轨迹面应略微倾斜，不平行于地面，而是稍稍指向天空。水平甩摆还可以只用一只手臂进行。

□□□□□

## 开放运动链和闭合运动链

肌肉链根据运动方式分为开放运动链和闭合运动链。

---

远端自由（如挥拳或踢球）时为开放运动链。反之，远端固定时为闭合运动链，如弓步或硬拉

---

关于在功能训练中仅单独使用两种运动链中的一种存在很多争论，争论的关键点通常被简化为单关节分析运动与多关节复杂运动，甚至是固定器械力量练习训练与自由重量的力量练习。这种对立是没有必要的，因为我们在身体训练中常会讨论半闭合运动链，半闭合运动链涉及对抗强阻力的自由远端运动，如骑自行车。此外，值得一提的是，一条肌肉链是开放的还是闭合的并不仅仅取决于这个运动是自由重量练习还是固定器械练习。因此，单关节运动也可以非常具有功能性。例如，肱二头肌弯举练习完全可以对应日常生活中的手提购物袋。所以，不要被这种争论迷惑了头脑，理想情况下，这两种方法是可以互补的。

近期关于这个主题（主要基于功能再教育，如 Mikkelsen 2000 年的研究和 Chatrenet 2013 年的文献评论的各项研究称，两种方法的合理混合使用时，应当有时更偏重于重量控制，有时应当更偏重于动作控制。

虽然开放运动链与闭合运动链的定义截然相反，但实际上它们是相辅相成的。

## 肌肉收缩的训练计划

运动时，肌肉并不是持续收缩的，且收缩的节奏、速度和强度各有不同。肌肉会缩短以产生加速度和产生运动，当被动拉长时肌肉会产生制动以提供平衡。最后，肌肉会接收信号来共同协调动作。

因此，根据肌肉收缩方式来制订训练计划是必要的。肌肉在向心收缩的过程中，起点和止点相互靠近，就像一个人从跪姿站立起来那样。肌肉在离心收缩过程中，起点和止点被动远离，短跑的减速阶段或者肱二头肌弯举练习中放下杠铃时就是这种情况。肌肉在进行等长收缩时，起点和止点的距离保持不变，平板支撑等静力性运动就属于这种情况。如果你希望自己的身体达到最佳运动表现，那么应当在你的日常训练中进行所有类型的肌肉收缩练习。

# 更好地运动

　　具有灵活性才能获得最佳运动能力，增强灵活性就是为了更好地运动，这是所有训练的前提。从技术角度来看，灵活性包含了柔韧性、运动控制、平衡性和力量等诸多成分。这里的力量主要是考虑主动肌与拮抗肌的最佳比例、横向平衡以及运动肌和姿势肌所需的最低力量水平。

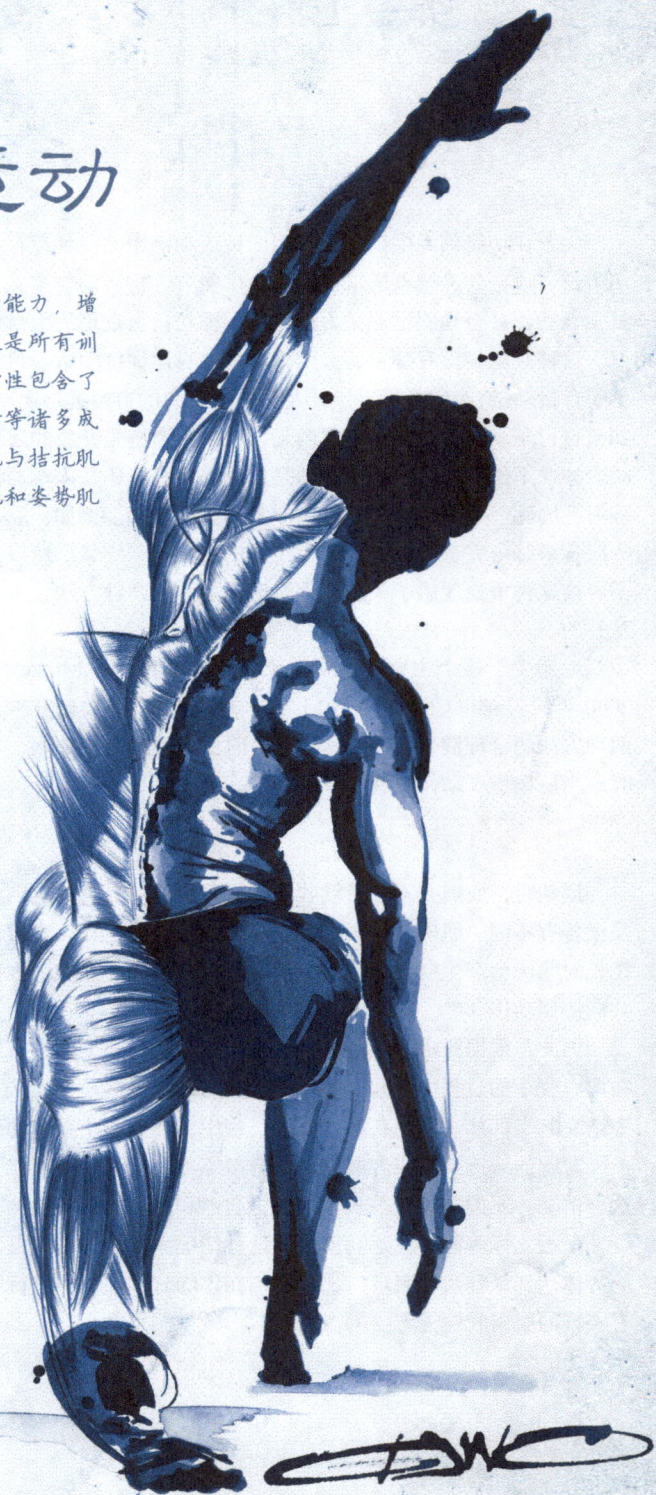

# 第 4 部分　灵活性

从技术角度来看，灵活性包含了柔韧性、运动控制、平衡性和力量等诸多成分。这里的力量主要考虑主动肌与拮抗肌的最佳比例、横向平衡以及运动肌和姿势肌所需的最低力量水平。训练学员时，我会问：

> 你能做到吗？

在考虑附加最小的额外负重之前，他们是否能做到你的动作要求？他们是否具有运动或进行自我要求的训练或姿势的最低能力？

## 从技术角度看，灵活性主要包含以下几种能力。

### 柔韧性

柔韧性就是关节最大活动度。发展软组织在关节运动中的伸展能力，是提高灵活性的关键之一。

### 运动控制

运动控制就是在特定运动中动态调整姿势，引导身体完成某一动作的能力。

### 平衡性

平衡性是一种重要的身体能力，是一个人支持身体、维持平衡、调动外感受系统（对外部体式的反应）继续完成动作的能力，是灵活性训练中不可或缺的一部分。

### 力量

灵活性训练中所涉及的力量，与传统意义上的力量无关。传统力量指的是最大的力量、力量耐力和爆发力等，我们在这里讨论的是进行身体活动所需的最低力量水平。如果后侧肌肉链具有完美的柔韧性，但前侧肌肉链不够强壮，就会为运动带来不良影响。

以下力量水平非常重要。

➡ **主动肌与拮抗肌的最佳比例**：作为主动肌（收缩时会变短的肌肉）的大部分肌肉都有相对应的拮抗肌，拮抗肌会在主动肌激活时被动拉长。主动肌与拮抗肌之间严重失衡会为你带来伤病风险，并降低你的灵活性。

➡ **横向平衡**：功能性的横向平衡也很重要。与过去相比，现在的教练不那么注重绝对平衡。在日常生活中保持平衡能够维持良好的健康水平，在改善灵活性方面也占据着重要位置。

➡ **运动肌的最低力量需求**：有些人的运动能力受到肌肉力量水平的限制。这种问题通常在大运动肌中尤为明显，我们必须对大运动肌加以训练，这些肌肉才能发挥其基础作用。力量是功能训练中的基础元素。

➡ **姿势肌的最低力量需求**：灵活性的问题不仅体现在运动中，当涉及姿势要求（如站立或坐姿）时，灵活性也会出现问题，这些问题通常与深层肌肉的无力或紧张状态有关。恢复和加强这些肌肉是回到巅峰状态的关键。

> 灵活性可以描述为能够在运动中表现出来的能够主动控制的、多关节的柔韧性。

## 评估灵活性

评估这项复合的身体能力既简单又复杂。我们只需回答这个问题："你能做到吗？"同时，这项能力比 $VO_2$ max（运动过程中消耗的最大氧气量，是衡量一个人耐力水平的良好指标）生理值或肌肉发力期间绝对力量或绝对速度等可精准评估运动员力量的机械值更加主观。

你可以在 FMS（功能动作筛查）系列测试等文献中找到系统工具，这些工具非常适合非运动专家快速评估一个人的运动模式（Minick et al.2010）。这个筛查系统最近从 21 分增加为 100 分，精确性显著提升（Butler et al.2012）。此外还有 TPI（2003 年创建的训练认证系统，现在称为 Titleist Performance Institute）方法和 Matrix 运动（Comerford and Mottram 2012），也可以提供有效适用的解决方案。

为了更加实用并具有功能性，我们建议在主要的运动锻炼活动中进行两种测试。在日常生活甚至是体育运动中，我们会遇到完全无须负重的情况（弯腰、捡起东西、坐下、抓东西等）和需要负重的情况（提或抬起重物等），因此，系统性地测试这两种情况非常重要。此外，完成全部测试，你就能够全面地了解自己的全身，对单关节问题和肌肉链中综合限制问题做出整体分析。

这几个简单的测试能够回答一些基础性的问题。

| 热身时应牢记的内容 | 如果答案是"不能" | 如果答案是"能" |
|---|---|---|
| | 你应当立刻在训练中对这些问题进行纠正，其目的是重新获得正常的运动能力。 | 这些训练能帮助你维持现有的令人满意的灵活性水平，并能够承受更高强度或压力的训练。你还可以增加强度更大、更难的练习来开发你的潜力，并不断提高水平。 |

## 改善灵活性的计划

如果人们感受到疼痛，他们的动作就会变得更差；如果动作变差，四肢就不会变得更强壮和稳定。灵活性建立在运动、力量和稳定的基础上，从逻辑上来讲，提升灵活性必须有计划地进行以下步骤。

1. 消除疼痛。
2. 重新获得运动所需的最低限度的灵活性。
3. 发展肌肉链的力量。
4. 维持灵活性。

一旦没有了这些限制，你的灵活性就得以提高且不会感到疼痛。同时你必须在日常生活中维持肌肉链的力量和复杂的灵活性。虽然应对身体僵硬和疼痛的训练似乎并不那么紧迫了，但你仍然应该每周进行一次相应练习。

重新获得运动所需的最低限度的灵活性不再是个问题，但由于年龄或急性、慢性损伤导致的肌肉僵硬可能会促使你偶尔再次进行这些训练。必要时你可以随时使用这本书。

你需要创建一个计划来改善灵活性。

# 重新获得灵活性

这部分提出的纠正性方法目的在于确认不同运动情况中的灵活性缺乏程度。本方案旨在让身体重新获得灵活性，让身体获得功能性和可操作性。这不仅是为了训练，也是为了获得没有疼痛困扰限制的生活。

这个方法可以让以下几个基础动作模式重新获得最佳功能。

➡ 坐立。
➡ 跪立。
➡ 仰卧。
➡ 伸展。
➡ 回拉。
➡ 旋转。

如果你无法执行以上任意一个基础功能，或是在该过程中产生持续的疼痛，则必须立即执行纠正性方法。

本书前文描述的肌肉链中的稳固连接和其在动作与姿势中的相互作用会对这些基础动作起到限制或加强作用。本书接下来的部分将讨论这些常见的灵活性问题，问题罗列如下。

➡ 肩部灵活性。
➡ 踝关节背屈灵活性。
➡ 足部灵活性。
➡ 骨盆的僵硬问题。
➡ 膝关节运动轨迹问题。
➡ 上背部问题。后侧肌肉链下部受限问题。
➡ 腰部紧张问题。

## 纠正训练

如果你在日常生活、运动训练中，或是在进行本书建议的各种测试中产生了困难、限制甚至疼痛，那就需要重新训练灵活性。我们建议用 3 到 4 个时段进行纠正训练。这些纠正训练可以在以下时间进行。

| 3 个时段 |
| 3 个时段 |
| 3 个时段 |
| 4 个时段 |

➡ 清晨醒来时。
➡ 晚上睡觉前。
➡ 热身时。
➡ 进行训练的专门时段。这种情况下，你可以在第 4 阶段增加负重。

> 这 4 个时段可以自由进行伸展、增加强度，也可以单独进行；但只有将这几个时段的练习结合起来才能更加有效。

## 放松软组织

第 1 个阶段非常关键，因为这个阶段可以缓解疼痛和肌肉紧张，并为肌肉拉伸和更高质量的运动做好准备。自我按摩是获得最佳拉伸效果的第 1 步。

## 增大关节活动度

通过第 1 个阶段的练习，肌肉、肌腱和筋膜都已经放松了下来，第 2 个阶段就是通过拉伸改变这些结构的长度。所有拉伸技术都是为那些有一定训练基础的人设计的，旨在通过收缩和放松或弹振拉伸带来的被动姿势和伸展来提高柔韧性。为了重新调整姿势，本阶段中我们还需要使用弹力带来调整关节位置，增大关节活动度。

## 转化到动作中

本阶段中综合应用主动柔韧性、运动控制、平衡性和动态核心力量来提高灵活性。每一个要素都是被动且局部的，因此必须转化到动作中才能提升关节活动度，所以这个阶段非常重要。

## 选择性使用负重

对于最终目的是为身体训练做准备的人来说——要使日常生活受益并提升主动柔韧性——在纠正训练的最后阶段应进行关节活动度较大的力量练习。必须使用合理的负重，我们的目的不是为了加强力量，而是为了提升整体的灵活性。因此，理想的重量因人而异，要确保选择的负重能增加你的关节活动度，且不会引起姿势代偿或降低训练质量。

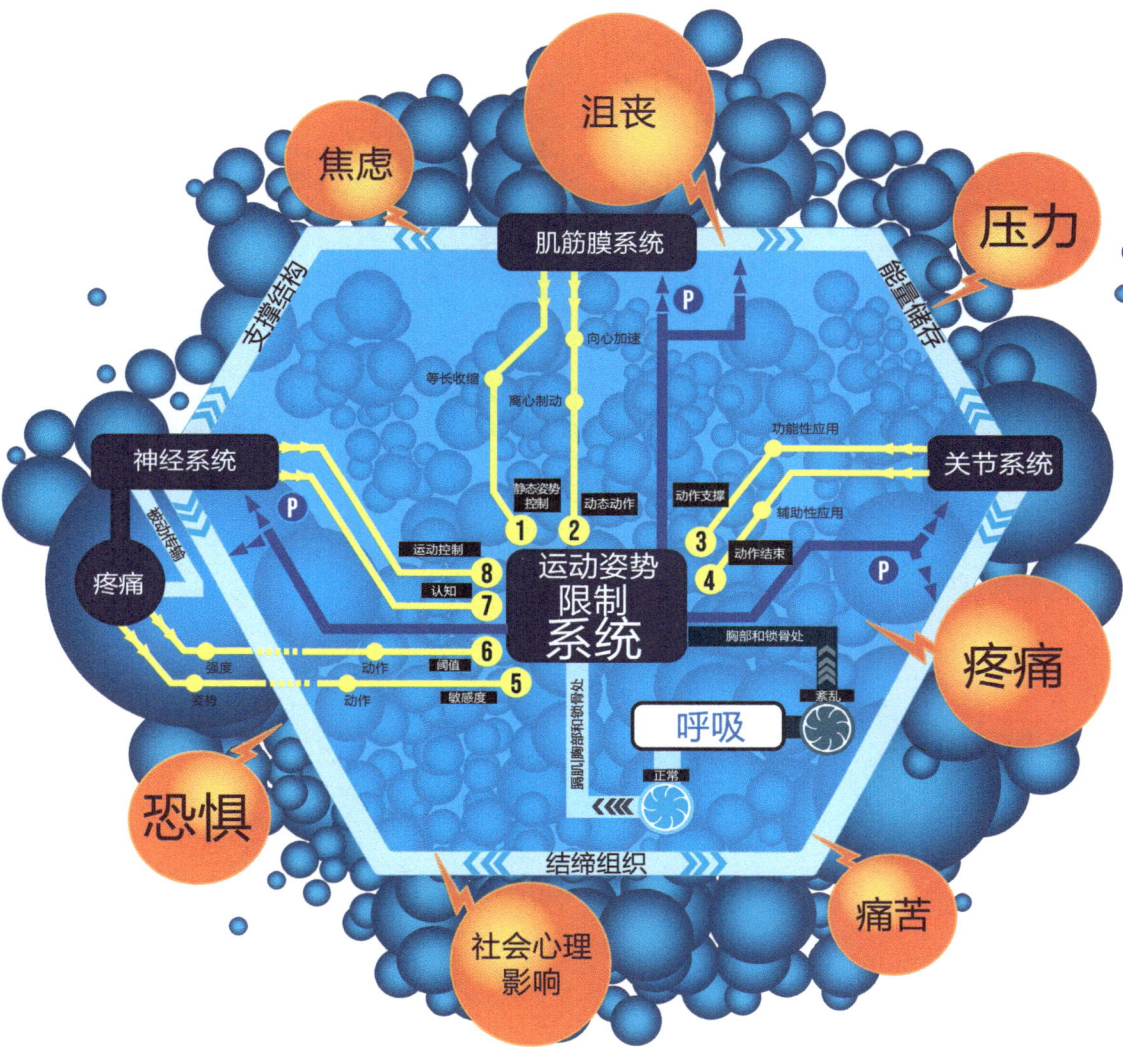

沮丧

焦虑

压力

肌筋膜系统

P

向心加速

等长收缩

离心制动

功能性应用

关节系统

静态姿势控制

动态动作

动作支撑

辅助性应用

支撑结构

能量储存

神经系统

P

运动控制

认知

运动姿势限制系统

动作结束

疼痛

3

4

P

被动性

8

7

胸部和锁骨处

疼痛

紊乱

强度

动作

阈值

6

动作

敏感度

5

恐惧

呼吸

腹肌回缩和锁骨处

正常

结缔组织

痛苦

社会心理影响

>>> 运动

系统

紊乱

P 本体感受

## 不同的拉伸方法

拉伸方法在体育界广受争论，因为它们有多种目的和用途。从恢复到热身，它们的目的和用途各不相同，拉伸方法的使用必须根据情况加以调整。两种经过验证的拉伸方法可以在第 2 阶段独立使用（增加关节活动度）。

被动拉伸：这个方法通常适用于初学者，但其实无论使用者水平如何，都可以在整个训练过程中使用。你迟早会看到稳定的进步，因此只要条件允许就应当多进行收缩和放松伸展。

符合我们的方法的基本动作为：在不产生疼痛的前提下尽量拉伸肌肉，并将此姿势保持 20 至 30 秒。对于以训练柔韧性为目的的运动员来说，可以采用更高级的拉伸方式，即用弹性拉伸的方式提高关节活动度。

收缩 / 放松：此方法更有难度，首先强烈收缩要拉伸的肌肉，然后迅速对这个肌肉进行被动拉伸。这个方法有几个变式，可根据局部僵硬程度和你希望在训练中所达到的运动强度进行选择。例如，首先拉长目标肌肉，然后徒手（被动地）或使用弹力带强烈收缩这块肌肉，保持 3 至 10 秒。之后将目标肌肉拉伸 10 至 20 秒。在每一次完成收缩和放松后达到的位置开始下一次拉伸，逐渐增加关节活动度，由此提高灵活性。

拉伸方法在体育运动界广受争论，因为它们有多种目的和用途。从恢复到热身，它们的目的各不相同，拉伸方法的使用必须根据情况加以调整。

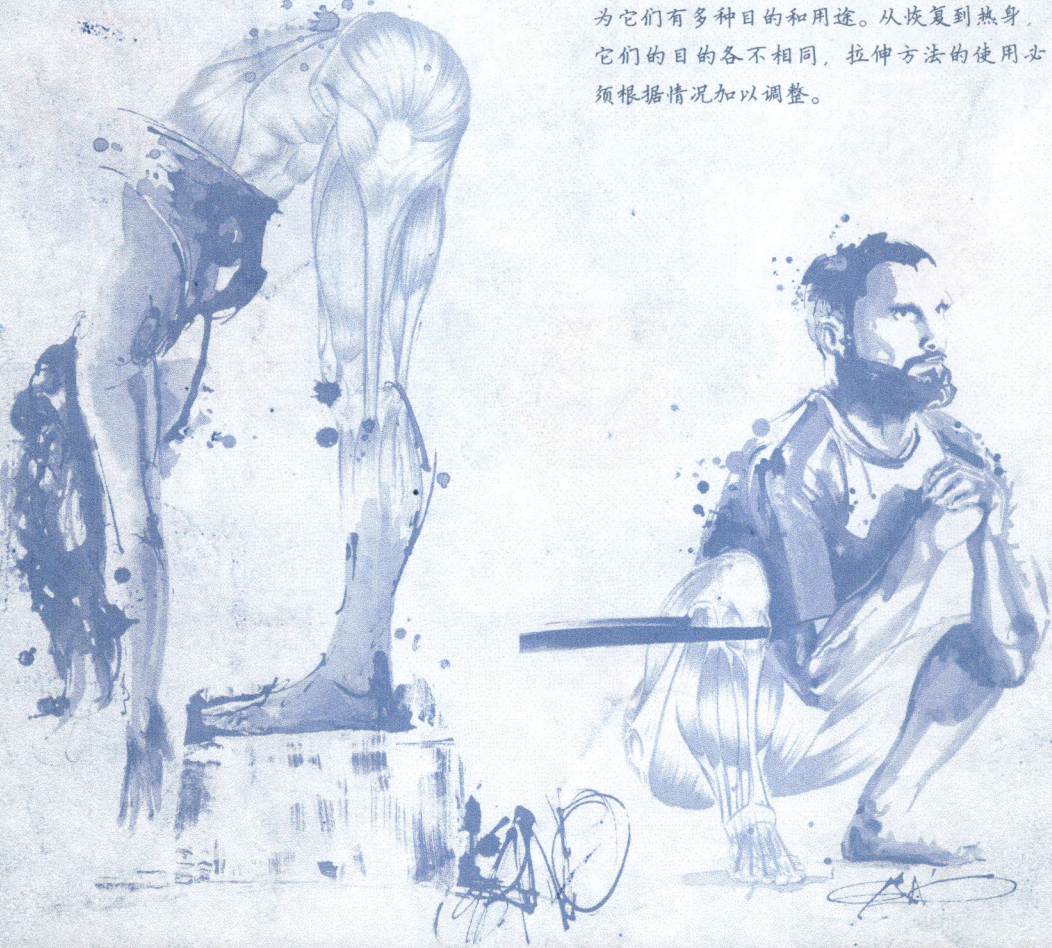

# 测试

# 肩部灵活性

## 1

### FMS 肩部测试

站立，双手握拳放在体侧，拇指握在拳中。弯曲肘关节，一侧手臂向肩部上方延伸，另一侧手臂伸到背后。双手保持握拳，在背后尽量相互靠近。每侧手臂都从上下两个方向进行这项测试。如果双拳之间的距离小于手掌长度，则测试通过。

## 2

### 手持哑铃测试

双手各持一个 20 磅（1 磅约为 0.45 千克，此后不再标注）的哑铃站立。手持哑铃，观察自己的中立姿势：如果你挺胸，肩部下沉后展且哑铃指向外侧，则测试通过。

解决方案

## 01

## 肩部灵活性

### 01. 用按摩球按摩胸部

　　面朝墙站立，一只手放在背后，将一个按摩球放在锁骨下、胸小肌上，用胸部和墙壁夹住按摩球。大部分人都能用手指摸到这块肌肉，这块肌肉摸起来就像一条绳子。在最敏感的部位从上到下滚动10次，从左到右滚动10次，画圈滚动10次。

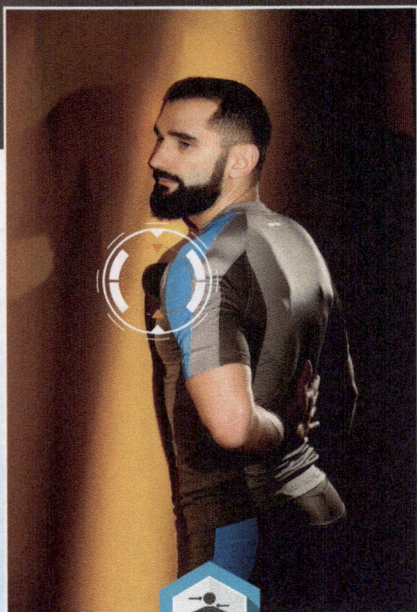

### 02. 弹力带拉伸

　　将一根弹力带挂在高处的固定杆上。让弹力带与地面尽量保持垂直，将手腕放在弹力带环的底部，并将手放在背后，就像有人将你的手臂固定在背后一样。双腿做弓步动作（背后手臂对侧的腿向前弓步）。肩部不要前后移动，慢慢降低身体，利用弹力带拉伸手。身体降低的目的是尽量向高处拉伸你的手。保持拉伸姿势30秒。

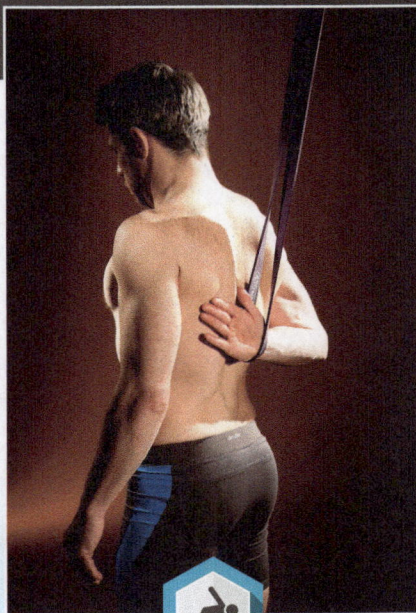

### 03. 蓝色天使

俯卧在地面上，在锁骨下放一个按摩球，将按摩球放置于胸小肌和地面之间。按摩球一侧的手臂背在背后，让这只手在背后尽量向另一侧延伸。重复 10 次。

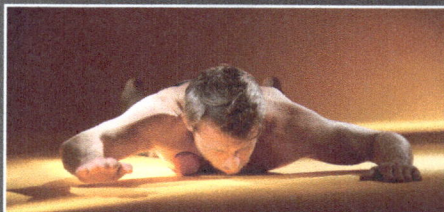

### 04. 选择性练习：手臂举壶铃

以婴儿姿势侧卧，双手握住一个壶铃。滚动至背部着地，一只手向上垂直举起壶铃，另一只空着的手伸过头顶。对侧的髋关节和膝关节弯曲，脚踩在地面上，支撑身体。支撑腿（膝关节保持弯曲）越过另一条腿，继续横向运动。接下来，双腿伸直直到平行，髋关节压向地面。尽量长时间地保持这个姿势，至少保持 15 秒。

按摩　　拉伸　　灵活性练习　　负重

在一侧肩部按顺序进行以下训练，做1至3组。各训练之间不要停顿。完成训练后，在另一侧肩部再进行这些训练。

## 肩部灵活性

### 01. 用不同的肘部姿势按摩三角肌中束和后束

　　侧卧，在肩部中部和地面之间放置一个小按摩球。从前向后、从左向右滚动，再画圈滚动。手臂保持放松，然后再向内或向外旋转手臂。你可以在向内或向外旋转的姿势中使肌肉收缩或放松，并在此姿势的基础上开始拉伸。每种方式按摩10次。

### 02. 三角肌中束拉伸

俯卧（如果你的身体太僵硬，也可以用四肢撑地），一只手臂压在胸下，与躯干垂直。肩部姿势保持不变。保持拉伸 30 秒。

### 03. 肩部旋转碾压

手持一个按摩球仰卧，手肘弯曲，肩膀向内旋转 90 度，在肩膀下放一个小按摩球，向内、向外交替地旋转肩膀，同时不断按压按摩球。旋转 10 次。

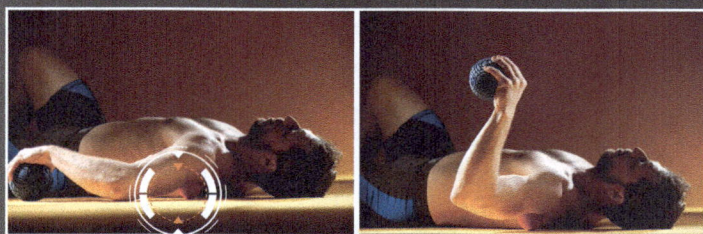

### 04. 选择性练习：在健身球上使用壶铃锻炼肩袖肌群

坐在一个健身球旁，肘部放在健身球顶部中间位置，从中间向下压球。整个训练过程中，肩部向内或向外旋转，让壶铃前后倾斜，保持压力，随着动作的重复逐渐增大肩关节活动度。每侧手臂进行 10 次旋转练习。

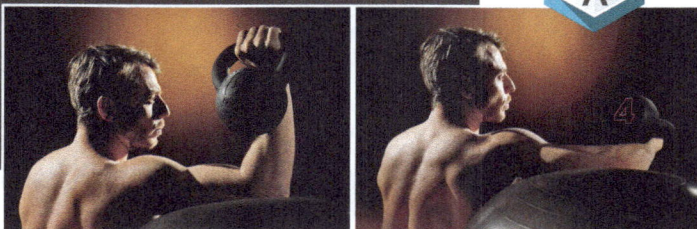

按摩  拉伸  灵活性练习  负重

在一侧肩部按顺序进行以下训练，做1至3组。各训练之间不要停顿。完成训练后，在另一侧肩部再进行这些训练。

## 肩部灵活性

### 01. 用按摩球按摩三角肌后束

背靠墙壁站立，在肩部和墙壁之间放置一个按摩球（以下方左侧图片为例）。从上到下、从下到上地滚动，然后画圈滚动。按摩时使用3种不同的手臂姿势：手臂背在背后、手臂在身体前伸展以及手臂高举过头顶。每种姿势下按摩10次。

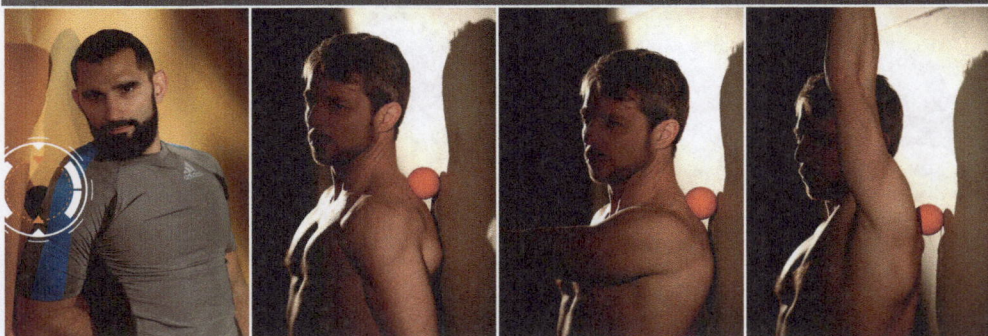

### 02. 手臂过头拉伸

利用桌子进行支撑。挺胸，肩部下沉，手臂伸展，将头放在两手臂之间，双腿尽量伸直，髋关节屈曲至胸部与地面平行、与大腿垂直，双手手腕和手掌放在桌面上。这个训练有两种变式：掌心向上和掌心向下。跪在地面上可以增加训练难度。保持拉伸姿势20至30秒。

### 03. 俯卧摆动

俯卧在地面上，两手臂伸展，在头前方交叉。略微转动身体，用左手手臂准备在身下向内画一个圆圈，然后略抬起身体，让手臂从身体下方穿过。身体抬起幅度越小，肩部承受的压力越大。每侧手臂做 3 至 4 次。

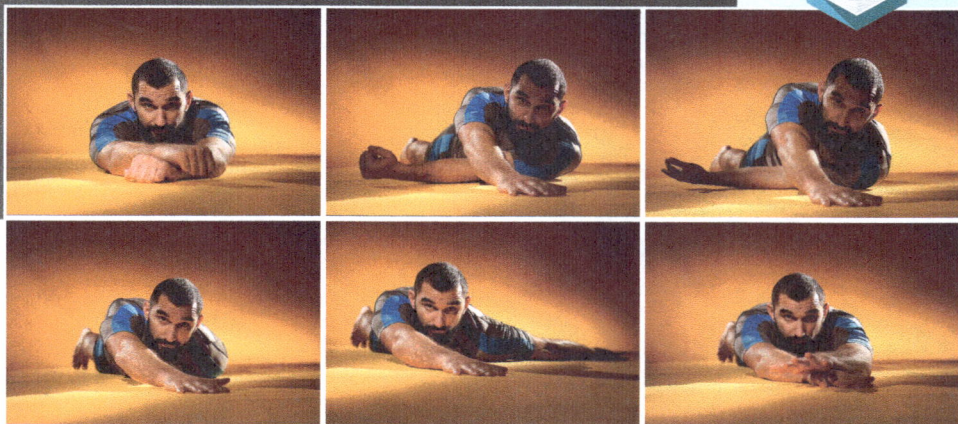

### 04. 选择性练习：健身球上的肩部训练

仰卧在健身球上，用脚尖支撑身体。背部完全伸展。双手各持一个 2.5 至 5 磅的杠铃片。肩部下沉，用一侧手臂画一个圆圈，当手到达髋关节处，旋转手的方向，让手掌指向地面。始终以小指引领动作，以避免肩关节不适。另一侧手臂进行相同的动作。每侧手臂练习 10 次。

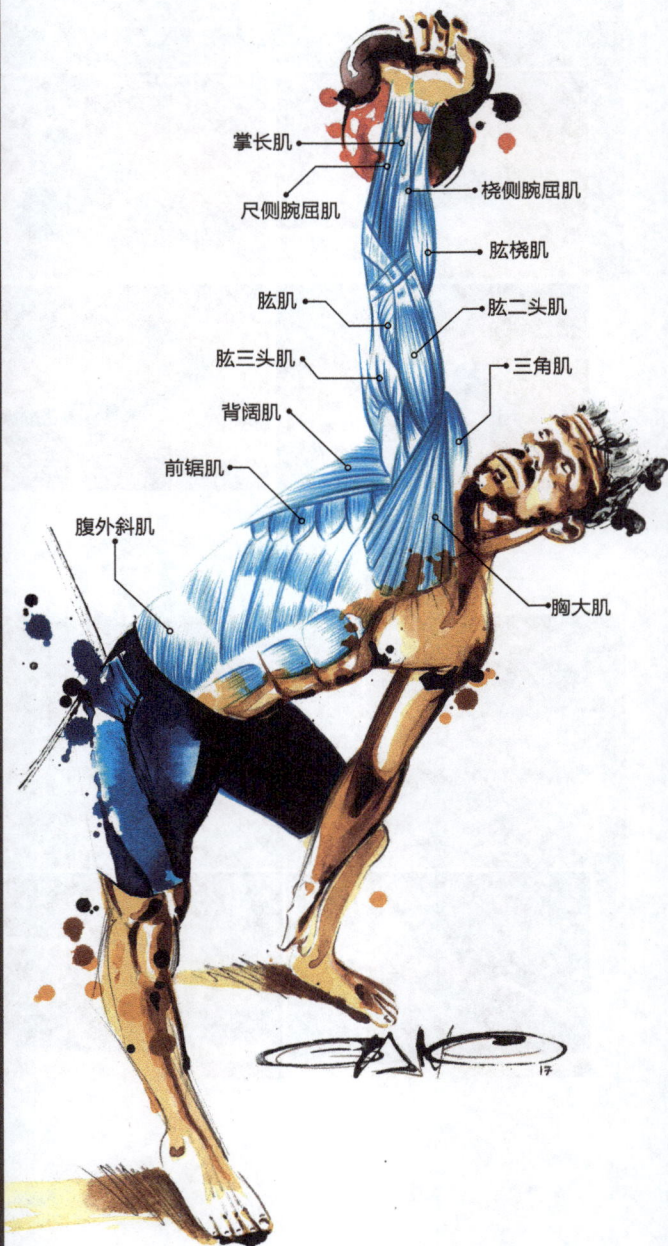

解决方案
# 04

## 肩部灵活性

按摩

拉伸

灵活性练习

负重

在一侧肩部按顺序进行以下训练，做 1 至 3 组。各训练之间不要停顿。完成训练后，在另一侧肩部再进行这些训练。

掌长肌

尺侧腕屈肌

桡侧腕屈肌

肱桡肌

肱肌

肱二头肌

肱三头肌

三角肌

背阔肌

前锯肌

腹外斜肌

胸大肌

## 01. 用按摩球按摩三角肌前束

在肩部前方放一个按摩球，然后用身体抵住墙壁。将按摩球从上到下、从左到右滚动，再画圈滚动。

每个方向按摩 10 次。

## 02. 悬吊带肩部拉伸

将悬吊手柄调至适当的高度，髋关节屈曲，背部保持平直。膝关节微屈，握住手柄，让身体向后移动。

保持拉伸姿势 20 至 30 秒，然后向两侧旋转躯干各保持 20 至 30 秒，以获得更好的拉伸。

## 03.悬吊带靠墙滑步

　　将悬吊带调整到较低的位置，背对悬吊带，向前跨一大步，形成弓步，同时两手臂高举过顶。在这个姿势下，肘部下沉，上臂与地面平行。肘部与身体保持在一个平面上，好像胸部靠在墙上，但尽量避免手臂触碰到墙壁。弓步姿势时腰部不要拱起，避免产生任何姿势代偿。每侧练习 5 次。

　　此训练的变式为弓步且两手臂举过头顶时，躯干分别转向两侧，对功能链和螺旋链形成刺激。每侧练习 5 次。

## 04. 选择性练习：风车式壶铃训练

从站立姿势开始，一侧手持壶铃，手臂完全伸展，高举过头顶。手臂不要弯曲，躯干向前弯曲并旋转，另一侧手臂沿着（同侧）腿下滑，一直让手指接触到地面。整个训练过程中始终目视壶铃。理想情况下，双膝伸展。如果必须弯曲一侧膝关节，则应弯曲持壶铃手臂对侧的膝关节，这样可以更大程度地拉伸。身体尽量向下移动，然后慢慢而有控制地站立起来，双眼始终看着壶铃。每侧手臂练习 10 次。

按摩　拉伸　灵活性练习　负重

## 解决方案 05

### 肩部灵活性

### 01. 使用杠铃杆按摩斜方肌

以双脚一前一后的姿势站立，如下方左侧照片所示，在斜方肌上放一根杠铃杆。头部前倾远离杠铃杆以拉伸肌肉。本训练的一个变式是将放杠铃杆一侧的手臂高举过头顶，进行同样的按摩。让杠铃杆在斜方肌上下移动按摩，做 10 次。

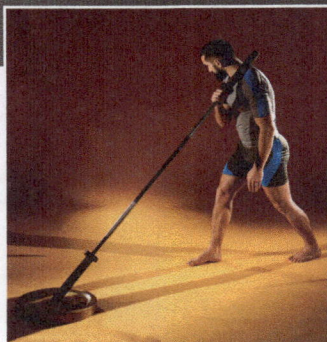

### 02. 使用弹力带拉伸

将弹力带固定在地面上，站在固定点前方，将弹力带挂在一侧肩部。向前弓步（对侧腿在前），让弹力带向下、向后拉肩部，尽量放松斜方肌，保持拉伸 20 秒。然后耸肩，并保持几秒，之后放松，重新回到拉伸位置保持几秒。最后进行肩关节主动转动练习。保持主动拉伸姿势 20 秒，完成 3 次收缩、放松动作，然后进行 10 次肩关节转动练习。

## 03. 棍棒按压上抬手臂

仰卧，在墙壁和斜方肌之间放一根棍子。抬起（放棍子侧的）手臂，与地面垂直，然后将手臂抬至头顶。整个运动过程中，掌心向内。**每侧做10次。**

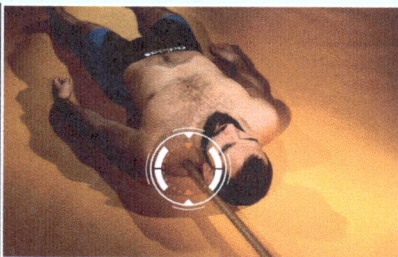

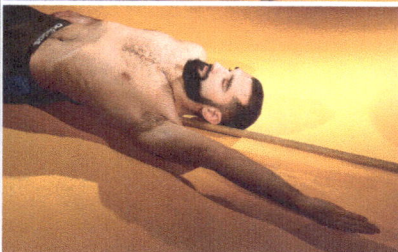

## 04. 选择性练习：同时使用壶铃和弹力带

仰卧，手握壶铃并在身体正上方将其举起。将一根弹力带绕在握壶铃手臂的上臂处，让弹力带将上臂向侧面拉。髋关节抬起，呈桥式，肩关节向后移动，尽量深入关节窝。在这个姿势下，慢慢向内和向外旋转肩关节。**每侧做6次（3次向内旋转，3次向外旋转）。**

# 测试

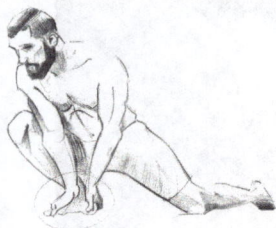

# 踝关节背屈

## 1

### 骑士动作

面朝墙壁，呈弓步姿势，前侧脚脚趾距离墙面一拳远，后侧腿膝关节放在地面上。前侧脚平踩在地面上（测试过程中脚跟不要离开地面），后侧脚脚背平放在地面上，双手放在髋关节两侧，身体向前移动，让膝关节越过前侧脚，靠近墙面。如果膝关节能够触碰到墙壁则通过测试。

## 2

### 手枪测试

在身体上方悬吊一根弹力带，用双手抓住。一只脚踩在地面上支撑（脚跟不要抬离地面），仅用这条腿完成下蹲姿势。拉住弹力带慢慢下蹲。如果能在脚跟不抬离地面的情况下完全下蹲，则通过测试。

## 踝关节灵活性

### 01. 使用泡沫轴按摩小腿

将小腿放在泡沫轴上，通过改变臀部抬离地面的高度来调节按摩的力度。如有需要，可将另一侧腿交叉搭在被按摩的腿上，以增大按摩强度。

从前到后滚动泡沫轴 10 次，从左到右滚动 10 次，踝关节进行绕环运动 10 次。

### 02. 一只脚固定在地面上进行骑士拉伸

采用较低的弓步，后侧腿膝关节和脚背着地，前侧脚牢牢地踩在地面上。前侧膝关节尽量向前顶，前侧脚脚跟不要抬离地面。如要加大拉伸强度，可让前侧膝关节尽量向前超过脚尖。保持拉伸姿势 30 秒。

### 03. 合气道动作

这个动作的灵感来自合气道，是锻炼踝关节灵活性的有效方法。以深蹲姿势开始，让一侧膝关节向前慢慢地超过脚趾，尽量延迟该侧脚跟抬离地面的时间。当脚跟抬离地面后，膝关节落在地上，交换姿势锻炼另一侧踝关节。（最后一张照片显示的是同时拉伸双腿和双脚。）

每侧进行 3 次练习。

## 04. 选择性练习：肩扛杠铃杆行走，激活小腿

将杠铃杆扛在肩上。用竞走的方式行走以前侧脚脚跟为支撑，脚向前滚动变为全脚掌贴在地面，最后侧脚趾点地，同时另一条腿膝关节抬高至髋部高度。每侧进行3次练习。

按摩　　拉伸　　灵活性练习　　负重

按照顺序进行以下训练，做 1 至 3 组，两侧交替进行。各训练之间不要停顿。

## 踝关节灵活性

### 01. 用大按摩球按摩小腿

在小腿下放一个大按摩球，通过改变臀部抬离地面的高度来调整按摩力度。如有需要，可以将另一侧腿交叉搭在被按摩的腿上，增大按摩力度。从前向后滚动大按摩球 10 次，从左向右滚动 10 次，踝关节进行绕环运动 10 次。

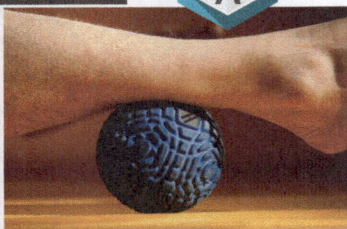

### 02. 通过伸展屈曲膝关节进行靠墙拉伸

身体前倾，两手臂高举过头顶，手抵住墙壁，两脚前后站立。双脚脚尖朝向墙壁。后侧脚跟踩在地面上，后侧腿的膝关节完全伸展，髋部向前移动，拉伸后侧腿的小腿肌肉。另外一种方式是使后侧腿膝关节微屈进行拉伸。保持拉伸姿势 30 秒。每侧练习 3 次。

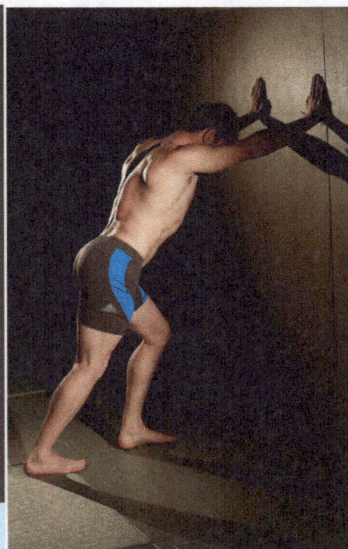

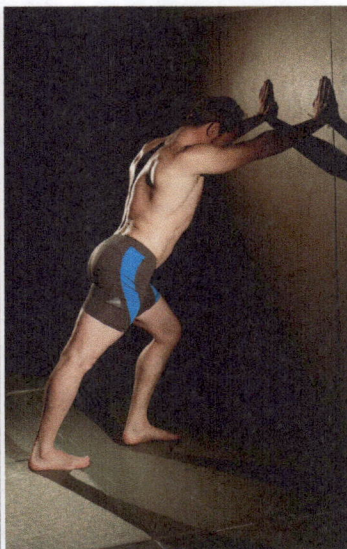

### 03. 灵活性深蹲

身体尽量站直，然后深蹲，两脚跟踩实地面，膝关节指向外侧。一只手臂先高举过头顶，然后是另一只手臂，最后让两只手臂都高举过头顶。整个训练过程中身体保持伸展，尤其是手臂向上伸展的时候。如果无法保持脚跟踩地，可以在脚跟下垫一个木板，但应当随着训练的进行拿走作为辅助的木板。这个训练的一个高级变式是在前脚掌下垫一个木板进行练习。每只手臂做 5 次，然后高举两手臂做 5 次。

### 04. 使用杠铃的深蹲

经典的深蹲就能够提高灵活性，但需要使用较轻的负重和比平时动作幅度更大的深蹲姿势。如果没那么不舒服，还可以在蹲至最低时保持几秒。挺胸，平视前方，双手分开握住杠铃杆（就像手握摩托车把手一样），将杠铃杆牢牢固定在肩部后侧。深蹲 5 次。

按照顺序进行以下训练，做1至3组，两侧交替进行。各训练之间不要停顿。

## 解决方案 03

### 踝关节灵活性

#### 01. 使用杠铃杆按摩小腿

用双手支撑身体，一侧小腿放在杠铃杆上（不加杠铃片），膝关节完全伸展。髋部伸展，小腿向杠铃杆施压，产生大小合适的压力，从而调节按摩力度。如有需要，可以让另一侧腿交叉搭在被按摩的腿上，加强按摩力度。从前向后滚动杠铃杆10次，踝关节进行绕环运动10次（静止姿势下）。

#### 02. 使用杠铃片和弹力带拉伸小腿

前脚尖踩在杠铃片上，脚跟放在杠铃片外侧地面上，进行经典的小腿拉伸动作（并根据杠铃片的高度调节脚跟位置），然后用弹力带在小腿末端施加向后的拉力。保持拉伸姿势20至30秒。

### 03. 使用弹力带进行背屈和跖屈练习

坐在地面上，用脚背勾住固定在前方的弹力带，让弹力带产生一定的拉力。踝关节背屈，脚尖尽量靠近身体。放松，然后将弹力带绕在前脚掌上，双手拉住弹力带，使其产生拉力。踝关节跖屈，使脚尖尽量远离身体。每个方向练习 6 次。

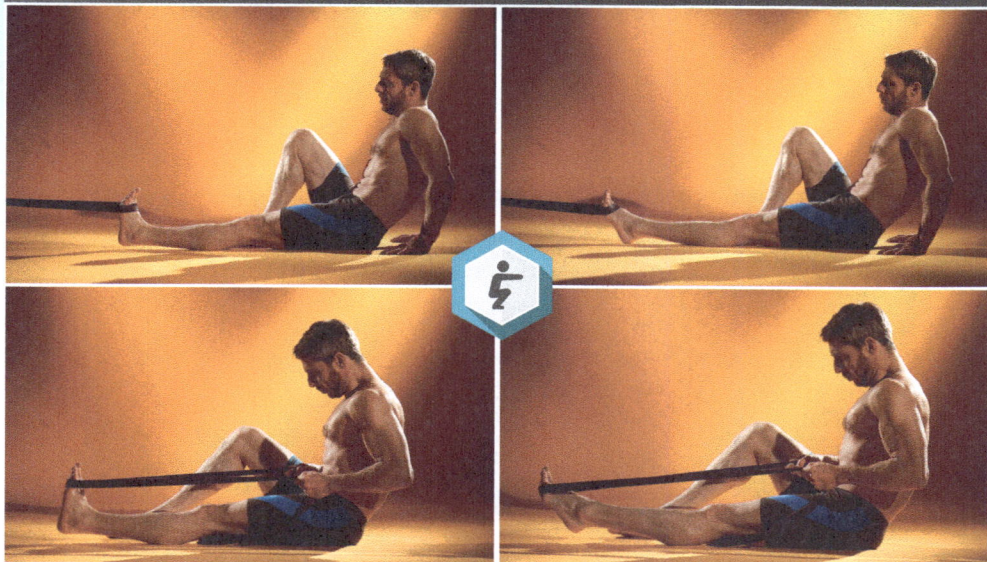

### 04. 选择性练习：摇椅式锻炼小腿

将杠铃扛在肩后，慢慢地从脚跟向脚尖做滚动动作，好像你的脚是个正在滚动的摇椅。每个方向慢慢滚动 10 次。

按摩　拉伸　灵活性练习　负重

按照顺序进行以下训练，做 1 至 3 组，两侧交替进行。各训练之间不要停顿。

解决方案
## 04

踝关节灵活性

### 01. 使用按摩棒按摩小腿

　　使用按摩棒或短杆在小腿上滚动，寻找小腿上敏感或僵硬的部位，并集中按摩这些部位。**从上到下按摩 10 次，从右到左按摩 10 次。**

### 02. 利用台阶或书本拉伸小腿

　　前脚掌站在台阶或一摞书本上，脚跟悬空在外。首先放松小腿，让脚跟向地面靠近，然后脚尖尽量向上抬，保持这个收缩姿势，然后再次完全放松。

　　**每次保持 3 至 7 秒，做 3 至 5 次。**

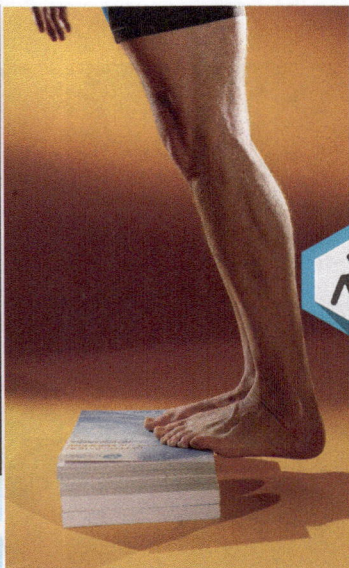

### 03. 深弓步和后肌肉链交替拉伸

后侧腿的膝关节和脚背放在地面上，保持深弓步姿势，前侧脚完全着地。前侧膝关节尽量向前移动，前侧脚脚跟不要抬离地面。然后前膝关节伸展，后膝关节弯曲，髋关节向后移动直到坐在后侧腿上。最终姿势应当为前膝关节完全伸展，前侧脚脚趾指向前方。

每个姿势保持3至5秒，做10次。

### 04. 选择性练习：单腿负重蹲起

将杠铃放在肩部后侧，一侧脚稳稳地放在箱子或凳子上。前侧腿髋关节和膝关节屈曲进行下蹲，让膝关节在脚趾正上方，但不要产生任何横向代偿或旋转动作。整个训练过程中，前侧脚脚跟始终贴在地面上（如果前侧脚脚跟抬起，则应当缩短箱子或凳子与身体之间的距离）。本训练的技术要求较高。每侧腿做3至4次。

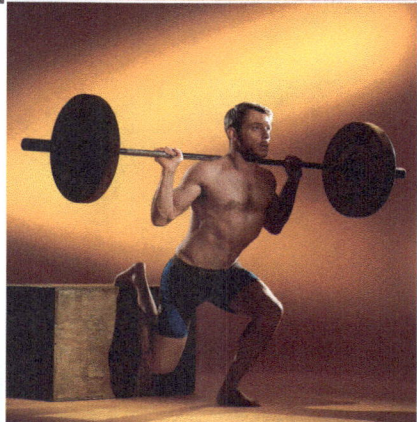

按摩　　拉伸　　灵活性练习　　负重

## 踝关节灵活性

### 01. 使用两个按摩球进行按摩

双手各持一个按摩球，放在小腿两侧。从上到下、从前到后地滚动两个按摩球，然后进行画圈动作。之后紧握按摩球，将按摩球从小腿上方两侧向下滑动。如果找到敏感部位，可以用按摩球按压肌肉，并滚动或旋转按摩球，缓解酸痛。每侧腿按摩1至3分钟。非常敏感的部位可以适当延长按摩时间。

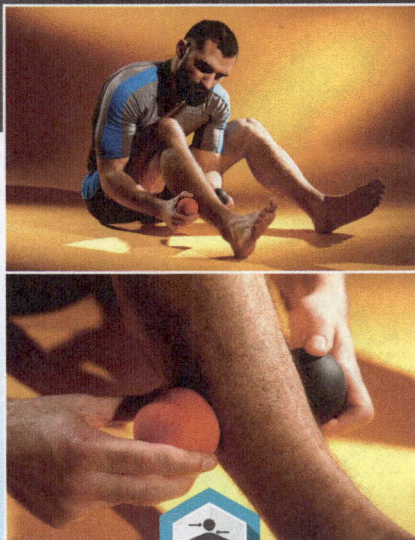

### 02. 四肢撑地臀部上抬的拉伸

这是一个类似下犬式但要求更低的练习，可以充分拉伸后侧尤其是小腿肌肉链。双脚脚跟放在地面上，可以使用弹力带帮助关节调整位置，将弹力带套在大腿上使其向后拉伸大腿。如果想要以收缩和拉伸交替的方式进行此动作，可以踮起脚尖，收缩小腿，然后脚跟放到地面上以拉伸小腿。

保持30秒的被动拉伸姿势，然后踮起脚尖10秒、脚跟落地10秒，此为1组，做2组。

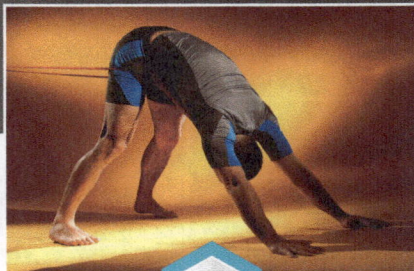

## 03. 灵活性要求低的壶铃高脚杯深蹲

以站立姿势开始，双手在胸前持一个壶铃。有控制地慢慢蹲下。骨盆不要后倾。蹲至最低位置时，上臂和肘部抵住大腿内侧和膝关节，将其向外推（使其分开）。如有需要，可以使壶铃略远离身体，以保持平衡。整个训练过程中，双脚完全踩在地面上，挺胸，躯干伸展。在深蹲姿势下，将重心从一只脚转移到另一只脚，同时保持双脚位置不变，每次都让膝关节尽量向前。

做 10 次（每侧 5 次）。

## 04. 选择性练习：灵活性要求正常的壶铃高脚杯深蹲

本训练与灵活性要求低的壶铃高脚杯深蹲要求一样，在身体下落过程中要控制速度，在深蹲姿势下保持 2 秒以上不需要重心转移，但之后要全力加速，回到站立位置。

做 6 次。

## 解决方案 06

### 踝关节灵活性

按摩

拉伸

灵活性练习

负重

按照顺序进行以下训练，做 1 至 3 组，两侧交替进行。各训练之间不要停顿。

股直肌

股外侧肌

髂胫束和阔筋膜

腓骨长肌

趾长伸肌

股内侧肌

### 01. 使用泡沫轴按摩小腿前侧

跪在地面上，抬起一侧膝关节，将一个泡沫轴放在小腿肌肉最多的部位（小腿外侧）下，重新回到跪姿，坐在自己的脚跟上。开始时，只将部分身体重量放在泡沫轴上，从而只向泡沫轴施加部分压力，然后身体逐渐向被施加压力的腿的方向倾斜。在小范围内滚动泡沫轴，寻找敏感的区域。如果压力产生过多疼痛，可以减少施加在泡沫轴上的压力。如果仍然感到疼痛，说明这个按摩对你来说强度过大。在小范围内从前到后按摩 10 至 15 次。

### 02. 双侧脚踝伸展拉伸

跪在地面上，将两侧小腿和脚背平压在地面上。双手放在身体后的地面上，身体向后倾，尽量坐在自己的脚跟上，在这个姿势下保持 20 至 30 秒。

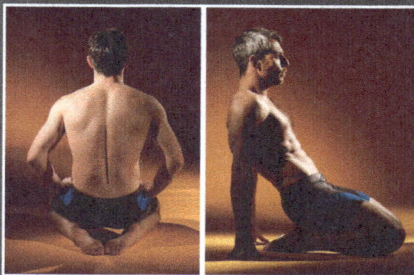

## 03. 使用花生球进行滚动按摩

将一侧的小腿和脚背放在箱子上，抬起膝关节，在箱子和小腿之间放一个花生球，在小范围内进行滚动，寻找最敏感的部位。花生球从前到后移动，踝关节也要进行绕环运动。

进行踝关节绕环动作 10 圈以上（一个方向旋转 5 圈，然后向另一个方向旋转 5 圈）。

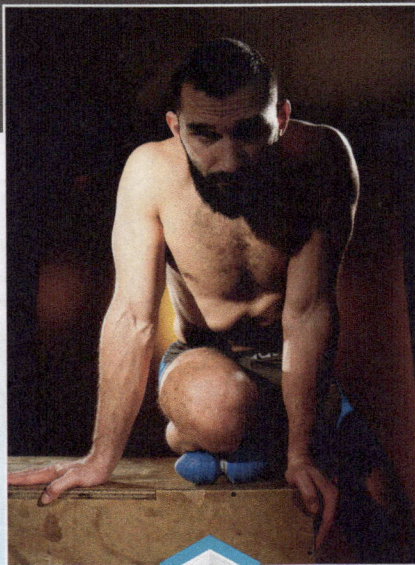

## 04. 选择性练习：碾压小腿

进行小腿前侧的自我按摩，但这一次要将你的一条腿或脚搭在被按摩腿的小腿或脚踝上。身体在泡沫轴上逐渐向前向后倾斜，不断向小腿施加压力。

在小范围内进行滚动，先从前到后按摩 10 至 15 次，再从右到左按摩 10 至 15 次。

# 足部灵活性

## 1

### 脚趾伸展

以单腿跪姿弓步姿势开始，慢慢向后坐在后侧脚脚跟上，增加脚趾承受的压力。这个测试中，注意正确执行此动作时容易遇到的问题：你应当只有足弓有疼痛或僵硬的感觉，如果有其他问题，则应使用本书中其他部分介绍的方法进行检查和处理。如果后侧脚足弓处没有感到任何疼痛或僵硬，则通过测试。

## 2

### 脚趾弯曲

坐在地面上，从食指开始，将手指（除拇指以外的）——插入脚趾缝中。如果这个训练给脚带来过大压力，导致抽筋或脚趾无法分开足够大的距离，则测试不通过。本节的纠正训练会使你受益。

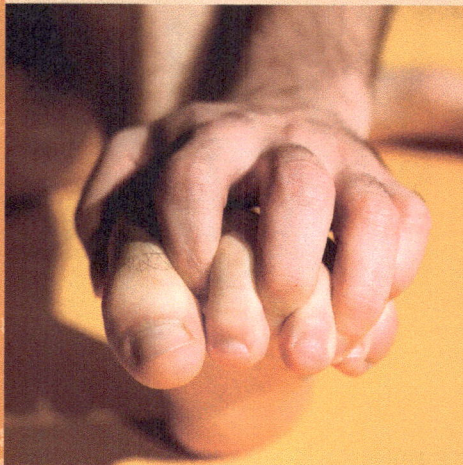

按摩　　拉伸　　灵活性练习　　负重

按照顺序进行以下训练，做 1 至 3 组，两侧交替进行。各训练之间不要停顿。

## 足部灵活性

### 01. 使用按摩球按摩足部

站立，在脚下放一个按摩球。向球施加中等力度的压力，用小范围画圈的动作对足弓进行按摩。

每只脚按摩 1 分钟。

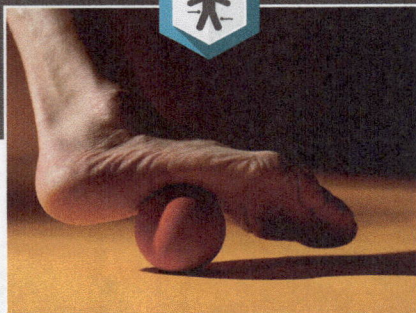

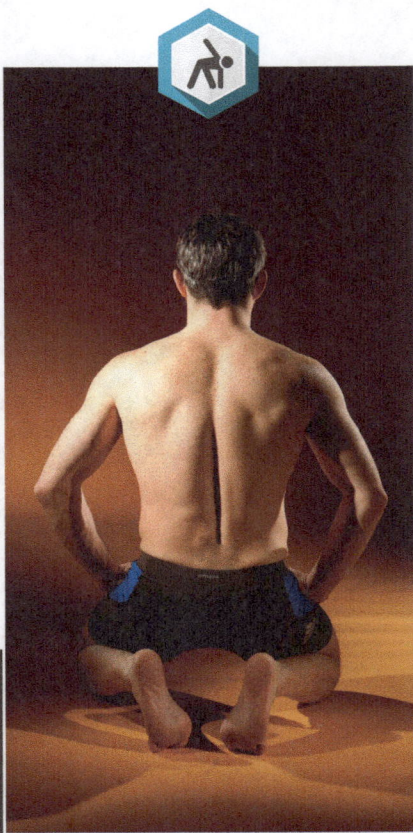

### 02. 跪立脚趾伸展

跪立，脚趾勾起放在地面上，然后坐在脚跟上。

拉伸 30 秒。

## 03. 足部滚动

一只脚的脚跟放在另一只脚的脚趾前，前侧脚进行滚动练习（脚跟先接触地面，然后全脚掌，之后脚趾接触地面），然后再迈出另一只脚。让脚的滚动幅度尽量大一些，这样可以锻炼足弓的灵活性。

每侧脚进行 5 次练习。

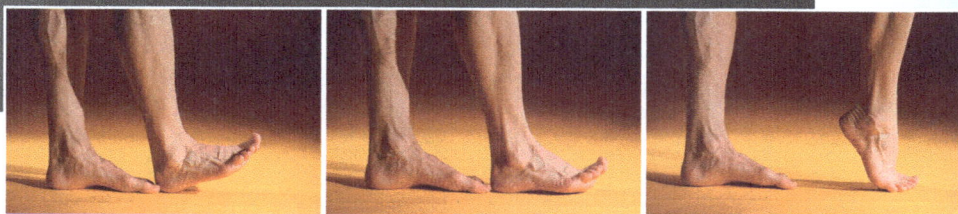

## 04. 选择性练习：负重足部滚动

使用足部滚动练习的方法，但双手各拿一个哑铃进行负重行走。这一次，每一步都让脚在地面完全滚动，最后脚尖点地，然后再迈出下一步。

每侧脚进行 5 次练习（每一次另一只脚的脚跟也要充分抬起）。

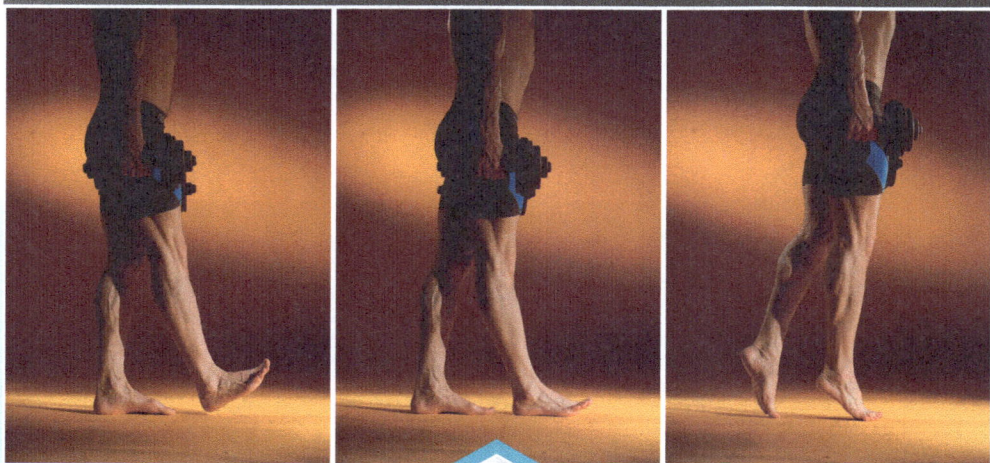

按照顺序进行
以下训练，做
1 至 3 组，两
侧交替进行。
各训练之间不
要停顿。

## 解决方案 02

## 足部灵活性

### 01. 使用按摩球按摩踝关节

把按摩球放在脚踝内侧，用力向脚踝按压，然后滚动和旋转按摩球，同时弯曲和伸展足部。每个区域按摩 20 秒。

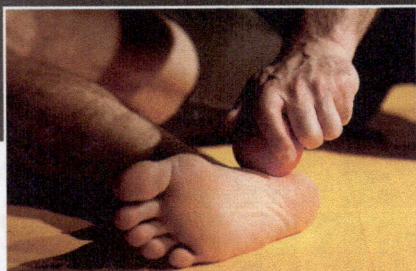

### 02. 拉伸跟腱和小腿

前脚掌抵住墙壁，脚跟放在地面上。膝关节完全伸直，身体挺直，朝向墙壁倾斜，直到感受到跟腱和小腿被拉伸。在此姿势下保持 30 秒。

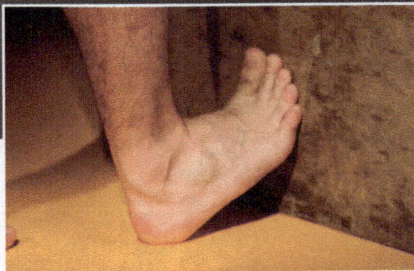

### 03. 屈膝单脚旋转

左腿站立，膝关节微屈，右脚约抬升至左小腿高度处。双手抱头，肘部尽量向外展。在这个姿势下，慢慢、有控制地向左旋转躯干（而不是髋关节）。旋转到最大幅度时，立刻转变方向，向右旋转。向两个方向旋转时，身体都要尽量旋转到最大幅度。每侧每个方向进行 5 次练习。

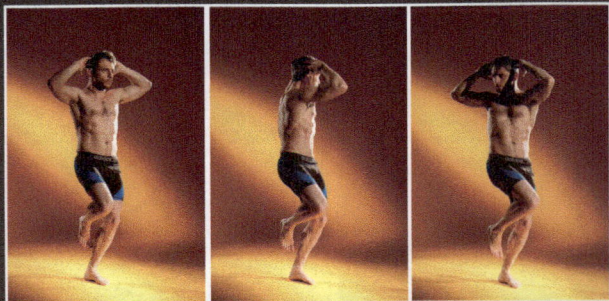

## 04. 选择性练习：杠铃负重弓步练习

将杠铃放在肩部后侧。左腿向前跨一步，用左脚跟着地，然后这只脚的脚底尽量滚动式逐渐落地。同时右脚踝关节向前尽量做出背屈姿势，在弓步姿势下保持几秒，然后让左膝向前运动，超过左脚脚趾（左脚跟始终踩在地面上）。

左右腿交替进行，做 10 次。

解决方案
## 03

足部灵活性

### 01. 使用按摩球按摩足部

脚跟放在地面上，在前脚掌下放一个按摩球，并向按摩球施加中等大小的压力。以脚跟为轴，将脚向侧面旋转，左右滚动横向按摩脚趾。

每只脚按摩1分钟。

### 02. 脚趾拉伸

左腿单腿站立，膝关节略微弯曲。右膝抬起，右脚绷直，弯曲（向下勾起）脚趾，然后右腿落下，让右脚脚趾背面轻柔地压向地面。

在该姿势下保持30秒。

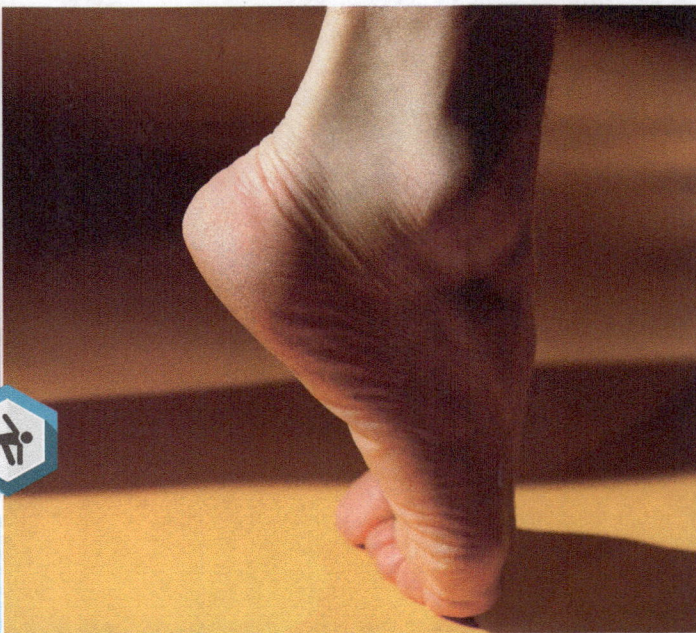

### 03. 摇椅式

双手叉腰站立。躯干前倾，身体重心向后移至脚跟，脚尖抬起。然后躯干向后倾斜，从脚跟到脚尖摆动。

摆动 10 次，向前 5 次，向后 5 次。

### 04. 选择性练习：负重摇椅式

将杠铃放在肩部后侧，身体前后倾斜，重心在脚跟和脚尖之间来回移动，髋关节不要随着动作屈曲或伸展。摆动 10 次，每个方向 5 次。

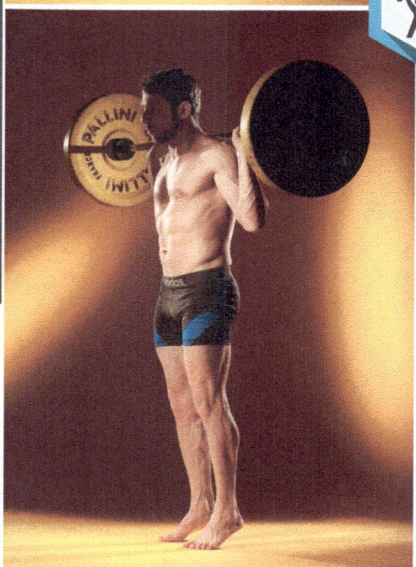

解决方案
**04**

足部灵活性

## 01. 使用按摩球按摩脚跟

前脚掌着地，脚跟下放一个按摩球。左右滚动按摩球，施加于按摩球上的压力应逐渐加强。每只脚按摩1分钟。

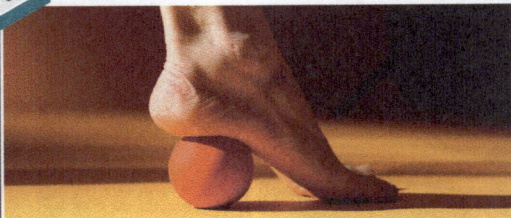

## 02. 使用弹力带辅助拉伸小腿肌肉

右脚在前，左脚在后，两腿前后分立站立。用左脚踝或小腿下方勾住一根弹力带，弹力带的另一边固定在身后，使得你的左髋部达到最大拉伸状态时弹力带呈紧绷状态。左膝关节慢慢向前移动，超过左脚第2和第3脚趾；整个训练过程中确保左脚脚跟始终踩在地面上。拉伸30秒。

## 03. 单脚本体感觉控制练习

单腿站立。身体重心慢慢转移至脚掌前方和脚趾上，然后转移至足部外侧，再到脚跟，最后移到足部内侧。在另一侧重复以上动作。如果要提升运动难度，可以闭上双眼。每个方向做2次。

**04.** 选择性练习：
单脚站立传递
壶铃

右腿单腿站立，右手持一个壶铃。从身体后侧将壶铃从右手递到左手。传递壶铃时，身体保持直立，挺胸，肩部下沉。要提高训练难度可以闭上双眼进行。**每侧腿站立传递3次。**

# 踝关节牵拉中的弹力带位置

人们对弹力带在踝关节训练中的正确位置存在争议。有人不赞同将弹力带绕在小腿底部，而认为应当绕在踝关节距骨处。持这种主张的人忽略了一个事实，就是弹力带创造了一个静止的点。弹力带的位置取决于你希望关节被牵引的方向。如果你希望向前调整胫骨，就应当把弹力带绕在距骨上，或是将弹力带固定在你身体前面的位置，并用弹力带绕住小腿底部，使其绷紧并向前牵引胫骨/腓骨。相反，在小腿底部使用弹力带，并利用弹力带向胫骨/腓骨施加向后的力量，可以向后牵引这些骨骼。

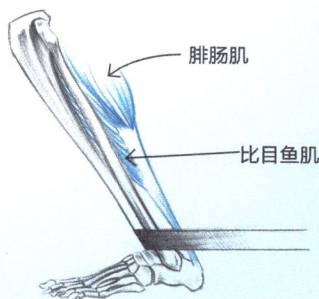

腓肠肌

比目鱼肌

# 测试

# 骨盆的紧张度

**1**

## 手臂前伸下蹲

两脚跟放在一块木板上，手臂在体前伸展。身体尽量下蹲，同时保持背部平直。如果背部拱起或脚跟离开了木板，说明你需要进行以下训练。

## 壶铃硬拉测试

将一个 20 磅的壶铃放在双脚中间靠前一点的地方，双手握住壶铃把手的中间位置。背部挺直，双肩后展，头部与背部保持在一条直线上（头部摆正，看向正前方）。在这个姿势下，你应当可以将壶铃从地面上提起（仅两膝关节略微弯曲），同时背部和肩部不会进行代偿。在提起壶铃的过程中你越需要下蹲或弓背，说明你越需要进行以下的训练。

**2**

按摩　　拉伸　　灵活性练习　　负重

解决方案
01

骨盆的紧张度

## 01. 使用泡沫轴按摩臀部

将一根泡沫轴纵向放在左大腿下方，左侧臀部坐在泡沫轴上。左脚踝搭在右膝上，左右摆动髋部进行按摩。

横向按摩 10 次，做 1 至 3 组，每次稍稍改变一下按摩部位。

## 02. 四字腿悬吊带拉伸

双手握住悬吊带的把手，双脚放在悬吊带的固定点下方一侧，髋部向后移动。屈曲右侧髋关节和右膝，呈 90 度，将左脚踝搭右膝上。如果可以，右膝应进一步屈曲，呈深蹲姿势。拉伸 20 至 30 秒。

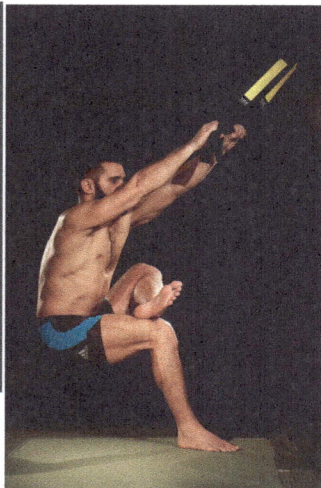

## 03. 起立

双手抓住悬吊带把手或固定在身体前侧上方的弹力带，使带子绷紧。坐在地面上，右腿在体前弯曲，左腿在身体侧后方弯曲。利用悬吊带或弹力带的辅助力站起来（如右侧第 2 张照片所示），然后重新坐到地面上。左腿在体前弯曲，右腿在身体侧后方弯曲。每侧进行 5 次，共做 10 次。

## 04. 选择性练习：杠铃挺髋

坐在地面上，双腿上方放一个杠铃，然后仰面躺下。将杠铃放在髋关节上方，双手分开，在身体两侧握住杠铃。整个练习过程中保持肘关节伸展并锁定时，髋关节和膝关节弯曲，脚跟向臀部移动；在这个姿势下，膝关节弯曲 90 度。吸气时快速向上挺髋，呼气时臀部有控制地回到地面。做 4 至 7 次。

按摩　拉伸　灵活性练习　负重

解决方案
02

骨盆的紧张度

### 01. 使用按摩球按摩臀部

仰卧在地面上，双脚抬高，放在椅子或箱子上。臀部下放一个按摩球，用放在椅子或箱子上的双脚支撑身体，调节按摩力度。

从前向后滚动按摩球 10 次，从左到右滚动 10 次，画圈滚动 10 次。
然后双脚放在地上，双膝分开按摩 10 次，完成按摩。

## 02. 使用箱子和弹力带髋关节旋转

将一侧大腿和小腿外侧放在箱子或凳子上，膝关节完全弯曲，脚底靠近另一侧的髋部。双手和另一侧腿支撑身体，身体尽量向前倾斜。也可以利用固定在头顶上方的一根弹力带进行此训练，将弹力带绕在弯曲的大腿上，并使其绷直，可以帮助髋关节重新调整位置。拉伸 30 秒。

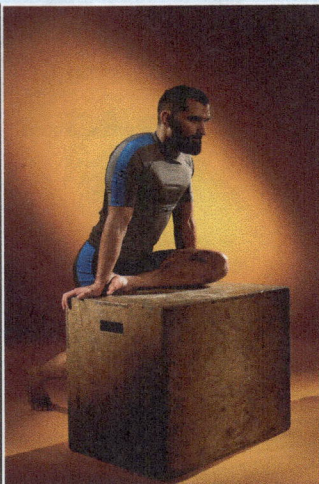

## 03. 选择性练习：简易负重起身

手持一个小型杠铃片（如果需要改变姿势才能起身，说明杠铃片过重），坐在地面上，髋关节和膝关节在身体前弯曲，脚跟着地。膝关节向一侧摆动，然后伸展髋关节，变成跪立姿势。坐回到地面上，双腿收回到起始姿势，然后在另一侧重复同样的动作。做 10 次（每侧 5 次）。

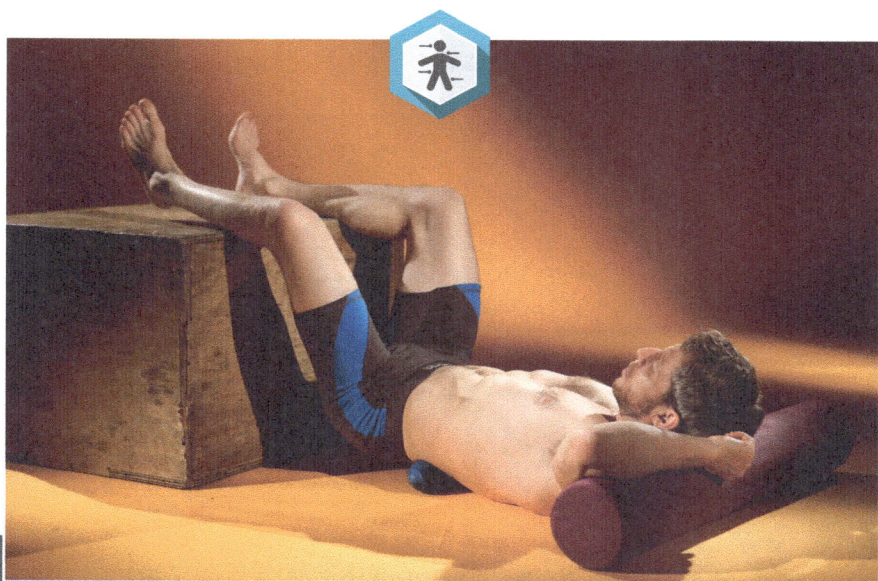

按照顺序进行以下训练，做1至3组，两侧交替进行。各训练之间不要停顿。

按摩　　拉伸　　灵活性练习　　负重

骨盆的紧张度

解决方案
03

## 01. 用花生球按摩腰部

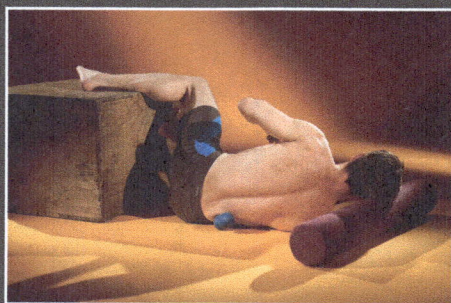

仰卧在地面上，双脚抬高，髋关节和膝关节弯曲至90度，双脚放在箱子上。可以在头下枕一个泡沫轴，让自己躺得更舒适。在腰部脊柱任意一侧下放一个花生球。用放在箱子上的双腿支撑身体，调节按摩的力度。本训练还可以侧卧进行，将一侧腿的小腿内侧放在箱子上，把花生球放在身体下髋关节上方位置。记得身体两侧都要按摩。每个姿势下按摩30至45秒。

## 02. 使用弹力带拉伸腰方肌

仰卧，用一只脚钩住固定在附近地面的弹力带，使弹力带绷紧。两手臂在头顶尽量伸展，并要尽量放松。可以用手握住一个重物或固定的物体（如壶铃或健身梯）。拉伸 30 秒至 1 分钟。

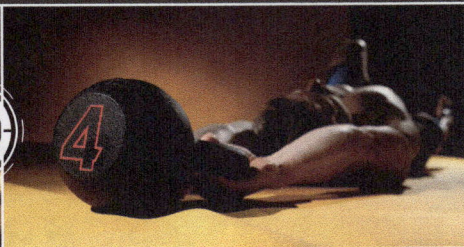

## 03. 蝎子式

面朝下趴在一个健身球上，两大腿完全放在球上，双手撑住地面，身体保持平直。髋关节慢慢向侧面旋转，上方的腿尽量向另一侧伸出。髋关节转动的幅度要尽量大，肩部保持与地面平行。随着训练的进展，逐渐提升训练速度。根据自己的速度训练，持续 20 秒，更加熟练后可以加快速度。

## 04. 选择性练习：使用弹力带俯卧起身和旋转

请搭档帮助或利用健身梯固定双脚，俯卧，髋部放在健身球上，双手握住弹力带。舒展身体，挺胸，头部保持中立，直到躯干与地面平行（眼睛向前看）。身体抬起时，双手分开，两肘部伸直，拇指向上，形成一个 V 形。髋部始终放在健身球上，身体向右旋转到尽头，接着向左旋转到尽头，然后放松。做 15 次。

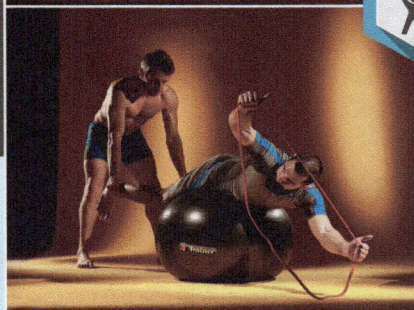

按摩　　拉伸　　灵活性练习　　负重

解决方案
**04**

骨盆的紧张度

## 01. 使用大按摩球按摩髂腰肌

　　面朝下做半平板支撑式，左侧髋关节和膝关节屈曲，右腿伸直，与躯干呈一条直线。右髋下方放一个大按摩球。从前向后、从左向右按摩，然后画圈按摩右侧髋屈肌。你也可以伸展左侧髋关节或膝关节，或将二者都伸直，增加施加于髂腰肌上的压力。每侧每个按摩动作持续 30 秒至 1 分钟。

## 02. 使用弹力带前弓步拉伸

　　面朝箱子站立，在前方固定一根较长的弹力带，将弹力带绕在左大腿上，并使其绷直。右脚踏在箱子顶上做弓步动作，左手臂高举过头顶并伸直，左膝在身体后基本完全伸直。身体向右大腿倾斜，感受肌肉的拉伸感。保持拉伸姿势 30 秒。

### 03. 交替下蹲和
### 向前屈体

身体尽量下蹲，背部保持平直，脚跟不要抬离地面（如果有需要，可以让脚跟踩在木板上）。每次用3秒的时间完成下蹲过程，然后在最低位保持3秒。站起来，向前屈体，躯干靠近双腿，双膝保持伸直。保持屈体姿势3秒。每个动作做4次。

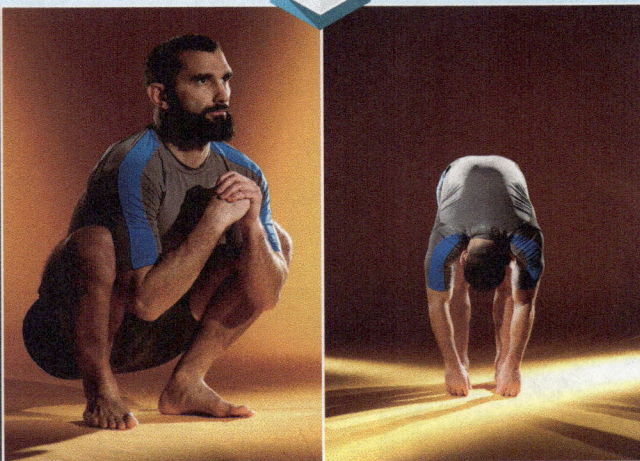

### 04. 选择性练习：
### 负重深弓步

将杠铃放在肩部后侧，向前跨出一大步，让前侧腿膝关节超过前侧脚脚趾。髋关节尽量打开，背部不要过度弯曲。左右脚交替进行，共做6组。

按照顺序进行以下训练，做1至3组，两侧交替进行。各训练之间不要停顿。

按摩　拉伸　灵活性练习　负重

解决方案
# 05

骨盆的紧张度

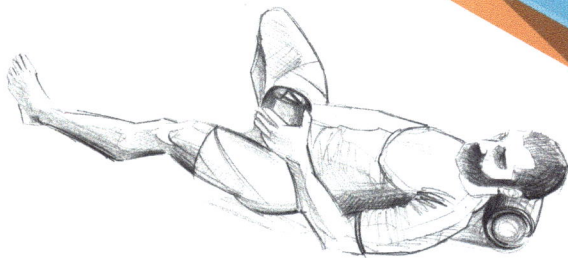

## 01. 使用壶铃按摩髂腰肌

　　仰卧在地面上，膝关节倒向一侧。可以在头下放一根泡沫轴，让自己躺得更舒服。将壶铃上的球放在髋关节上方的髂腰肌上，这个姿势下比较容易找到髂腰肌。在这个训练中还可以用自己的拳头按摩髂腰肌，这样更加精准。上下、左右轻柔地按摩1分钟。

## 02. 使用弹力带向前牵引进行弓步拉伸

　　双腿前后分立，呈弓步姿势。在身体前方固定一根弹力带，将弹力带绕在后侧大腿上方，并将其拉紧。后侧腿的同侧手臂高举过头顶，身体向对侧倾斜，加强拉伸感。保持姿势10至30秒。

## 04. 选择性练习：腰大肌负重训练

仰卧在地面上，将壶铃的手柄放在一侧腰大肌上。膝关节完全伸展，髋关节稍微屈曲，同侧腿抬高，激活腰大肌。这个训练中也可以弯曲膝关节，或者向不同角度运动腿部。在固定姿势下保持 30 秒至 1 分钟。

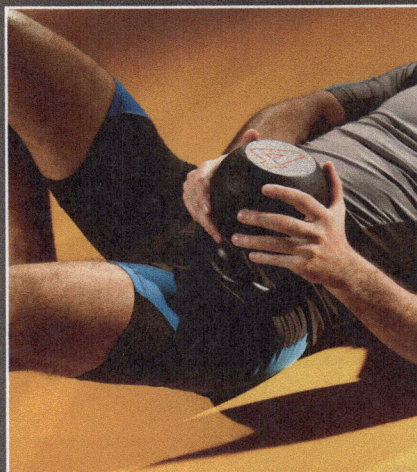

## 03. 手臂上伸弓步

双脚平行，做幅度尽量大的弓步，两手臂高举过头顶，掌心相对。抬头向上看，背部尽量伸直。做 4 次，双腿姿势不变。然后进行另一侧练习。

# 测试

# 膝关节运动轨迹

### 弓步测试

双手叉腰，双脚并拢站立。向前弓步，然后回到起始姿势。面对镜子或让同伴帮忙观察，每侧腿做 15 次。前侧腿的膝关节始终位于在大脚趾和小脚趾之间，则测试通过。如果膝关节向内侧偏转（如右侧第 2 张照片所示），则需要进行以下纠正训练。

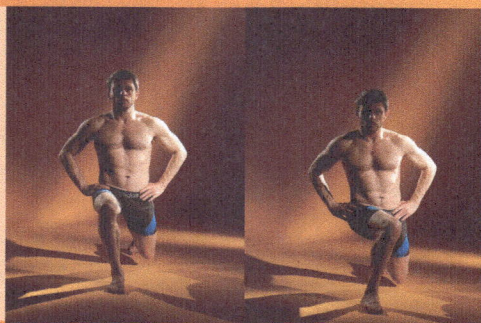

**1**

### 单腿下蹲测试

站在一块瑜伽砖旁边。双手叉腰，单腿下蹲，让另一条腿的膝关节触碰瑜伽砖。如果膝关节可以碰到瑜伽砖，动作没有造成疼痛且能够保持平衡，则测试通过。

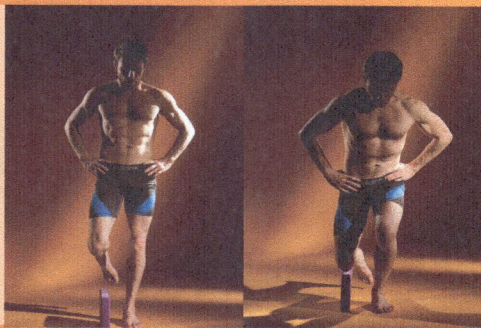

**2**

### 野兽蹲测试

将一根迷你弹力带环绕在膝关节下方。双脚保持平行，双手叉腰，尽量下蹲，让膝关节与脚趾保持在一条直线上。如果膝关节向内侧偏转，则需要进行以下纠正训练。

**3**

# 解决方案
# 01

膝关节运动轨迹

## 01. 使用大按摩球按摩内收肌

用肘部支撑身体俯卧在地面上。在一侧大腿内侧下放一个大按摩球，从左向右、从上向下滚动按摩球。寻找僵硬敏感的部位，然后集中在这些部位上按摩。每种按摩方式按摩 12 次。

## 02. 弹力带辅助拉伸内收肌

躯干垂直于墙面仰面躺下，身体压住一根弹力带，双膝抬起，将弹力带两端绕成环，套在膝关节上。双脚抵住墙或墙角，尽量让弹力带打开双膝。这个训练的高级版本是背靠墙壁蹲起。每个姿势保持 30 秒到 2 分钟。

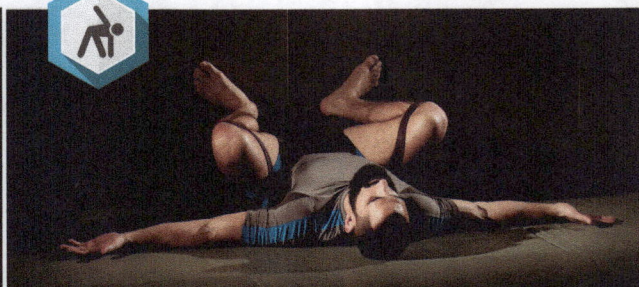

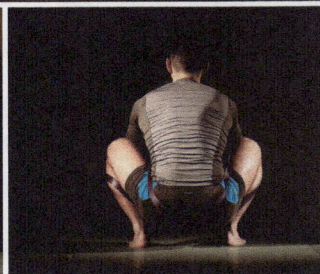

## 03. 交替侧向
## 弓步蹲

站立，双手放在髋部两侧，一条腿向侧面跨步（未跨步的一侧膝关节完全伸展），支撑腿下蹲，然后蹬起回到起始姿势。每一侧腿进行 4 次，然后进行另一侧腿的练习。

## 04. 选择性练习：
## 负重深蹲

将杠铃放在肩部后侧，下蹲的幅度尽量大，整个训练过程中，双脚始终踩在地面上。挺胸，躯干保持平直，如果在深蹲过程中膝关节感到疼痛或不适，可以在脚跟下放一个木板，或者利用悬挂的弹力带辅助。在最低处保持姿势 30 秒。

## 解决方案 02

### 膝关节运动轨迹

#### 01. 使用泡沫轴按摩内收肌

俯卧在地面上，用肘部支撑身体。大腿内侧下放一根泡沫轴，滚动寻找僵硬或敏感的部位，并集中按摩这些部位。从左到右按摩 12 次。

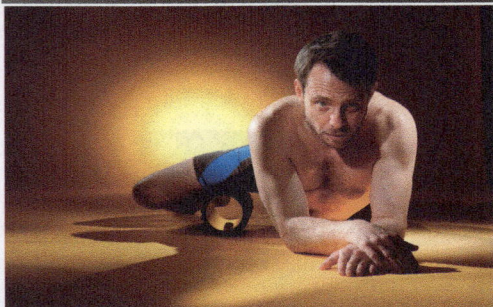

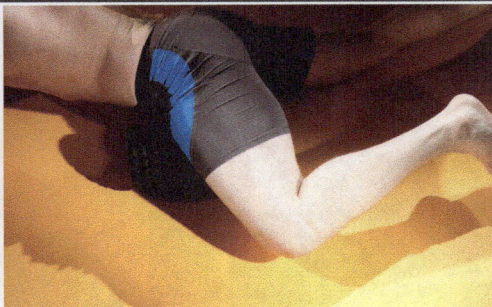

#### 02. 手膝跪位拉伸内收肌

肘部撑放在地面，双膝弯曲约 90 度，呈手膝跪位。双膝尽量分开。在这个姿势下保持 30 秒至 2 分钟。

## 03. 相扑深蹲

双手握住一根弹力带，两手臂高举过头顶，做相扑深蹲（双脚分开较宽距离）。然后向侧面抬起一条腿，全身向另一侧倾斜。以倾斜一侧的脚为轴有控制地慢慢回到初始姿势，然后在另一侧重复此练习。每一个方向进行 3 次练习。

## 04. 选择性练习：使用健身球单腿下蹲

将后侧腿脚背和小腿放在一个健身球上，前侧脚站在健身球前方不远处，双手叉腰。前侧腿屈膝屈髋进行下蹲，身体不要产生横向代偿或旋转动作，可以让球略向前滚动。前侧腿膝关节和脚趾的朝向应始终一致。下蹲 10 次。

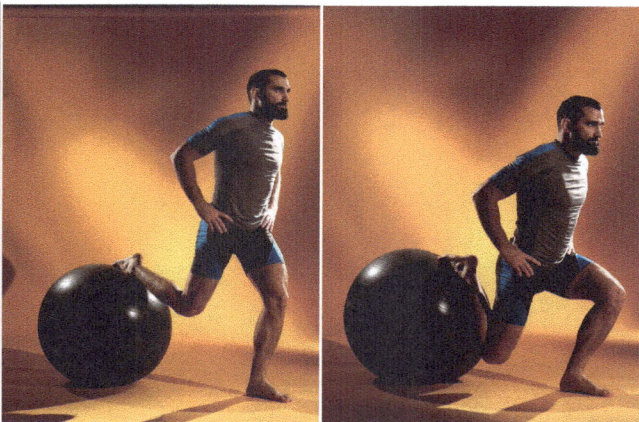

按摩　拉伸　灵活性练习　负重

按照顺序进行以下训练，做1至3组，两侧交替进行。各训练之间不要停顿。

## 膝关节运动轨迹

### 01. 用按摩球按摩膝关节后侧

坐下，在膝关节后侧下方放一个按摩球。用小腿和大腿后侧挤压按摩球。保持该姿势20至30秒。

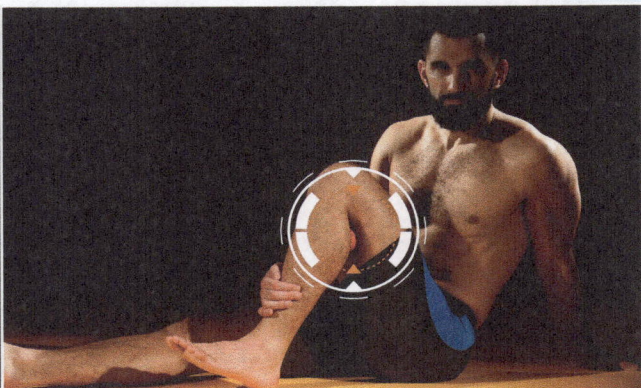

### 02. 弹力带辅助拉伸后侧肌肉链

站立，将一根弹力带固定在身后，绕在一条腿上，使弹力带绷紧。向前屈体，双手撑住地面，用力推地面，将髋关节尽量抬高。此时，弹力带应向后牵引你的腿。如果肩部、髋关节和后肌肉链的灵活性足够高，可以尽量伸展膝关节和肘关节。头部与背部呈一条直线，背部保持平直，不要拱起。保持该姿势30秒，然后将弹力带绕到另一条腿上，重复此训练。

## 03. 弹力带辅助单腿平衡训练

在一侧膝关节上绕一根弹力带，将弹力带绷直，使其产生向前的拉力。闭上双眼，抬起另一侧腿进行单腿站立。如果条件允许，可以让搭档协助稍微改变牵引力的方向。努力让支撑腿的膝关节始终位于大脚趾和小脚趾之间。**每条腿保持平衡30秒。**

## 04. 可选：使用健身球和杠铃片蹲起

双脚踩在上半身向前一点的位置，背靠健身球站立，双手在体前持一个杠铃片。整个练习过程中，尽量向后挤压健身球，背部与地面垂直，做蹲起动作。**重复10次。**

按摩　　拉伸　　灵活性练习　　负重

按照顺序进行以下训练，做1至3组，两侧交替进行。各训练之间不要停顿。

膝关节运动轨迹

## 01. 使用泡沫轴按摩髌腱

单腿跪立，后侧腿膝关节放在泡沫轴上，另一条腿做弓步姿势。前侧腿支撑身体，调整按摩力度。从前向后滚动泡沫轴 10 次。

## 02. 弹力带辅助前弓步

在身体前方固定一根弹力带，并将弹力带绕在小腿上方，做前弓步姿势。保持此姿势 30 秒。

### 03. 悬吊带哥萨克蹲

手握悬吊带把手，一侧腿向侧面伸出（伸出的一侧膝关节完全伸展），支撑腿下蹲。注意膝关节的运动轨迹，应当始终与脚尖在一条直线上。同一侧进行 10 次，然后换侧训练。

### 04. 选择性练习：手持壶铃跪立

双手在体前握一个壶铃，背部尽量挺直，一侧膝关节落地，然后另一侧膝关节也落地。向后坐在脚跟上，然后让小腿和脚背平放在地面上，背部位于脚跟的正上方。然后反向进行这些动作，回到起始位置。交换两条腿动作的先后顺序，重复进行此训练。

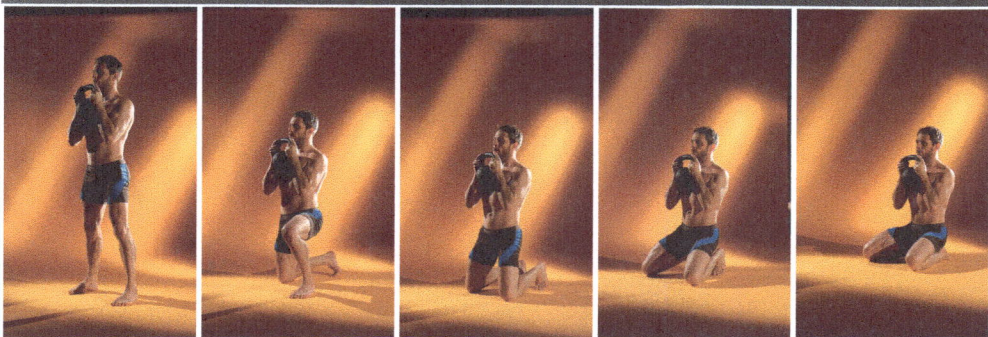

# 下肢后侧肌肉链受限

**1**

### 触摸脚趾

站立，身体前屈，尝试触摸左脚脚趾，右膝保持略微弯曲。然后尝试触碰右脚脚趾，左膝保持略微弯曲。如果无法触摸到任意一只脚，则你需要进行以下纠正训练。此外，还应当注意双腿之间的差异，这可能说明你需要着重关注身体的某一侧。

**2**

### 平背壶铃触地

手持轻壶铃（女士 10 磅左右，男士 20 磅左右），挺胸，双肩下沉后展，双脚分开，与肩同宽。膝关节略弯曲，身体从髋关节处向前倾，让壶铃在身体前方悬垂。背部平直，头部保持中立位，眼睛看向前方。如果躯干能够与地面保持平行（对于某些人来说，壶铃可以触碰到地面），则测试通过。

按摩　拉伸　灵活性练习　负重

下肢后侧肌肉链受限

### 01. 使用杠铃按摩腘绳肌

用双手和一只脚支撑身体，一侧大腿放在加了杠铃片的杠铃杆上，膝关节完全伸展。伸展髋关节，根据可承受的压力大小，在杠铃杆上按压大腿。可通过弯曲肘部使臀部靠近地面，调整按摩力度。从前向后滚动按摩10次。

### 02. 弹力带辅助单腿拉伸

仰卧，一只脚固定在弹力带一端，髋关节屈曲，将腿向头部抬高，膝关节保持完全伸展。手臂在头顶拉住弹力带，增加腿部拉伸的幅度。努力不要让另一侧腿抬离地面，两侧膝关节都不要弯曲做出代偿动作。拉伸30秒。

## 03. 弹力带辅助单腿弯曲

仰卧，一只脚固定在弹力带一端，髋关节屈曲，将腿向头部抬高，膝关节保持完全伸展。手臂在头顶拉住弹力带，增加腿部拉伸的幅度。努力不要让另一侧腿抬离地面，两侧膝关节都不要弯曲做出代偿动作。保持 2 至 3 秒，然后有控制地回到起始位置，重复进行练习，每次都尝试超过前一次的拉伸幅度。做 10 次。

## 04. 选择性练习：双手持壶铃单腿硬拉

站立，双手在身前持一个壶铃，肘部伸展，双脚并拢。挺胸，头部保持中立位。身体前倾，同时一侧髋关节伸展，向后抬起一条腿，膝关节完全伸展。躯干向前屈曲和抬腿要保持同步，并始终呈一条直线。背部不要向任何方向倾斜，也不要弯曲膝关节以形成代偿。躯干和抬起的腿应与地面平行。慢慢地练习 4 次。

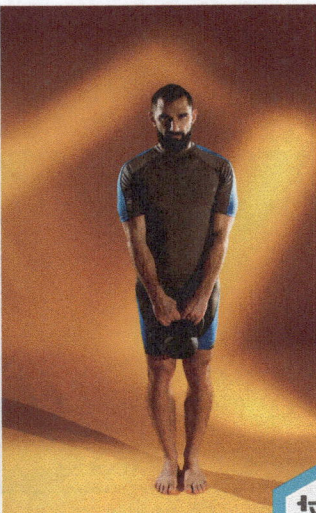

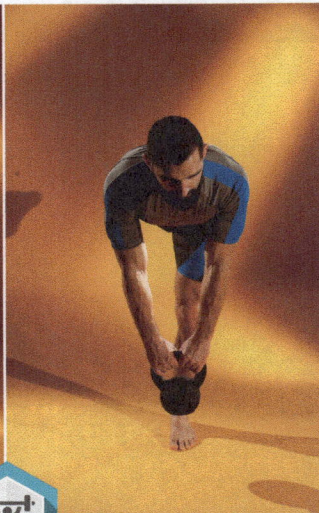

按摩　　拉伸　　灵活性练习　　负重

解决方案
02

下肢后侧肌肉链受限

## 01. 使用泡沫轴按摩臀部

将一根泡沫轴与大腿平行放置。将按摩侧的腿搭在另一条腿上方，使肌肉拉伸并增加按摩力度。从左向右滚动泡沫轴10至20次。

## 02. 盘腿拉伸

盘腿坐立，小心摆放好相互交叉的小腿。两脚脚跟尽量靠近臀部，然后向前弯曲身体。使用杠铃按摩腘绳肌时被按摩的腿应当在另一侧腿的后面。

保持拉伸姿势30秒。

## 03. 弹振式摆腿

靠近墙面站立。一只手扶住墙，帮助保持身体平衡，腰部锁定。靠近墙面的腿进行前后摆动，过程中腰部不要拱起或弯曲做出代偿。每条腿摆动 10 次。

## 04. 短程硬拉

将杠铃放在两个支撑物或多片杠铃片上，以缩短硬拉的距离。双脚分开站立，双手在两大腿外侧握住杠铃杆。开始动作前，收紧臀部肌肉，并使这些肌肉保持紧张。背部平直，挺胸，将杠铃抬起站直，保持一下，然后将杠铃慢慢放回起始位置，下降时间为 3 秒。做 4 组。

按照顺序进行
以下训练，做
1至3组，两
侧交替进行。
各训练之间不
要停顿。

按摩　　拉伸　　灵活性练习　　负重

下肢后侧肌肉链受限

### 01. 使用大按摩球按摩腘绳肌

将一个大按摩球放在桌子或箱子上，然后坐在这个大按摩球上。在最敏感或僵硬的部位将大按摩球从前向后、从左向右滚动，然后画圈按摩。以每种按摩方式按摩 10 次。

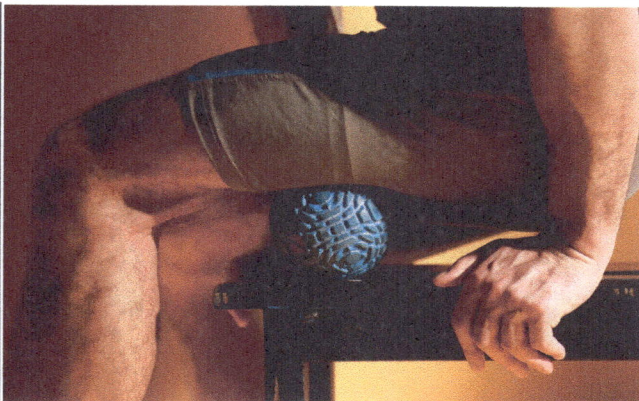

### 02. 弹力带辅助拉伸后侧肌肉链

双脚前后分立，在身体后固定一根弹力带，将弹力带固定在前侧腿大腿上方，使弹力带绷紧。身体前倾，双手撑地，形成双手双脚的四点支撑，两肘关节和两膝关节完全伸展。拉伸 30 秒。

## 03. 动态下犬式

从下犬式开始，左右手交替向前移动，形成俯卧撑姿势。两腿交替向前移动，回到起始姿势。做 4 次。

## 04. 选择性练习：壶铃甩摆

身体前放一个壶铃，让你的双腿和壶铃形成一个等边三角形。双手拿起壶铃，膝关节不要过多弯曲。两手臂向内旋转（像要旋转手臂一样），尽量激活臀部肌肉。向后移动壶铃，就像在地面拖动壶铃一样。做这些动作的同时要让下蹲动作尽量小。从双腿中间向后摆动壶铃，同时臀部肌肉发力，尽量将壶铃向后甩。然后反向动作，用力伸直髋关节，努力将壶铃以最大弧度向前甩动。甩动壶铃的动力不应来自你的手臂，双肩不能向上运动，而应来自你的臀部和后侧肌肉链的肌肉。即壶铃甩动的动力来自髋关节的运动。壶铃下降时吸气，到达最高点时快速而有力地呼气，即做 6 至 8 次。

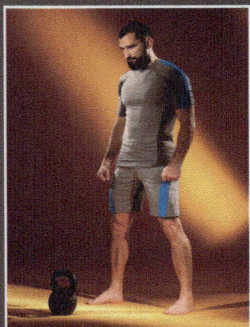

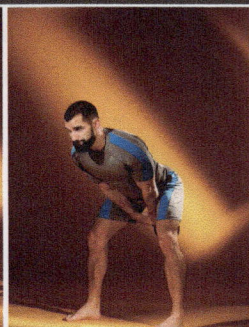

按照顺序进行以下训练，做1至3组，两侧交替进行。各训练之间不要停顿。

按摩　　拉伸　　灵活性练习　　负重

解决方案
04

下肢后侧肌肉链受限

## 01. 用按摩球按摩后侧肌肉链

将一个按摩球放在箱子或椅子上，坐在按摩球上。在最敏感或僵硬的部位，将按摩球从前到后、从左到右滚动，最后画圈按摩。每种按摩进行 10 次。

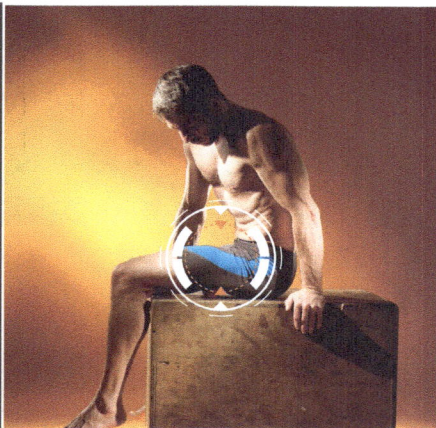

## 02. 弹力带辅助牵引髋关节拉伸后侧肌肉链

双脚前后稍稍分开站立，后侧腿膝关节伸展，前侧腿膝关节微微弯曲。在前侧大腿上方绕一根弹力带，给大腿施加向后的拉力。身体前屈，背部尽量保持平直。拉伸 20 至 30 秒。

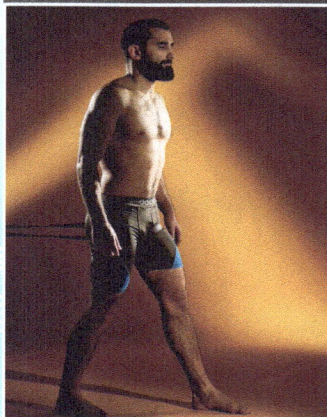

## 03. 悬吊带风车运动

背朝悬吊带，一手高举过头顶，伸展肘关节，握住手柄，将悬吊带拉直。双脚分开，与肩同宽。身体向握手柄的手臂对侧倾斜。未握手柄的手臂沿着膝关节内侧下落，同时眼睛要始终看着悬吊带的手柄。训练过程中可以弯曲膝关节，但要尽量努力伸直。可以用未握手柄的手帮助伸展膝关节，用这只手触碰地面后起身。每侧慢慢做 4 次。

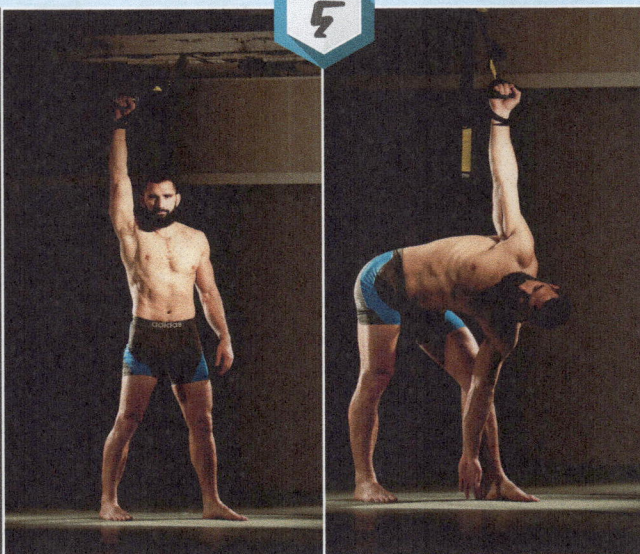

## 04. 选择性练习：直腿壶铃硬拉

双手在身体前握一个壶铃站立，双脚并拢，挺胸，双肩下沉。身体前倾，尝试将壶铃放在地面上，双膝完全伸展，背部挺直。当膝关节开始弯曲或背部开始拱起时，回到起始姿势。练习 5 次。

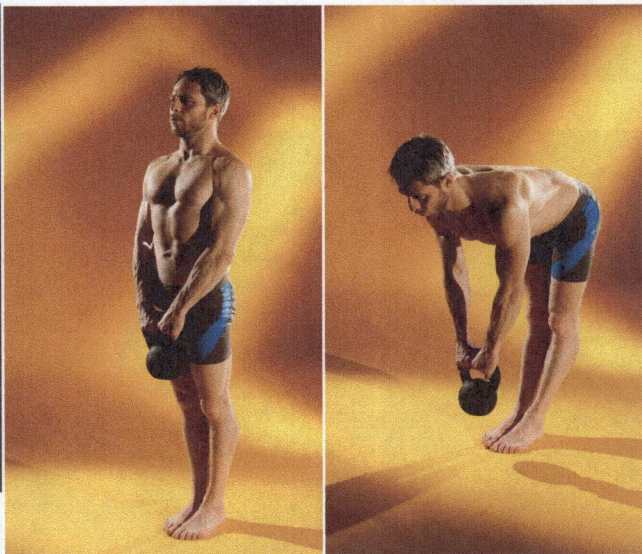

# 上背部问题

## 1

### 椅背上背部伸展

坐在一把椅子上，椅背的顶端位于你的上背部中间（脊柱拱起的位置）。如果你的身高较矮，可以坐在一摞书上。你应该能够向后仰头，面向天花板。如果无法做到，或者后仰时产生疼痛，则需要进行以下纠正训练。

## 2

### 手抓壶铃健身球，上背部向后伸展

仰卧在一个标准尺寸的健身球上，双手伸过头顶，握住一个重壶铃（45磅以上），双脚踩地。如果难以保持平衡，可以让同伴帮助你固定住健身球。如果无法手握壶铃、双脚无法踩在地面上或感到疼痛，则你需要在训练中加入特定的纠正训练。

按照顺序进行以下训练，做1至3组，两侧交替进行。各训练之间不要停顿。

## 解决方案 01

### 上背部问题

---

### 01. 使用泡沫轴按摩上背部

仰卧，臀部和双脚紧贴地面。两手臂交叉，环抱住肩部，通过膝关节的屈伸，让泡沫轴在上背部滚动。在灵活性较弱的部位按摩2分钟。

---

### 02. 使用壶铃和泡沫轴拉伸上背部

仰卧，双腿伸直平放在地面上。在上背部下横放一根泡沫轴。双手在头顶上方握住一个壶铃，肘关节完全伸展。在该姿势下保持30秒至1分钟。

### 03. 泡沫轴游泳式

使用泡沫轴进行上背部上下的滚动，同时加上蛙泳动作，以增加对另一个维度灵活性的训练。

进行 10 个蛙泳动作。

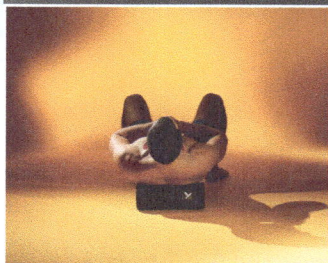

## 04. 选择性训练：
## 健身球背部伸展

　　面部朝下趴在健身球上，大腿和髋关节紧贴健身球，让同伴帮忙抬起你的双脚，或者双脚搭在健身梯上。双手放在耳边，躯干向下卷曲，直到你的面部触碰到球面。到达最低点后，反向进行刚才的练习，伸直背部，抬起躯干，同时抬头挺胸，回到起始姿势。每次运动时，注意力集中于上背部的卷曲和伸展。做6次。

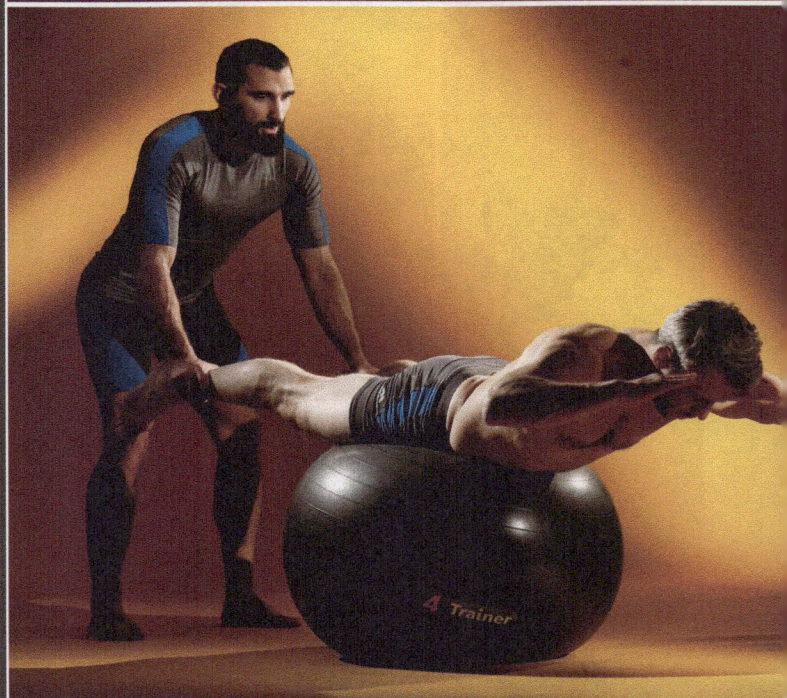

按照顺序进行以下训练，做1至3组，两侧交替进行。各训练之间不要停顿。

按摩　　拉伸　　灵活性练习　　负重

解决方案
02

## 上背部问题

### 01. 使用花生球和弹力带按摩上背部

双手抓住固定在上方的弹力带（将弹力带拉直），坐在地面上，上背部下方与肩胛骨平齐的地面上放一个花生球。身体向后倾斜躺在花生球上，向其施加压力，并通过拉紧或放松弹力带调整按摩力度。从前向后滚动 10 次。

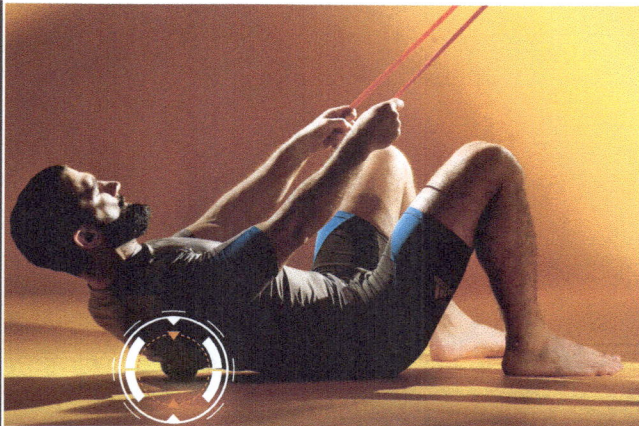

### 02. 使用花生球和壶铃拉伸上背部

仰卧，上背部下放一个花生球，双腿伸直，平放在地面上。双手在头顶握住壶铃的手柄，肘关节略弯曲。滚动按摩球，按摩不同的部位。保持姿势 30 秒。

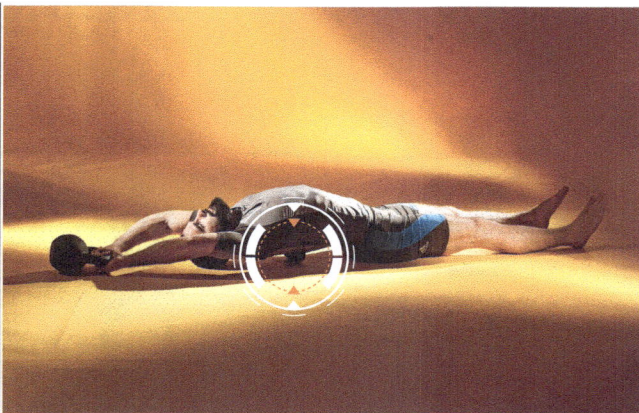

## 03. 猫式

手膝跪位，头部下垂，背部拱起，肩部下沉，然后抬起头，背部下沉，肩胛骨尽量抬高向地面方向挺胸。做 10 次。

## 04. 选择性练习：过顶深蹲

身体站直，双手分开，以宽握（抓举的握距）抓住一根杠铃杆高举过头顶，肘关节完全伸展。头部保持中立位，挺胸，双眼平视前方。身体柔韧度允许的话，将双脚分开，与髋同宽；如果柔韧度不足，双脚可以分开至与肩同宽。慢慢下蹲，背部不要代偿，头部保持中立位。下蹲时膝关节的运动轨迹应与脚趾呈一条直线。练习 4 次。

按摩　　拉伸　　灵活性练习　　负重

解决方案
03

上背部问题

## 01. 垂直泡沫轴按摩

将一根长泡沫轴与脊柱对齐放在地面，仰卧在棍轴上，双脚踩在地面上。手臂向两侧展开，完全放松，轻轻（分别）蹬双腿，左右滚动。然后手臂交叉，双手抱肩，再次轻轻（分别）蹬双腿，左右滚动。每种动作重复10次进行按摩。

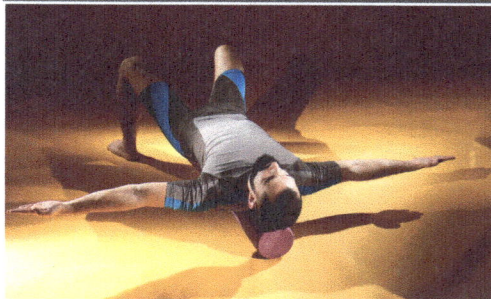

## 02. 直壁垂直泡沫轴按摩

在垂直泡沫轴按摩训练的基础上，两手臂向两侧伸展，完全放松，手背放在地面上。拉伸30秒。

## 03. 健身球按压

背靠健身球蹲着，双手各持一个小杠铃片（2.5～5磅）。伸髋伸膝，双肩和手臂下压，让身体在健身球上完全伸展。沿着健身球的曲线充分拉长背部。让杠铃片尽量将你的手臂向下拉，并让肘关节伸展。反向进行刚才的练习动作，回到起始姿势。练习 10 次。

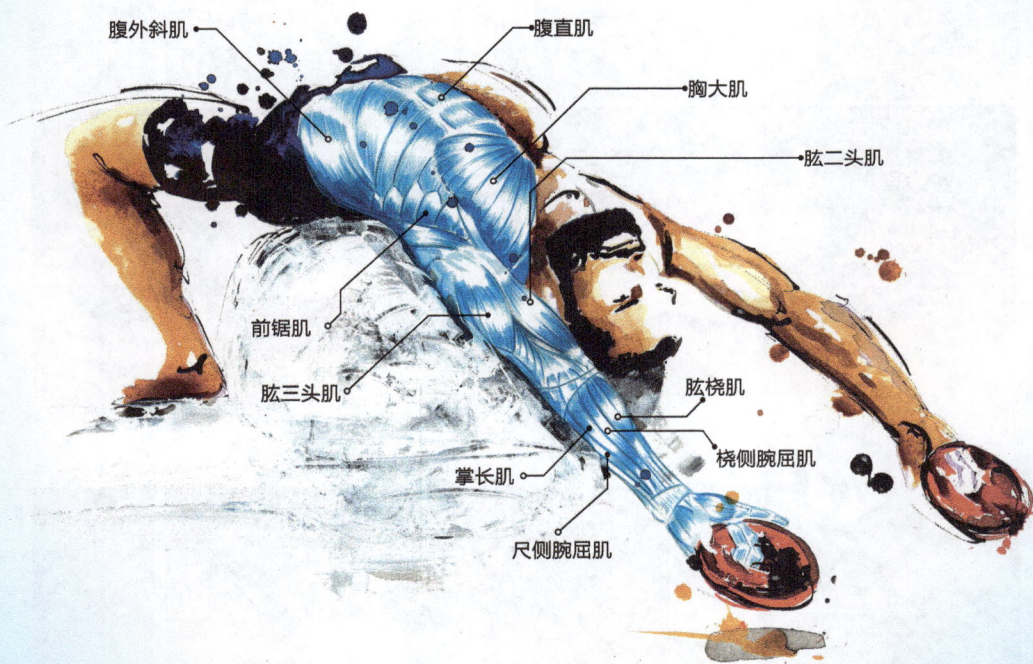

- 腹外斜肌
- 腹直肌
- 胸大肌
- 肱二头肌
- 前锯肌
- 肱三头肌
- 肱桡肌
- 桡侧腕屈肌
- 掌长肌
- 尺侧腕屈肌

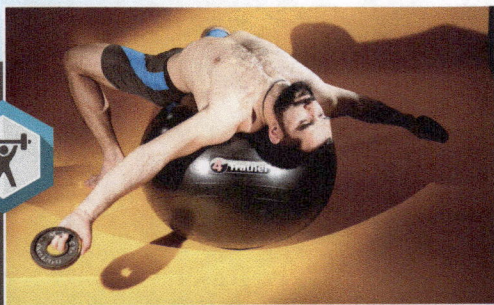

## 04. 选择性练习：健身球弹振式飞鸟练习

如健身球按压，身体伸展仰面躺在健身球上，两手臂向体侧伸展，掌心向上。保持这个姿势，双臂进行短促、持续的弹振式动作。充满力度地做 10 次。

按摩　　拉伸　　灵活性练习　　负重

## 上背部问题

### 01. 使用杠铃杆和弹力带按摩上背部

双手抓握固定在身体上方的弹力带（将弹力带拉直），坐在地面上。身体向后倾斜靠在杠铃杆上，杠铃杆与肩胛骨平齐，并向其施加压力，通过收紧或放松弹力带调整按摩力度。从前向后滚动按摩杆 10 次。

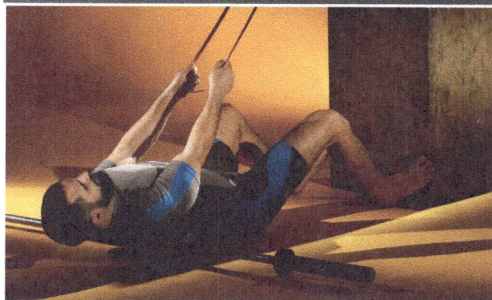

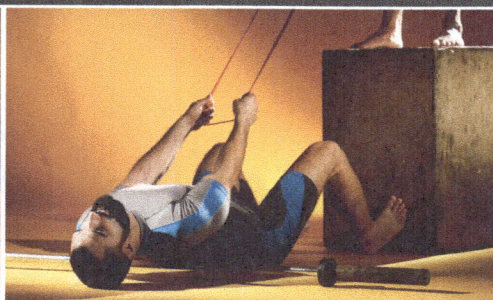

### 02. 杠铃拉伸

坐在地面上，上背部靠在加了杠铃片的杠铃杆上，两脚平踩在地面。两肘部从杠铃杆后侧垂下（不要来回滚动），脊柱在杠铃杆上完全伸展。保持拉伸姿势 30 秒。

## 03. 猫式锻炼菱形肌

手膝跪位，肩胛骨夹紧，然后拱起背部，肩胛骨尽量分开。做 10 次。

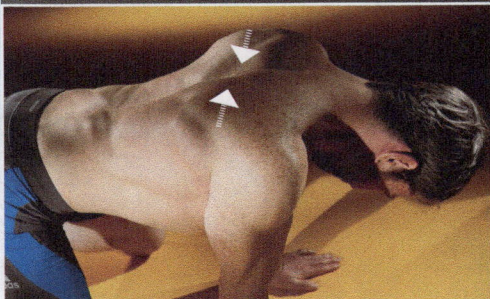

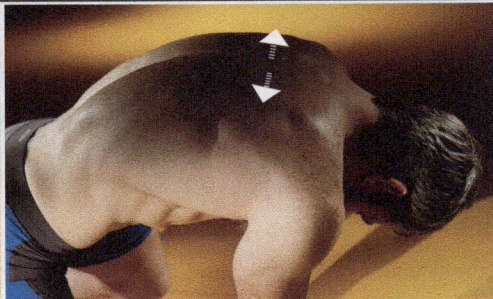

## 04. 可选：健身球上负重交叉手臂

双手各持一个小杠铃片（2.5~5 磅），仰卧在健身球上。两手臂在体侧伸展，掌心向上，然后两手臂在胸前交叉，交替进行。每次改变手臂姿势后，都让身体在健身球上弹跳几下。手臂弯曲伸展后暂停一会儿。动态地重复 10 次。

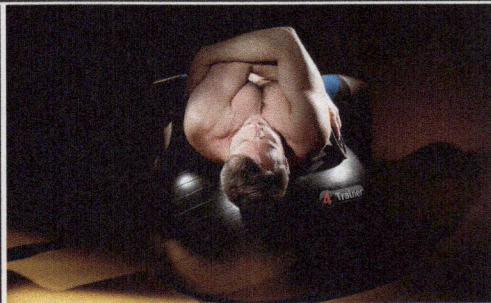

# 腰部紧张

## 1

### 狮身人面式

俯卧，双腿和脚平放在地面。手掌在身体两侧肋骨处撑地。两手臂完全伸展，让脊柱伸展。如果下背部有疼痛感，则你需要拜访健康护理人员。如果在进行此动作中有任何程度的运动局限，都说明你需要通过以下纠正练习锻炼提升运动力。

## 2

### 背部过伸

俯卧，双手放在耳旁，双脚平放在地面上，用健身梯固定或让同伴帮忙固定住双脚。背部完全伸展，直到眼睛能看向上方。如果无法抬头看天花板并保持几秒，说明你缺乏灵活性。

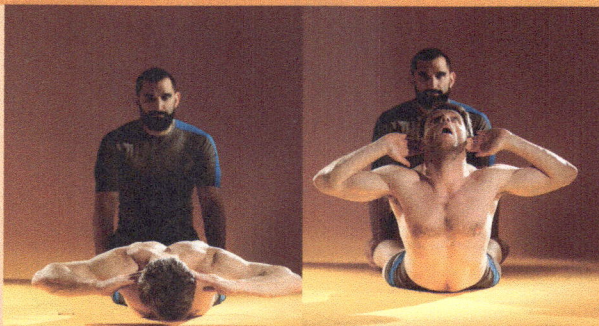

按摩　　拉伸　　灵活性练习　　负重

按照顺序进行以下训练，做1至3组，两侧交替进行。各训练之间不要停顿。

腰部紧张

### 01. 使用泡沫轴按摩腰部

仰卧，臀部和双脚平放在地面上。腰部（下背部弯曲处）下横放一根跟泡沫轴。两手臂交叉，环抱住双肩，通过膝关节的小幅弯曲和伸展，让腰部在泡沫轴上移动。动作完成后，躯干在泡沫轴上完全伸展和弯曲。持续2分钟，在敏感部位着重施加压力。

### 02. 弹力带辅助的腰椎泡沫轴拉伸

仰卧，双腿伸直，平放在地面上。腰部弯曲处放一根泡沫轴。双手握住一根固定在头顶上方的弹力带，并将其拉直。双手在头顶拉住弹力带，肘部完全伸展和放松。

拉伸30秒。

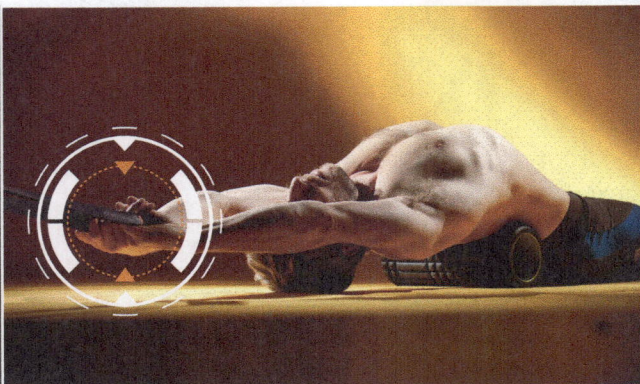

### 03. 健身球卷曲

将髋关节和大腿上方贴在健身球上，双手支撑身体形成平板支撑或俯卧撑姿势。髋关节和膝关节屈曲收腿，将健身球尽量拉到身体侧面，然后将膝关节向胸部收紧，与躯干平齐（如第 4 张照片所示）。然后身体转向另一侧，继续反向进行此动作，伸展双腿回到起始姿势。努力尝试让健身球在地面上画一个圆圈，由此可以提升灵活性。这项训练可以让运动更加自如、流畅，并能提升运动速度。随着灵活性的提升，你可以在完美而放松地运动的同时加快速度。做 10 次（向右侧旋转 5 次，向左侧旋转 5 次）。

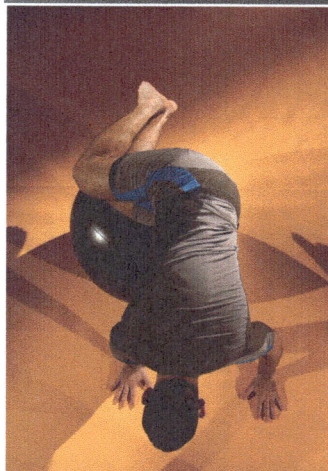

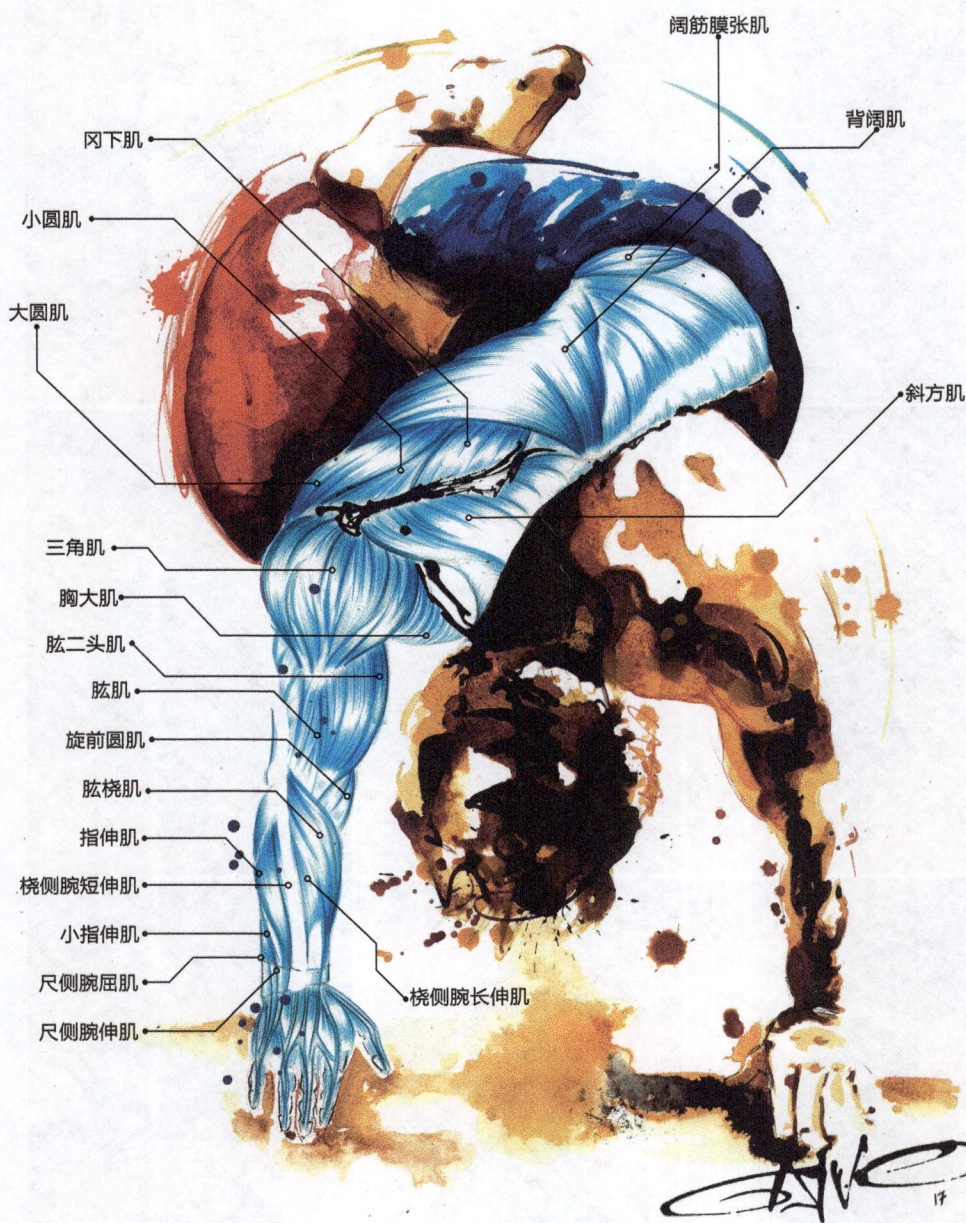

阔筋膜张肌

背阔肌

冈下肌

小圆肌

大圆肌

斜方肌

三角肌

胸大肌

肱二头肌

肱肌

旋前圆肌

肱桡肌

指伸肌

桡侧腕短伸肌

小指伸肌

尺侧腕屈肌

尺侧腕伸肌

桡侧腕长伸肌

面部朝下趴在箱子上，髋关节抵住箱子的边缘。双手握住箱子两侧，用手臂挤压箱子（如果可以做到）。髋关节屈曲，直至大腿抵住箱子侧面。膝关节屈曲至 90 度，双脚抬离地面，脚跟向后踢，直到髋关节和膝关节完全伸展，然后放松回到起始姿势。整个训练过程中头部保持中立位，控制好动作速度。练习 10 次。

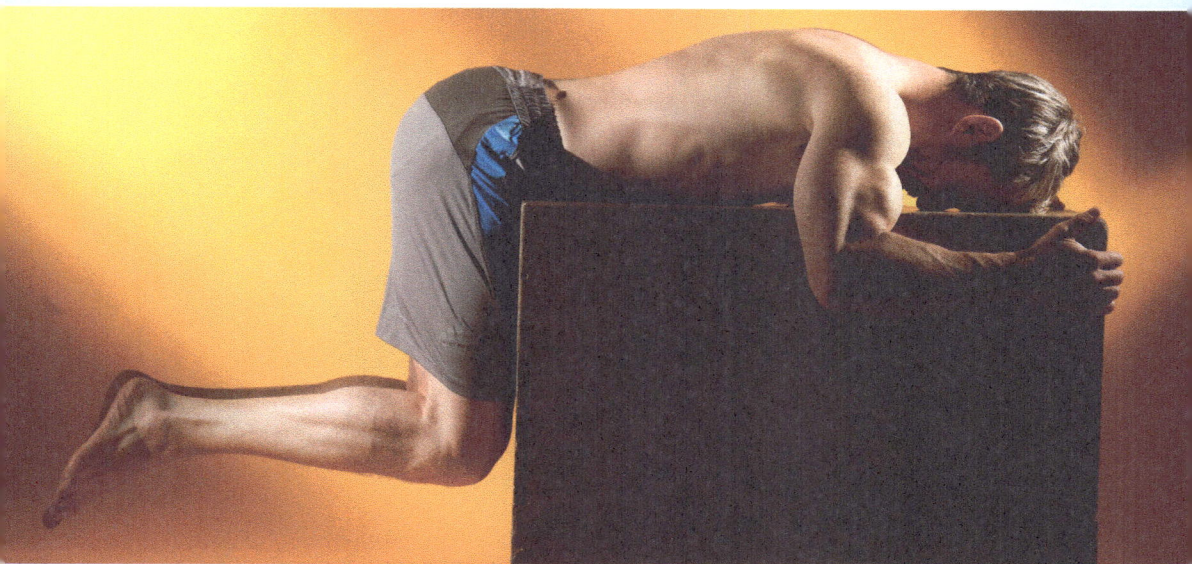

## 解决方案 02

腰部紧张

### 01. 使用大按摩球按摩腰部

仰卧，双脚抬高放在箱子上。在腰部脊柱的右侧与地板之间放入一个大按摩球。两臂在胸前交叉，用放在箱子上的双脚调节按摩的力度。从右到左按摩10次，从上到下按摩10次，画圈按摩10次。

### 02. 使用大按摩球进行拉伸

将一个大按摩球放在使用大按摩球按摩腰部中的按摩位置，双脚踩地，膝关节转向放球的一侧。在此姿势下保持30秒。

## 03. 悬吊带剪刀腿

在反向平板支撑式或俯卧撑姿势下，两脚分别挂在悬吊带的手柄上，髋关节旋转，翻转双腿的位置。向右旋转 5 次，再向左旋转 5 次。

## 04. 选择性练习：健身球伸展训练

趴在健身球上，髋关节弯曲，直至两大腿抵住球面。膝关节屈曲，双脚抬离地面。让同伴扶住你的双手，帮助你保持平衡。脚跟向后踢，髋关节和膝关节完全伸展，然后放松回到起始姿势。整个训练过程中头部保持中立位，并控制好动作的速度。练习 10 次。

按照顺序进行
以下训练，做
1 至 3 组，两
侧交替进行。
各训练之间不
要停顿。

按摩　　拉伸　　灵活性练习　　负重

**解决方案**
# 03

腰部紧张

### 01. 使用花生球按摩腰曲

仰卧，臀部和双脚贴在地面，在腰部下横放一个花生球。两手臂交叉，环抱住肩部，转动躯干，在整个腰部范围内移动花生球。按摩结束后躯干在花生球上进行伸展和屈曲。按摩 2 分钟，集中按摩敏感部位。

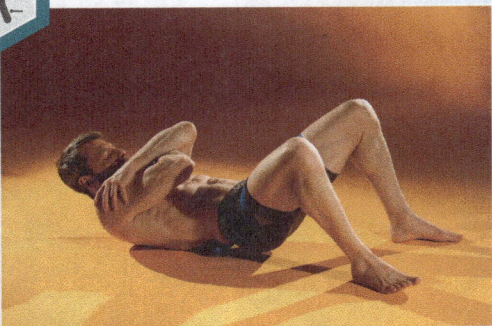

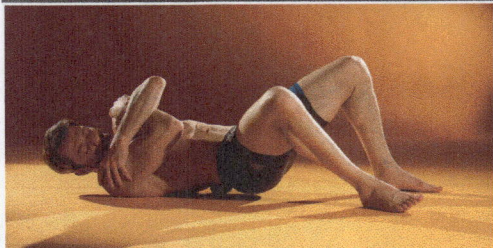

### 02. 使用花生球和弹力带拉伸腰部

将一根弹力带绕在一侧脚踝上（弹力带固定在双脚附近，并绷紧）。仰卧，双腿伸直，平放在地面。在腰部放一个花生球。两手臂交叉，环抱住肩部，让弹力带尽量拉长你的身体。拉伸30秒，然后将弹力带绕在另一侧脚踝上重复进行此训练。

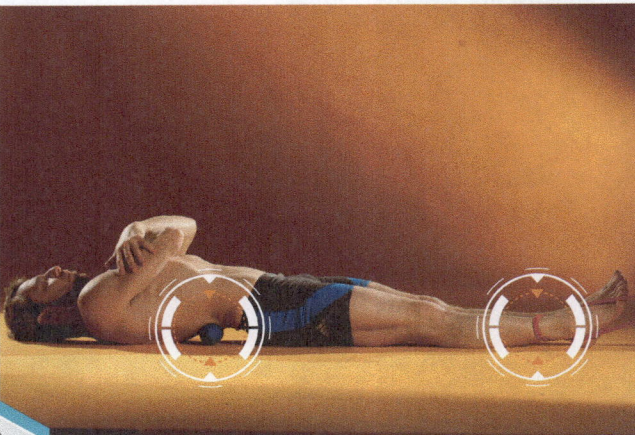

### 03. 坐在健身球上
### 锻炼骨盆灵活性

坐在健身球上，双脚着地，双手放在膝关节上。背部姿势保持不变，移动骨盆。从前向后转动，然后从后向前转动。每个方向 5 次。

从右向左转动，然后从左向右转动，每个方向 5 次。

双手叉腰，向右画圈，然后向左画圈，每个方向 5 次。

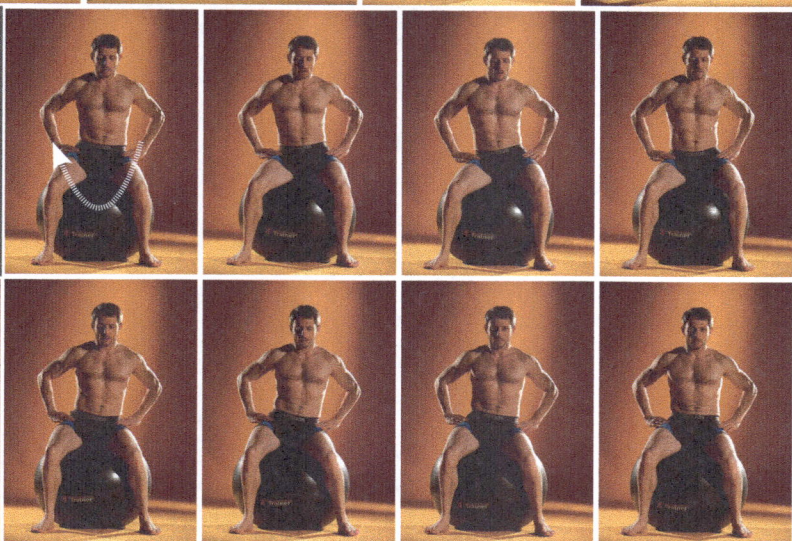

## 04. 选择性练习：
## 健身球上伸展背部

　　请同伴帮忙扶住双脚或把双脚搭在健身梯上。双手放在耳旁（理想情况下可以在胸前手持重物），躯干下降，直到面部触碰到球面。到达最低姿势后，反向进行练习动作，背部伸展，抬起躯干，同时抬头挺胸。练习6次。

按摩　　拉伸　　灵活性练习　　负重

## 腰部紧张

### 01. 使用 2 个按摩球或 1 个花生球按摩腰部

仰卧，双脚抬高放在椅子或箱子上，髋关节和膝关节弯曲 90 度。将 2 个按摩球放在脊柱两侧（如第 1 行右侧照片所示），或者将 1 个花生球放在腰部下方。双腿放在箱子上支撑身体，并以此调节按摩力度。本训练中还可以侧卧在地面上，将上方小腿搭在箱子上，将 1 个花生球放在髋关节下，确保两侧都按摩到。每个姿势下按摩 10 次。

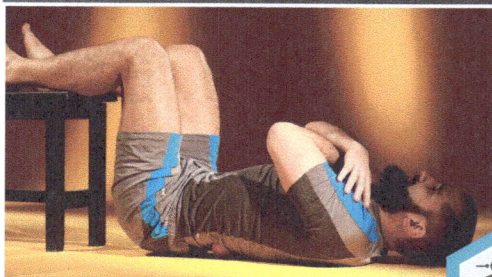

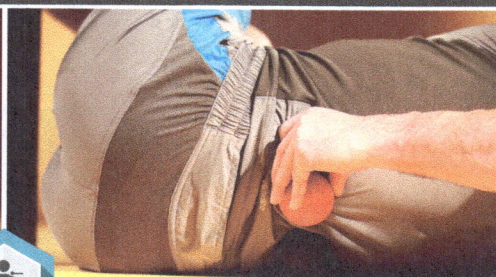

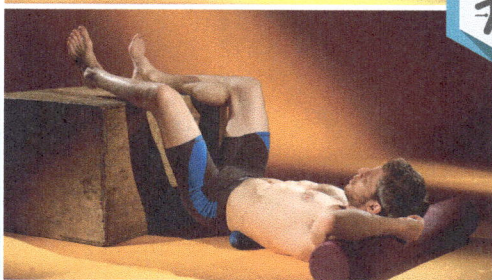

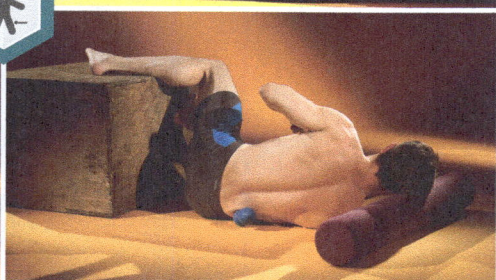

## 02. 狮身人面拉伸
（使用或不使用
弹力带）

　　俯卧，双腿和脚背贴紧地面。
手掌放在体侧肋骨旁，掌心贴地。
手臂用力推，肘关节完全伸展，
向后伸展脊柱。这个训练中，也
可以在上背部缠绕一根弹力带，
并将弹力带的两端用双手固定，
增加训练难度。拉伸 30 秒。

## 03. 平膝跪位前后移动变式

手膝跪位，髋关节向后移动，直至肘部完全伸展，坐在自己的脚跟上（第 1 张照片非最终姿势）。髋关节向前推，两手掌在体侧肋骨位置的地面上支撑，推至肘关节完全伸展。脊柱尽量向后伸展，目光看向天花板。每个姿势保持 5 至 10 秒，做 6 次。

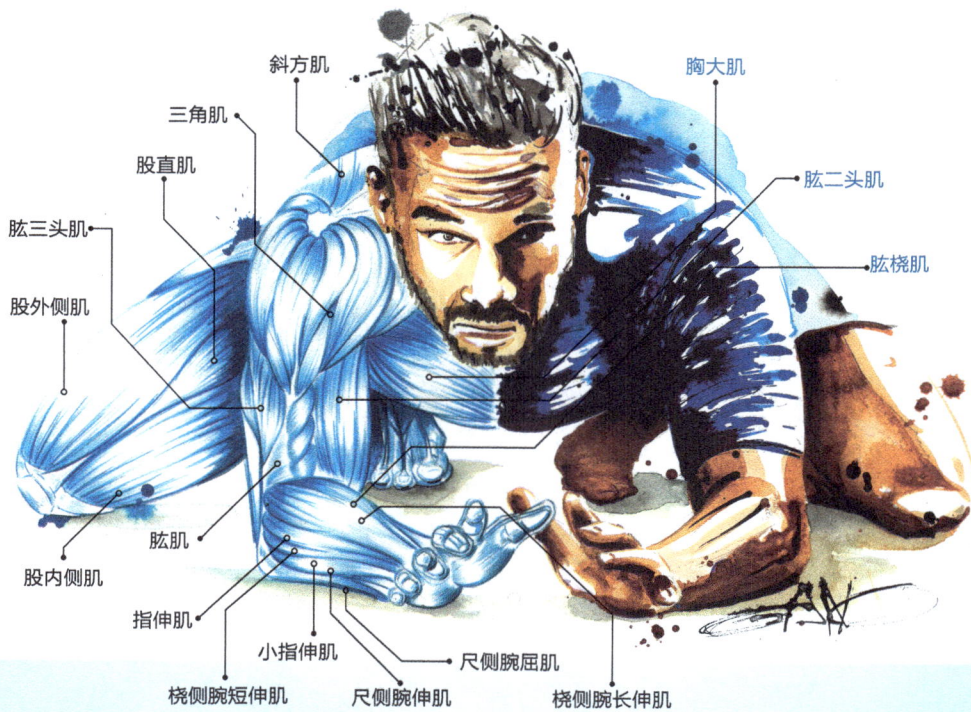

- 斜方肌
- 胸大肌
- 三角肌
- 股直肌
- 肱二头肌
- 肱三头肌
- 肱桡肌
- 股外侧肌
- 肱肌
- 股内侧肌
- 指伸肌
- 小指伸肌
- 尺侧腕屈肌
- 桡侧腕短伸肌
- 尺侧腕伸肌
- 桡侧腕长伸肌

## 04. 选择性练习：
## 健身实心球上背部
## 伸展旋转练习

俯卧在健身球上，大腿和髋关节紧贴球面，请同伴帮忙扶着双脚，或双脚搭在健身梯上。双手在胸前持一个健身实心球，躯干降低，直至健身实心球触碰到地面。到达最低位后，向上伸展背部，抬起躯干，抬头挺胸。每次起身后，将躯干向一侧旋转，并伸展肘关节。背部转回到中立位，再次进行背部伸展，然后旋转躯干到另一侧。整个训练过程中背部始终保持平直。练习6组，每组中两侧交替进行。

# 第 12 章　功能性训练

依赖于灵活性的功能性训练方法是受田径、体操和举重等体育项目启发的训练项目的核心。

　　人体运动可以是某个特定的体育运动，也可以是日常生活中的一部分。简而言之，功能性的运动支撑着我们的生活。维持和提高灵活性是训练的关键所在，因为这项方法有以下特点。

- 使用三维空间。
- 提高呼吸的意识。
- 促进肌肉的离心和向心收缩。
- 包括负重和不负重的训练。
- 利用主动肌和拮抗肌之间的平衡。
- 建立位置感知和身体运动感知。
- 增强肌肉组织的力量和张力。

　　训练不再仅围绕锻炼力量和耐力进行。相反，我们增加了针对身体活动所需的基础灵活性的训练，并贯穿至整个锻炼和训练阶段中。这让我们可以针对不同身体特质进行运动，并对抗某些专项训练（或日常活动）对运动功能的有害影响。

**注意**

　　运动中的大部分身体限制甚至病理限制，都源于运动控制的丧失（Comerford and Mottram 2012）。

## 重新获得控制权

　　呼吸、情绪和身体失调（伤病、训练过度、姿势不良等）会在短期或长期导致严重的肌肉代偿和各种失衡。从某种程度上讲，身体无法控制自身的运动，成了被限制和因疾病拖累而无法运转的机器。

　　**你必须重新获取控制权。**

　　无论你日常生活中的身体运动水平如何，掌握最佳运动都需要神经系统具备良好的反馈机制；全方位正确协调运动；尽量避免僵硬、粘连和失衡——这些都是拥有无痛、无运动限制生活的关键。

　　现代文献已经对非结构化运动进行了大量研究，指出原因除了伤病之外，通常都是由于运动控制不良导致的。

　　科学领域的很多方法都可以客观解决代偿动作、肌肉失衡和过度使用强有力的运动肌的问题（Comerford and Mottram 2001; Sahrmann 2002; Richardson et al. 2004; Jull et al. 2000）。

### 肌肉纤维类型与运动

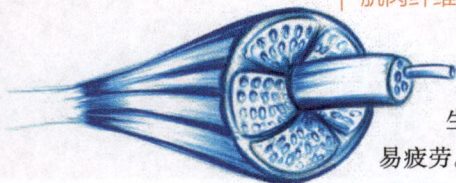

肌肉由快肌纤维和慢肌纤维组成，二者的构成比例对训练有很大影响。快肌纤维旨在产生快速、爆发性的运动，产生高强度收缩，但很容易疲劳。相反，慢肌纤维不那么容易疲劳，主要用于控制运动和姿势。

因此，我们可以从两个不同的角度对人体进行身体训练：一方面训练速度和力量，另一方面训练运动控制。为了达到最佳的运动表现，这两方面都必须进行训练。这就像计算机一样，既要有硬件，又要有软件。为了使功能尽量强大，你需要把硬件和软件都升级到最新版本。这些年来，我们一直努力像改善计算机硬件一样提升人类的身体素质——增加更好的显卡、更好的处理器、更快的内存，而没有升级操作系统。为了使性能达到最佳，这些项目必须同时进行：使用最佳的运动功能，将占优化的肌肉连接起来，促进平衡（反重力和姿势控制）和提升灵活性（负重或快速运动）。

整个训练过程中都要记得兼顾灵活性与平衡性，二者相辅相成，缺一不可。训练时必须同时关注质量、流畅性、速度等因素，并遵循建议的动作组数和重复次数

以蝎子式练习为例（参见第208页），文中所述训练的动作速度都很快，但也可以慢慢进行，在每个动作达到最大幅度时暂停一会儿，确保全身各部位的动作准确，并学会使用腹部深层肌肉发力。可以重复10次为1组，有控制地进行3组，然后休息40秒。以这种方式进行，更能关注训练过程中的平衡控制。

相反，你也可以轻松地完成蝎子式练习。这种情况下，你无须计算重复次数或持续时间，而是将注意力放在动作的流畅性和速度上。这时，动作并不是越快越好，而是要有控制地将动作做到最大幅度。提升速度要以动作具有流畅性为前提。

快肌纤维（白肌纤维）

易疲劳
高强度收缩

快速爆发性的动作

VS

硬件

速度和力量

慢肌纤维（红肌纤维）

不易疲劳
重复持续收缩

有控制的
动作和姿势

软件

运动控制

人体计算机

# 练习系列

以下各练习根据难易程度排列。你可以随着自己水平的提高逐步进行更高难度的变式练习。任何情况下都不要跳过一个系列中的前几个练习。随着时间的推移，这些练习可以作为你进行高级动作之前的热身动作。

# 打开肩关节系列

这些训练的目的是提升肩部灵活性和对动作的控制能力，并有效结合了动态核心训练和螺旋链控制运动。这些训练中的动作应当尽量慢，并应遵循核心稳定性的所有原则（如背部姿势，激活腹横肌并控制盆底肌）。控制呼吸也是必不可少的（参见始于第 78 页的"呼吸"部分）。

头部保持中立位

躯干不要旋转

拇指向上

腹部收紧并控制呼吸

1A

1B

膝关节弯曲呈 90 度

改变手臂位置

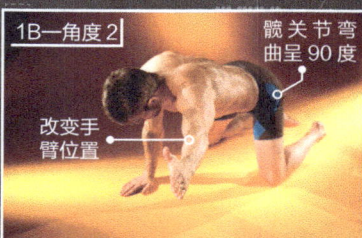

1B—角度 2

髋关节弯曲呈 90 度

改变手臂位置

2A

缓慢而有控制地运动

足部不要触碰地面

对侧肘关节与膝关节触碰

2B

对侧手臂和腿沿对角线运动

腿伸直

背部平直

2C

臀部用力

腿伸直

改变手臂位置

腹部收紧

3C

躯干不要旋转

髋关节不要打开

改变手臂位置

3A

尽量限制躯干的旋转

同侧肘关节和膝关节触碰

3B

手臂和腿同步运动

躯干不要旋转

3C

躯干不要旋转

髋关节不要打开

改变手臂位置

3D

手臂伸直

腿部向一侧抬起

膝关节弯曲呈 90 度

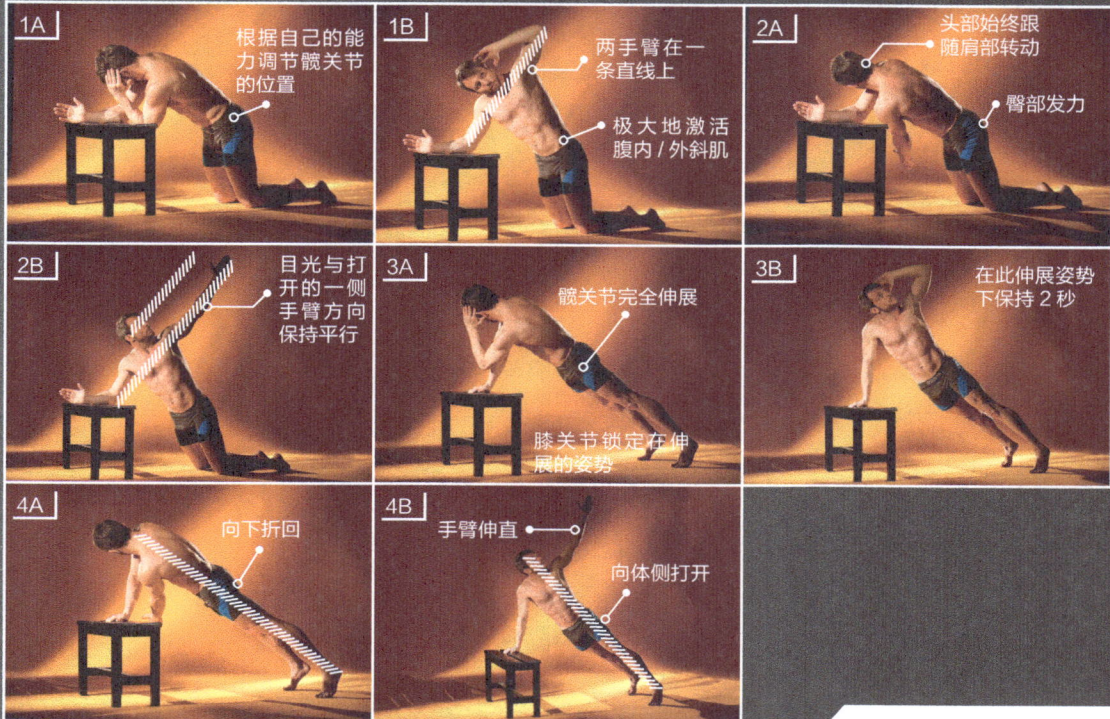

**3B**

双肩呈一条直线
以避免产生不适

手臂伸直

预先激活腹横肌

这些训练是从标枪运动员的训练中得到启发，能锻炼腹部肌肉和肩胛骨区域肌肉的稳定性。这些部位能刺激臂前链和臂后链以及体侧链的灵活性。缓慢地进行这些训练，控制呼吸，并要尽量打开胸部。肘部和手在体侧尽量抬高。

**1A**
根据自己的能力调节髋关节的位置

**1B**
两手臂在一条直线上

极大地激活腹内/外斜肌

**2A**
头部始终跟随肩部转动

臀部发力

**2B**
目光与打开的一侧手臂方向保持平行

**3A**
髋关节完全伸展

膝关节锁定在伸展的姿势

**3B**
在此伸展姿势下保持2秒

**4A**
向下折回

**4B**
手臂伸直

向体侧打开

# 狮身人面系列

**6A**

手臂伸直

胸部打开

髋部压向地面

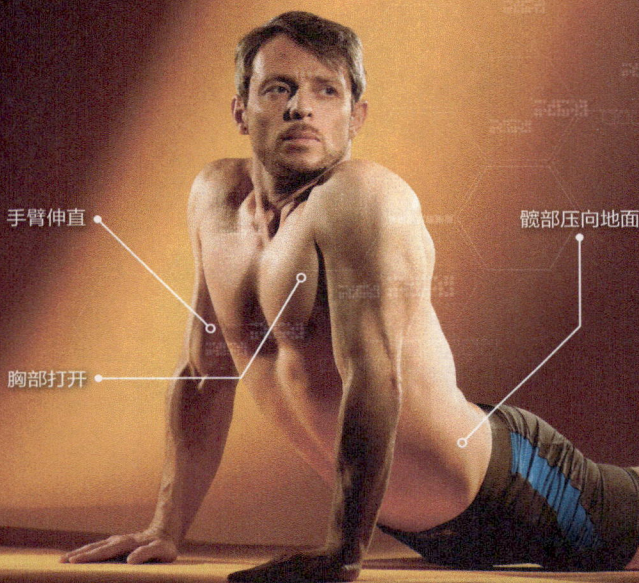

背部伸展是人体功能性运动不可或缺的先决条件。我们不经常针对背部伸展进行训练，因此其灵活性会随着时间推移而逐渐降低。循序渐进地训练狮身人面的各变式能够有效维持和提高背部伸展能力。扎实地训练每个阶段的动作，不要想着一蹴而就。训练每个变式时都要在自己的能力范围内努力达到和维持最大幅度的背部伸展。做每个动作时都要把髋关节尽量压向地面，打开胸部，（如果可以）伸展背部时眼睛看向天花板。

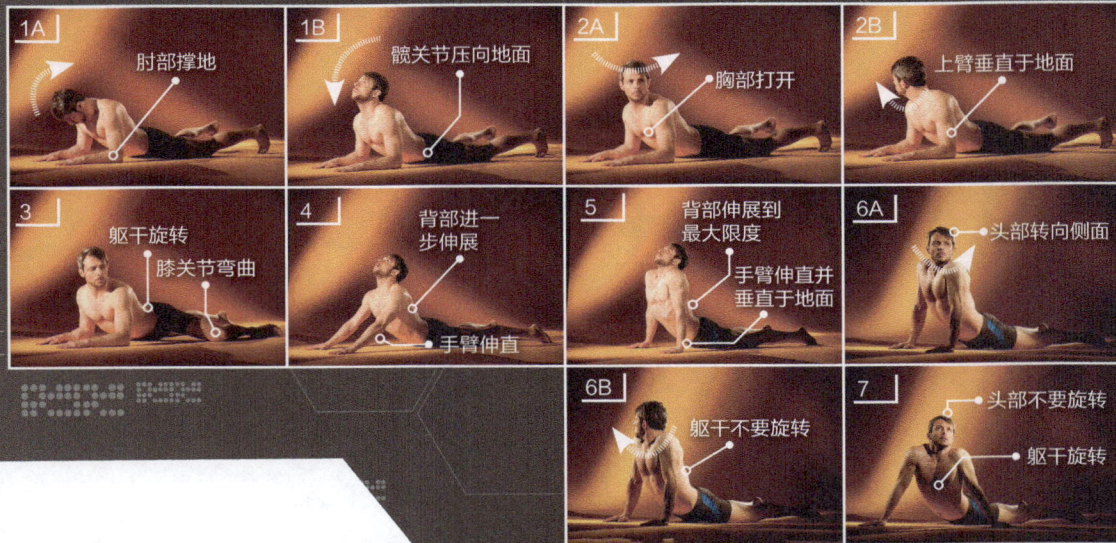

**1A** 肘部撑地

**1B** 髋关节压向地面

**2A** 胸部打开

**2B** 上臂垂直于地面

**3** 躯干旋转　膝关节弯曲

**4** 背部进一步伸展　手臂伸直

**5** 背部伸展到最大限度　手臂伸直并垂直于地面

**6A** 头部转向侧面

**6B** 躯干不要旋转

**7** 头部不要旋转　躯干旋转

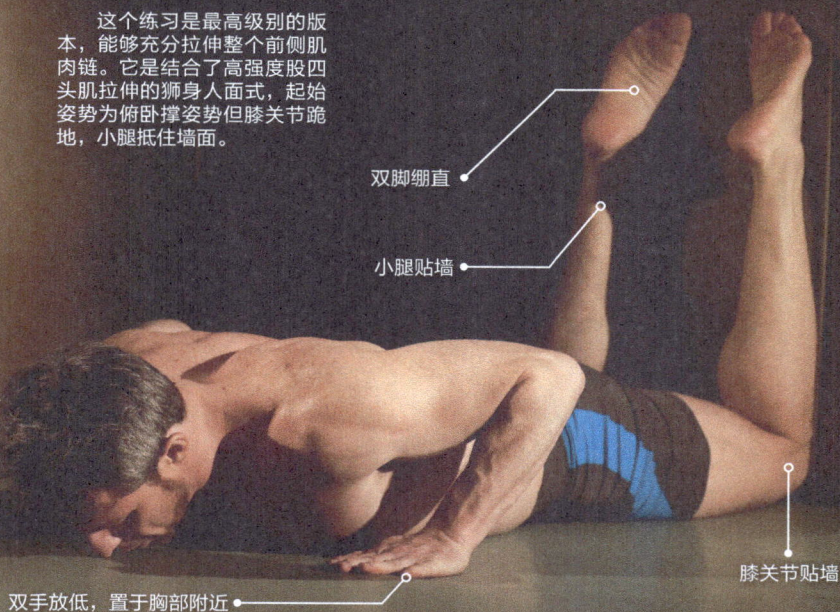

8A

这个练习是最高级别的版本，能够充分拉伸整个前侧肌肉链。它是结合了高强度股四头肌拉伸的狮身人面式，起始姿势为俯卧撑姿势但膝关节跪地，小腿抵住墙面。

双脚绷直

小腿贴墙

膝关节贴墙

双手放低，置于胸部附近

8B

背部尽量伸展，努力看向天花板。保持这个姿势，呼气，尽量放松。如果这个姿势对你来说很容易，或是随着训练进行开始变得容易，则可以抬头看天花板，直到看到身后的墙壁，以增加关节活动度。你还可以尽量将髋关节压向地面。

目光注视天花板

胸部打开

髋关节伸展至最大

# 骨盆控制系列

这些训练的目标在于（重新）获得骨盆的动作控制，使你可以特别专注于身体的这个部位。随着时间推移，你就可以不借助器械，或者如照片中所示，使用一个中号健身球在各个运动平面上灵活地控制骨盆。

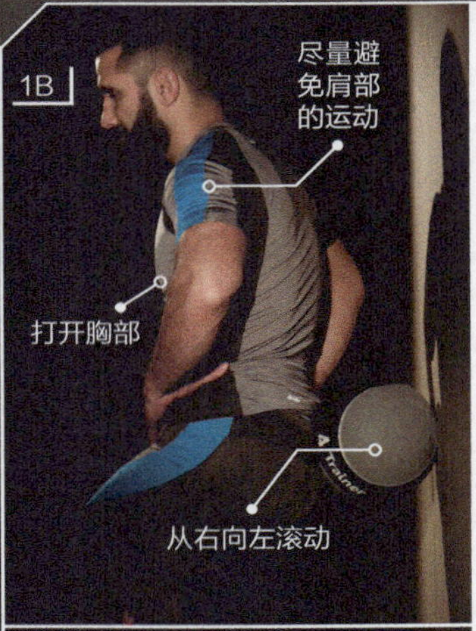

**1A**

腹部内收

从左向右滚动

**1B**

尽量避免肩部的运动

打开胸部

从右向左滚动

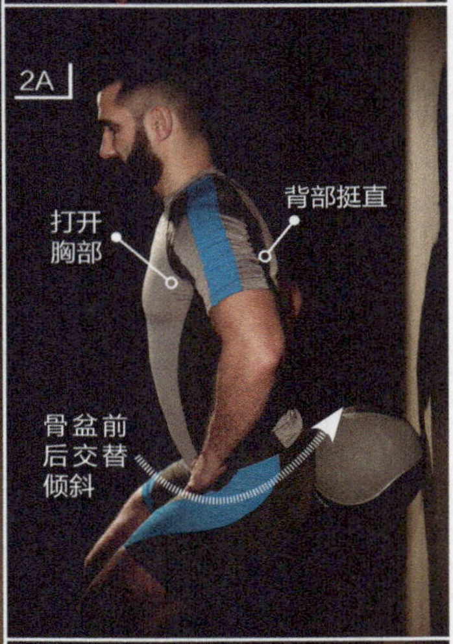

**2A**

打开胸部

背部挺直

骨盆前后交替倾斜

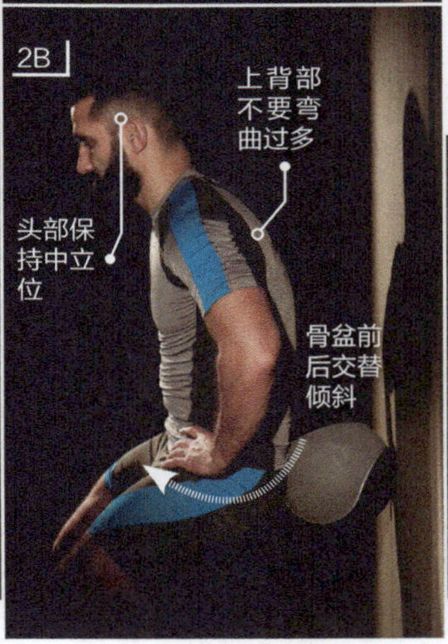

**2B**

上背部不要弯曲过多

头部保持中立位

骨盆前后交替倾斜

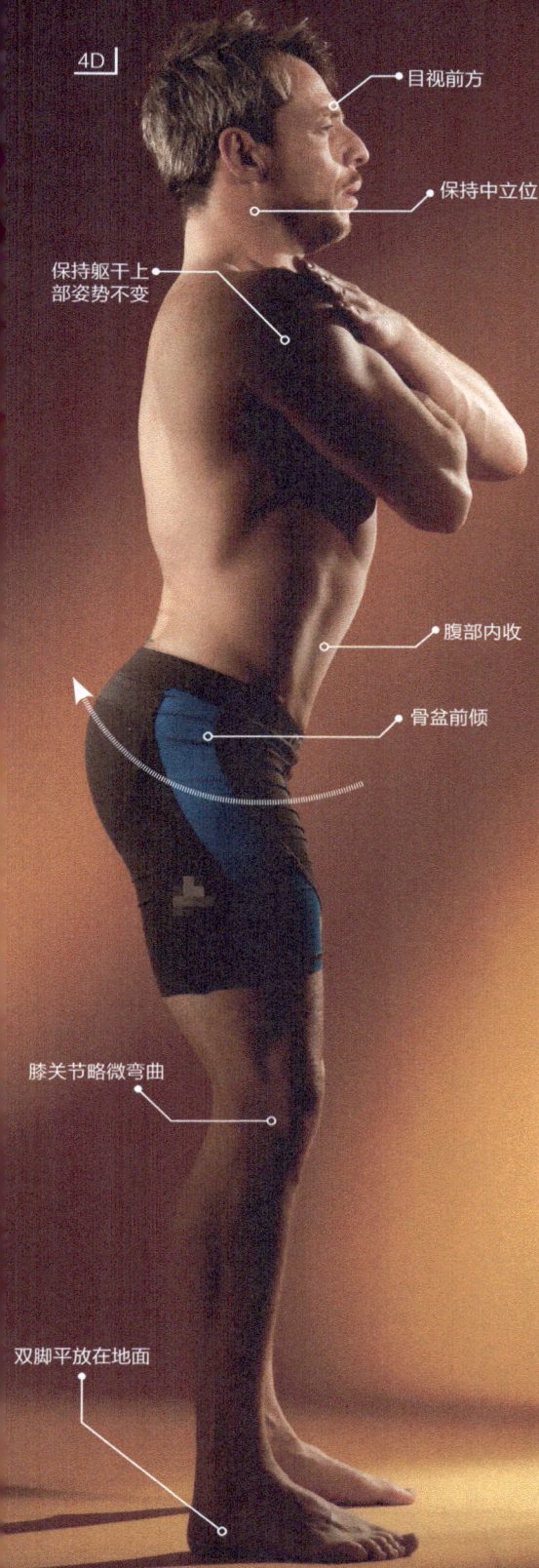

**4D**

目视前方

保持中立位

保持躯干上部姿势不变

腹部内收

骨盆前倾

膝关节略微弯曲

双脚平放在地面

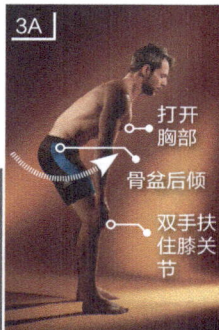

**3A**

打开胸部

骨盆后倾

双手扶住膝关节

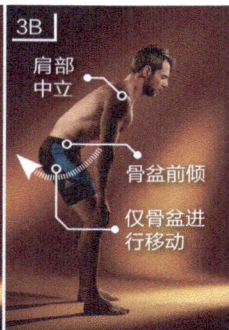

**3B**

肩部中立

骨盆前倾

仅骨盆进行移动

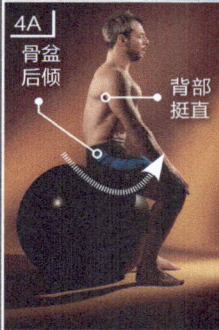

**4A**

骨盆后倾

背部挺直

**4B**

头部保持中立位

骨盆前倾

双手扶住膝关节

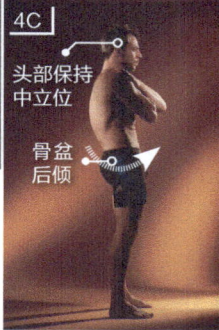

**4C**

头部保持中立位

骨盆后倾

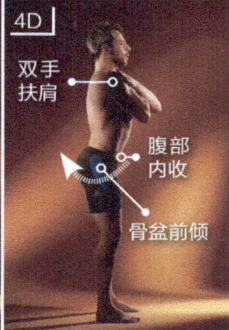

**4D**

双手扶肩

腹部内收

骨盆前倾

# "肩胛骨"系列

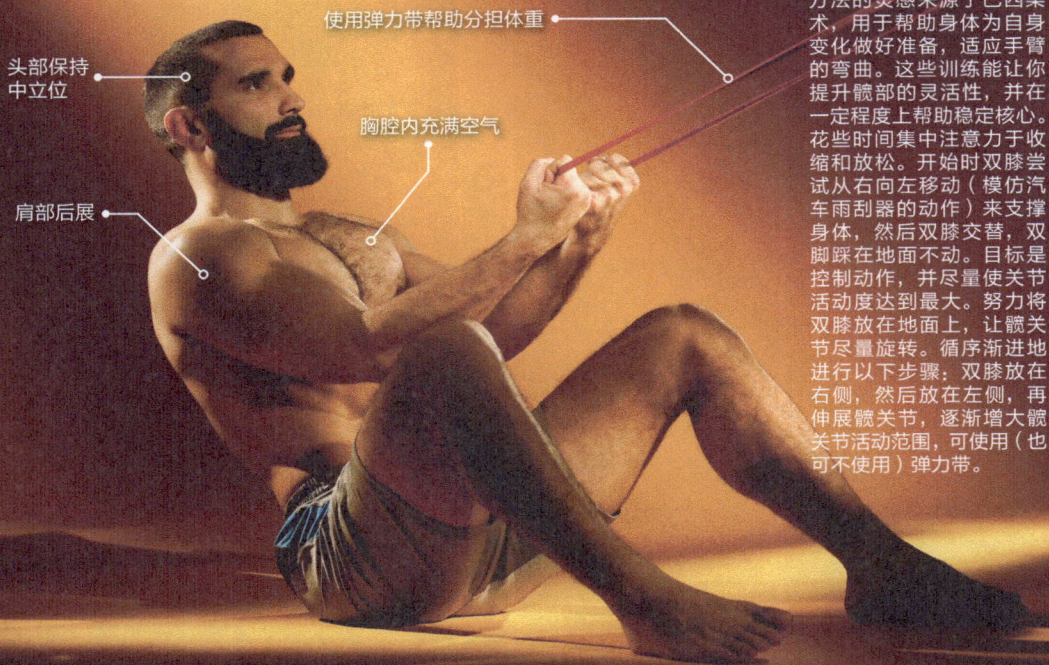

**1A**

头部保持
中立位

肩部后展

使用弹力带帮助分担体重

胸腔内充满空气

"肩胛骨"系列练习方法的灵感来源于巴西柔术，用于帮助身体为自身变化做好准备，适应手臂的弯曲。这些训练能让你提升髋部的灵活性，并在一定程度上帮助稳定核心。花些时间集中注意力于收缩和放松。开始时双膝尝试从右向左移动（模仿汽车雨刮器的动作）来支撑身体，然后双膝交替，双脚踩在地面不动。目标是控制动作，并尽量使关节活动度达到最大。努力将双膝放在地面上，让髋关节尽量旋转。循序渐进地进行以下步骤：双膝放在右侧，然后放在左侧，再伸展髋关节，逐渐增大髋关节活动范围，可使用（也可不使用）弹力带。

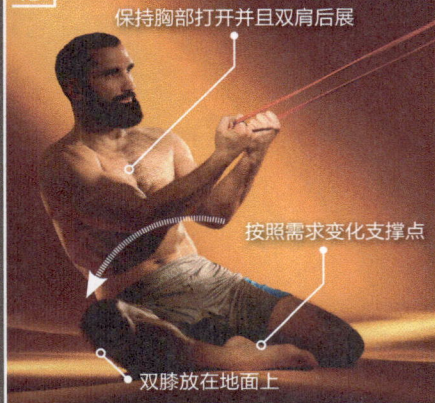

**1B**

保持胸部打开并且双肩后展

按照需求变化支撑点

双膝放在地面上

**1C**

目视前方

臀肌用力收紧

髋关节完全伸展

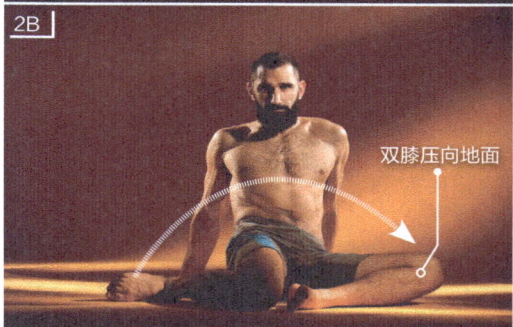

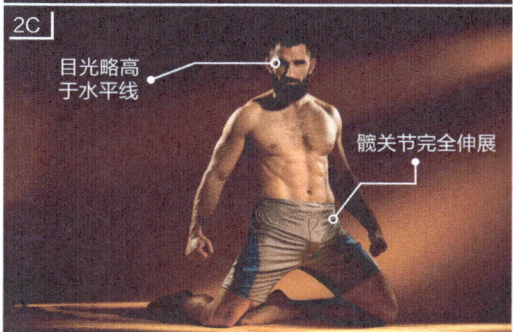

2A

根据需要
移动双脚

双手根据需
要支撑身体

2B

双膝压向地面

2C

目光略高
于水平线

髋关节完全伸展

2D 注意力高度集中于双膝的动作和支撑位置，但也要特别注意髋关节要完全伸展。甚至可以将一侧手臂向斜后方伸展，更大幅度地伸展髋关节，以拉伸螺旋链和体侧链。

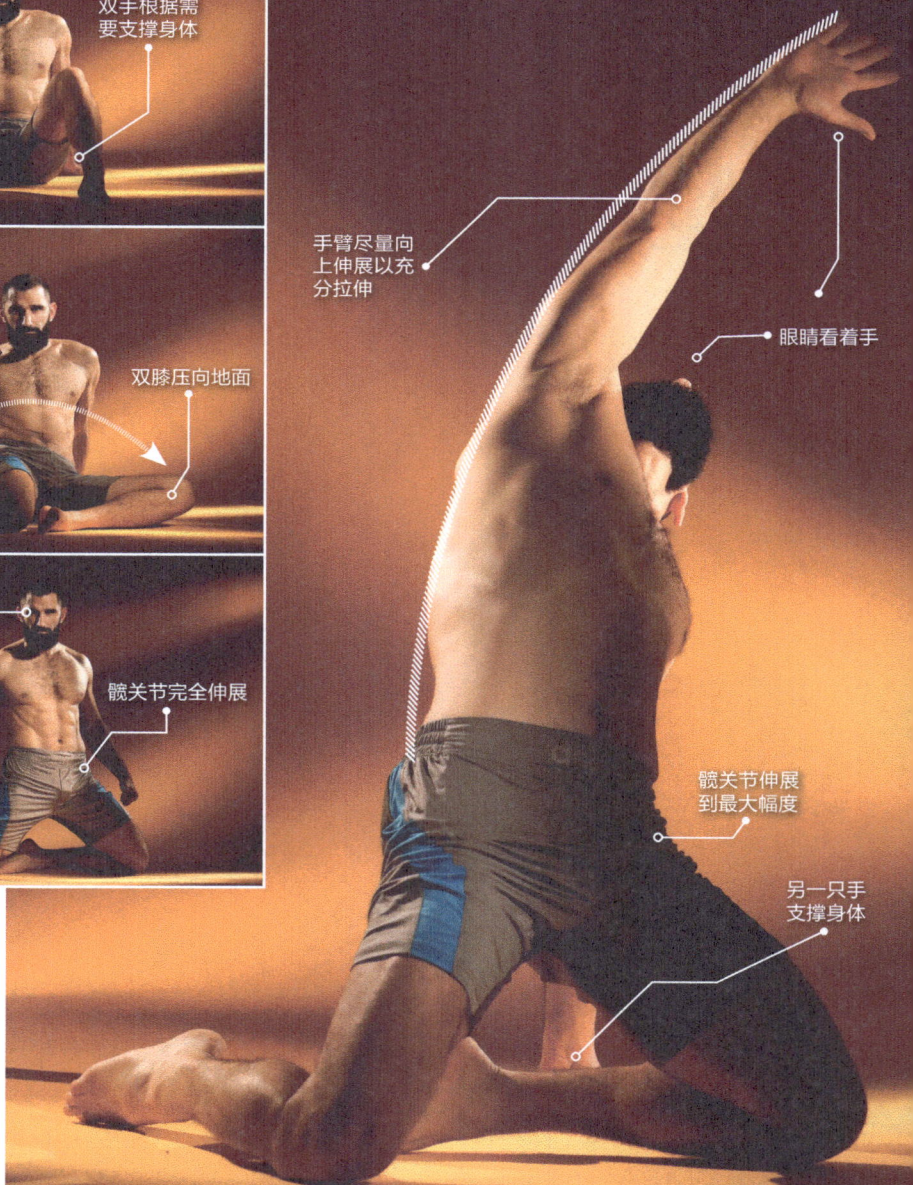

手臂尽量向
上伸展以充
分拉伸

眼睛看着手

髋关节伸展
到最大幅度

另一只手
支撑身体

**3C**

这个练习中，你不能使用双手触地或在地面上移动双脚。训练开始时使用双脚支撑身体，双膝放在地面，同时充分伸展髋关节。跪立起来后，通过一个从左向右的扫腿动作来改变小腿的位置，有控制地使臀部再次着地，重复刚才的动作（不要回到坐姿）。

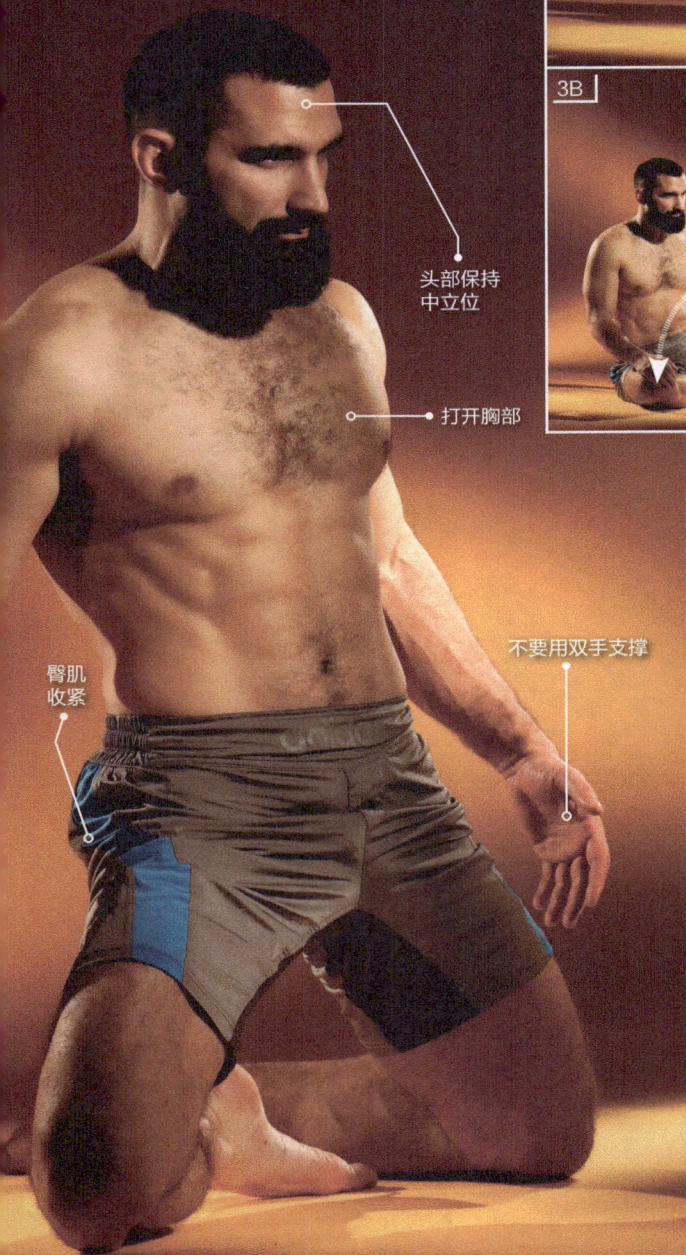

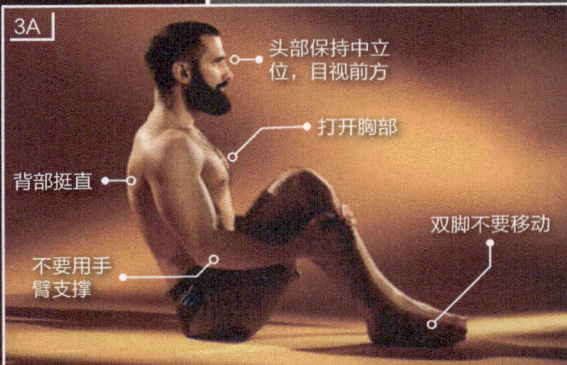

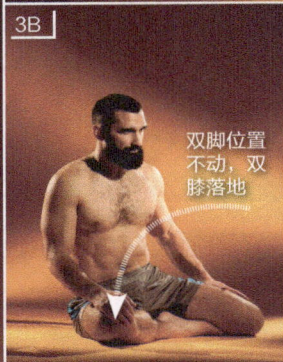

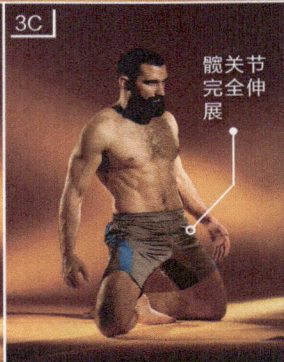

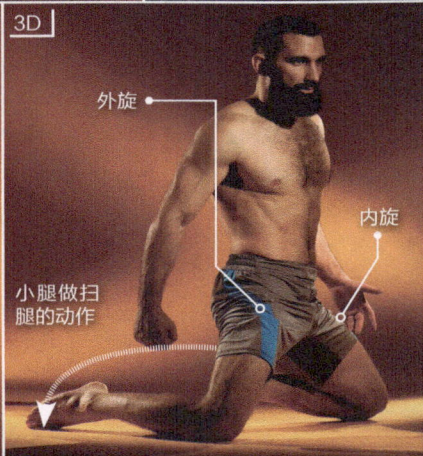

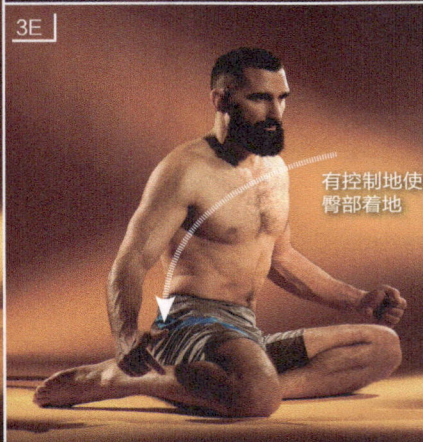

**3A**

头部保持中立位，目视前方

打开胸部

背部挺直

双脚不要移动

不要用手臂支撑

**3B**

双脚位置不动，双膝落地

**3C**

髋关节完全伸展

头部保持中立位

打开胸部

不要用双手支撑

臀肌收紧

**3D**

外旋

内旋

小腿做扫腿的动作

**3E**

有控制地使臀部着地

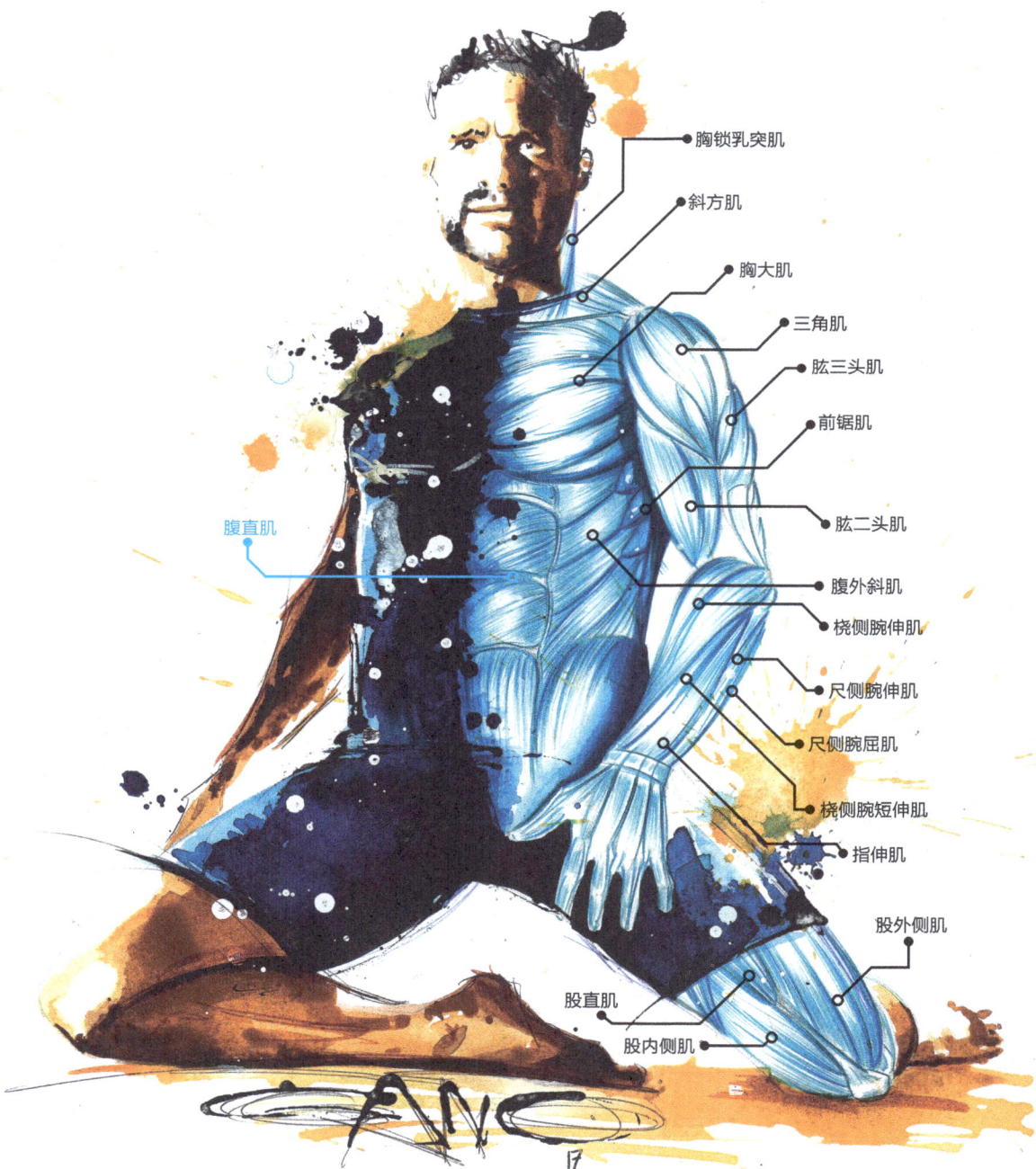

胸锁乳突肌

斜方肌

胸大肌

三角肌

肱三头肌

前锯肌

肱二头肌

腹直肌

腹外斜肌

桡侧腕伸肌

尺侧腕伸肌

尺侧腕屈肌

桡侧腕短伸肌

指伸肌

股外侧肌

股直肌

股内侧肌

**4C**

这是"肩胛骨"练习系列的最高版本，结合了躯干旋转和前面的初级练习系列动作。掌握完整的组合练习后，这个练习系列就可以成为你所有体育运动之前的有效热身方法。当双膝落在地面时，躯干尽量旋转，看向身后。当髋部完全伸展时，一侧手臂向斜上方伸展，尽量挺直。

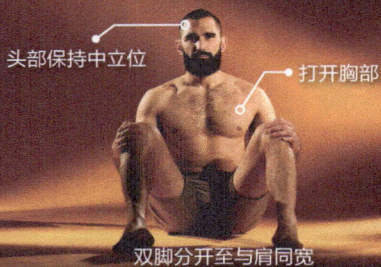

**4A**

头部保持中立位

打开胸部

双脚分开至与肩同宽

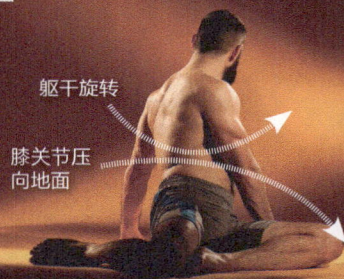

**4B**

躯干旋转

膝关节压向地面

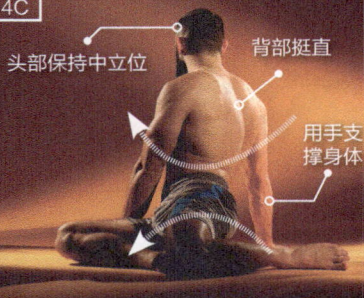

**4C**

头部保持中立位

背部挺直

用手支撑身体

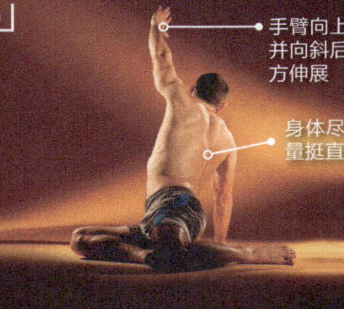

**4D**

手臂向上并向斜后方伸展

身体尽量挺直

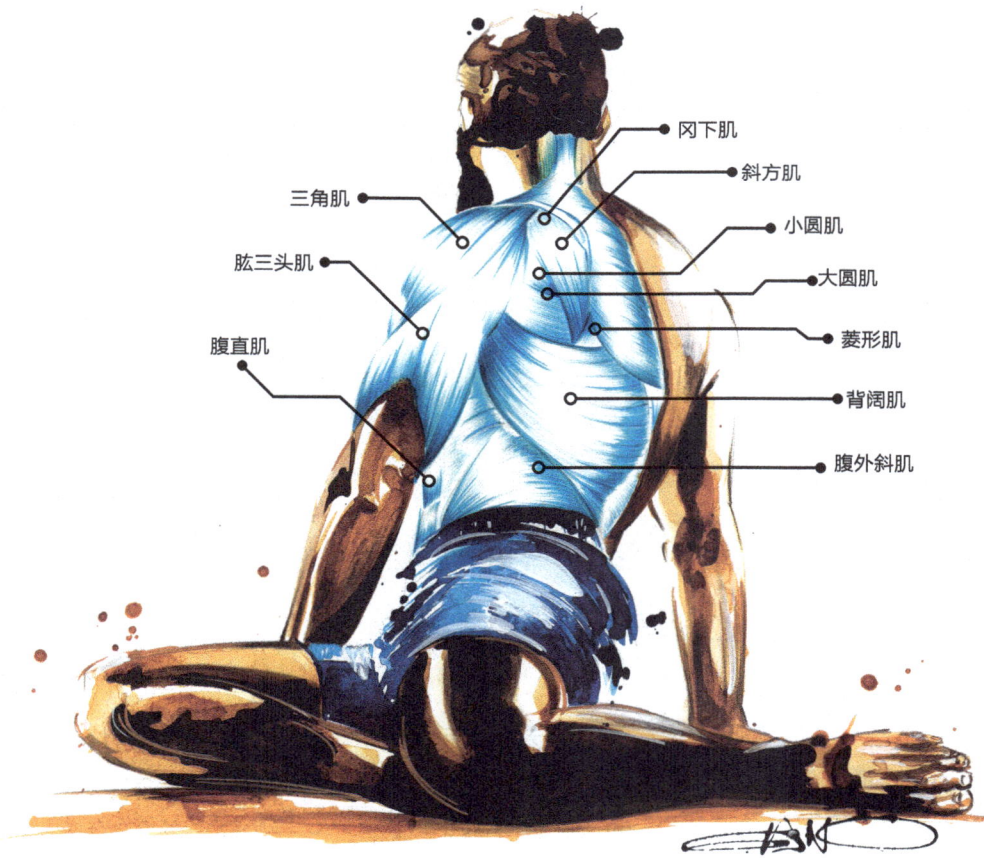

冈下肌

斜方肌

三角肌

小圆肌

肱三头肌

大圆肌

腹直肌

菱形肌

背阔肌

腹外斜肌

# "基础起身" 系列 1

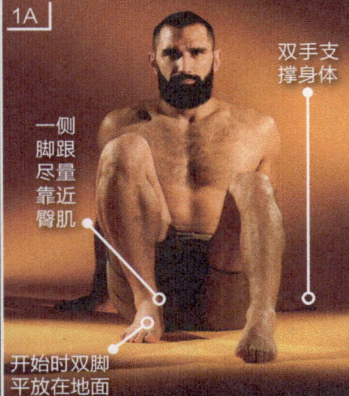

**1A**

一侧脚跟尽量靠近臀肌

双手支撑身体

开始时双脚平放在地面

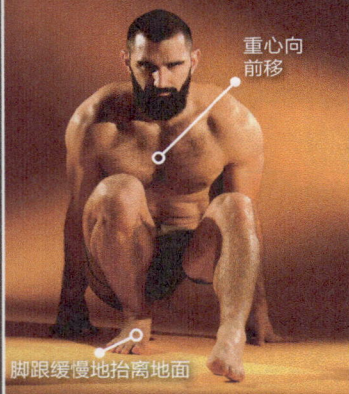

**1B**

重心向前移

脚跟缓慢地抬离地面

**1C**

脚踝背屈以支撑身体，保持一段时间

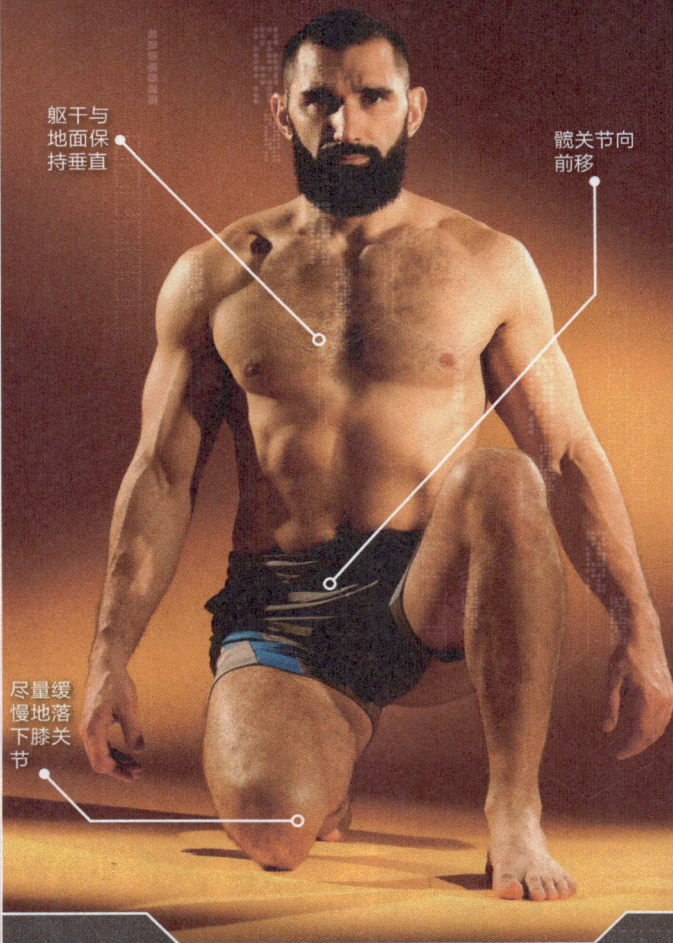

**1D**

躯干与地面保持垂直

髋关节向前移

尽量缓慢地落下膝关节

这个系列能提高踝关节灵活性。它不仅包含简单的从蹲伏姿势起身，还涉及整个身体向前或向后运动中迫使踝关节背屈。从坐立姿势开始，将一只脚跟尽量靠近臀部（下方），让这一侧腿来主要支撑你的身体。然后慢慢地用手和另一侧（放在身体前的地面）的腿保持平衡，立起身体，让支撑侧的脚跟慢慢地抬离地面。

2E

这是从另一个角度来观察这个练习。建立起稳定的支撑基础非常重要，因为这是本系列中的其他练习必不可少的。慢慢地进行训练中的每个动作，并在每两个动作间停顿一会儿，注意力集中在最终目标上，即增强踝关节的灵活性。这个系列也称为基础起身式，因为在运动的最后，都是以基础姿势结束。在武术中，这个姿势通常被视为稳定、可运动且安全（SMS）的姿势。

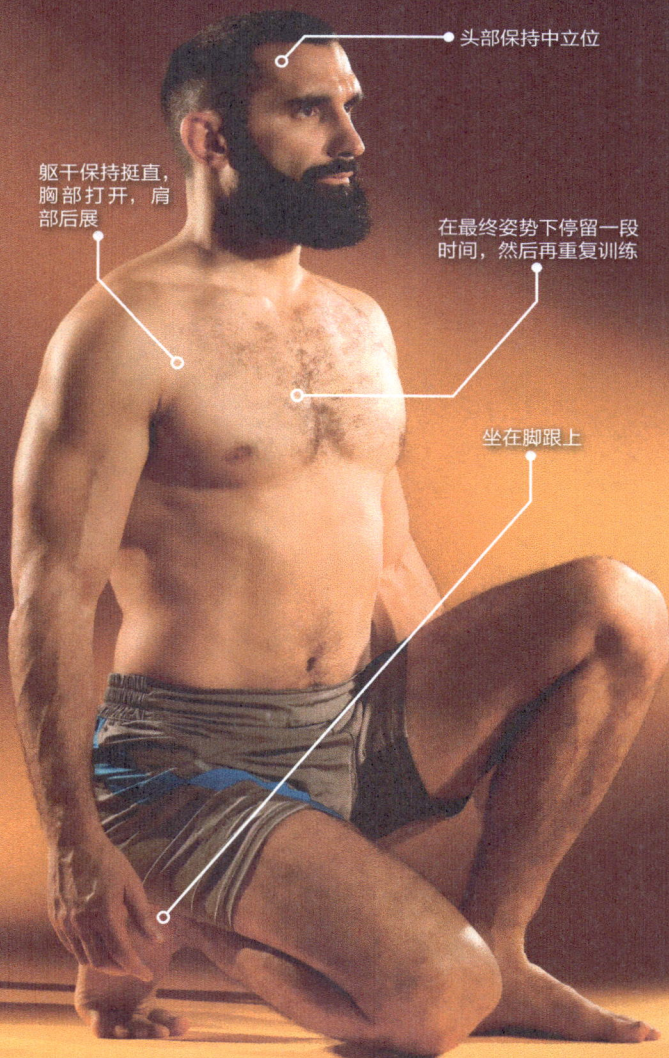

2A

开始时双脚平放于地面

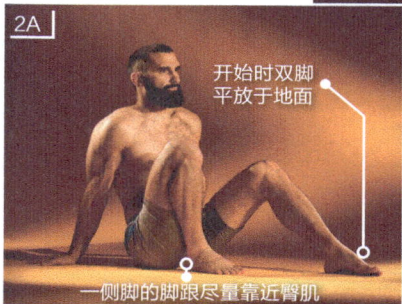

一侧脚的脚跟尽量靠近臀肌

2B

重心向前转移

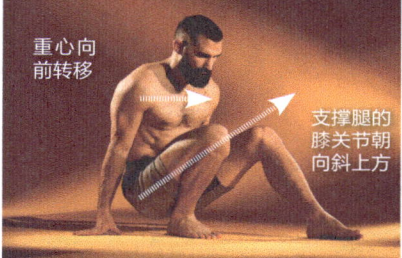

支撑腿的膝关节朝向斜上方

2C

支撑腿的膝关节远超过脚趾

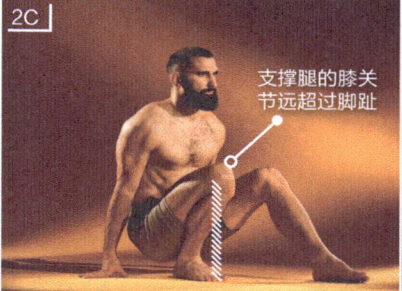

2D

脚跟尽量缓慢地抬离地面

膝关节尽量缓慢地下落

头部保持中立位

躯干保持挺直，胸部打开，肩部后展

在最终姿势下停留一段时间，然后再重复训练

坐在脚跟上

这两个练习在踝关节背屈练习的基础上增加了移动，提高了速度。做多少次并不重要，练习所用的时间也不重要。你的目标是使动作流畅、放松，没有停顿地完成动作。你应当特别注意平衡性，并努力让踝关节背屈幅度达到最大。进行基础起身之前，切记要做一个滚动动作。第1个练习中，要像前一个练习中一样，身体保持一条直线。第2个练习中要利用髋关节转动使身体滚动，在一侧膝关节落地，另一侧膝关节抬起的情况下蹲起。

头部伸直

躯干不要做出补偿

尽量快速地让背部垂直于地面

踝关节尽量打开

3C

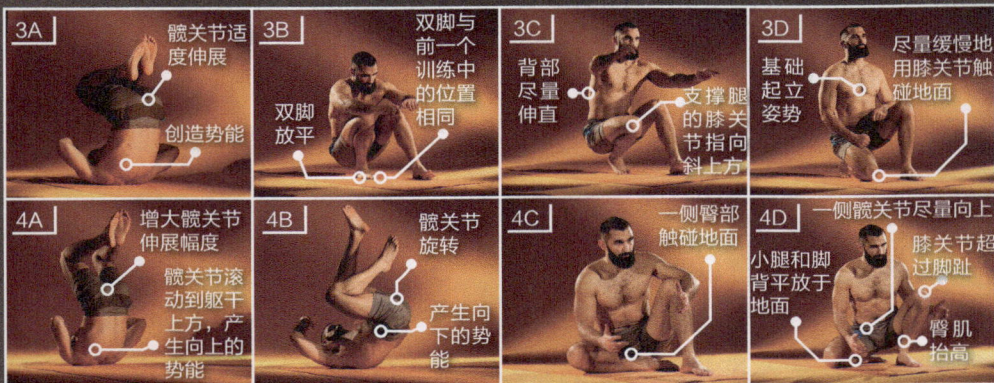

| 3A 髋关节适度伸展 创造势能 | 3B 双脚放平 双脚与前一个训练中的位置相同 | 3C 背部尽量伸直 支撑腿的膝关节指向斜上方 | 3D 基础起立姿势 尽量缓慢地用膝关节触碰地面 |
| --- | --- | --- | --- |
| 4A 增大髋关节伸展幅度 髋关节滚动到躯干上方，产生向上的势能 | 4B 髋关节旋转 产生向下的势能 | 4C 一侧臀部触碰地面 | 4D 一侧髋关节尽量向上 膝关节超过脚趾 小腿和脚背平放于地面 臀肌抬高 |

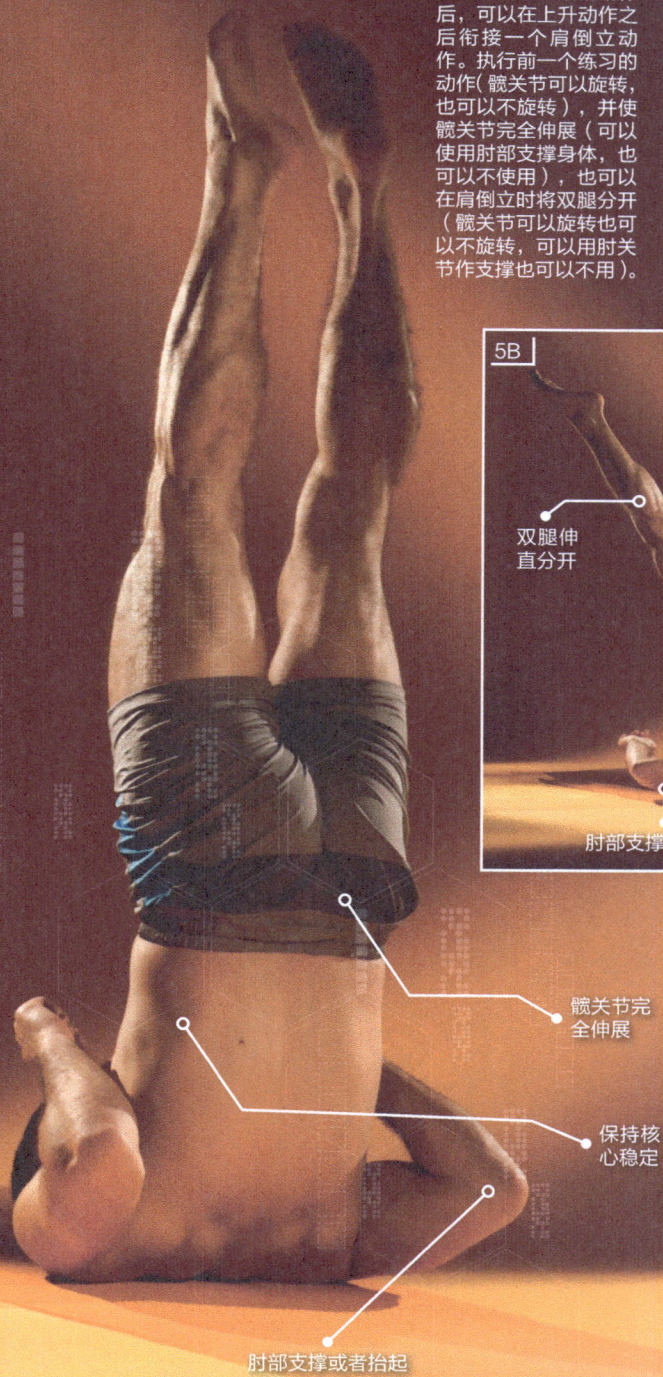

5A

正确掌握滚动动作后，可以在上升动作之后衔接一个肩倒立动作。执行前一个练习的动作（髋关节可以旋转，也可以不旋转），并使髋关节完全伸展（可以使用肘部支撑身体，也可以不使用），也可以在肩倒立时将双腿分开（髋关节可以旋转也可以不旋转，可以用肘关节作支撑也可以不用）。

5B

双腿伸直分开

肘部支撑或者抬起

髋关节完全伸展

保持核心稳定

肘部支撑或者抬起

这个组合练习能让你交替训练前侧下肢肌肉链和后侧下肢肌肉链的灵活性。开始时两膝关节都屈曲 90 度，躯干尽量挺直。从这个姿势开始，向前弓步，后侧腿髋关节逐步完全伸展。要完成这个动作，膝关节要向前超过脚趾。然后髋关节向后屈曲，并尽量屈曲后侧腿的髋关节和膝关节（坐在后侧脚脚跟上），直至前膝关节完全伸展。这个练习开始时要慢慢地进行，并逐渐加大关节活动度。充分热身后，加快完成动作的速度，直至能从伸展的姿势快速变换到下一个姿势。

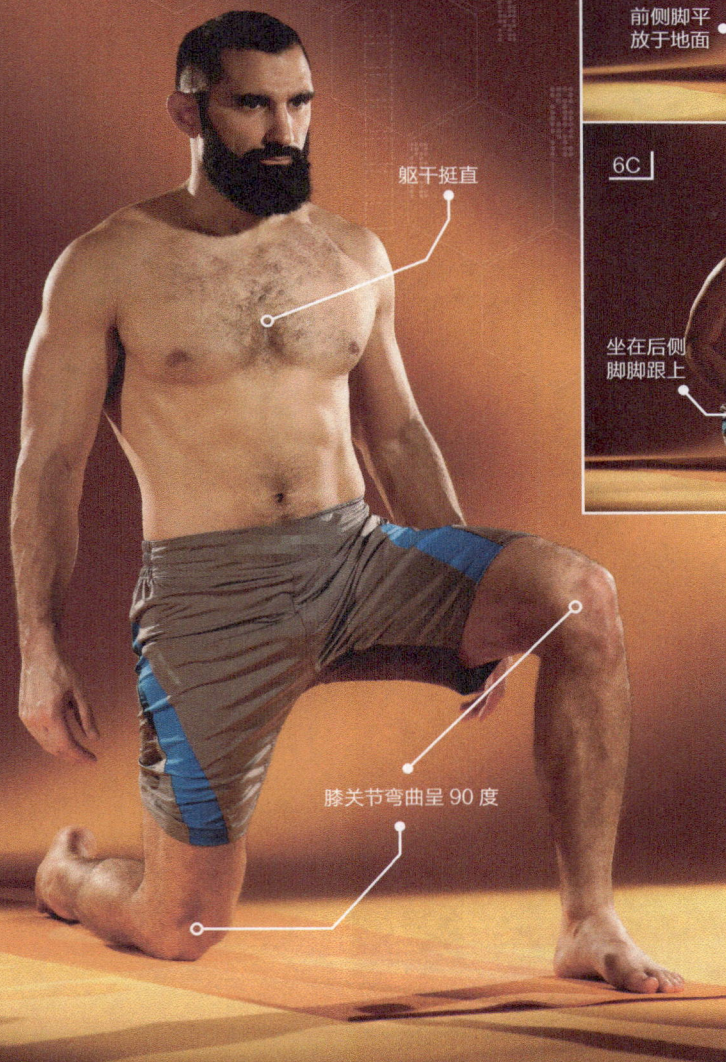

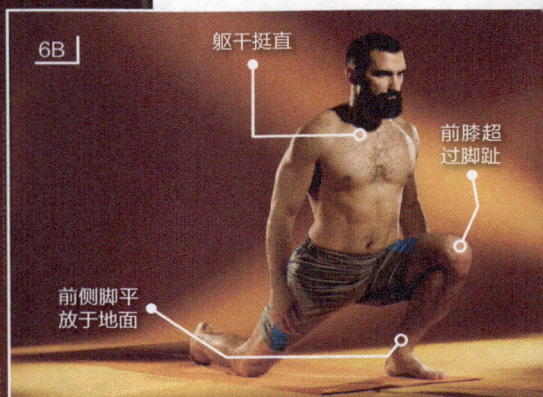

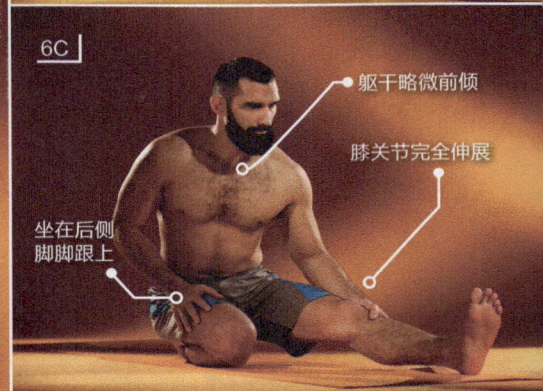

6B

躯干挺直

前膝超过脚趾

前侧脚平放于地面

6C

躯干略微前倾

膝关节完全伸展

坐在后侧脚脚跟上

躯干挺直

膝关节弯曲呈 90 度

# 基础起身系列 2

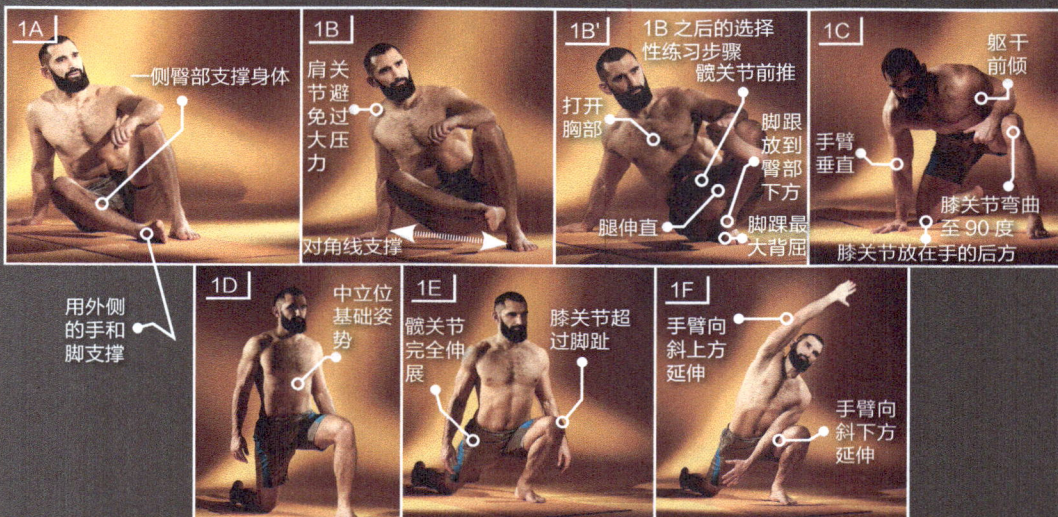

1B

避免给肩关节施加过大压力

对角线支撑

这个系列练习也提供了很好的热身功能。回到基础姿势（参见第 273 页 SMS 的概念），从坐姿通过调动不同的肌肉链转换成站姿。本系列练习灵感来自武术动作，引入了对角支撑的基本概念，对于通过功能链或螺旋链从一侧肌肉转换到另一侧肌肉相当有效。用一侧臀部坐立，并用该脚脚和对侧的手支撑身体，使用这两个支点抬起骨盆，使其从前向后移动。然后可以在对角线方向上，将腿向前伸展，或把膝关节（本训练第 2 种方法中是把脚）放在手的正后方。最后以一个经典弓步结束练习，即将膝盖放在地面或下蹲，然后再做一个直立的伸展动作。

1A

一侧臀部支撑身体

用外侧的手和脚支撑

1B

肩关节避免过大压力

对角线支撑

1B' 1B 之后的选择性练习步骤

打开胸部

髋关节前推

脚跟放到臀部下方

腿伸直

脚踝最大背屈

1C

躯干前倾

手臂垂直

膝关节弯曲至 90 度

膝关节放在手的后方

1D

中立位基础姿势

1E

髋关节完全伸展

膝关节超过脚趾

1F

手臂向斜上方延伸

手臂向斜下方延伸

**2A**

外侧的手和外侧的脚作为支撑

一侧臀部支撑身体

**2B**

躯干前倾

手臂垂直于地面

膝关节放在手的后面

膝关节弯曲至 90 度

**2C**

背部反复伸展和放松

手臂垂直于地面并稍微弯曲

双腿反复伸展和放松

**2D**

手臂呈一条直线

背部尽量伸直

腿尽量伸直

**2D'**

头部伸直

背部挺直

胸部打开

一侧手臂支撑

**2D"**

手臂向上伸直，目光注视拇指

头部伸直

背部挺直

**2E**

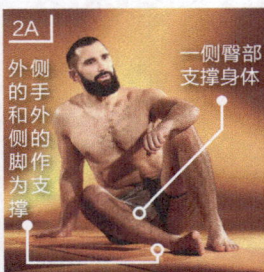

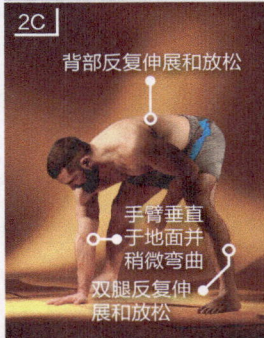

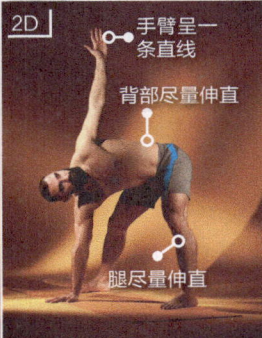

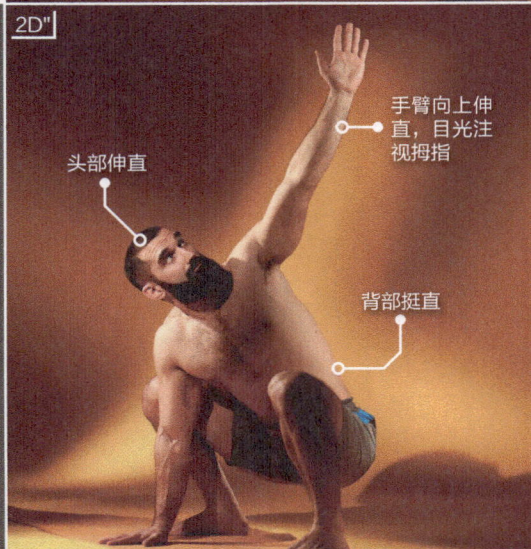

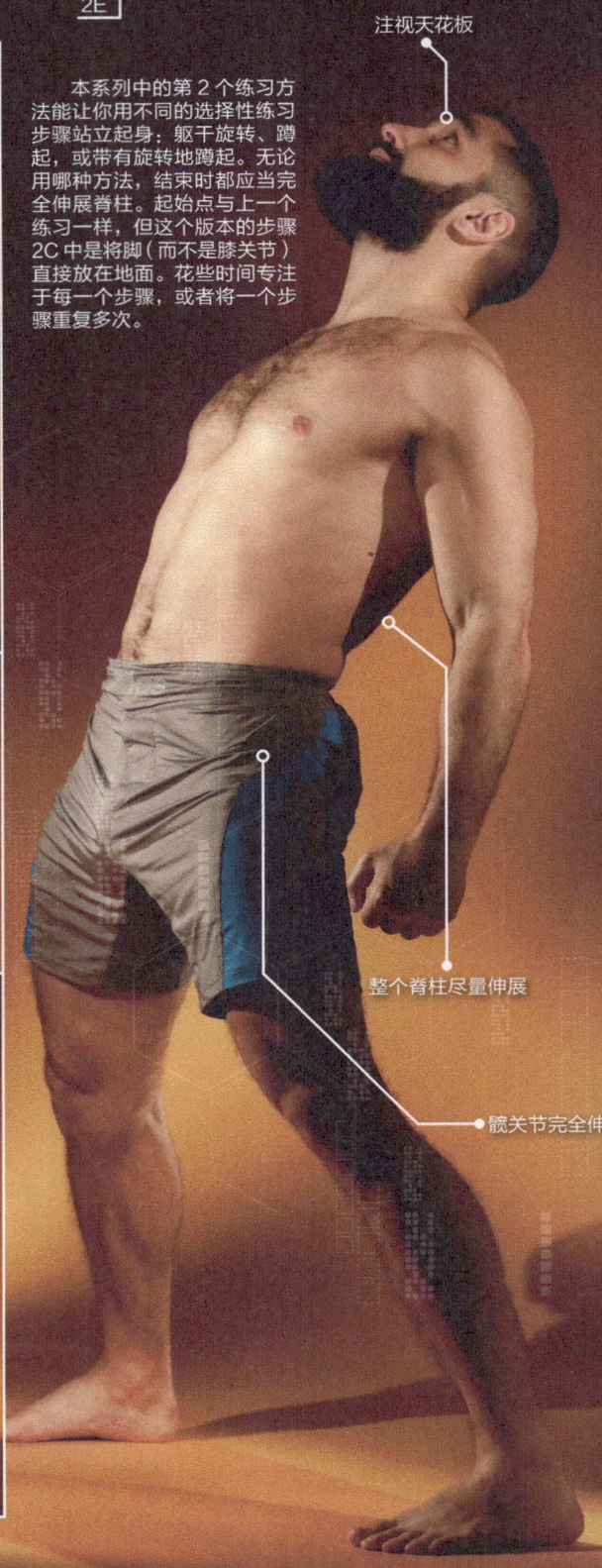

本系列中的第 2 个练习方法能让你用不同的选择性练习步骤站立起身：躯干旋转、蹲起，或带有旋转地蹲起。无论用哪种方法，结束时都应当完全伸展脊柱。起始点与上一个练习一样，但这个版本的步骤 2C 中是将脚（而不是膝关节）直接放在地面。花些时间专注于每一个步骤，或者将一个步骤重复多次。

注视天花板

整个脊柱尽量伸展

髋关节完全伸

# 桥式系列

**1C**

本系列练习有两个目的：通过后侧肌肉链的支撑和逐渐收紧关节（尤其是肩胛）来改善骨盆的灵活性和稳定性。无论你在这个系列进行哪个级别的练习（1级或2级的A、B、C步），都要注意保持髋关节伸展一段时间或反复伸展数次。核心稳定性仍然是首要训练目标，但髋关节灵活性也很重要。

膝关节弯曲至90度

膝关节完全伸展

髋关节完全伸展

腹部收紧

支撑腿侧的手臂与地面垂直

脚平放在地面

**1A**

双脚平放于地面

双膝弯曲90度

髋关节保持完全伸展

头部平放于地面

**1B**

双脚平放于地面

髋关节保持完全伸展

手臂竖直伸展

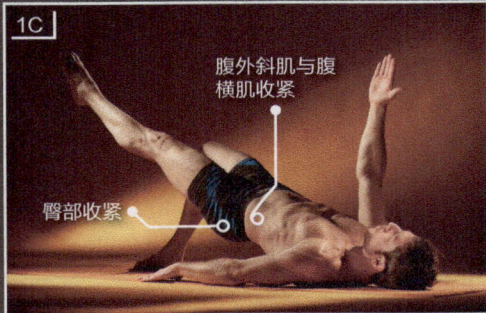

**1C**
- 腹外斜肌与腹横肌收紧
- 臀部收紧

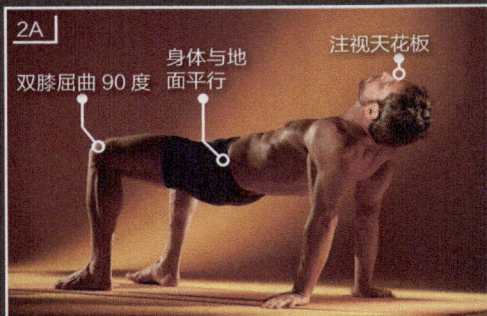

**2A**
- 双膝屈曲 90 度
- 身体与地面平行
- 注视天花板

**2B**
- 膝关节完全伸展
- 腹部收紧
- 腿与躯干呈一条平行于地面的直线

**2C**
- 手臂指向斜后方，眼睛看向手的方向
- 双膝屈曲 90 度
- 髋关节完全伸展

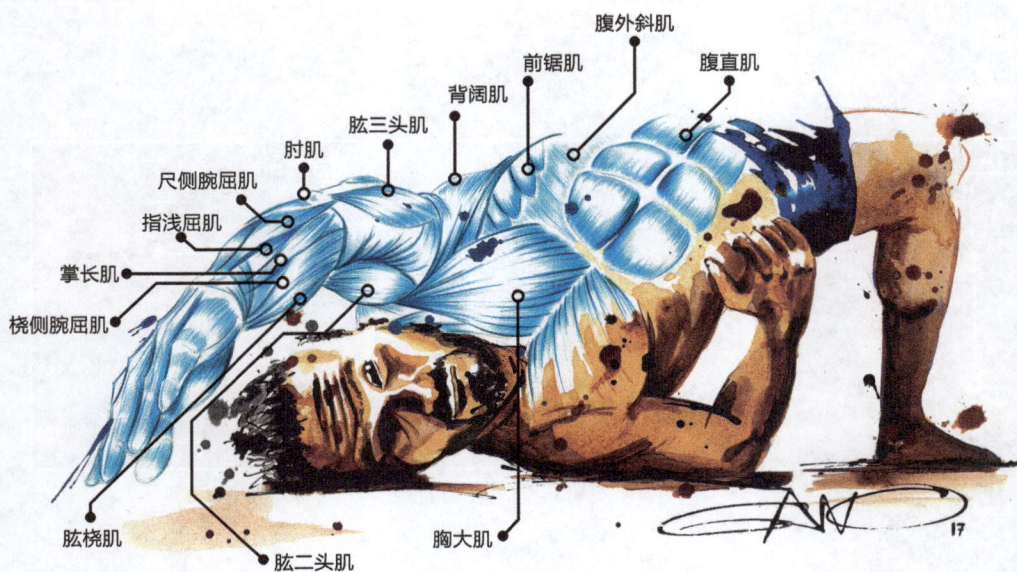

- 肱三头肌
- 肘肌
- 尺侧腕屈肌
- 指浅屈肌
- 掌长肌
- 桡侧腕屈肌
- 前锯肌
- 背阔肌
- 腹外斜肌
- 腹直肌
- 肱桡肌
- 肱二头肌
- 胸大肌

# 落腿系列

本系列由 6 个练习组成，灵感来源于柔道、巴西柔术等武术在地面格斗中的鲤鱼打挺动作。这些练习需要较高的核心稳定性，骨盆和肩部拉开，并需要较高的骨盆灵活性。因此，落腿系列是极其有效的热身方法。这个系列开始时要在不用背部做出代偿的前提下，利用核心稳定性以及打开和收紧髋关节，使身体从仰卧姿势变为坐姿，从而控制骨盆。接下来利用腿部的两侧运动控制骨盆旋转。第 3 步也是针对骨盆旋转，但是是以双腿分离的方式完成。一旦你掌握了这 3 个步骤，就可以将它们结合起来。所有版本中都不要伸展背部做出代偿，如果不得不拱起背部才能继续落下双腿，就不要继续增大躯干和双腿的距离。

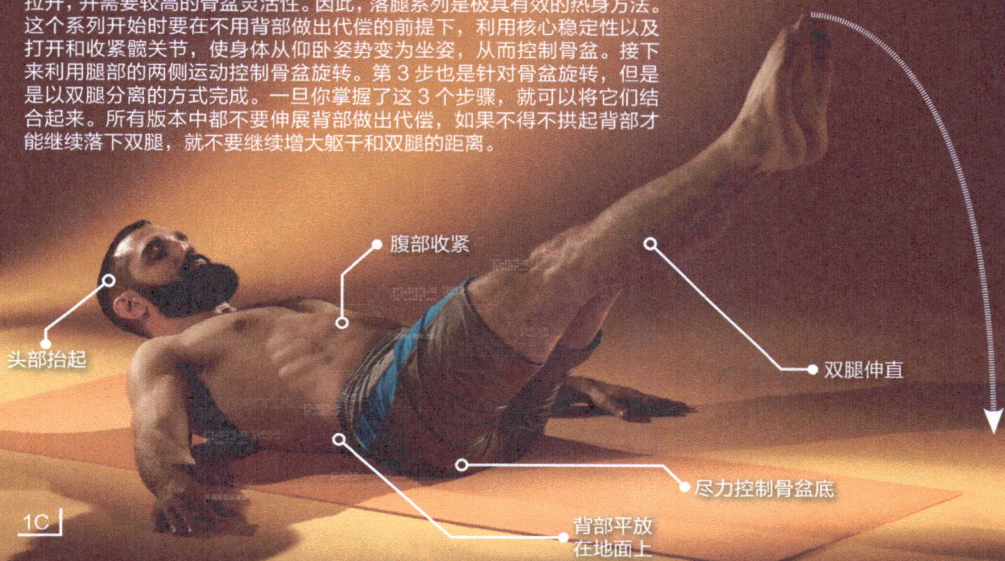

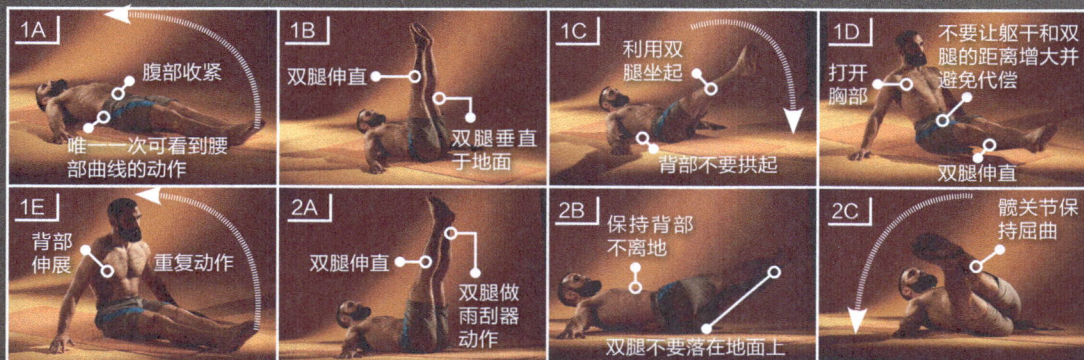

腹部收紧

头部抬起

双腿伸直

尽力控制骨盆底

背部平放在地面上

1C

1A 腹部收紧
唯一一次可看到腰部曲线的动作

1B 双腿伸直
双腿垂直于地面

1C 利用双腿坐起
背部不要拱起

1D 打开胸部
不要让躯干和双腿的距离增大并避免代偿
双腿伸直

1E 背部伸展
重复动作

2A 双腿伸直
双腿做雨刮器动作

2B 保持背部不离地
双腿不要落在地面上

2C 髋关节保持屈曲

3A

这些训练既可以缓慢而有控制地进行，也可以快速轻松地进行。无论使用哪种方法，注意力都不应该放在重复次数和练习所花费的时间上。相反，你应当注意尽量放松、动作流畅，或是注意有控制地进行动作，并将动作做精准。在后一种训练方法中，先将一条腿摆动至一侧，然后再将另一条腿摆动过去。整个训练过程中要确保膝关节完全伸展。

两条腿逐一移动

膝关节保持伸展

激活腹横肌和腹内 / 外斜肌

头部位于中立位

3B

先落下一条腿

3C

再落下另一条腿

3D

反方向逐一运动两条腿

3E

头部保持中立位

腹部收紧

3F

在另一方向进行训练

3G

激活腹横肌

激活腹内 / 外斜肌

3H

用力控制盆底肌

3I

始终让一条腿跟随另一条腿

3J

在另一侧重复进行此训练

4B

这个练习将使髋关节在所有的运动平面上进行运动。和之前的练习一样，双腿保持伸直，但这次应将双腿夹紧。要在不改变躯干位置的同时向侧面摆动髋关节来加强滚动坐起的动作，侧坐起来。

目标是侧坐起来

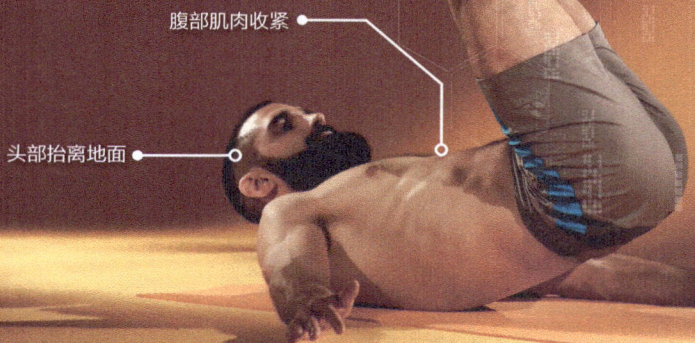

摆动髋关节和双腿

腹部肌肉收紧

头部抬离地面

4A

双腿伸直，获得势能

4B

头部保持抬离地面

旋转以获得势能

4C

腰部贴在地面

仅腰部旋转，躯干不动

可以选择用一侧肘部支撑身体

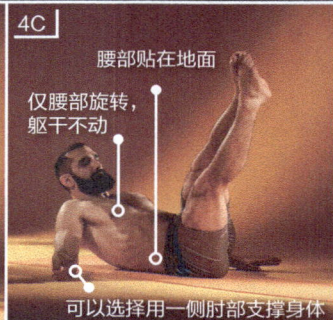

4D

要意识到转动双腿并不会改变你坐起来的方向

躯干和双腿保持最佳距离

在另一侧重复练习

双腿伸直，侧坐

注意你在地面上的位置，这样就可以沿着同一轴向摆动

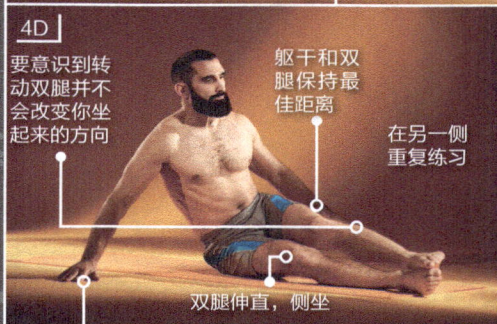

和双腿沿某一轴向分开一样，现在我们将髋关节旋转和双腿分离结合起来，双腿分开的距离取决于你的训练速度。和练习4一样，髋关节要始终在一个轴向上摆动（不要离开垫子）；髋关节摆动的同时，躯干仍然要保持在原来的轴向上。背部着地，控制躯干与双腿之间的距离，快慢交替地进行这个练习。

5A

膝关节伸直

头部保持中立位

距离可调整

通过摆动双腿来获得势能

躯干与垫子对齐

5B

利用双腿获得速度

双腿伸直

5C

双腿之间距离最大

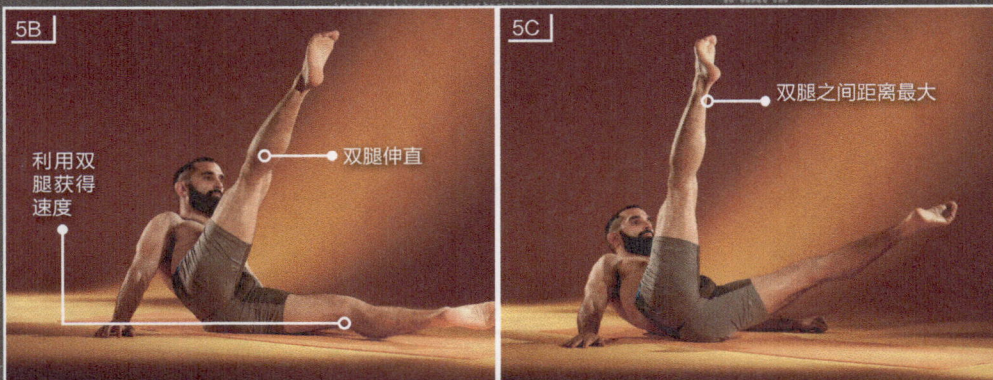

5D

双腿距离保持恒定

加速摆动

5E

髋关节摆动

躯干逐渐抬起

可以用一侧手支撑身体

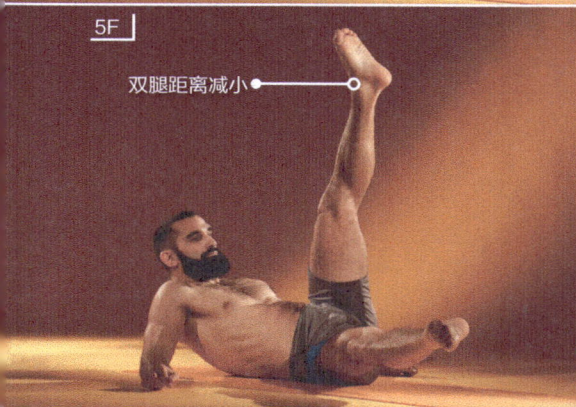

5F

双腿距离减小

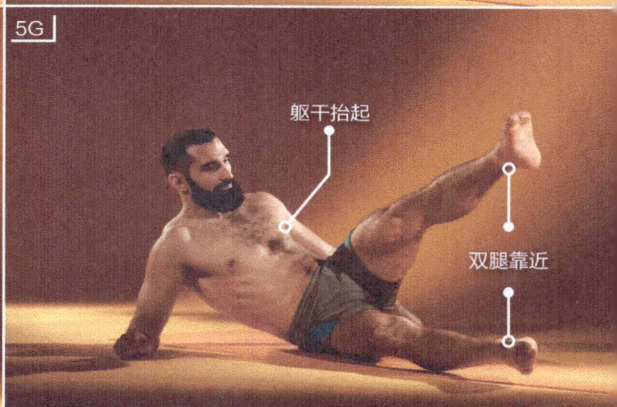

5G

躯干抬起

双腿靠近

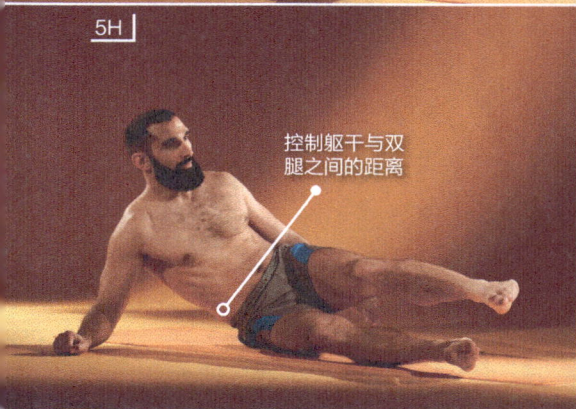

5H

控制躯干与双腿之间的距离

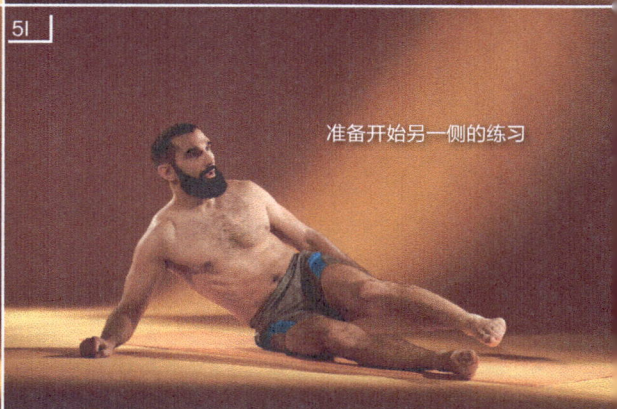

5I

准备开始另一侧的练习

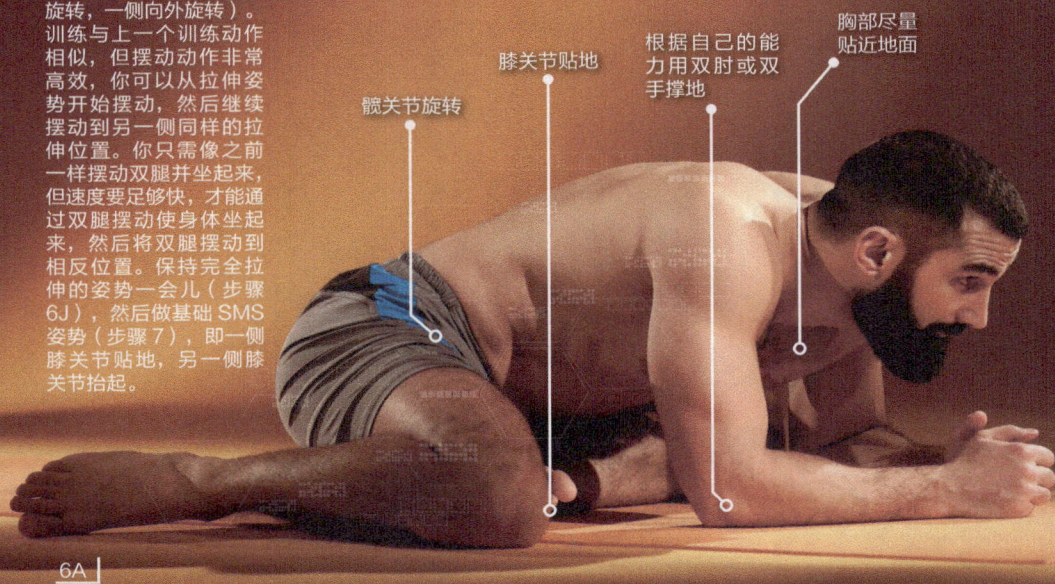

本系列中的终极版本是训练结束时要旋转两侧髋关节（一侧向内旋转，一侧向外旋转）。训练与上一个训练动作相似，但摆动动作非常高效，你可以从拉伸姿势开始摆动，然后继续摆动到另一侧同样的拉伸位置。你只需像之前一样摆动双腿并坐起来，但速度要足够快，才能通过双腿摆动使身体坐起来，然后将双腿摆动到相反位置。保持完全拉伸的姿势一会儿（步骤6J），然后做基础SMS姿势（步骤7），即一侧膝关节贴地，另一侧膝关节抬起。

髋关节旋转

膝关节贴地

根据自己的能力用双肘或双手撑地

胸部尽量贴近地面

6A

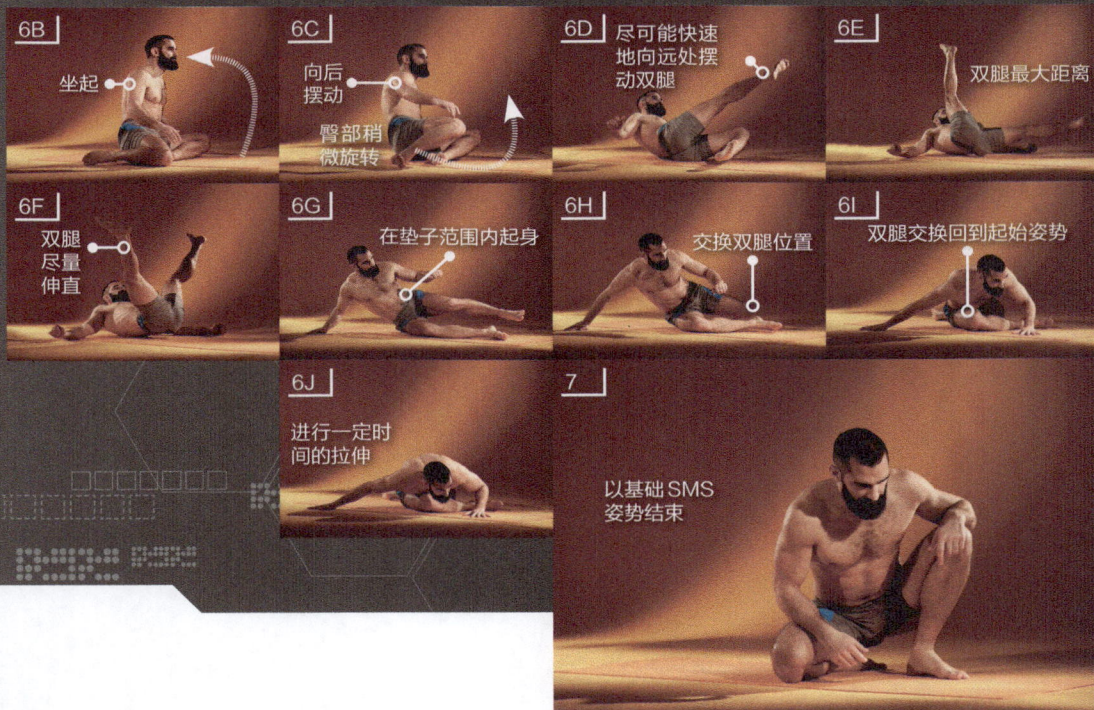

6B 坐起

6C 向后摆动　臀部稍微旋转

6D 尽可能快速地向远处摆动双腿

6E 双腿最大距离

6F 双腿尽量伸直

6G 在垫子范围内起身

6H 交换双腿位置

6I 双腿交换回到起始姿势

6J 进行一定时间的拉伸

7 以基础SMS姿势结束

# 土耳其起身系列

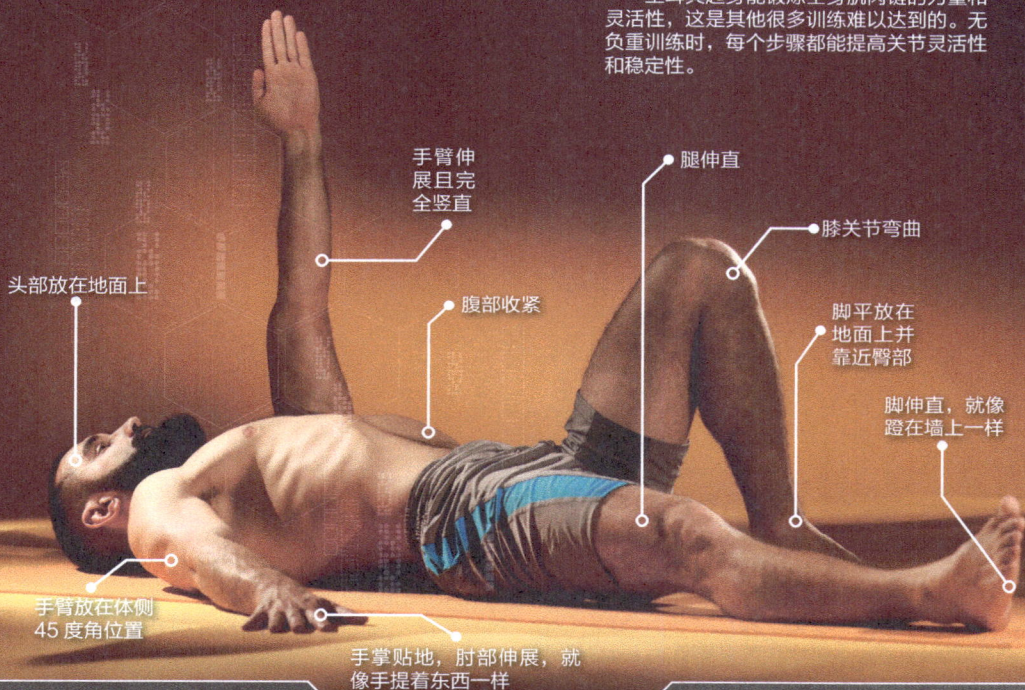

土耳其起身能锻炼全身肌肉链的力量和灵活性，这是其他很多训练难以达到的。无负重训练时，每个步骤都能提高关节灵活性和稳定性。

**1A**

- 手臂伸展且完全竖直
- 腿伸直
- 膝关节弯曲
- 头部放在地面上
- 腹部收紧
- 脚平放在地面上并靠近臀部
- 脚伸直，就像蹬在墙上一样
- 手臂放在体侧45度角位置
- 手掌贴地，肘部伸展，就像手提着东西一样

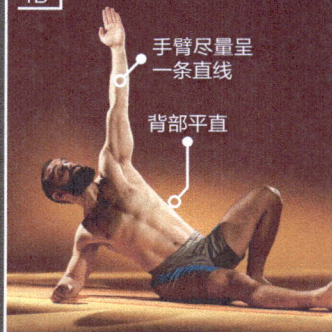

**1B**

- 手臂尽量呈一条直线
- 背部平直

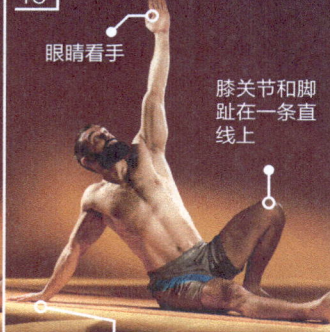

**1C**

- 眼睛看手
- 膝关节和脚趾在一条直线上
- 体重压向手掌

**1D**

- 两手臂呈一条直线
- 髋关节完全伸展
- 腿伸直
- 脚平放于地面

**1E**

每个步骤都是必不可少的，使用在"基础起身系列2"中介绍的对角线支撑方法，并需要你在动作过程中尽量保持稳定。要注意，开始时平放在地面上的脚在整个运动过程中都不要移动。处于站立姿势后，反向进行相同的步骤，再回到起始姿势。动作不要过快。每一步都要持续一定时间，这些步骤包含了核心控制、稳定性和灵活性等多种训练。上背部拱起是本训练中常见的错误，因此要注意挺胸，眼睛看手，背部不要拱起。

眼睛看手

手臂伸直

小腿和脚向外转

**1F**

脚尖撑地

**1G**

脚趾勾起

腹部平坦

膝关节弯曲90度

膝关节弯曲90度

**1H**

双眼直视前方

手臂伸直，尽量延伸但不要过度拉伸

腹部不要过度拉伸

脚保持在练习开始时的位置

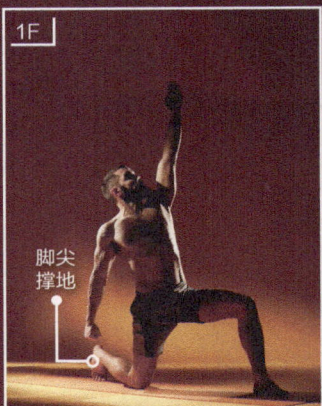

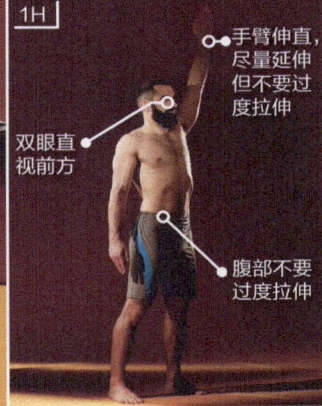

# 桌式系列 1

桌式练习就是在四点支撑的基础上还要以对侧手脚为支撑，在对角卡波耶拉和嘻哈舞动作。这个练习中还要以对侧手脚为支撑，在对角线上进行运动，这样可以通过功能链和螺旋链使前侧肌肉链和后侧肌肉链之间相互作用。正是这种相互作用启发我们创造了这个系列，同时锻炼骨盆与肩部的稳定性和灵活性。第 1 个练习是静态的，髋关节的运动只在一个平面内进行。

前臂尽量上抬

身体呈一条直线

拇指指向天花板

伸直腿

脚指向地面

躯干不要产生旋转代偿

手臂伸直

对侧支撑（支撑手的对角线方向）

膝关节屈曲 90 度

对侧支撑（支撑脚的对角线方向）

1F

1A 手臂转动下压

1B 背部挺直
膝关节屈曲 90 度

1C
腹部收紧

1D 躯干不要旋转
髋关节完全伸展

1E 背部不要过度伸展

1F 手臂转动下压

继续转动髋
关节，同时
右腿在体侧
伸直

使用对侧
手脚支撑

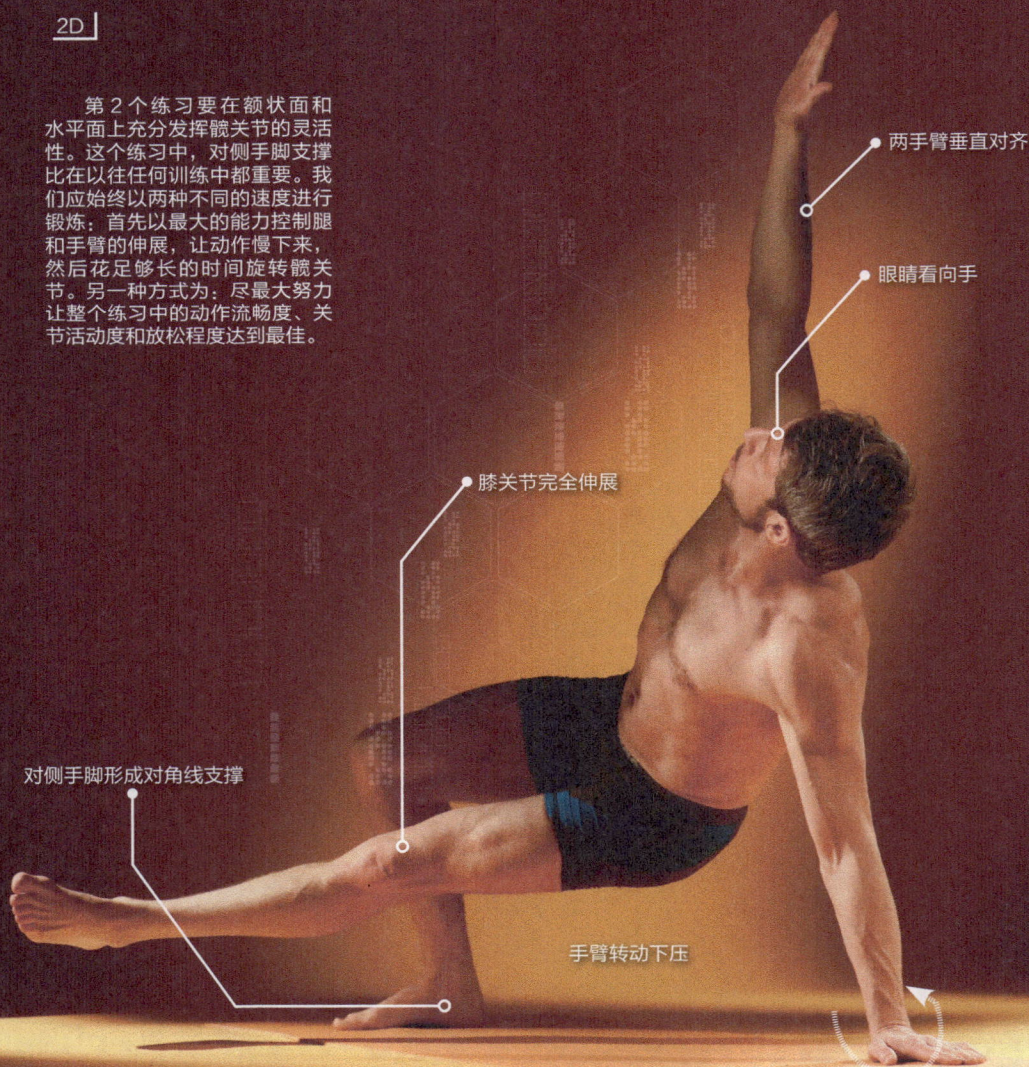

第 2 个练习要在额状面和水平面上充分发挥髋关节的灵活性。这个练习中，对侧手脚支撑比在以往任何训练中都重要。我们应始终以两种不同的速度进行锻炼：首先以最大的能力控制腿和手臂的伸展，让动作慢下来，然后花足够长的时间旋转髋关节。另一种方式为：尽最大努力让整个练习中的动作流畅度、关节活动度和放松程度达到最佳。

两手臂垂直对齐

眼睛看向手

膝关节完全伸展

对侧手脚形成对角线支撑

手臂转动下压

□□□□□

**3B**

用脚代替手

**3C**

双膝屈曲 90 度

**3D**

髋关节可以伸展至不同角度

手脚位置交换

**3E**

对侧手脚同时向前移动

**3A**

头部保持中立位

用对侧手脚支撑身体,然后从背部向上的四点支撑姿势转换到腹部朝上的四点支撑姿势。在这个姿势下,可以通过改变髋关节的伸展幅度来调整对核心稳定性的要求。从四点支撑基本动作开始运动:如果你是在一个正方形或长方形的房间内面朝一面墙壁开始进行练习,由于每一次姿势改变都在起始角度的基础上旋转了 90 度,因此要在每个姿势下保持身体稳定,始终面朝墙壁。如果动作完成后你朝向墙角,那说明你没有沿着对角线运动,如右脚和左手方向,或者左脚与右手方向。本系列的终极训练(步骤 3E)中,可以每次都交换地面支撑,然后再做对角线运动。你可以采取这 3 个步骤,同时移动对侧的手脚,然后以相同的方式移动另外两侧的手脚。

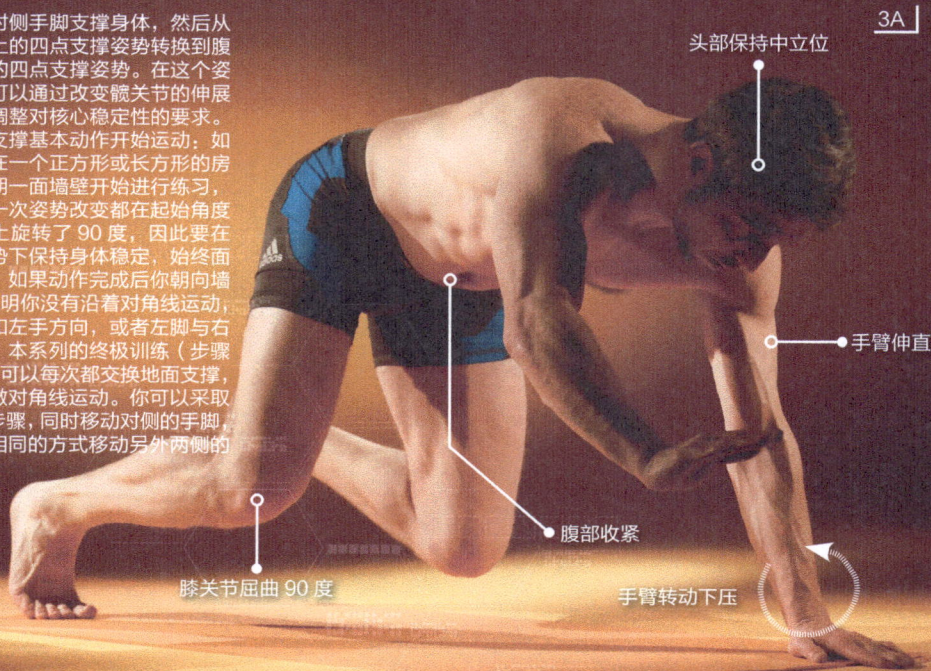

手臂伸直

腹部收紧

膝关节屈曲 90 度

手臂转动下压

# 阿拉贝斯克系列

阿拉贝斯克系列练习是单腿站立，另一侧腿向后抬起并伸展的动作，两腿都要保持笔直。这个动作是锻炼后表链的练习之一，与对角线旋转相结合时则是非常好的提高灵活性的训练。

腿伸直

躯干不要两侧摆动

头部保持中立位

脚尖指向地面

支撑腿伸直

手臂伸直

1B

如有需要，可以用凳子进行支撑

1C

两手臂竖直对齐

腿和躯干平齐

脚部保持水平

一级：利用凳子或箱子支撑身体

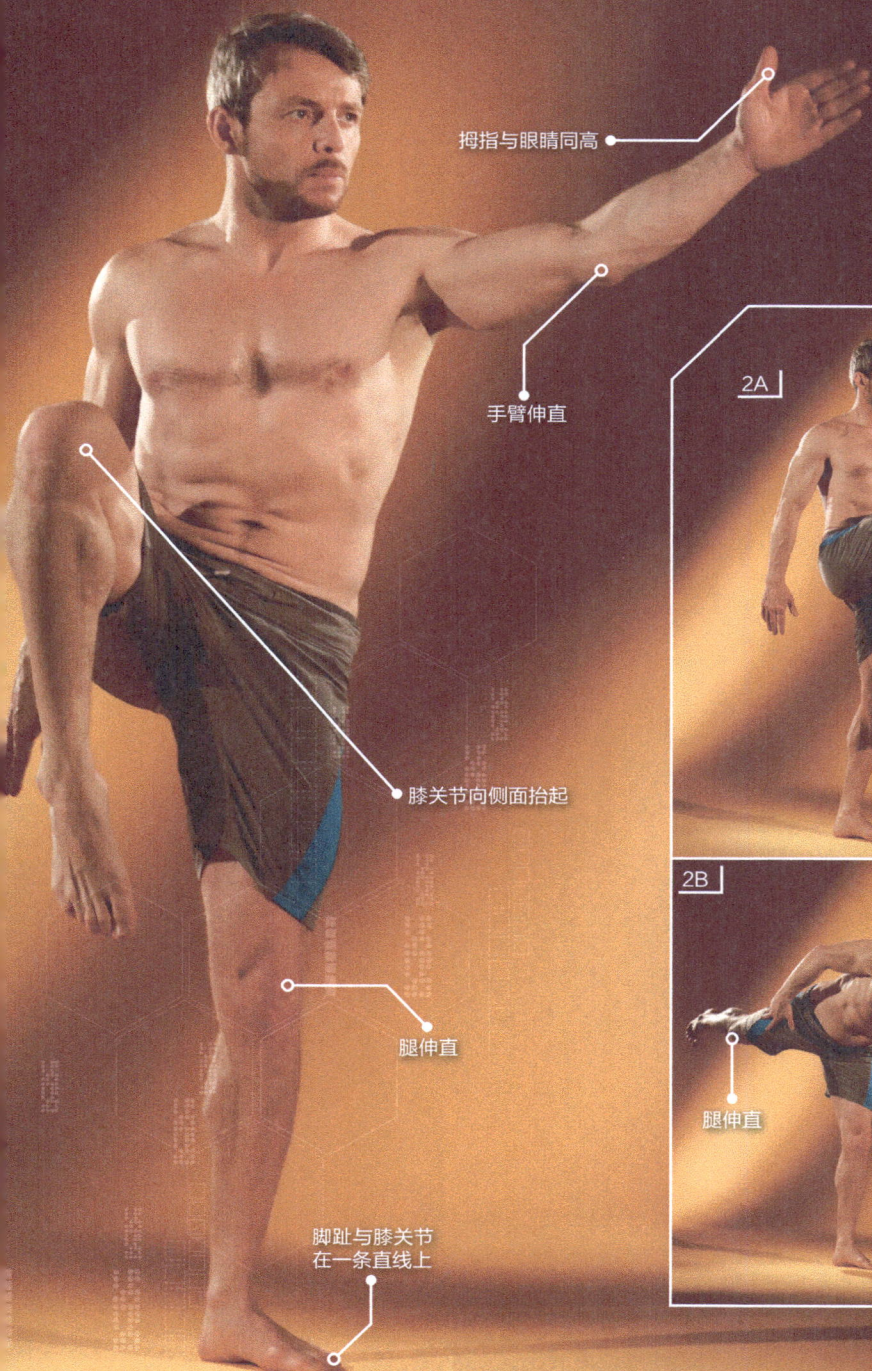

第 2 种方法是阿拉贝斯克练习和在矢状面或额状面的抬腿动作交替进行。保持这个姿势，尤其是躯干的姿势，避免用落地的脚或弯曲膝关节或肘关节进行代偿。

2A'

拇指与眼睛同高

手臂伸直

膝关节向侧面抬起

腿伸直

脚趾与膝关节在一条直线上

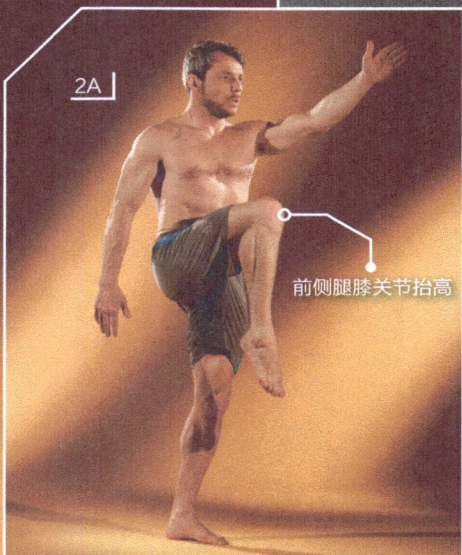

2A

前侧腿膝关节抬高

2B

腿伸直

躯干和腿平齐

# 弓步与三角式系列

三角式来自瑜伽动作，是非常好的热身和灵活性练习。这个系列的练习可以锻炼到所有的肌肉链，适用于几乎所有体育运动和活动。本系列的练习与之前的有所不同，每个姿势的保持时间可以调整至20秒。

1A

手臂伸直，与后侧腿呈一条直线

双眼看向手

后侧腿伸直

手和前侧脚平齐

1B

两臂竖直对齐

双眼看向手

1C

改变手臂姿势，以不同方向的旋转来刺激肩胛骨

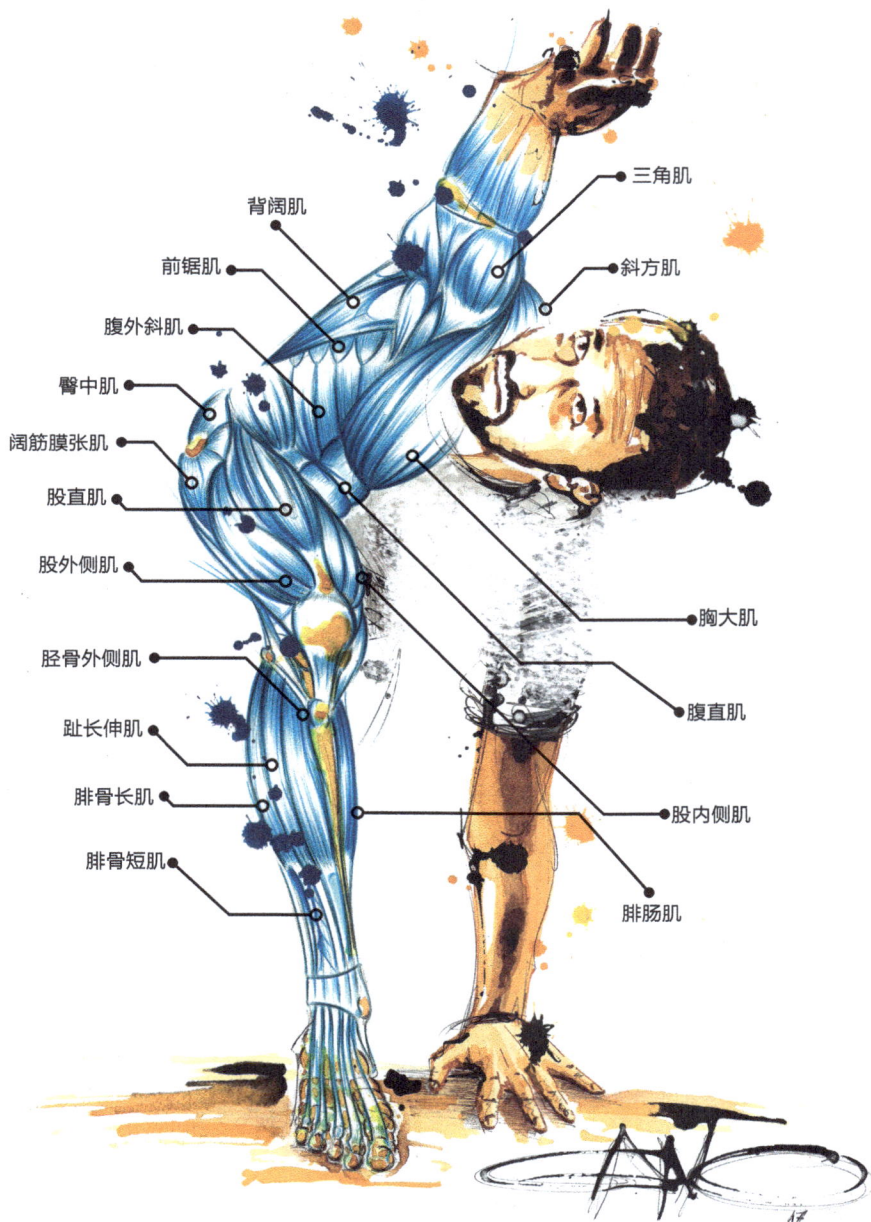

背阔肌
前锯肌
腹外斜肌
臀中肌
阔筋膜张肌
股直肌
股外侧肌
胫骨外侧肌
趾长伸肌
腓骨长肌
腓骨短肌

三角肌
斜方肌
胸大肌
腹直肌
股内侧肌
腓肠肌

本弓步系列能完全拉伸后侧肌肉链。在每个姿势下保持一会儿，并逐渐增大关节活动度。练习时要配合呼吸（参见第78页）进行。

2C

手臂伸直并尽量抬高

注视天花板

髋关节完全伸展

可以外旋这只脚改变拉伸角度

脚趾与膝关节在一条直线上

2A

手腕完全伸展

2B

保持压力

肘部抬高

2C

改变脚的角度

2D

伸出双手

侧视图

逐步增加腰椎的伸展幅度

后侧腿伸直

头部完全伸展

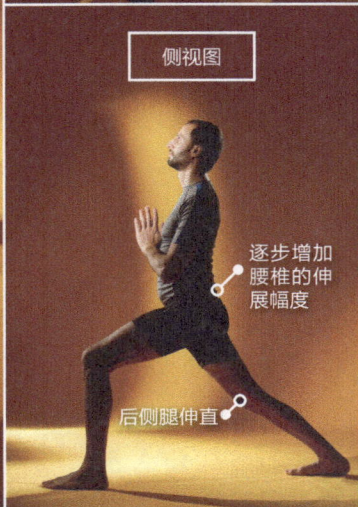

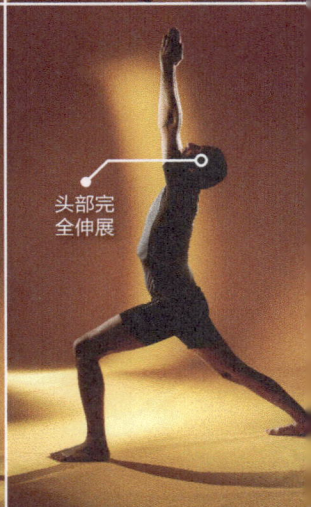

第 2 个版本训练包含躯干旋转和弯曲，由此可以训练不同的肌肉链。和做其他动作的要求一样，要避免代偿动作，训练时要配以正确的呼吸，每个姿势保持一段时间。本训练有 3 种最终姿势，可以在相同的组中以不同的姿势结束。

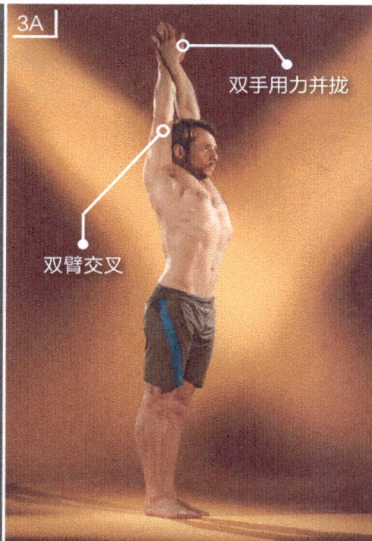

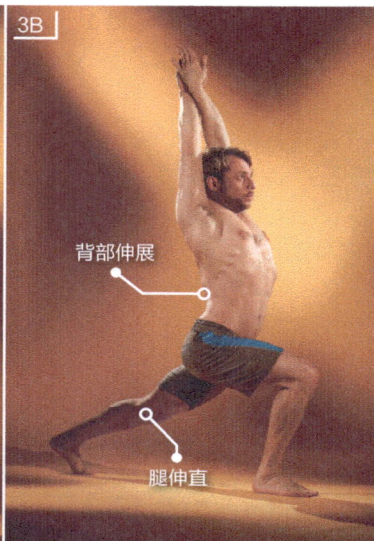

3A

双手用力并拢

双臂交叉

3B

背部伸展

腿伸直

3B'

眼看侧面

手臂伸直

打开胸部

后侧手臂与后侧腿尽量对齐

3B"

躯干侧弯

4A

改变手的位置

三角式弓步是最高级的版本，能够提供更多的支撑方式，进行更高难度的灵活性和稳定性训练。

手臂伸直并竖直

髋关节完全伸展

后侧腿伸直

手尽量靠近地面

4B

手臂绕到同侧腿后方

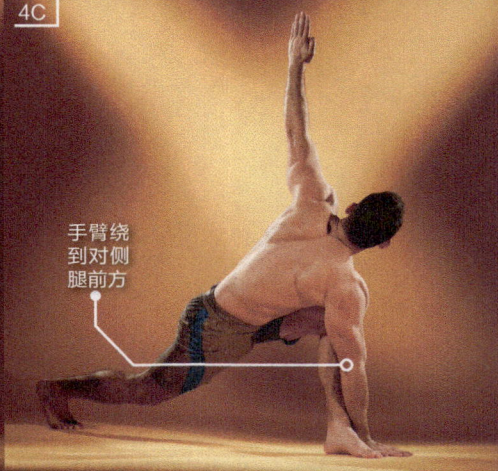

4C

手臂绕到对侧腿前方

# 弓步系列

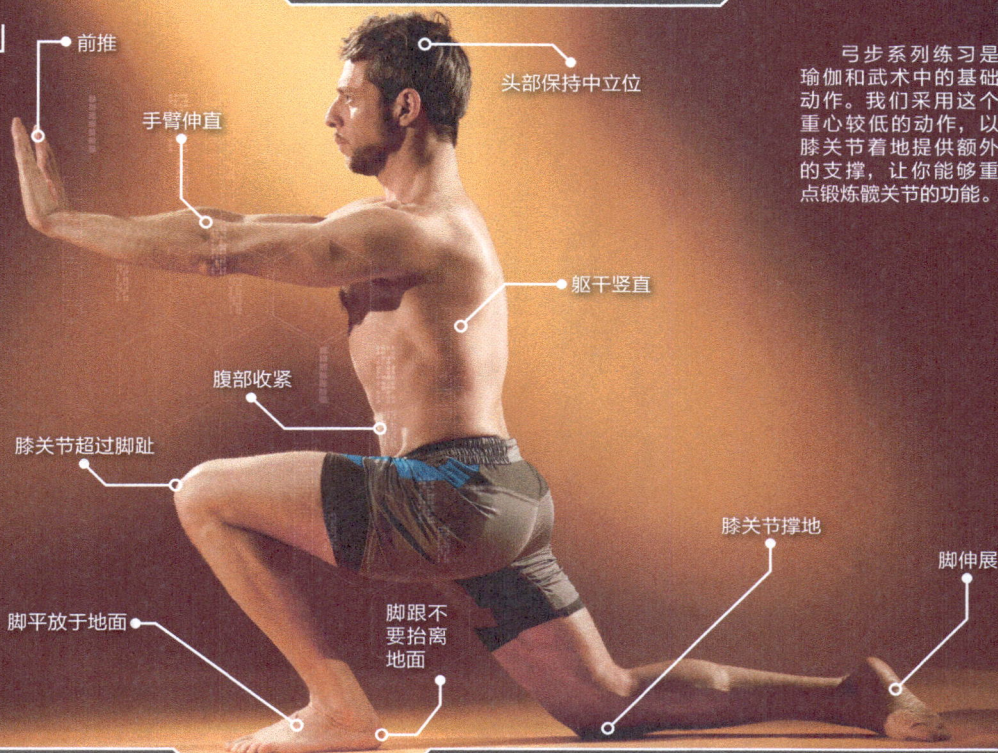

**1C**
- 前推
- 手臂伸直
- 头部保持中立位
- 躯干竖直
- 腹部收紧
- 膝关节超过脚趾
- 膝关节撑地
- 脚伸展
- 脚平放于地面
- 脚跟不要抬离地面

弓步系列练习是瑜伽和武术中的基础动作。我们采用这个重心较低的动作，以膝关节着地提供额外的支撑，让你能够重点锻炼髋关节的功能。

**1A**
- 躯干竖直
- 坐在脚跟上

**1B**
- 髋关节前推

**1C**
- 双手前推

**1D**
- 躯干向侧面倾斜

**1E**
- 注视天花板
- 躯干伸展

# 虾行系列

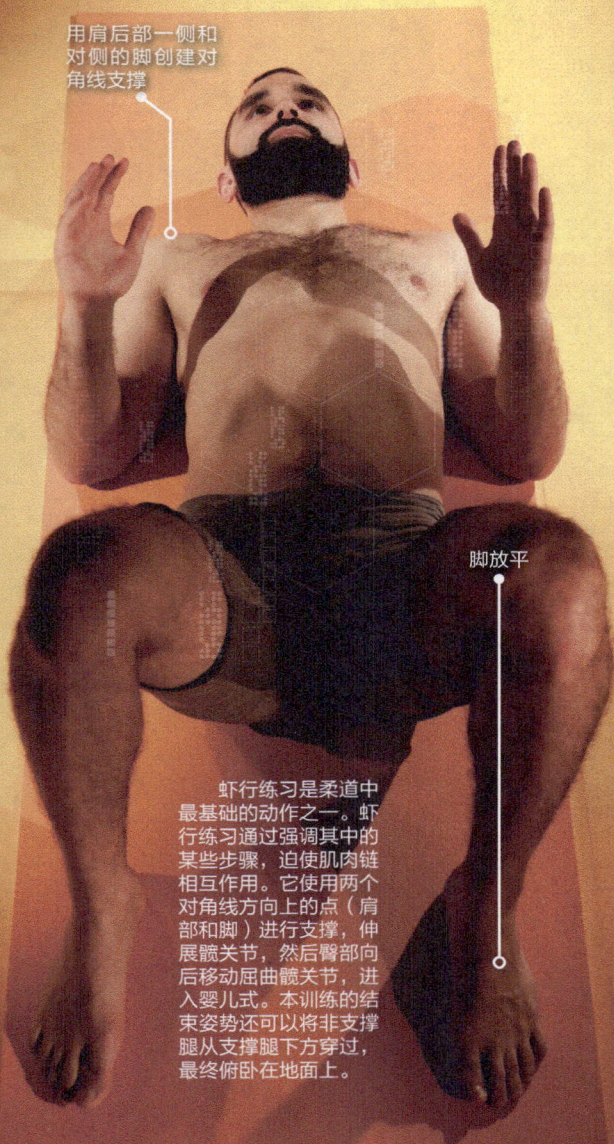

**1A**

用肩后部一侧和对侧的脚创建对角线支撑

脚放平

**1B**

髋关节完全伸展

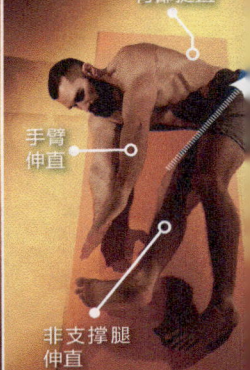

**1C**

背部挺直

手臂伸直

非支撑腿伸直

**2A**

腿伸直

**2B**

非支撑腿弯曲

非支撑腿从支撑腿下方穿过

**2C**

虾行练习是柔道中最基础的动作之一。虾行练习通过强调其中的某些步骤，迫使肌肉链相互作用。它使用两个对角线方向上的点（肩部和脚）进行支撑，伸展髋关节，然后臀部向后移动屈曲髋关节，进入婴儿式。本训练的结束姿势还可以将非支撑腿从支撑腿下方穿过，最终俯卧在地面上。

2A'

2B'

腿伸直

髋关节
完全伸
展

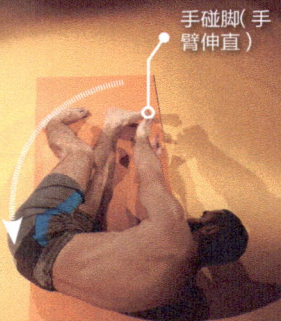

2C'

手碰脚（手
臂伸直）

首先向后顶髋，这是虾行
练习的常规姿势

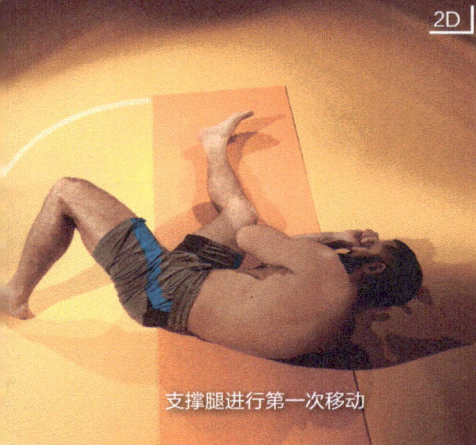

2D

支撑腿进行第一次移动

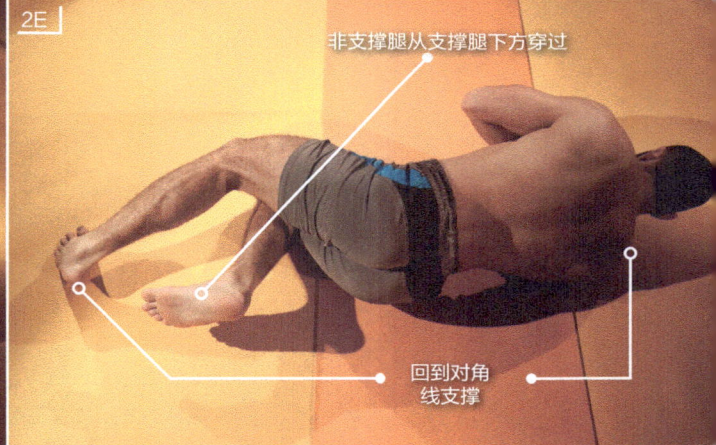

2E

非支撑腿从支撑腿下方穿过

回到对角
线支撑

2F

继续移动，直到俯卧

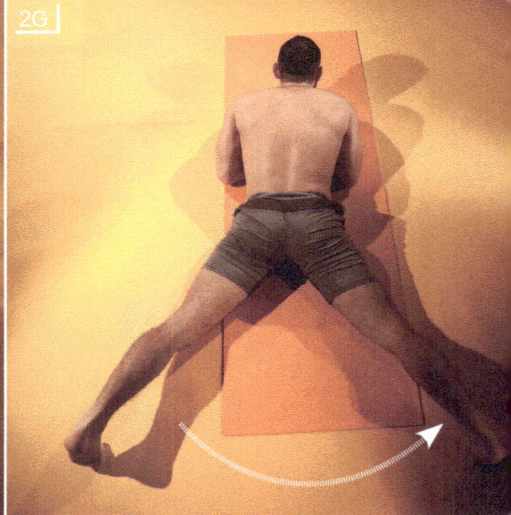

2G

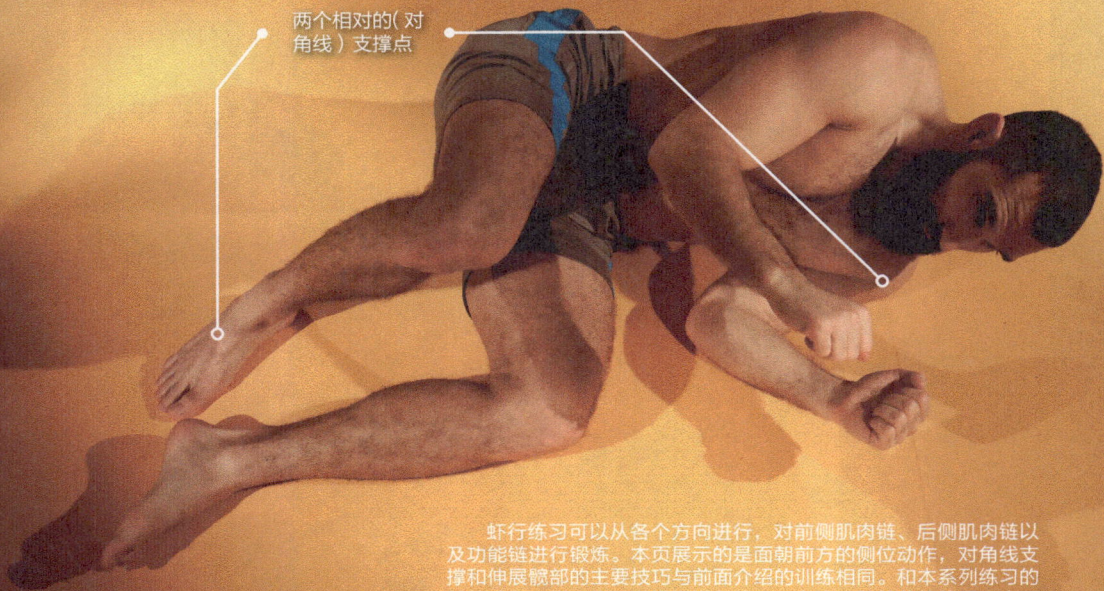

3A

两个相对的(对角线)支撑点

虾行练习可以从各个方向进行，对前侧肌肉链、后侧肌肉链以及功能链进行锻炼。本页展示的是面朝前方的侧位动作，对角线支撑和伸展髋部的主要技巧与前面介绍的训练相同。和本系列练习的其他动作一样，你可以慢慢进行练习，专注于髋关节的伸展，也可以快速移动，专注于运动的速度和关节活动度。在后一种情况下，当速度达到一定程度后，结束时可以变为坐姿，然后进行另一侧的练习。

3A

3B

髋关节完全伸展

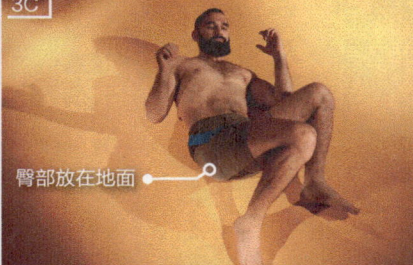

3C

臀部放在地面

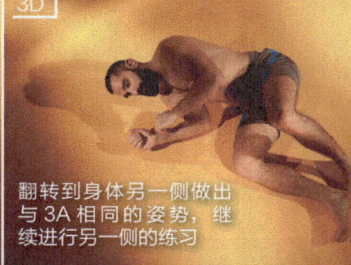

3D

翻转到身体另一侧做出与 3A 相同的姿势，继续进行另一侧的练习

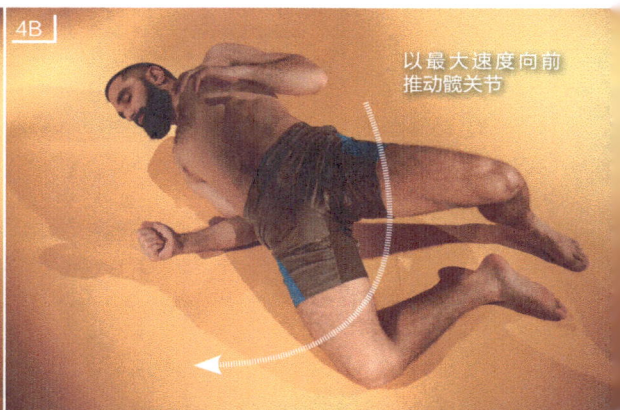

以最大速度向前
推动髋关节

利用产生的势能
坐起来

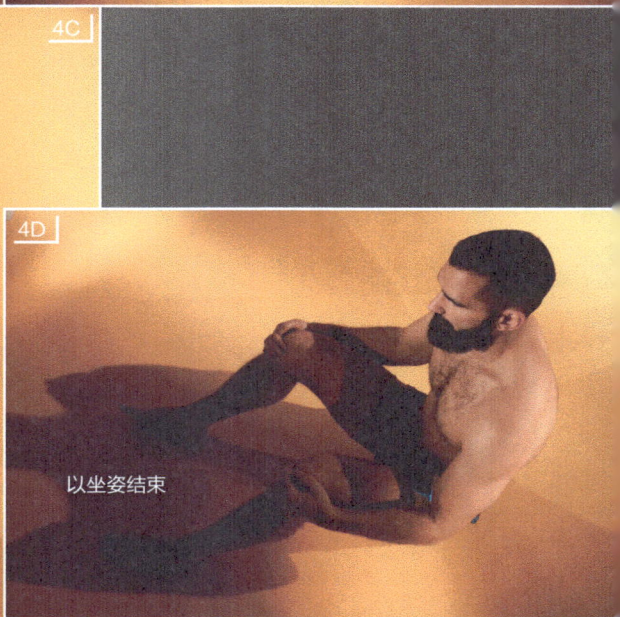

以坐姿结束

# 桌式系列 2

**1A**

桌式练习要求很多动作在一个平面内完成，适用于许多训练。这个练习的起始位置更注重于拉伸身体后侧肌肉链。

背部挺直

头部位于中立位

双脚平放在地板上

手臂转动下压

**1B'**

腿伸直

不要改变双手的位置

**1C'**

支撑脚的位置不变，但它会自动调整，使身体向一侧旋转。

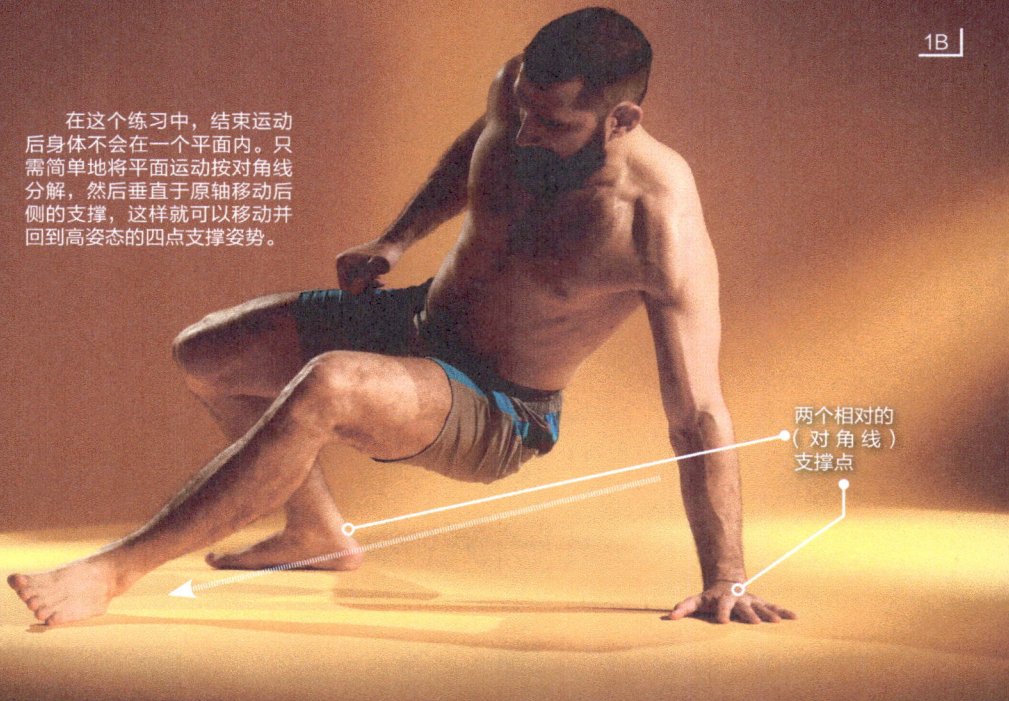

在这个练习中，结束运动后身体不会在一个平面内。只需简单地将平面运动按对角线分解，然后垂直于原轴移动后侧的支撑，这样就可以移动并回到高姿态的四点支撑姿势。

1B

两个相对的
（对角线）
支撑点

1C

将这条腿踢过新的支撑腿

将身体的重心转移到这条腿上

1D

2A

肘部
角线
关节
身体

用与膝关节成对角线的肘部支撑身体

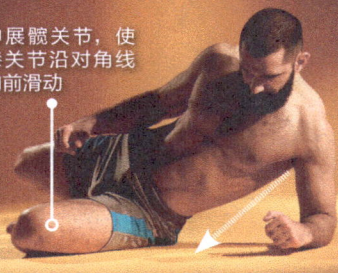

2B

伸展髋关节，使膝关节沿对角线向前滑动

2C

4C

髋关节伸展

膝关节着地

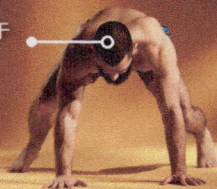

3A

头部位于中立位

3B

踢腿，使躯干围绕提供支撑的手旋转 45 度

手的方向一致

4A

手臂转动下压

4B

背部平直

脚跟抬离地板

膝关节弯曲

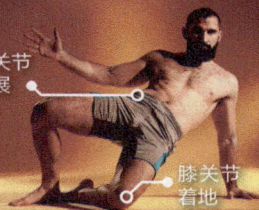

4C

髋关节伸展

膝关节着地

4D

手臂转动下压

# 蝶式侧向滚动系列

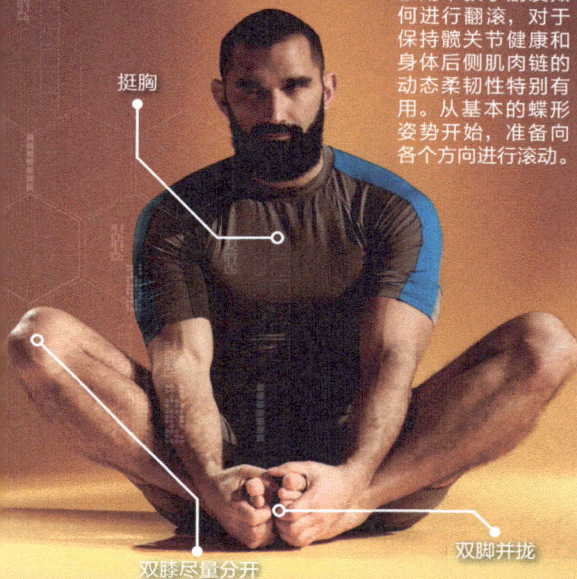

这个动作经常被用来教小朋友如何进行翻滚，对于保持髋关节健康和身体后侧肌肉链的动态柔韧性特别有用。从基本的蝶形姿势开始，准备向各个方向进行滚动。

1A

挺胸

双膝尽量分开

双脚并拢

1B

使膝关节接触地板

1C

2A

松开一只手，这样这只手就可以放在背后

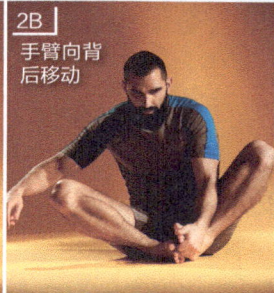

2B

手臂向背后移动

2C

通过肩部控制手臂的转动

2D

将肩部贴到地板上

**3D**

臀部抬得越高越好

让支撑部位尽可能长时间地接触地面

一个肩部先着地，然后另一个肩部着地

头部蜷曲

**3A**

头部中立位

背部挺直

挺胸

**3B**

降低头部

抬脚

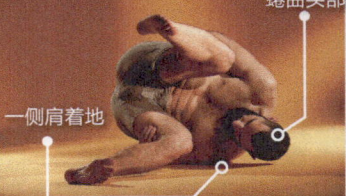

**3C**

蜷曲头部

一侧肩着地

**3D**

另一侧肩着地

**3E**

**3F**

试着将脚置于地面

3G

头部回到中立位

脚部回落

一侧肩关节先抬离地面，另一侧肩关节随后抬起

用着地的那只脚支撑身体，继续侧滚

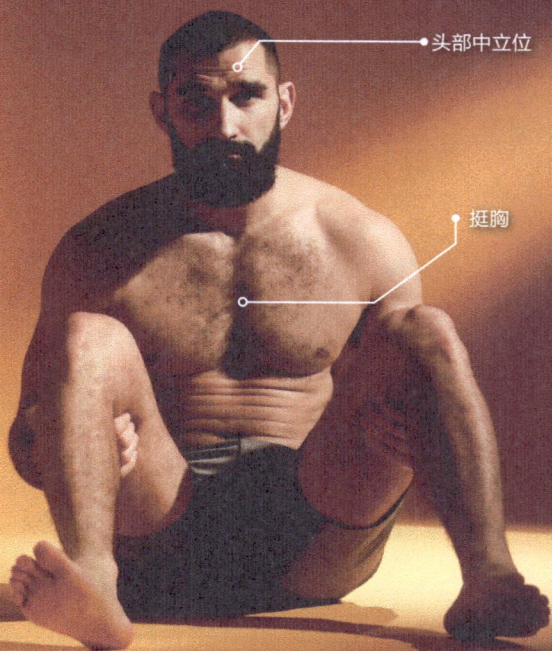

3H

头部中立位

挺胸

## 4A

以坐姿为起始姿势，颈部进行一个完整的旋转，可以实现躯干和颈部全面的动态柔韧性练习。将一只脚放在身体将要转向的那一侧，并作为支撑点放在地板上（在训练过程中脚尽量不要移开）。轻轻地将肩部放在地板上，蜷曲头部，使脖子绕着支撑点进行滚动。

将这只脚放到支撑腿下方

起支撑作用的脚

使肩部靠到地面上

4B

4C 不要把支撑脚抬离地面

蜷曲头部

4D

4E 将头移到另一侧继续旋转

4F

4G

**5B** 一旦学会了前面的侧滚练习，你就可以采用不同的起始姿势。既可以从这个系列的基本蝶式姿势开始做侧滚，也可以尝试向前和向后滚，然后有序地回到蝶式姿势，这对保持髋关节的健康很有效。

**5A** 头部中立位 / 挺胸

**5B** 手臂放在大腿后 / 头部蜷曲 / 身体向下移，用肩部支撑

**5C** 一侧肩部先着地，然后另一侧肩部着地

**5D** 脚尽可能远离头部

**5E** 脚立即接触地面

**5F** 回到起始位置

6C

另一个起始姿势是向内旋转前侧腿。这个练习比练习 5 更难。小心地蜷曲头部，将手臂滑到背后。技巧与之前的练习相同。

手臂位于身体后方

这一侧肩部在落地之前会向上翻转

准备蜷曲头部

肩部着地

6A 重心向前移

6B 手臂放在背后

6C 继续翻滚

6D 另一侧肩接触地面

6E 双脚应尽量远离头部

6F 臀部尽可能抬高

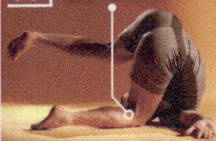

6G 膝关节向下

6H 另一条腿接触地面

6I

本系列中最复杂的练习始于背部着地姿势，它利用虾行的姿势来改善颈部的灵活性。你将比以往任何时候都更依赖对角支撑来完成这个练习，并且使用你的脚作为一个固定的锚点来维持基本支撑。

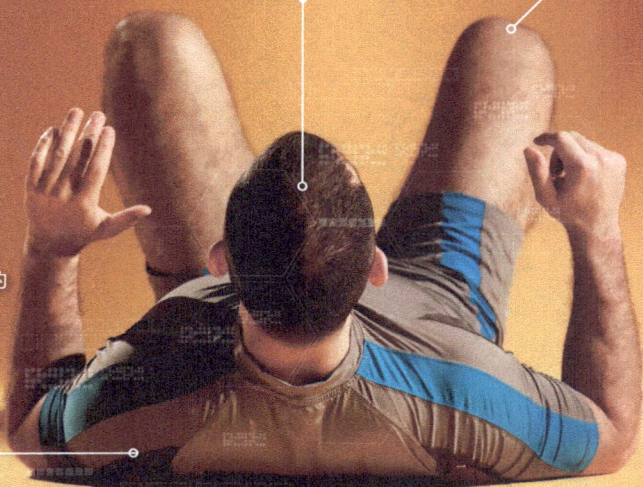

用与肩成对角线的腿支撑身体

头部抬起

用与脚成对角线的一侧肩支撑身体

7B 对角线支撑

7C 臀部向后收

7D 蜷曲头部

7E 蜷曲头部 抬高臀部

7F 整个训练过程中，支撑脚始终未离开地面

7G 将非支撑腿放低

7H 必要时可以用手进行辅助

7I

# 深蹲系列第 1 级

提高下蹲能力是功能性训练的主要目的之一。这里提到的一些技巧和指导，可以让你通过不同阶段的训练来逐步提高下蹲灵活性和功能性活动范围——首先把脚跟放在一个楔子上进行练习，然后将双脚平放在地板上，最后是更有难度的：在脚掌下垫一个楔子。我们将使用一些不同高度的杠铃片来辅助进行这些练习。最后，通过增加手臂伸展、肩部旋转和躯干旋转动作来锻炼各个肌肉链。

**1A**

起到支撑作用的杠铃片

脚跟踩在作为楔子的一根木棍上

**1B**

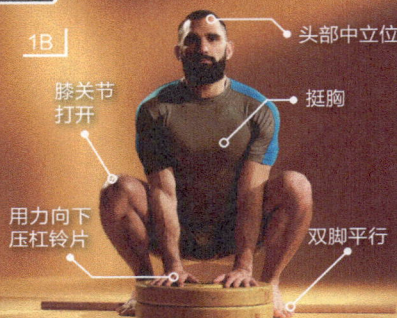

头部中立位

膝关节打开

挺胸

用力向下压杠铃片

双脚平行

**1C**

躯干前屈，贴近腿部

手臂伸直，压向杠铃片

双腿伸直

**1D**

将手臂沿弧形抬起，眼睛看着拇指

**1E**

这个练习可锻炼所有的肌肉链，让深蹲成为一种特殊的灵活性练习方式。

第 2 个版本是同样的步骤，但是双脚平放在地面上。

**2A**

随着训练的进行，可以移除楔子。

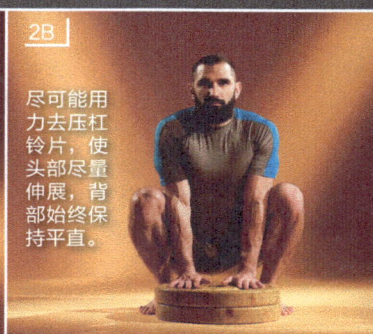

**2B**

尽可能用力去压杠铃片，使头部尽量伸展，背部始终保持平直。

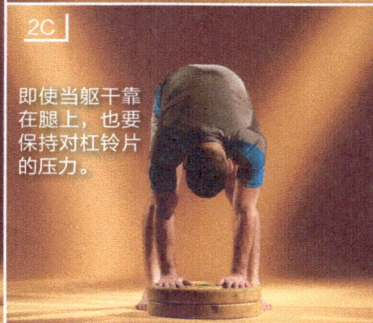

**2C**

即使当躯干靠在腿上，也要保持对杠铃片的压力。

桡侧腕屈肌

肱桡肌

旋前圆肌

肱二头肌

三角肌

掌长肌

肱三头肌

背阔肌

前锯肌

腹外斜肌

股外侧肌

髂胫束和阔筋膜张肌

大转子

腓骨长肌

股二头肌

趾长伸肌

胫骨前肌

胸大肌

腹直肌

改变楔子的位置可以调整训练的难易程度

1 简单

2 中等难度

3 困难

3A

当在深蹲位置处于非常舒服的状态时，可以在动作中加入手臂伸展。最重要的是开始的时候身体要尽可能紧凑，保持双臂紧贴躯干。当准备开始时，尽量向上伸展手臂，而不是移动躯干来使手臂伸长。

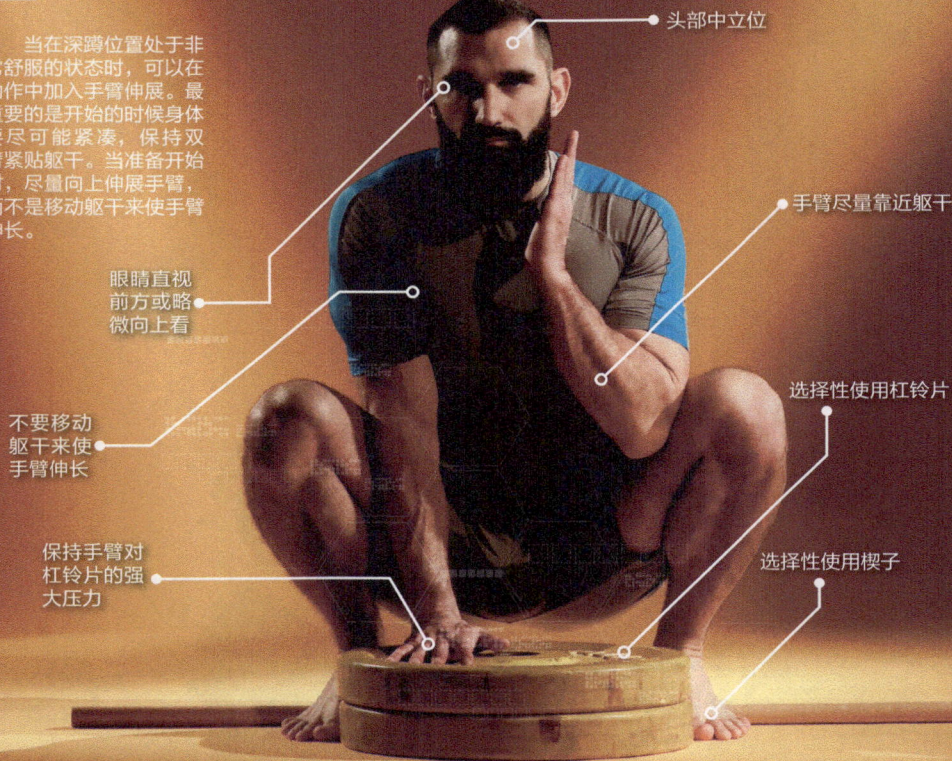

头部中立位

手臂尽量靠近躯干

眼睛直视前方或略微向上看

选择性使用杠铃片

不要移动躯干来使手臂伸长

选择性使用楔子

保持手臂对杠铃片的强大压力

3B

手臂竖直向上伸展

3C

另一侧手臂再向上伸展

3D

双臂平行或呈 V 字形

然后您可以：
——下蹲，双手放在起始位置；
——下蹲，双臂仍伸直举过头顶，然后把双手放回起始的位置；
——躯干向前屈，双手放在起始位置，然后下蹲。

3E

腿向脚的方向下压

根据自身能力调整杠铃片的高度和位置

根据自身能力调整楔子的高度和位置

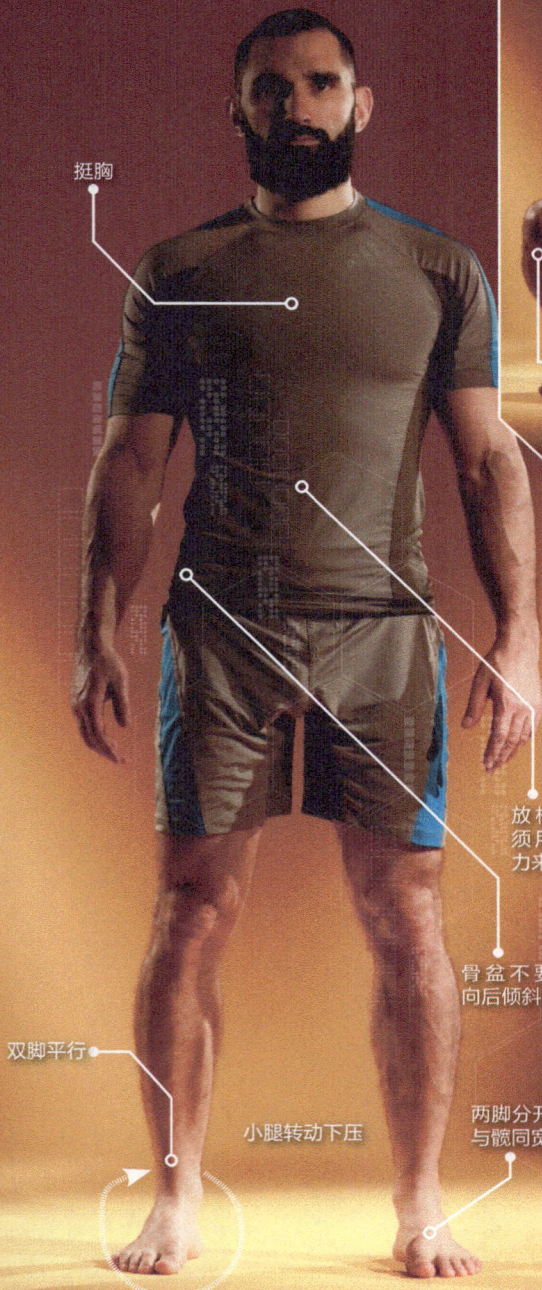

# 深蹲系列第 2 级

**1A**

挺胸

放松腹部，必须用横膈膜发力来呼吸

骨盆不要向后倾斜

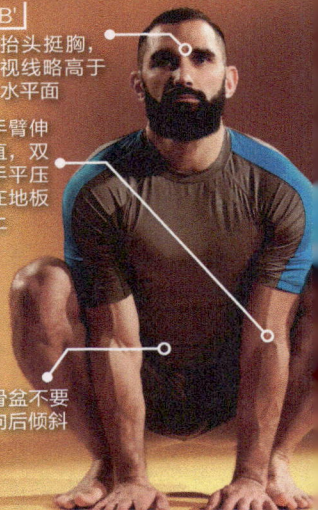

双脚平行

小腿转动下压

两脚分开至与髋同宽

**1B**

伸直手臂，作为支撑脚和膝关节的杠杆

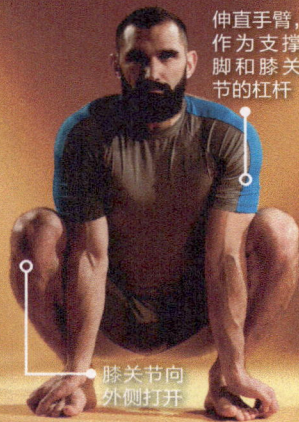

膝关节向外侧打开

**1B'**

抬头挺胸，视线略高于水平面

手臂伸直，双手平压在地板上

骨盆不要向后倾斜

如果对深蹲系列第 1 级别的进展非常满意，那就进入此级别。这是更高级别的练习，双脚牢牢地放在地板上，无须踩杠铃片或楔子。

**1C**

手掌压向地板产生强有力的支撑

避免腿部产生代偿

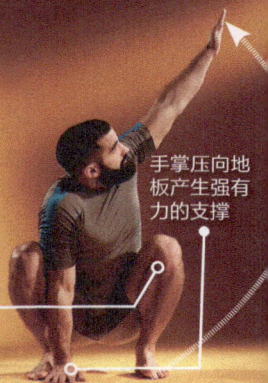

**1D**

目光紧盯着拇指

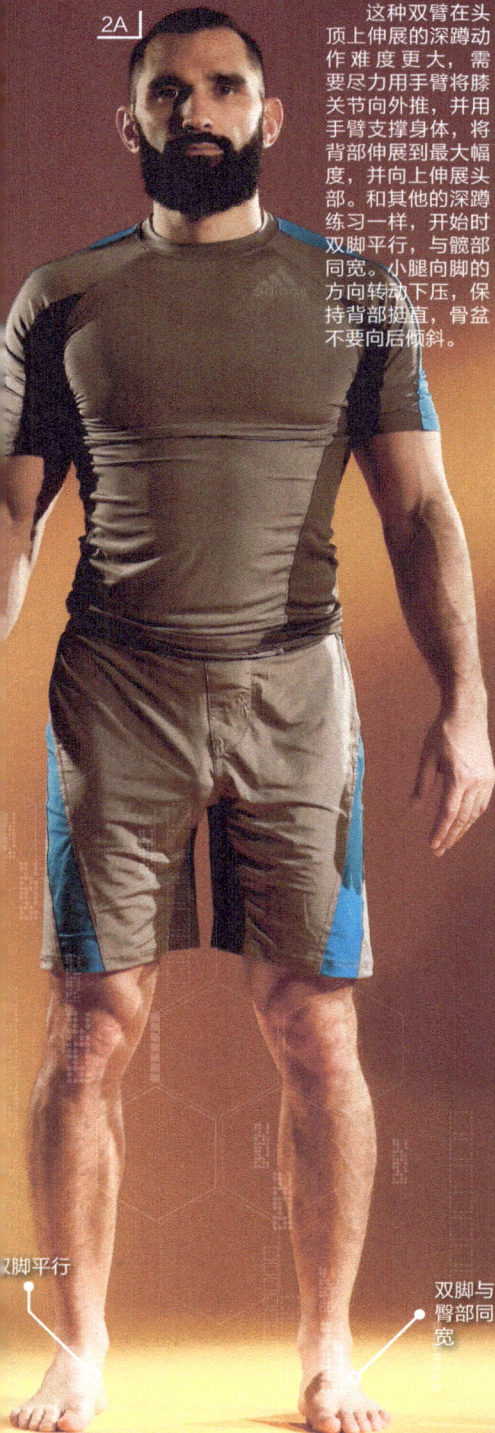

2A

这种双臂在头顶上伸展的深蹲动作难度更大，需要尽力用手臂将膝关节向外推，并用手臂支撑身体，将背部伸展到最大幅度，并向上伸展头部。和其他的深蹲练习一样，开始时双脚平行，与髋部同宽。小腿向脚的方向转动下压，保持背部挺直，骨盆不要向后倾斜。

双脚平行

双脚与臀部同宽

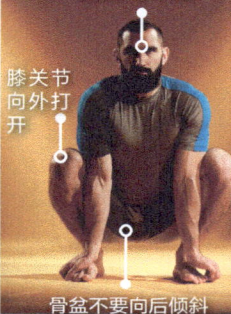

2B

抬头挺胸，视线稍高于水平面

膝关节向外打开

骨盆不要向后倾斜

2C

手臂尽量贴近身体

腿部不用产生代偿

2D

不要转动躯干

2E

手臂竖直

保持姿势紧凑

2F

双臂竖直

骨盆不要向后倾斜

2G

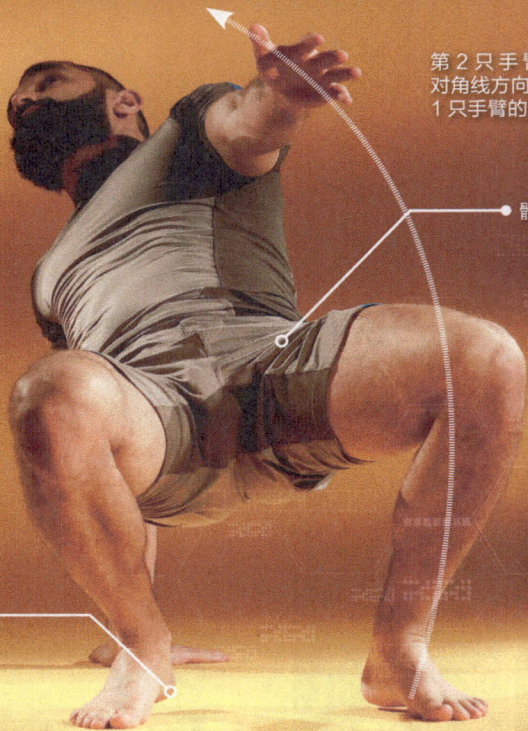

第2只手臂沿着对角线方向重复第1只手臂的动作

髋关节逐渐伸展

这个练习的重点在于旋转躯干和完全伸展髋关节。要做到这一点，请先进行练习1和2的步骤并沿对角线举起一只手臂。继续这个动作，直到把手放在身后。另一只手臂继续沿着同样的轨迹运动。最后，脚掌用力下蹬，使髋关节完全伸展，形成桥式姿势。

脚跟抬离地面

3A

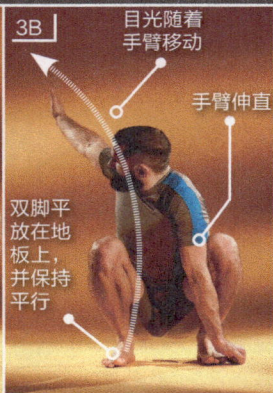

3B

目光随着手臂移动

手臂伸直

双脚平放在地板上，并保持平行

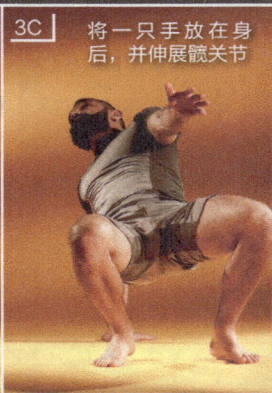

3C

将一只手放在身后，并伸展髋关节

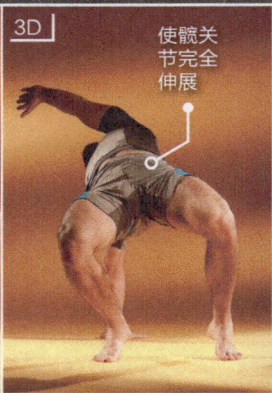

3D

使髋关节完全伸展

■■■■■

**3D'**

手臂沿着同样的路径返回

双脚在地面的位置不变

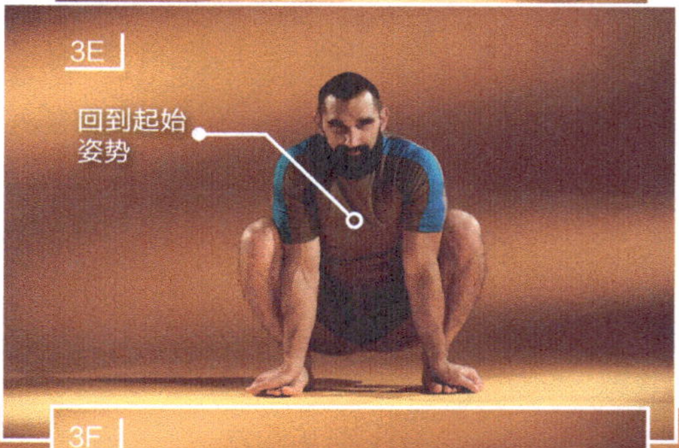

**3E**

回到起始姿势

**3F**

变成高姿态的四点支撑姿势

**3G**

挺胸

用与支撑手臂成对角线的脚支撑身体

用与支撑脚成对角线的手臂支撑身体

沿对角线方向滑动膝关节

这种组合练习可以很容易地从步骤 3A 进行到 3D，或者继续到步骤 3G。你需要先做一个深蹲，然后转换为四点支撑姿势。此时，可以从四点支撑姿势开始进行对角线运动（参见第 289 页的"桌式系列 1"）。

# 星形练习系列

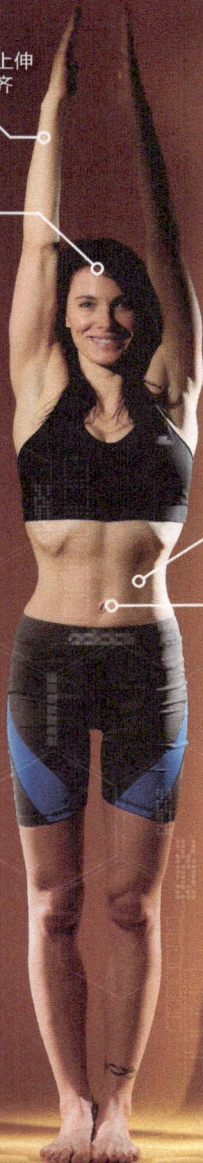

星形练习是发展核心力量和身体平衡能力的可靠方法，也能有效锻炼体侧链和螺旋链。在做这些运动时，一定要将身体部位对齐，以获得最佳的训练效果（请参阅每个练习的建议方法）。

将手臂上伸和腿对齐

头部向上伸展

激活腹内/外斜肌

收腹

缓慢而有控制地移动

手臂和躯干对齐

尽量与支撑腿对齐

尽量与对侧肩关节对齐

尽量与竖直的手臂对齐

2A

手掌平行相对

手臂伸直

这个练习的灵感来自跨栏运动员将腿伸到身体前面的动作。因为我们很少只在一个平面内移动，所以这一练习包括在矢状面和额状面的动作。一定不要让身体姿势在运动过程中不准确（即躯干既不要向前也不要向后倾斜）。

躯干伸直（既不要向前也不要向后倾斜）

双脚并拢

2B

尽可能抬高膝关节

2C

最大限度伸展腿部

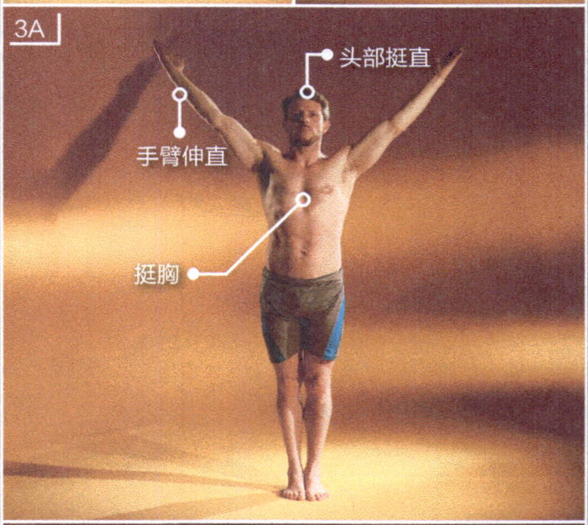

3A

头部挺直

手臂伸直

挺胸

3B

躯干既不要向前也不要向后倾斜

**4A**

头部中立位

侧手翻是星形练习系列中的最佳动态练习之一。由于前面进行了深蹲系列的练习，你现在可以非常舒适地保持深蹲的姿势，所以可以从这个姿势开始进行侧手翻。

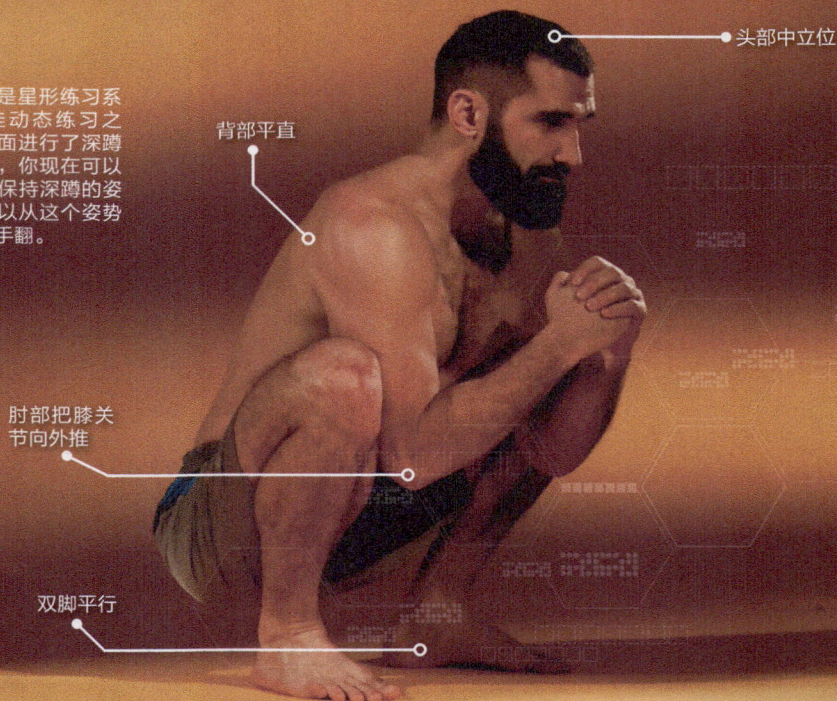

背部平直

肘部把膝关节向外推

双脚平行

**4B**

将一只手放在地上

**4C**

另一只手从尽可能远的位置开始移动

开始用力蹬地

4D

腿应该尽
可能抬高

手臂伸直

4E

前侧的
脚落下

4F

回到起
始姿势

# 柔道致敬系列

**1A**

头部中立位

躯干挺直

坐在脚后跟上

膝关节充分弯曲

很多格斗项目始终激励着我们保持正确的身体姿势和较高的灵活性。正坐是许多格斗运动中常见的传统坐姿，它为膝关节或四肢着地的运动提供了多种选择，让膝关节充分弯曲，脚踝充分伸展。

**1B**

双手慢慢向前滑动

**1C**

慢慢靠向地板

手臂伸直

**1D**

手臂尽量交叉放在躯干下方

**1E**

慢慢靠向地板

**1F**

然后向前伸直另一只手臂；尽量靠近耳朵

把额头放在一只手握成的拳头上

2A

将长杆贴紧头部

手握长杆放于颈后

长杆贴紧背部

手握长杆放于腰部

长杆贴紧臀部

伸展脚踝

本训练是传统武术行礼动作的一个变式。在练习时使用一根长杆，这可以帮助你更好地保持背部的位置，并有助于提高肩部的灵活性。身体和长杆接触的面积越大，说明你的灵活性就越好。

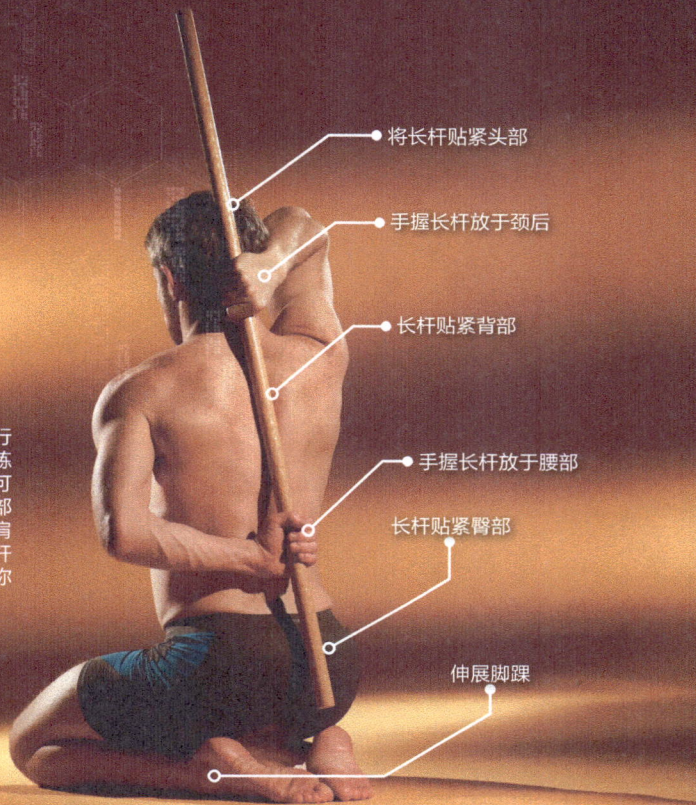

2B

长杆贴紧头部

长杆贴紧背部

尽量保持头部中立位，挺胸，避免肩部产生代偿，背部与长杆保持对齐。

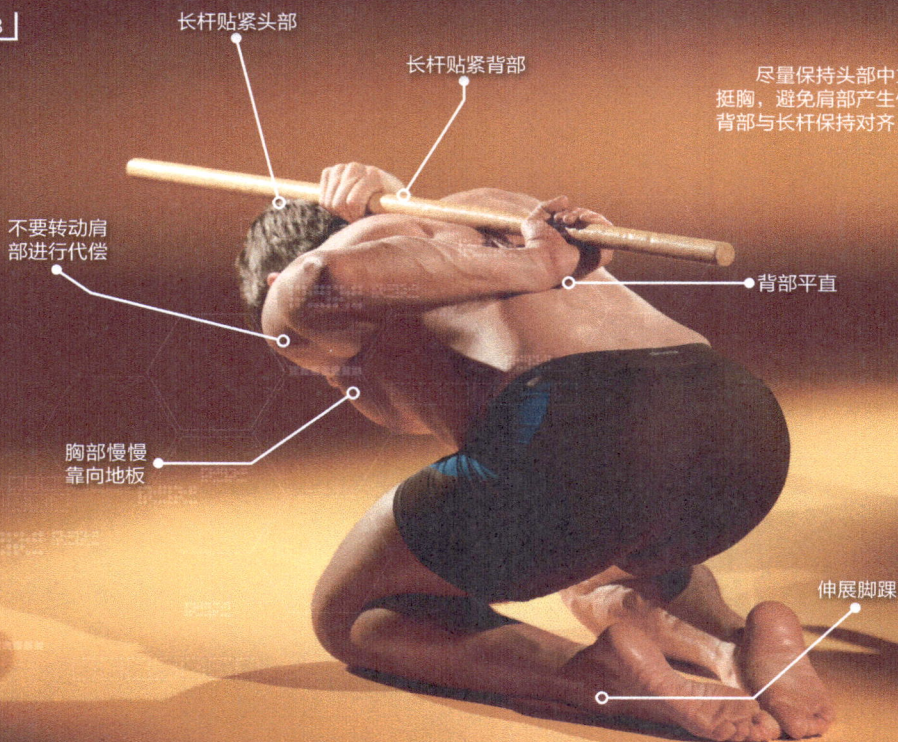

不要转动肩部进行代偿

背部平直

胸部慢慢靠向地板

伸展脚踝

"饭碗"运动也借用了古代东方的习俗，能帮助提高脊柱和肩部的灵活性和力量。将一个小重物向前沿着地面推动，先沿着地板向前滑，然后将躯干靠近地板。

头部中立位

躯干挺直

肩部放松

坐在脚跟上

双脚伸展

选择性练习：把重物从地板上举起来

尽可能地向前伸展手臂

胸部慢慢靠向地板

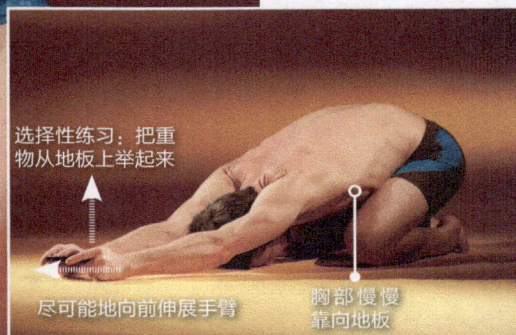

# 健身球辅助肩部灵活性练习系列 1

1A

头部与脊柱呈一条直线

背部压球

使用健身球进行背部伸展训练可以降低风险，同时也可以用来发展肩部的稳定性和灵活性。

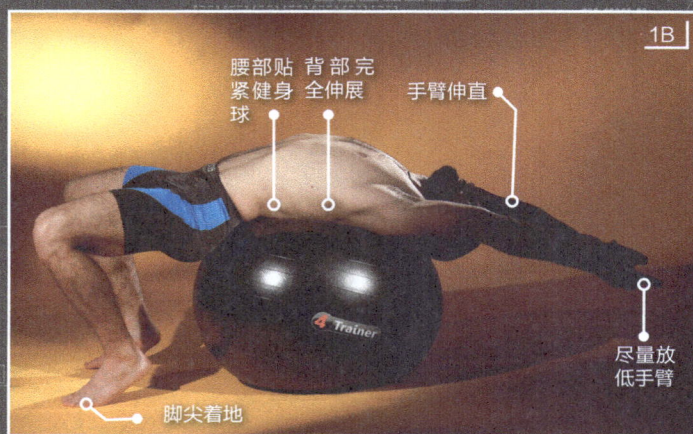

脚尖着地

1B

腰部贴紧健身球

背部完全伸展

手臂伸直

尽量放低手臂

脚尖着地

此练习可以改善各个运动平面上肩部的稳定性和灵活性。完成上一个练习的步骤 1A 后，将一只手臂伸直，使其平行于地面并与躯干垂直；将另一只手臂完全伸展，伸过头顶。接着将伸过头顶的手臂向下沿着弧线移动至臀部，通过向内旋转肩部和弯曲肘部翻转手部的位置。运动过程尽量流畅，而不要造成疲劳。随着能力提升，可以逐渐加快运动速度。

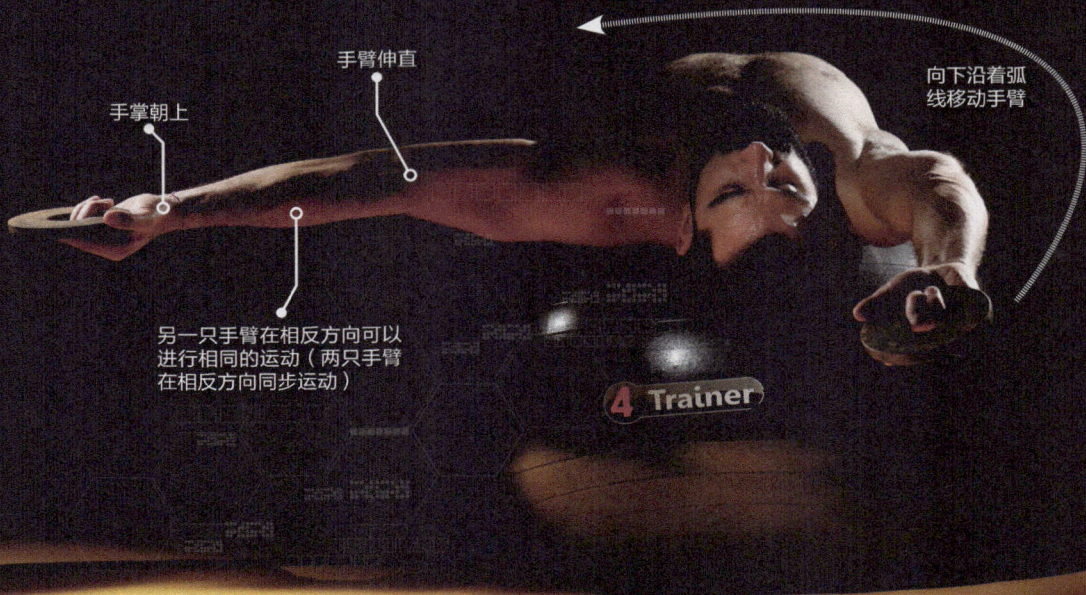

手掌朝上

手臂伸直

向下沿着弧线移动手臂

另一只手臂在相反方向可以进行相同的运动（两只手臂在相反方向同步运动）

4 Trainer

2B

继续沿弧线进行运动

4 Trainer

2C

旋转手臂，使手掌掌心朝向地面

4 Trainer

2D 不要害怕放松你的背部，尽量保持背部完全伸展。脚尖着地，靠近健身球，以最大限度保持平衡。正如你所注意到的，你的手臂也是有重量的。要记住你训练的是灵活性而不是力量，因此请选用重量较轻的物体进行练习，2.5磅至5磅就已足够，可以选用重量较轻的杠铃片或健身实心球。

肘部开始弯曲

该手臂保持伸直状态，以便保持肩部稳定

头向后倾斜

4 Trainer

| | | |
|---|---|---|
| 2E 摆动的那只手臂环绕身体<br> | 2F 肘部抬高<br> | 2G 尽量放低手臂，不要让肩部感到疼痛<br> |
| 2H 逐渐伸直手臂<br> | 2I 开始下一次练习<br> | |

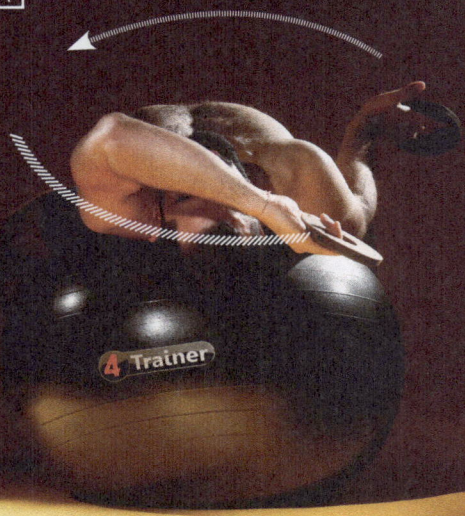

3A

3B

这个练习更高级的版本是让两只手臂同步做同样的动作，但方向相反。此项运动对身体协调性的要求较高，因此运动过程中不要破坏动作的流畅性。

3C

3D

3E

3F

3G

3H

# 健身球辅助肩部灵活性练习系列 2

健身球是锻炼肩部灵活性的绝佳工具。本系列的第1个练习是手握重物，交替进行两臂张开和两臂交叉动作（可选择是否利用弹力带）。练习时始终用脚尖着地进行支撑，背部完全伸展。进行这些运动有两种方法：慢慢地、有控制地进行练习和以动态、放松的方式进行练习，然后慢慢伸展双臂，并利用弹力使双臂回到交叉位置。

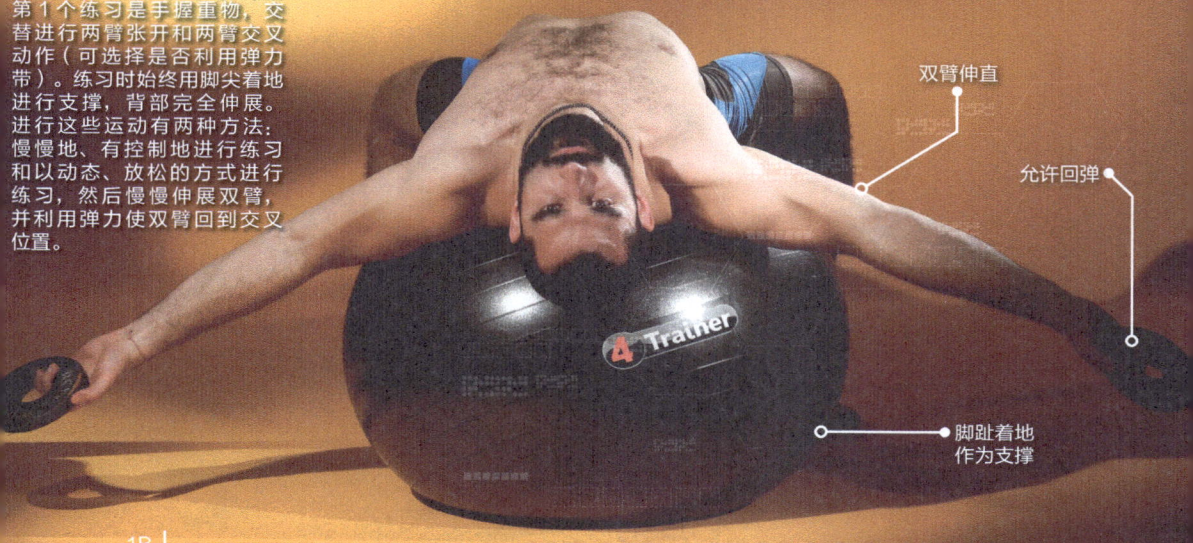

双臂伸直

允许回弹

脚趾着地
作为支撑

1B

1A

将自身体重置
于健身球上

1B

2A

做类
似拔
剑的
动作

2B

2C

手臂沿着
弧线返回
起始位置

第 2 个练习（2D）是将手臂向下移动半周和立刻向回移动半周相结合。这提供了一个在多个运动平面和轴向上的非常棒的功能性练习（手臂也在肩部旋转）。当一侧手臂保持稳定的伸展速度以提升肩部稳定性时，另一侧手臂进行类似拔剑的动作。手臂斜着举过头顶，再以圆周运动的方式将手臂返回。一旦掌握该动作要领，就可以协调地进行双臂练习。

可以使用重量轻的杠铃片

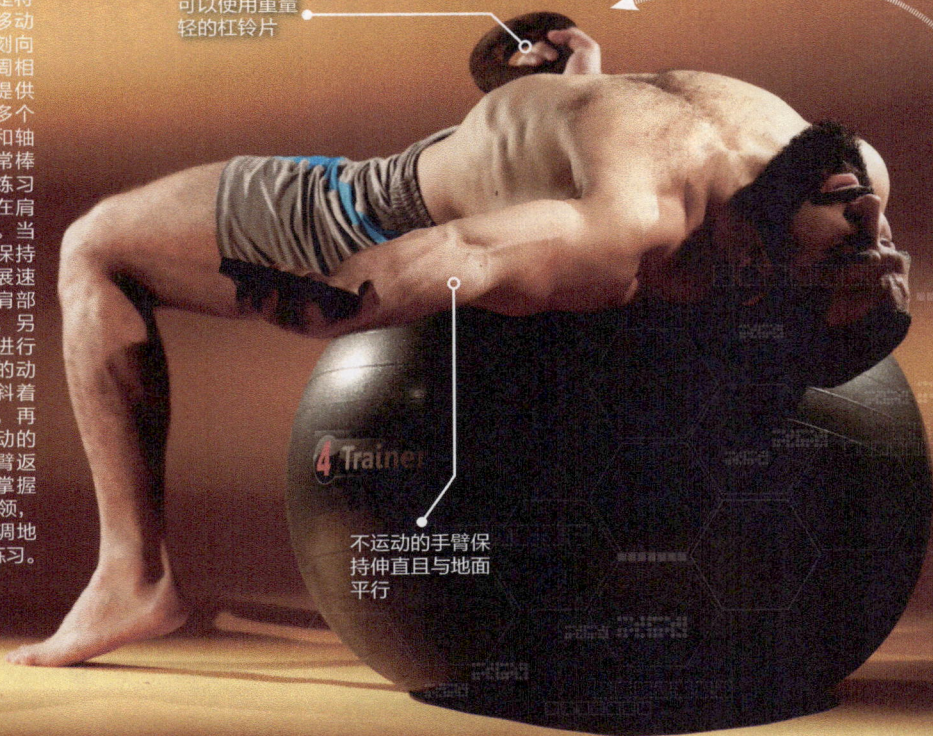

不运动的手臂保持伸直且与地面平行

4 Trainer

2D

不同视角

类似拔剑的动作

# 健身球上骨盆、肩部分离系列

**1A**

肘部伸展或
略微弯曲

髋关节旋转，开
始时双腿并拢

尽量保持
与地面平
行

在健身球上，双手撑地作为支撑
点，这对于骨盆和肩部的分离运动非
常有效。双腿抬高放置在健身球上（骨
盆位置），在肩部保持在一条直线的情
况下旋转髋部。首先并拢双腿，然后分
开双腿。在旋转和保证动作尽可能流畅
的情况下，努力提高速度。在更高级的
版本中，你可以在脚踝负重情况下进行
该训练。

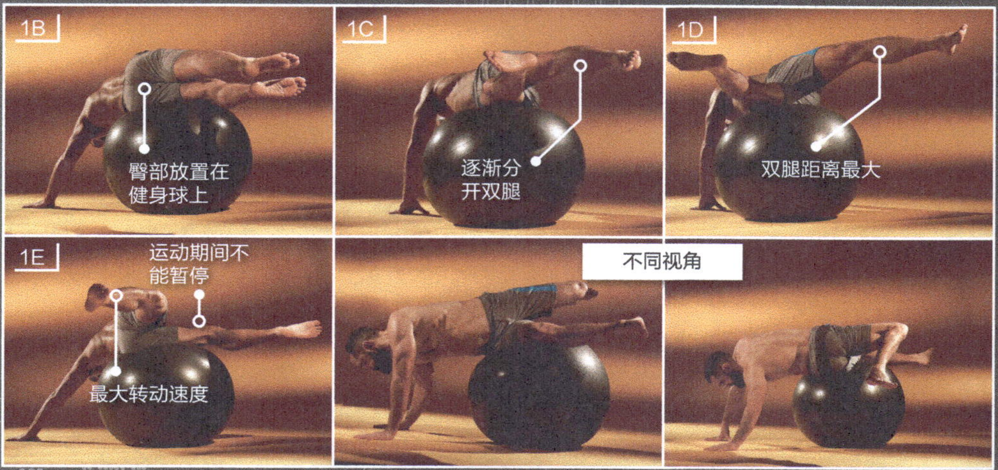

**1B** 臀部放置在
健身球上

**1C** 逐渐分
开双腿

**1D** 双腿距离最大

**1E** 运动期间不
能暂停

最大转动速度

不同视角

# "继足"步法系列

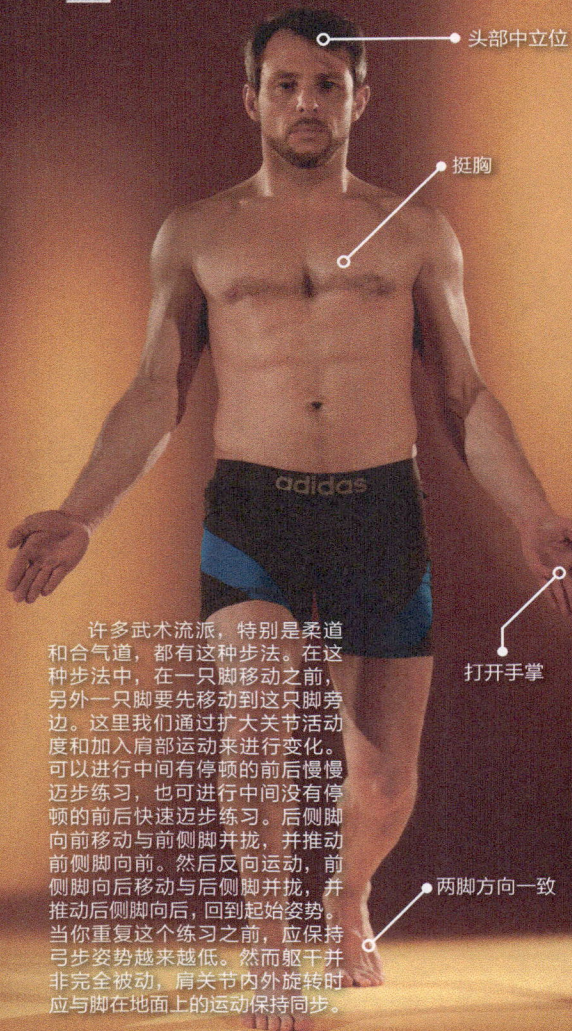

1C

- 头部中立位
- 挺胸
- 打开手掌
- 两脚方向一致

许多武术流派，特别是柔道和合气道，都有这种步法。在这种步法中，在一只脚移动之前，另外一只脚要先移动到这只脚旁边。这里我们通过扩大关节活动度和加入肩部运动来进行变化。可以进行中间有停顿的前后慢慢迈步练习，也可进行中间没有停顿的前后快速迈步练习。后侧脚向前移动与前侧脚并拢，并推动前侧脚向前。然后反向运动，前侧脚向后移动与后侧脚并拢，并推动后侧脚向后，回到起始姿势。当你重复这个练习之前，应保持弓步姿势越来越低。然而躯干并非完全被动，肩关节内外旋转时应与脚在地面上的运动保持同步。

1A

- 向内旋转肩部

1B

- 肩部中立位
- 后侧脚推动前脚

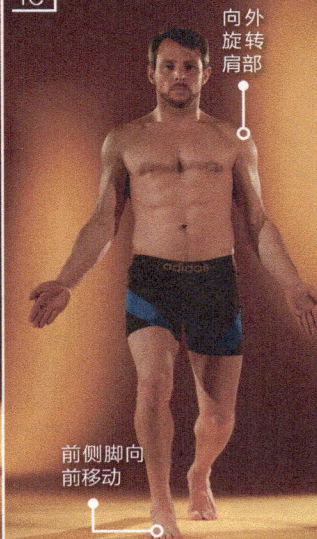

1C

- 向外旋转肩部
- 前侧脚向前移动

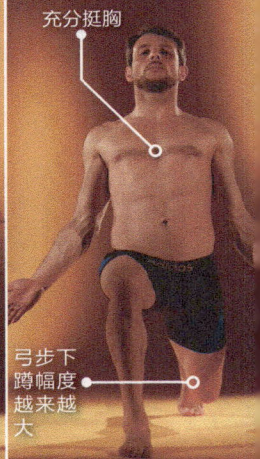

1D

- 充分挺胸
- 弓步下蹲幅度越来越大

2A

这些步法练习也可侧向完成。和练习 1 一样，右脚先移动，双脚并拢，然后推动左脚，使得身体向左侧运动。你可改变下蹲的高度，或者增加在头部后面进行低位或高位手臂屈曲和伸展的动作。受到奥运会举重队抓举运动的启发，我们用一根长杆模仿杠铃推举。运动过程中，你可以进行各种动作变化，如快速进行或者中间停顿。

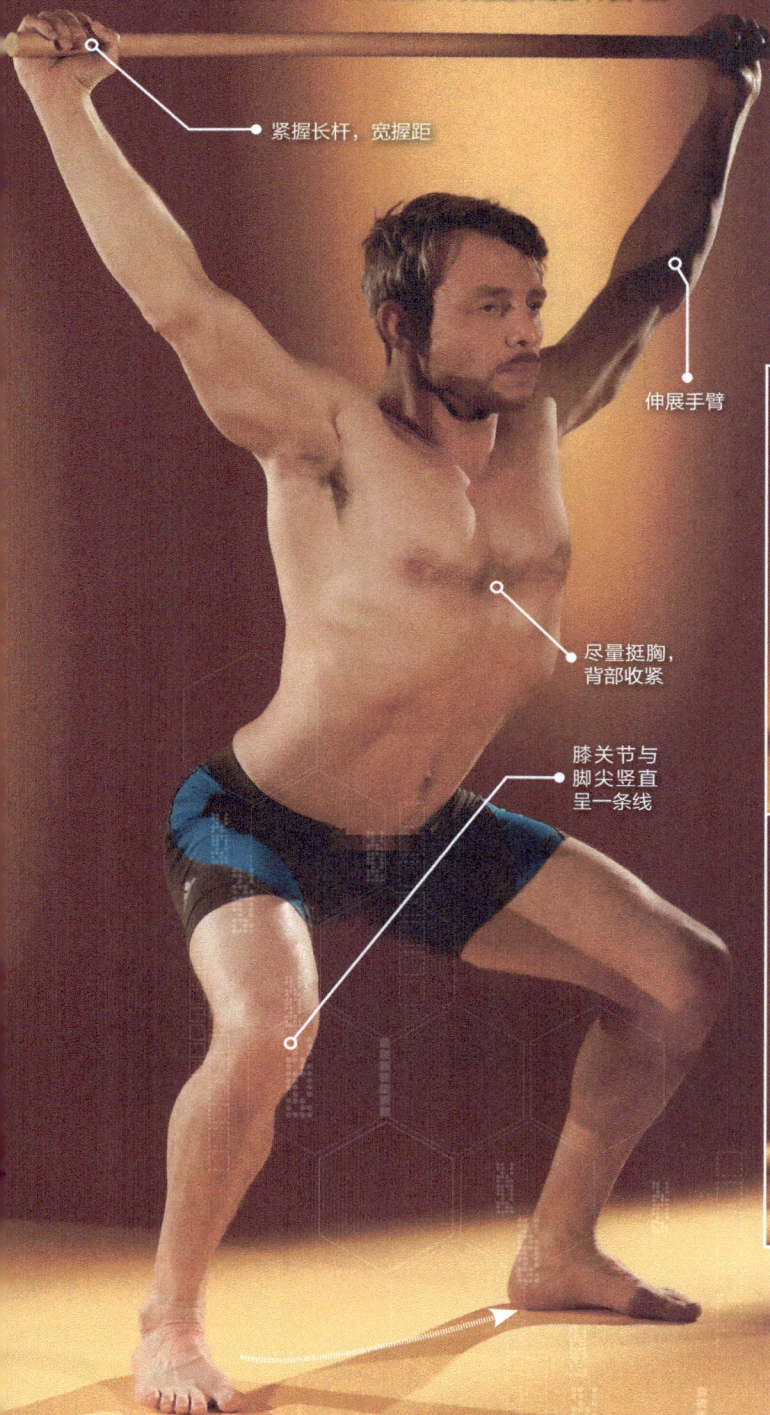

紧握长杆，宽握距

伸展手臂

尽量挺胸，背部收紧

膝关节与脚尖竖直呈一条线

2B

用右脚推动左脚

2C

臀部逐渐下移

移动左脚

3A
长杆与地面平行且放置于头部后面
手臂伸展
背部平直
膝关节与脚尖呈一条竖直线
右脚朝左脚方向移动

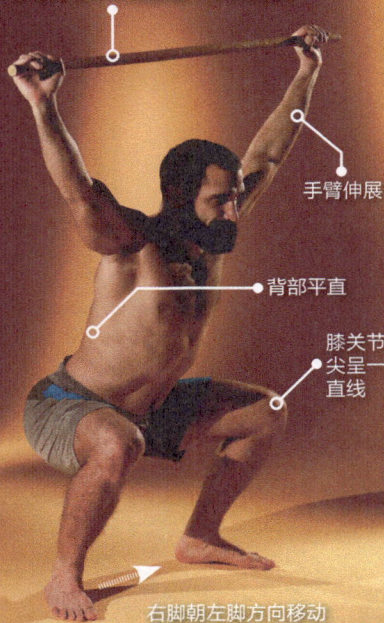

3B
长杆与地面平行
将长杆举过头顶
胸部打开
不要旋转骨盆
右脚推动左脚

3C
长杆与地面平行且放置于头部上方
紧握长杆
保持背部平直
不要移动膝关节
深蹲

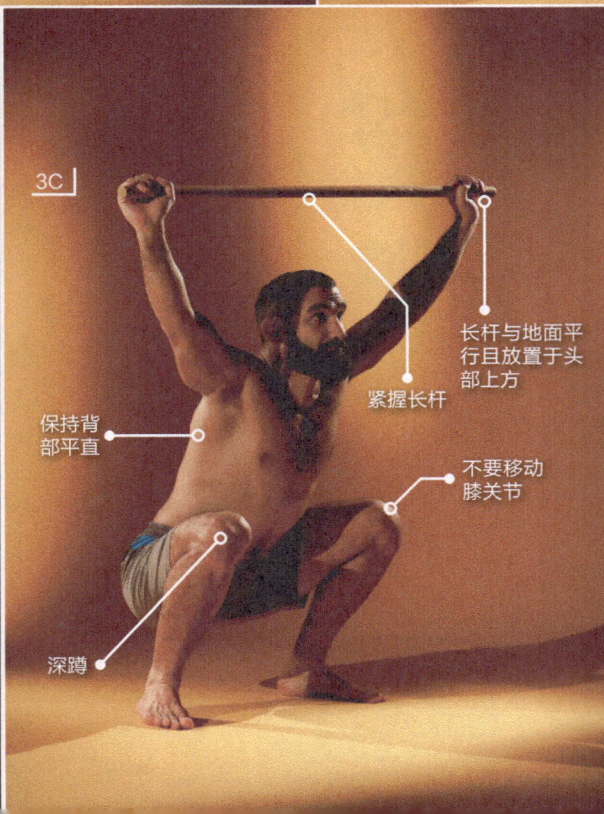

# 泰萨巴卡系列

**1A**

泰萨巴卡系列练习也是受到武术的启发，是一种半圈旋转的动作，可提升本体感觉和踝关节稳定性。一侧腿沿对角线移动，另一侧腿膝关节微屈。接着双腿交叉，通过旋转身体半圈回到双腿平行位置。

双脚分开的宽度保持在骨盆宽度和肩宽之间

右脚沿对角线移动

**1B**

躯干直立

左脚向后移动

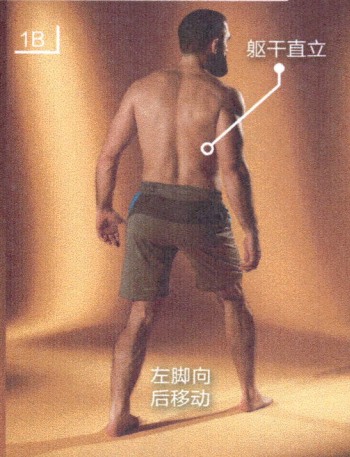

**1C**

即使在身体旋转的过程中，眼睛也要尽可能朝前看

适度屈膝

脚平放于地面

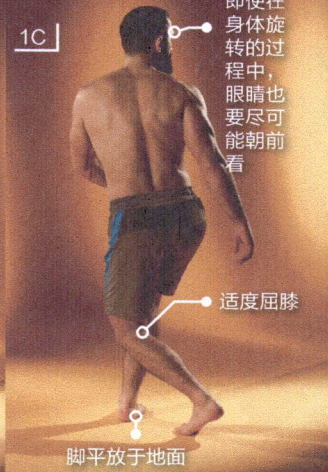

**1D**

背部平直

不要向后倾斜骨盆

逐渐完成深蹲

2A

对肌肉链进行全方位的训练会使你获益良多。在运动过程中拉紧弹力带，使上肢肌肉链在整个运动过程中始终保持激活。

头部中立位

放松肩部

肩胛骨向中间收紧

将弹力带向两边拉开，保持紧绷

脚沿对角线移动

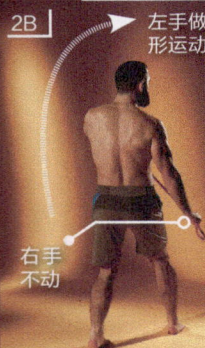

2B

左手做弧形运动

右手不动

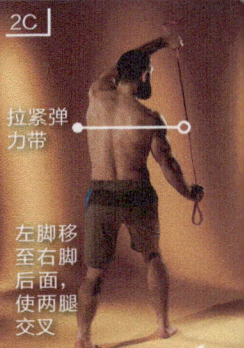

2C

拉紧弹力带

左脚移至右脚后面，使两腿交叉

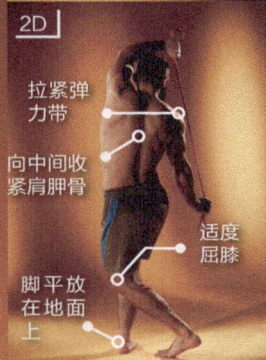

2D

拉紧弹力带

向中间收紧肩胛骨

适度屈膝

脚平放在地面上

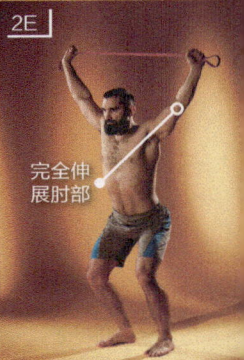

2E

完全伸展肘部

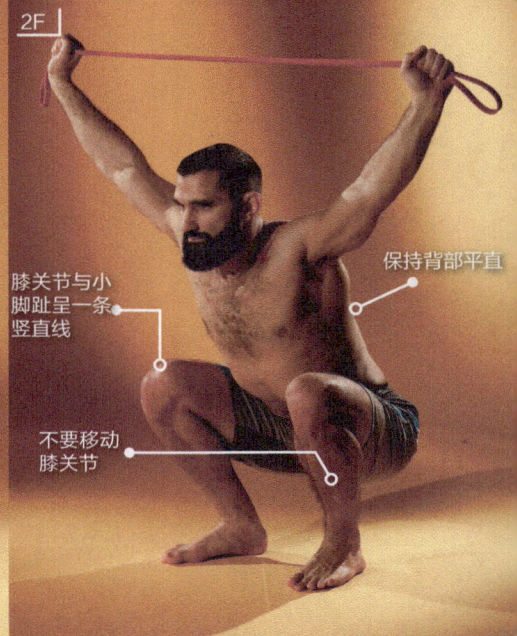

2F

膝关节与小脚趾呈一条竖直线

保持背部平直

不要移动膝关节

3A

头部中
立位

放松肩部

挺胸

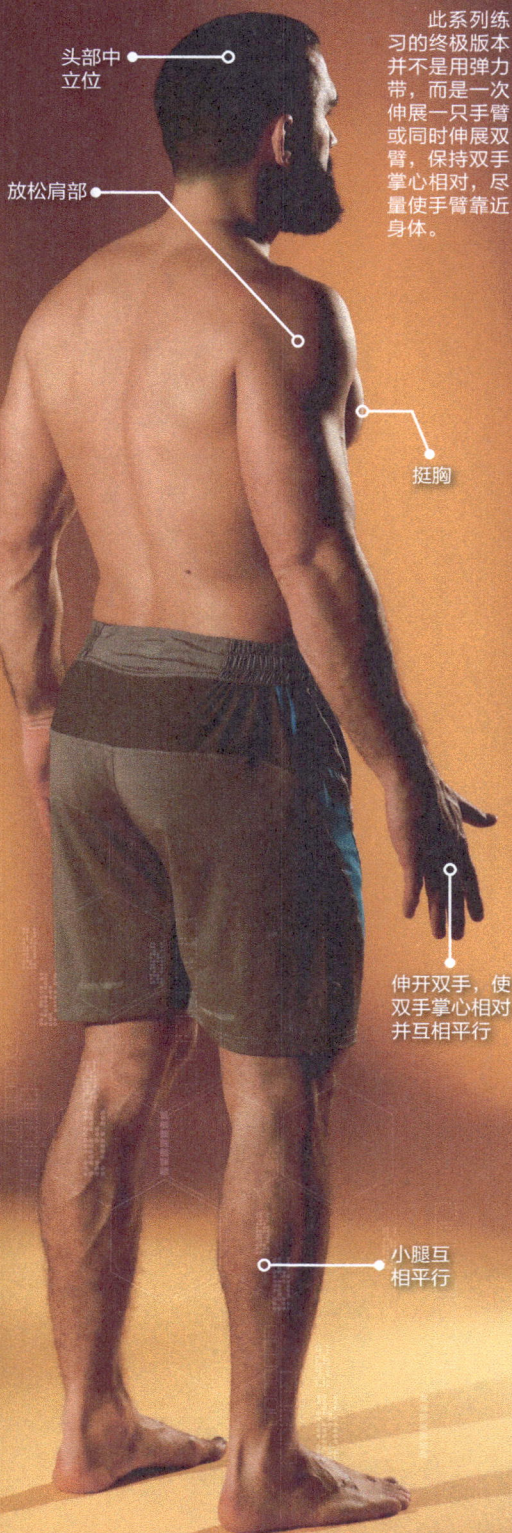

此系列练
习的终极版本
并不是用弹力
带，而是一次
伸展一只手臂
或同时伸展双
臂，保持双手
掌心相对，尽
量使手臂靠近
身体。

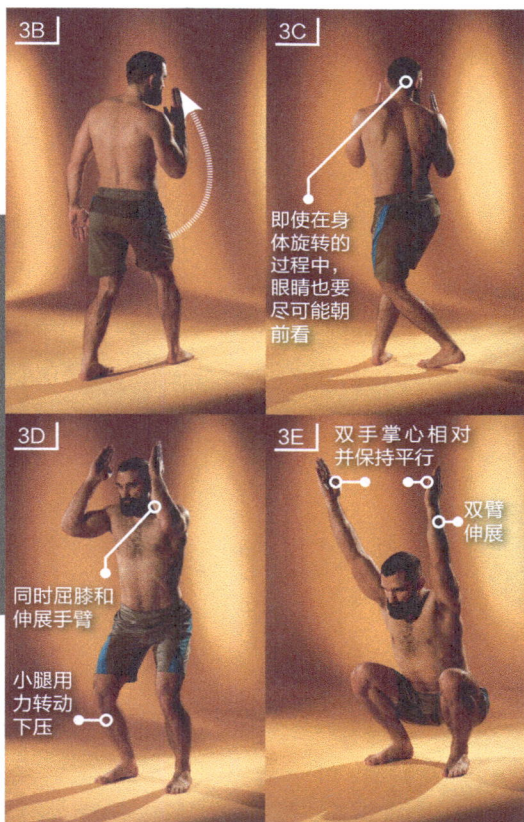

伸开双手，使
双手掌心相对
并互相平行

小腿互
相平行

3B

3C

即使在身
体旋转的
过程中，
眼睛也要
尽可能朝
前看

3D

同时屈膝和
伸展手臂

小腿用
力转动
下压

3E 双手掌心相对
并保持平行

双臂
伸展

# 跪立蹲起系列

我们经常进行深蹲练习，但大多数都是从下蹲位置站起来。这个练习是从正坐的姿势开始，会带来异乎寻常的效果。

**2G**

轻微旋转躯干，重点关注膝关节的位置

膝关节向前超过脚趾

慢慢地把膝关节放在地上

**1A**

头部中立位

躯干伸直

挺胸

**1B**

视线略高于水平面

膝关节屈曲90度

脚平放于地面

**1C**

骨盆不要向后倾斜

大腿与地面平行

脚与地面平行或一只脚在11点钟方向上，另一只脚在1点钟方向上

斜方肌

三角肌

肱二头肌

肱三头肌

肱桡肌

股直肌

股外侧肌

腓肠肌

股内侧肌

胸大肌

腹直肌

桡侧腕长伸肌

指伸肌

尺侧腕伸肌

头部中立位

在此动作中，从动作一开始你的支撑点就应该比在先前的练习中更加紧凑。尽可能保持每两个步骤之间的间隔时间更长，脚掌尽可能长时间地平放在地面上，将注意力集中在踝关节背屈上。利用体重尽可能地伸展脚踝和髋部。

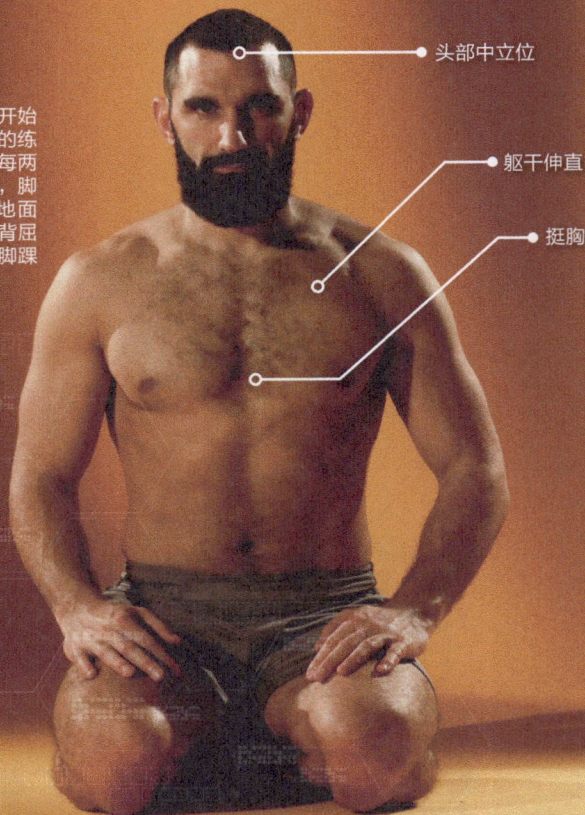

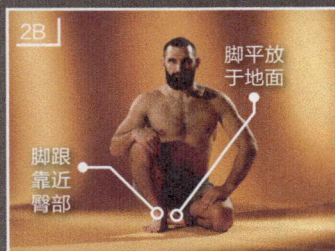

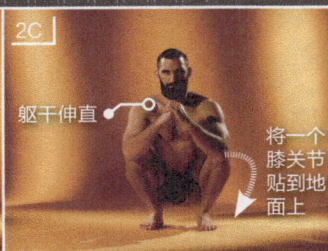

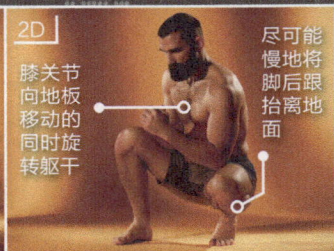

躯干伸直

挺胸

2B

脚平放于地面

脚跟靠近臀部

2C

躯干伸直

将一个膝关节贴到地面上

2D

膝关节向地板移动的同时旋转躯干

尽可能慢地将脚后跟抬离地面

2E

膝关节尽可能向前超过脚趾

脚平放于地面

2F

2G

反方向动作

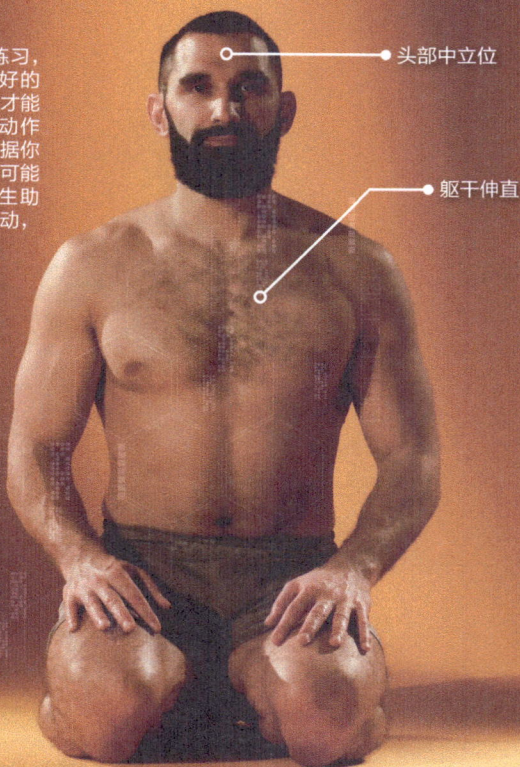

3A

慢慢进行本系列的前几个练习，能够达到完美的动作控制和较好的伸展。但需快速完成以下步骤，才能训练爆发性和稳定性。第 1 个动作要求从跪姿变化到半蹲姿势。根据你的运动能力，正确做此动作之前可能需要训练。你可以用摆臂来产生助力，但要记住，如果你不全速运动，将无法从跪姿站起来。

头部中立位

躯干伸直

3B

爆发性地向上和向前跳跃

尽可能做到最高和最快

3C

大腿与地面平行

双脚稳定地支撑落地

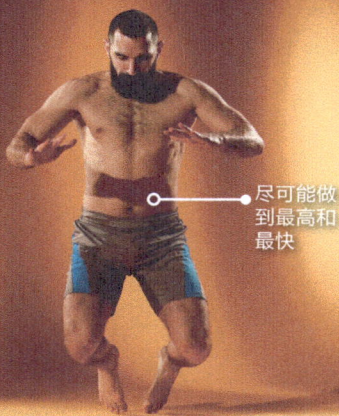

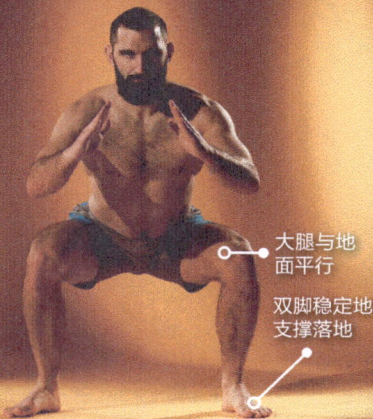

掌握了上一个练习和提高深蹲的运动技能后，你可以直接以深蹲姿势结束动作。但姿势正确至关重要。要保持背部位置正确（不要前倾）和保持脚掌全力支撑（不要抬起脚后跟）。以足够的速度和力量进行练习，使自己从跪姿过渡到站姿。

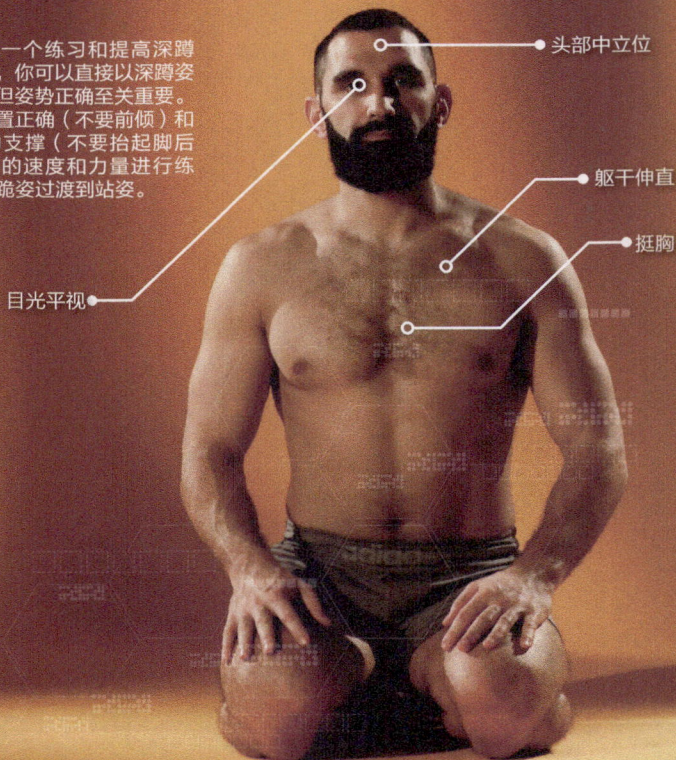

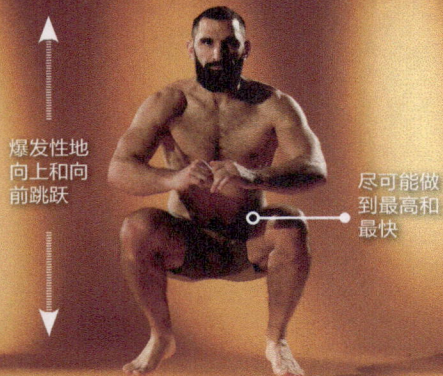

头部中立位

躯干伸直

挺胸

目光平视

4B

爆发性地向上和向前跳跃

尽可能做到最高和最快

4C

头部中立位

躯干挺直

不要向后倾斜骨盆

脚平放在地板上

尽可能以深蹲的姿势落地

# 祭拜系列

祭拜是从（巴西柔术和卡波耶拉）中借鉴过来的一项热身动作。虽然不是一项有技术含量的运动，但它巧妙地使前侧肌肉链与后侧肌肉链相互协调。此系列中，我们将其与下蹲练习结合起来。

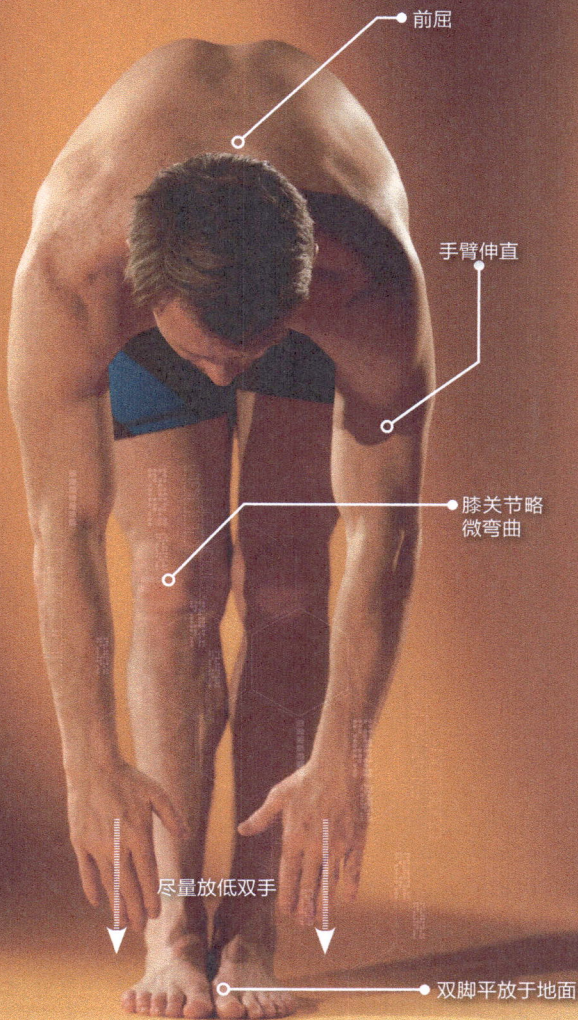

前屈

手臂伸直

膝关节略微弯曲

尽量放低双手

双脚平放于地面

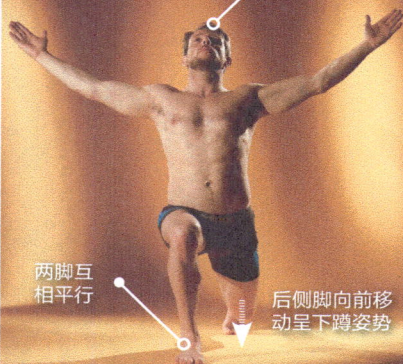

**1B**

眼睛看向天花板

两脚互相平行

后侧脚向前移动呈下蹲姿势

**1C**

大腿至少与地面平行

脚平放于地面

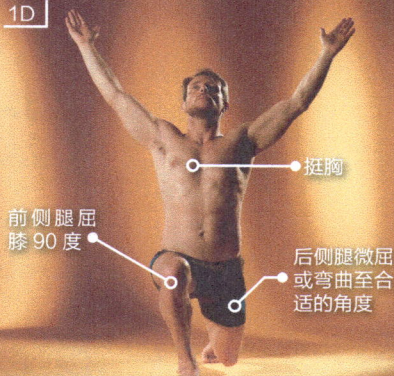

**1D**

挺胸

前侧腿屈膝 90 度

后侧腿微屈或弯曲至合适的角度

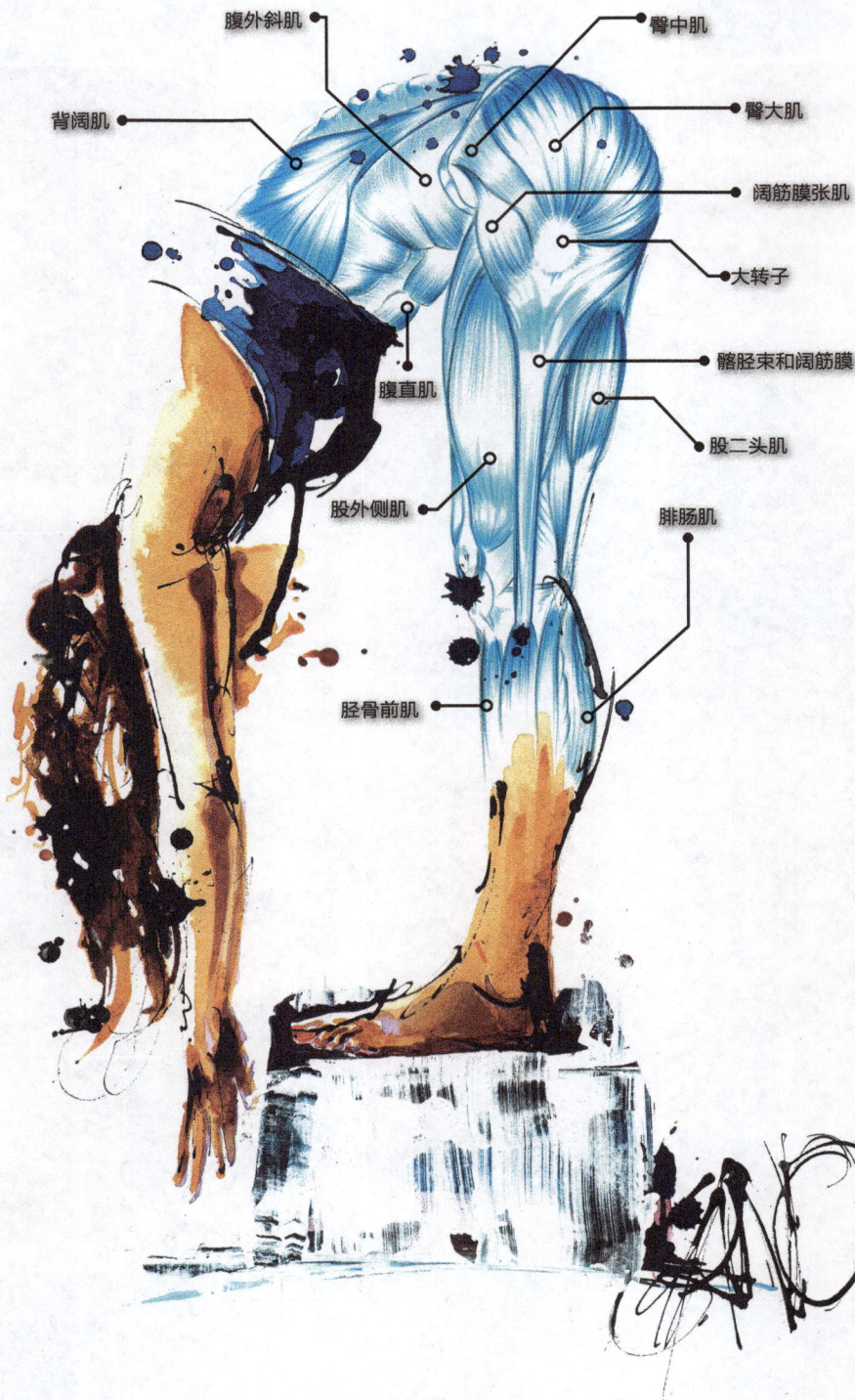

腹外斜肌

臀中肌

背阔肌

臀大肌

阔筋膜张肌

大转子

腹直肌

髂胫束和阔筋膜

股二头肌

股外侧肌

腓肠肌

胫骨前肌

2A

手臂伸直

伸展弹力带

大腿至少与地面平行

在高级版本的练习中，可以在练习时使用弹力带，使上肢肌肉链保持激活状态。在这个练习中，肩部稳定性和灵活性可以得到提高。

双脚着地

将左脚移至弓步位置

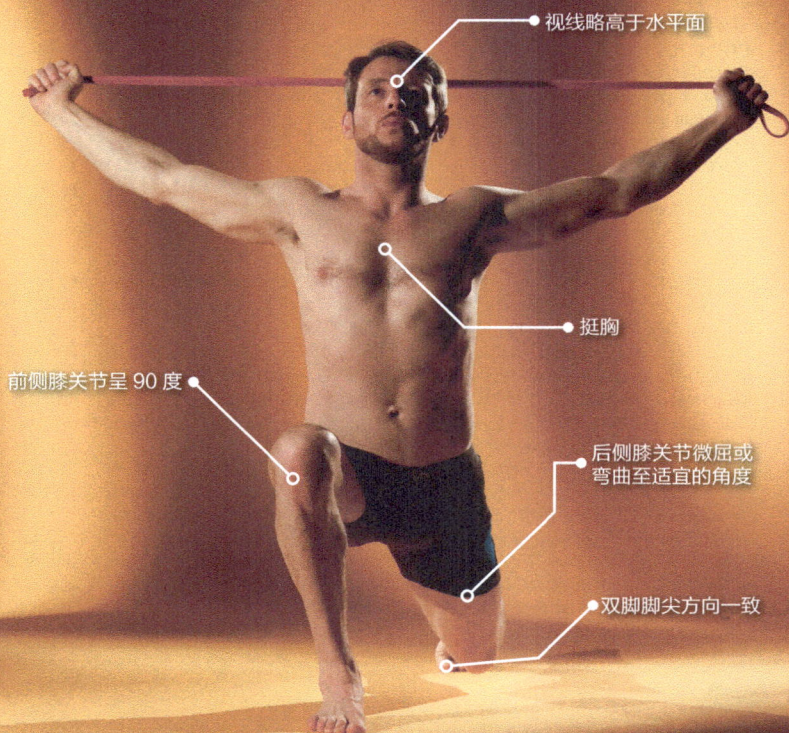

2B

视线略高于水平面

挺胸

前侧膝关节呈90度

后侧膝关节微屈或弯曲至适宜的角度

双脚脚尖方向一致

Arend M, Kivastik J, Mäestu J. Maximal inspiratory pressure is influenced by intensity of the warm-up protocol. *Respir Physiol Neurobiol*. 2016;230:11-15.

Behm DG. The effects and potential mechanisms of foam rolling on athletic performance. *ECSS Congress*; 2017.

Bordoni B, Marelli F, Bordoni G. A review of analgesic and emotive breathing: A multidisciplinary approach. *J Multidiscip Health*. 2016;9:97-102.

Bouisset S, Duchêne JL. Is body balance more perturbed by respiration in seating than in standing posture? *Neuroreport*. 1994;5:957-960.

Bushell JE, Dawson SM, Webster MM. Clinical relevance of foam rolling on hip extension angle in a functional lunge position. *J Strength Cond Res*. 2015;29(9):2397-2403.

Butler J, Plisky PJ, Kiesel KB. Interrater reliability of videotaped performance on the functional movement screen using the 100-point scoring scale. *Athletic Training & Sports Health Care*. 2012;4(3):103-109.

Carrio C. *Sport Sans Blessure*. CTS Editions; 2017.

Carrio C. *Savoir s'étirer*. Ed Thierry Soucard; 2010.

Cavanaugh MT, Aboodarda SJ, Hodgson DD, Behm DG. Foam rolling of quadriceps decreases biceps femoris activation. *J Strength Cond Res*. 2017;31(8):2238-2245.

Chatrenet, Y. Chaîne cinétique ouverte versus chaîne cinétique fermée: etat des lieux en 2013. *Kinesither Scient*. 2013;547:29-34.

Cheatham SW, Kolber MJ, Cain M, Lee M. The effects of self-myofascial release using a foam roll or roller massager on joint range of motion, muscle recovery, and performance: A systematic review. *Int J Sports Phys Ther*. 2015;10(6):827-838.

Comerford MJ, Mottram SL. Functional stability retraining: Principles and strategies for managing mechanical dysfunction. *Manual Therapy*. 2001;6:3-14.

Comerford MJ, Mottram SL. *Kinetic Control*. Ed Churchill Livingstone; 2012.

Dankaerts W, O'Sullivan P, Burnett A, Straker L. Altered patterns of superficial trunk muscle activation during sitting in nonspecific chronic low back pain patients: importance of subclassification. *Spine (Phila Pa 1976)*. 2006;31(17):2017-2023.

Davies C, Davies A. *Soulagez Vos Douleurs Par Les Trigger Points*. Ed Soucard; 2014.

Falla D, Bilenkij G, Jull G. Patients with chronic neck pain demonstrate altered patterns of muscle activation during performance of a functional upper limb task. *Spine (Phila Pa 1976)*. 2004;29(13):1436-1440.

Falla DL, Jull GA, Hodges PW. Patients with neck pain demonstrate reduced electromyographic activity of the deep cervical flexor muscles during performance of the craniocervical flexion test. *Spine (Phila Pa 1976)*. 2004;29(19):2108-2114.

Gabbe BJ, Bennell KL, Finch CF. Why are older Australian football players at greater risk of hamstring injury? *Journal of Science and Medicine in Sport*. 2006;9:327-333.

Gabbe BJ, Bennell KL, Wajswelner H, Finch CF. Reliability of common lower extremity musculoskeletal screening tests. *Physical Therapy in Sport*. 2004;5(2):90-97.

Grieve R, Goodwin F, Alfaki M, et al. The immediate effect of bilateral self-myofascial release on the plantar surface of the feet on hamstring and lumbar spine flexibility: A pilot randomised controlled trial. *J Bodyw Mov Ther*. 2014;19(3):544-552.

Halperin I, Aboodarda SJ, Button DC,

Andersen LL, Behm D. Roller massager improves range of motion of plantar flexor muscles without subsequent decreases in force parameters. *Int J Sports Phys Ther*. 2014;9(1):92-102.

Hamaoui A, Gonneau E, Le Bozec S. Respiratory disturbance to posture varies according to the respiratory mode. *Neurosci Lett*. 2010;475:141-144.

Hamaoui A, Do M, Poupard L, Bouisset S. Does respiration perturb body balance more in chronic low back pain subjects than in healthy subjects? *Clin Biomech (Bristol, Avon)*. 2002;17:548-550.

Hart N, Sylvester K, Ward S, Cramer D, Moxham J, Polkey MI. Valuation of an inspiratory muscle trainer in healthy humans. *Respir Med*. 2001;95(6):526-531.

Hellyer N, Andreas NM, Bernstetter AS, et al. Comparison of diaphragm thickness measurements among postures via ultrasound imaging. *PMR*. 2017;9(1):21-25.

Hodges PW, Moseley GL, Gabrielsson A, Gandevia SC. Experimental muscle pain changes feedforward postural responses of the trunk muscles. *Exp Brain Res*. 2003;151(2):262-271.

Hodges PW, Moseley GL. Pain and motor control of the lumbopelvic region: Effect and possible mechanisms. *J Electromyogr Kinesiol*. 2003;13(4):361-370.

Hudson AL, Joulia F, Butler AA, Fitzpatrick RC, Gandevia SC, Butler JE. Activation of human inspiratory muscles in an upside-down posture. *Respir Physiol Neurobiol*. 2015;226:152-159.

Jacobs JV, Henry SM, Nagle KJ. People with chronic low back pain exhibit decreased variability in the timing of their anticipatory postural adjustments. *Behav Neurosci*. 2009;123(2):455-458.

Jay K, Sundstrup E, Søndergaard SD,

Behm D, Saervoll CA, Jakobsen MD, Andersen LL. Specific and cross over effects of massage for muscle soreness: randomized controlled trial. *Int J Sports Phys Ther.* 2014;9(1):82-91.

Jull GA, Richardson CA. Motor control problems in patients with spinal pain: A new direction for therapeutic exercise. *J Manipulative Physiol Ther.* 2000;23(2):115-117.

Kellens I, Cannizzaro F, Gouilly P, Crielaard JM. Inspiratory muscles strength training in recreational athletes. *Rev Mal Respir.* 2011; 28(5):602-8.

Kelly S, Beardsley C. Specific and crossover effects of foam rolling on ankle dorsiflexion range of motion. *Int J Sports Phys Ther.* 2016;11(4):544-551.

Klyne DM, Schmid AB, Moseley GL, Sterling M, Hodges PW. Effect of types and anatomic arrangement of painful stimuli on conditioned pain modulation. *J Pain.* 2015;16(2):176-185.

Sundstrup JK, Sondergaard SD. Specific and cross over effects of massage for muscle soreness: Randomized controlled trial. *Int J Sports Phys Ther.* 2014;9(1):82-91.

Lee, D. *The Pelvic Girdle: An Integration of Clinical Expertise and Research.* 4th ed. Edinburgh: Churchill Livingstone; 2011.

Macdonald D, Moseley GL, Hodges PW. People with recurrent low back pain respond differently to trunk loading despite remission from symptoms. *Spine (Phila Pa 1976).* 2010;35(7):818-824.

Macdonald D, Moseley GL, Hodges PW. Why do some patients keep hurting their back? Evidence of ongoing back muscle dysfunction during remission from recurrent back pain. *Pain.* 2009;142(3):183-188.

Macdonald GZ, Button DC, Drinkwater EJ. Foam rolling as a recovery tool after an intense bout of physical activity. *Med Sci Sports Exerc.* 2014;46(1):131-142.

MacDonald GZ, Penney MD, Mullaley ME. An acute bout of self-myofascial release increases range of motion without a subsequent decrease in muscle activation or force. *J Strength Cond Res.* 2013;27(3):812-821.

Mikkelsen C, Werner S, Eriksson E. Closed kinetic chain alone compared to combined open and closed kinetic chain exercises for quadriceps strengthening after anterior cruciate ligament reconstruction with respect to return to sports: A prospective matched follow-up study. *Knee Surg Sports Traumatol Arthrosc.* 2000;8(6):337-342.

Minahan C, Sheehan B, Doutreband R, Kirkwood T, Reeves D, Cross T. Repeated-sprint cycling does not induce respiratory muscle fatigue in active adults: Measurements from the Powerbreathe® inspiratory muscle trainer. *J Sports Sci Med.* 2015;14(1):233-238.

Minick KI, Kiesel KB, Burton L, Taylor A, Plisky P, Butler RJ. Interrater reliability of the functional movement screen. *J Strength Cond Res.* 2010;24(2):479-486.

Monteiro ER, Cavanaugh MT, Frost DM, Novaes JD. Is self-massage an effective joint range-of-motion strategy? A pilot study. *J Bodyw Mov Ther.* 2017;21(1):223-226.

Moseley GL, Brhyn L, Ilowiecki M, Solstad K, Hodges PW. The threat of predictable and unpredictable pain: Differential effects on central nervous system processing? *Aust J Physiother.* 2003;49(4):263-267.

Moseley GL, Nicholas MK, Hodges PW. Pain differs from non-painful attention-demanding or stressful tasks in its effect on postural control patterns of trunk muscles. *Exp Brain Res.* 2004;156(1):64-71.

Myers TW. *Anatomy Trains: Myofascial Meridians for Manual and Movement Therapists.* Edinburgh: Churchill Livingstone; 2013.

O'Leary S, Falla D, Jull G. The relationship between superficial muscle activity during the cranio-cervical flexion test and clinical features in patients with chronic neck pain. *Man Ther.* 2011;16(5):452-455.

O'Sullivan K, O'Sullivan P. The ineffectiveness of paracetamol for spinal pain provides opportunities to better manage low back pain. *Br J Sports Med.* 2016;50(4):197-198.

Pearcey GEP, Bradbury-Squires DJ, Kawamoto JE, Drinkwater EJ, Behm DG, Button DC. Foam tolling for delayed-onset muscle soreness and recovery of dynamic performance measures. *J Athl Train.* 2015;50(1):5-13.

Richardson C, Jull G, Hodges P, Hides J. *Therapeutic Exercise for Spinal Segmental Stabilization in Low Back Pain.* Edinburgh: Churchill Livingstone;1998:12.

Richardson C, Hodges P, Hides J. *Therapeutic Exercise for Lumbopelvic Stabilization.* 2nd ed. Edinburgh: Churchill Livingstone; 2004.

Sahrmann, SA. *Diagnosis and Treatment of Movement Impairments Syndromes.* Mosby: St. Louis; 2002.

Sahrmann, SA. Does postural assessment contribute to patient care? *J Orthop Sports Phys Ther.* 2002;32(8):376-379.

Schleip R, Klingler W, Lehmann-Horn F. Active fascial contractility: Fascia may be able to contract in a smooth muscle-like manner and thereby influence musculoskeletal dynamics. *Med Hypotheses.* 2005;65(2):273-277.

Smith MD, Russell A, Hodges PW. Do incontinence, breathing difficulties, and gastrointestinal symptoms increase the risk of future back pain. *J Pain.* 2009;10(8):876-886.

Shirley D, Hodges PW, Eriksson AEM, Gandevia SC. Spinal stiffness changes throughout the respiratory cycle. *J Appl Physiol.* 2003;95:1467-1475.

Spracklin K, Button DC, Halperin I. Looped band placed around thighs increases EMG of gluteal muscles without hindering performance during squatting. *Journal of Performance Health Research;* 2017;1(1):60-71.

Starrett K, Cordoza G. *Becoming a Supple Leopard.* Victory Belt Publishing; 2015.

Starrett K, Cordoza G. *Deskbound.* Victory Belt Publishing; 2016.

Travell JG, Simons DG. *Myofascial Pain and Dysfunction: The Trigger Point Manual: The Lower Extremities*, Vol 2. Lippincott Williams and Wilkins; 1992.

Travell JG, Simons DG. *Myofascial Pain and Dysfunction: The Trigger Point Manual: Upper Half of Body*, Vol. 1. Lippincott Williams and Wilkins; 1998.

Willard FH, Vleeming A, Schuenke MD, Danneels L, Schleip R. The thoracolumbar fascial anatomy, function and clinical considerations. *J Anat.* 2012;221(6):507-536.

# 关于作者

斯特凡纳·加诺（Stéphane Ganneau），专业插画师和平面设计师。在法国南特接受应用艺术培训后，他开始了自己的广告和产品设计生涯。深耕 15 年后，斯特凡纳·加诺独立的精神、对创作的需求和对挑战的渴望驱使他开辟了一条新的工作道路。现今，他把对插画的热爱和对抗阻训练的热情融会贯通。他的作品风格独特，线条生动，颜色鲜艳，与《高强度训练的艺术》及本书完美搭配。

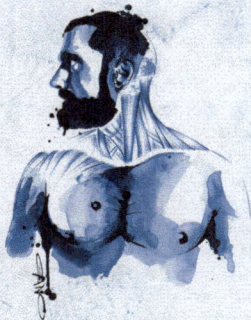

奥雷利安·布鲁萨尔-德瓦尔（Aurélien Broussal-Derval），力量和体能训练专业硕士，运动和康复专业硕士，运动性能专业硕士。他还获得了法国巴黎的国立体育运动学院 (INSEP) 的学位。他的著作有《高强度训练的艺术》和法国畅销书《现代体格训练、柔道体格训练、肌肉运动感知和田野实验：衡量运动表现的方案》。作为力量和体能教练，其职业生涯的亮点是曾担任奥运会奖牌获得者、职业运动员、法国奥运会举重队、法国拳击队及英国与法国柔道队的教练。多年来，他一直负责法国排球的研究工作，担任全球首屈一指的运动训练工作室的技术指导。目前，他是法国举重教练培训中心的负责人，现居巴黎。

# 关于译者

闫琪
国家体育总局体育科学研究所研究员，博士，上海体育学院客座教授；获得美国国家体能协会体能训练专家（NSCA-CSCS）认证和私人体能教练（NSCA-CPT）认证；获得 IHP 高级功能性体能教练认证和 IHP 综合格斗体能教练认证；FMS 国际认证讲师，FMS、SFMA 高级认证专家；中国人民解放军备战第七届世界军人运动会体能训练专家；中国人民解放军某战区空军飞行人员训练伤防治特聘专家；多名奥运会金牌运动员的体能教练；《运动健身日历 2019》《运动健身打卡书》作者；翻译出版多部体能训练书籍；承担省部级课题十余项，发表论文三十余篇；获奥运会科技先进个人、全国体育事业突出贡献奖等奖项。